中国高等教育学会工程教育专业委员会新工科"十三五"

ENGINEERING
PROJECT
MANAGEMENT

工程项目管理

主　编◎周　鹏
副主编◎付　芳　马志强

ZHEJIANG UNIVERSITY PRESS
浙江大学出版社

图书在版编目（CIP）数据

工程项目管理 / 周鹏主编. — 杭州：浙江大学
出版社，2021.8（2024.1重印）
ISBN 978-7-308-20844-4

Ⅰ.①工… Ⅱ.①周… Ⅲ.①工程项目管理 Ⅳ.
①F284

中国版本图书馆CIP数据核字（2020）第237741号

工程项目管理

主　编　周　鹏
副主编　付　芳　马志强

责任编辑	吴昌雷	
责任校对	王　波	
封面设计	北京春天	
出版发行	浙江大学出版社	
	（杭州市天目山路148号　邮政编码310007）	
	（网址：http://www.zjupress.com）	
排　　版	杭州晨特广告有限公司	
印　　刷	杭州杭新印务有限公司	
开　　本	787mm×1092mm　1/16	
印　　张	20.75	
字　　数	492千	
版 印 次	2021年8月第1版　2024年1月第2次印刷	
书　　号	ISBN 978-7-308-20844-4	
定　　价	49.00元	

◦ 前 言 ◦

项目管理是现代企业控制成本和风险、创造价值和效益、在复杂多变的商业环境中保持可持续竞争力的重要工具,也是项目管理者在有限资源约束下,运用系统理论与方法对项目涉及的全部工作进行有效管理,以实现或超越设定业务目标的过程。作为一种跨学科综合性实用技术,项目管理被广泛应用于建设管理、油气行业、制造业、金融业、医疗保健、交通运输、航空航天、科技研发及公共服务等领域。

党的二十大报告指出,高质量发展是全面建设社会主义现代化国家的首要任务,要加快建设制造强国、质量强国、航天强国、交通强国、网络强国、数字中国,打造新一代信息技术、人工智能、绿色环保等一批新的增长引擎。现代化国家的建设,需要各种各样的工程与工程项目作为支撑,比如高端装备制造工程、航天工程、轨道交通工程、5G基站工程、数字化改造工程、绿色建筑工程等。在工程领域,工程项目呈现出规模大、周期长、决策流程复杂、参与主体众多等趋势特征,项目管理在该领域的应用价值也愈发凸显,且自身适应复杂工程项目需求朝着信息化、数字化、智能化等方向不断发展,以人为本、绿色低碳的可持续发展需求也进一步提升。本书以工程项目的进度—成本—质量管理职能为核心,全面介绍工程项目管理的理论体系和方法工具,并通过案例展现前沿技术在项目管理领域的应用前景。跟随工程项目管理发展方向,本教材有针对性地安排教材内容和选择应用案例。例如,我们在案例中增加了3D打印/扫描、信息模型等新兴技术在各领域中的应用;内容中增强了对工程数据的处理分析,介绍了统计分析方法在质量管理中的应用,以项目管理者视角使用BIM等技术实施全过程质量控制,等等。需要特别说明的是,本书所提及的"工程项目"指广义上的建设工程项目,不仅涵盖传统土木建筑工程项目,也包括能源、机电安装等工程项目。

本书由周鹏教授任主编,付芳、马志强任副主编。周鹏教授领衔负责全书的框架设计和内容组织,并负责第一章至第四章的编写;付芳负责第六章、第九章、

第十章的编写,马志强负责第五章、第七章的编写;李丹负责第八章的编写。

本书可作为工程管理本科专业、工程管理硕士(MEM)以及不同工科专业项目管理相关课程的教材,也适合在实际技术与工程项目中从事管理工作人员阅读参考。限于编者水平,不足之处在所难免,恳请各位读者不吝指正。

编者

2023 年 12 月

C目录
Contents

Contents

Contents

Contents

Contents

第1章　工程项目管理概述

人类历史上曾经创造了无数伟大的工程,无论是古代的长城、雅典卫城、金字塔、都江堰,还是现代的长江三峡水利枢纽工程、北京奥运场馆、世界第一高楼——哈利法塔(高 828 米);都展示并见证了人类社会在不断探索世界、改造世界中上下求索的过程。随着人类社会与科学技术的迅猛发展,现代工程项目出现了规模巨大、决策流程复杂、涉及技术种类众多、组织结构庞大、历时漫长、参与人员众多等趋势,从而推动了工程项目管理理论与实践的快速发展,也使得工程项目管理成为现代工程项目成功的关键因素。本章将在介绍项目及工程项目含义的基础上,给出工程项目管理的概念及特征,并介绍工程项目管理知识体系与资格认证情况,最后介绍工程项目管理的历史沿革与发展趋势。

1.1　项目与工程项目

1.1.1　项　目

1.项目的定义

关于项目的定义,国内外许多相关组织和学者都尝试着用简单通俗的语言对其进行抽象性概括和描述。在项目管理领域比较传统的是 1964 年 Martino 对项目的定义:"项目为一个具有规定开始和结束时间的任务,它需要使用一种或多种资源,具有许多个为完成该任务(或项目)所必须完成的相互独立、相互联系、相互依赖的活动。"美国项目管理学会(Project Management Institute,PMI)在其项目管理知识体系(Project Management Body of Knowledge,PMBOK)指南中将项目定义为"为创造独特的产品、服务或成果而进行的临时性工作"。德国标准化学会(Deutsches Institut für Normung,DIN)在颁布的 DIN69901 中指出,"项目是指在总体上符合下列条件的唯一性任务(计划):具有预定的目标;具有时间、财务、人力和其他限制条件;具有专门的组织"。

随着"项目"一词越来越广泛地被应用于社会经济活动的各个方面,项目的含义有了新的扩展:"项目是由一组有起止时间的、相互协调的受控活动组成的特定过程,该过程要达到符合规定要求的目标,包括时间、成本和资源的约束条件。"

项目是一系列复合工作的统称,是一项有待进行的活动,不是指完成工作后的最终成果,也不是组织本身。例如,某新产品、新技术的研发,项目指的是研发过程,不是研发者,也不是研发的新产品、新技术。

项目是临时性组织为完成特定的目标所进行的一次性任务。项目的含义极为广泛:可以是建设一项工程,如修建一座水电站、一栋大楼,也可以是从事某项科研课题或开发一项新技术,举办一次体育活动,甚至写一封信。但是否要作为项目来管理,还取决于项目的客观特征和管理目标能否带来一定的效益(经济效益、社会效益或生态环境效益)。许多相对简单、不甚重要的一次性事务未必需要作为一个项目来管理。

2.项目的特征

项目一般具有以下特征。

(1)一次性。项目的一次性,也称项目的单件性,是项目的最主要特征,就项目任务本身而言,项目的一次性是指没有与这项任务完全相同的另一项任务。因此,只能对它进行单件处理,而不可能成批完成。项目的一次性主要表现在项目的功能、目标、环境、条件、过程、组织等诸方面的差异。项目的一次性是对项目整体而言,并不排斥项目实施过程中存在重复性工作。

(2)目标明确性。项目的实施是一项社会经济活动,任何社会经济活动都是有其目的的。所以,项目必须有明确的目标,即项目的功能性要求,它是完成项目的最终目的,是项目的最高目标,是项目产生、存在的依据。

(3)约束性。项目是一种任务,任务的完成有其限定条件,这些限定条件就构成了项目的约束条件,主要包括时间、质量、资金等方面的限制或要求。没有约束性就不能构成项目。但是有些项目的约束性是明显的、严格的,有些项目的约束性则是暗含的、宽松的。项目的约束性为完成项目任务提供了一个最低的标准要求。

(4)系统性。一般来说,当某项任务的各种要素之间存在着某种密切关系,只有有机结合起来互相协助才能确保其目标的有效实现时,该项任务就需要被作为一个项目来处理,客观上也就形成了一个系统。

(5)相对独立性。项目是相对于特定的管理主体而存在的。对某一主体而言,可构成项目,对另一主体而言,未必能构成项目。如一栋大楼的施工是承担该项任务的施工企业的一个项目,但对未承担此项任务的施工企业来说就不是一个项目。同样对于不同管理主体,项目的范围也不相同,如对该大楼的投资者而言,其任务不是负责具体的施工活动,而是负责全部的投资活动。这种相对于特定主体而存在的特性就是项目的相对独立性。

(6)生命周期性。项目既然是一次性的任务,必有起点和终点。任何项目都会经过启动、开发、实施、结束这样一个过程,通常把这一过程称为项目的"生命周期"。

1.1.2 工程项目

1.工程项目的含义

工程项目是最为常见、最典型的项目类型,它属于投资项目中最重要的一类,是一种既有投资行为又有建设行为的项目活动。这里的"工程"不是一般广义的工作或劳动,而是指最终成果是一个"实体"的工作或劳动。因此,工程项目是指通过特定工作劳动建造某种"工程实体"的过程。工程实体一般是指建筑物或构筑物。建筑物是满足人们生产、生活需要的场所,即房屋;构筑物是不具有建筑面积特征,不能在其上活动、生活的路桥、隧道、水坝、线路、电站等土木产出物。

2.工程项目的特征

工程项目除了具有一般项目的基本特点外,还有自身的特点。工程项目的特点表现在以下几个方面:

(1)具有明确的建设任务。如建设一个住宅小区或建设一座发电厂等。

(2)具有明确的进度、费用和质量目标。工程项目受到多方面条件的制约:时间约束,即有合理的工期时限;资源约束,即要在一定的人力、财力和物力投入条件下完成建设任务;质量约束,即要达到预期的使用功能、生产能力、技术水平、产品等级等的要求。这些约束条件形成了项目管理的主要目标,即进度目标、费用目标和质量目标。

(3)建设过程和建设成果固定在某一地点。受当地资源、气象和地质条件的制约,受当地经济、社会和文化的影响。

(4)建设产品具有唯一性的特点。建设过程和建设成果的固定性,设计的单一性,施工的单件性,管理组织的一次性,使建设过程不同于一般商品的批量生产过程,其产品具有唯一性。即使采用同样型号标准图纸建设的两栋住宅,由于建设时间、建设地点、建设条件和施工队伍等的不同,两栋住宅也存在差异。

(5)建设产品具有整体性的特点。一个工程项目往往是由多个相互关联的子项目构成的系统,其中一个子项目的失败有可能影响整个项目功能的实现。项目建设包括多个阶段,各阶段之间有着紧密的联系,各阶段的工作都对整个项目的完成产生影响。

(6)工程项目管理的复杂性。主要表现在:工程项目涉及的单位多,各单位之间关系协调的难度和工作量大;工程技术的复杂性不断提高,出现了许多新技术、新材料和新工艺;大中型项目的建设规模大;社会、政治和经济环境对工程项目的影响,特别是对一些跨地区、跨行业的大型工程项目的影响,越来越复杂。

3.工程项目的类型

工程项目可以按照多种方式进行分类,如图1-1所示。例如,按建设性质划分,可以分为新建工程、扩建工程、改建工程、迁建工程和恢复工程;按照工程的自然属性划分,可以分为建筑工程、土木工程和机电工程三类,见GB/T 50841-2013《建设工程分类标准》;按照项目的建设规模划分,可以分为大型工程、中型工程和小型工程;按项目投资效益划分,可以分为竞争性工程、基础性工程和公益工程等。

工程项目的内部,是由一系列单项工程、单位工程、分部工程和分项工程等子系统构成的。分项工程是建设工程中最小的构成单位,若干个分项工程合在一起就形成一个分部工程,若干个分部工程合在一起就形成一个单位工程,若干个单位工程合在一起就形成一个单项工程,一个或者若干个单项工程合在一起构成一个建设工程项目。

(1)单项工程。单项工程是指一个建设工程项目中,具有独立的设计文件,竣工后能独立发挥生产能力或效益的工程项目。建设项目一般由一个或数个单项工程组成。一般而言,工业建筑中的一座厂房,公共建筑中的一栋教学楼,市政工程中的一个标段的道路工程,都可以视为一个单项工程。

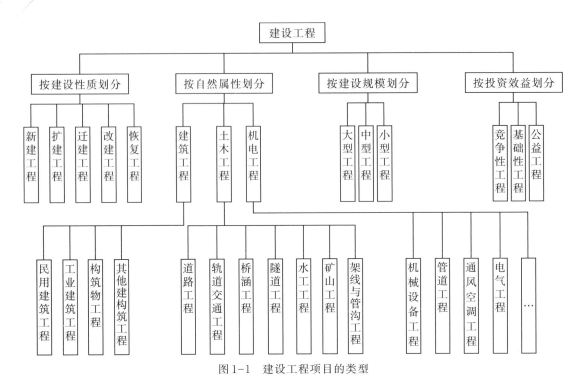

图1-1　建设工程项目的类型

（2）单位工程。单位工程是指具有独立的设计文件,具备独立施工条件并能形成独立使用功能,但竣工后不能独立发挥生产能力或工程效益的工程,它是构成单项工程的组成部分。建筑工程类工程项目中,其包含的土建工程、采暖工程、通风工程、照明工程以及热力设备及安装工程、电气设备及安装工程等都可称为单位工程。

（3）分部工程。分部工程是指不能独立发挥能力或效益,又不具备独立施工条件,但具有结算工程价款条件的工程。分部工程是单位工程的组成部分,通常一个单位工程,可按其工程实体的各部位划分为若干个分部工程。分部工程一般是按照单位工程的结构形式、工程部位、构建性质、使用材料、设备种类等的不同而划分的工程项目。房屋建筑工程的分部工程主要包括地基与基础工程、主体结构工程、装饰装修工程、屋面工程、智能建筑工程、电梯工程等。当分部工程较大时,可将其分为若干子分部工程,如装饰工程可分为地面、门窗和吊顶工程。

（4）分项工程。分项工程是分部工程的组成部分,是施工图预算中最基本的计算单位。它是按照不同的施工方法、不同材料的不同规格等将分部工程进一步细分。土建工程的分项工程,如模板工程、混凝土工程、钢筋工程、砌筑工程等多数以工种划分;安装工程的分项工程一般依据工程的用途、种类以及设备装置的组别、系统特征等确定。通常在施工过程中为方便验收,将分项工程按照其所在部位与楼层划分为不同的检验批。检验批是指按同一生产条件或按规定的方式汇总起来供检验用的,由一定数量样本组成的检验体。例如,某一层楼的钢筋工程,即可化为一个检验批。检验批是工程质量验收的基本单元。

4.工程项目的建设程序

建设程序是指项目在建设过程中,各项工作必须遵循的先后顺序。建设程序是对基本建设工作的科学总结,是项目建设过程中客观规律的集中体现,其内容如下。

(1)项目建议书阶段。项目建议书是拟建某一项目的建议文件,是投资决策前对拟建项目的轮廓设想和初步说明。建设单位通过项目建议书的形式,向国家推荐项目,供国家决策部门选择项目,也是建设单位向有关部门报请立项的主要文件和依据。

项目建议书应根据国民经济发展规划、市场条件,结合矿藏、水利等资源条件和现有的生产力布局状况,按照国家产业政策进行编制。它主要论述建设的必要性、建设条件的可行性和获利的可能性,并按国家现行规定权限向主管部门申报审批。项目建议书被批准后,可开展下一阶段的工作,但项目建议书不是项目的最终决策。

(2)可行性研究阶段。可行性研究是在投资决策之前,对拟建项目进行全面技术经济分析和论证,是投资前期工作的重要内容和基本建设程序的重要环节。项目建议书被批准后,可组织开展可行性研究工作。对与项目有关的社会、技术和经济等方面的情况进行深入的调查研究,论证项目建设的必要性,并对各种可能的建设方案进行技术经济分析和比较,对项目建成后的经济效益进行科学的预测和评价,是对建设项目能否成立进行决策的依据和基础。

可行性研究报告经批准后,不得随意修改和变更。如果在建设规模、产品方案、主要协作关系等方面有变动,以及突破投资控制数额时,应经原批准机关复批同意。可行性研究报告批准后,应正式确定项目法人,并按项目法人责任制实行项目管理。经过批准的可行性研究报告是项目最终决策立项的标志,是据此进行初步设计的重要文件。

(3)设计阶段。可行性研究报告批准后,工程建设进入设计阶段。我国大中型建设项目的设计阶段,一般是采用两阶段设计,即初步设计、施工图设计;重大项目和特殊项目,根据各行业的特点,实行初步设计、技术设计、施工图设计三阶段设计;民用项目一般采用方案设计、初步设计、施工图设计三阶段设计。

(4)建设准备阶段。项目在开工建设之前要切实做好各项准备工作,其主要内容包括:征地、拆迁和场地平整;完成施工用水、电、通信、道路等接通工作;组织招标,选择工程监理单位、承包单位及设备、材料供应商;准备必要的施工图纸;办理工程质量监督和施工许可手续。

社会投资的房屋建筑工程,建设单位可以自主决定发包方式。可将用地预审意见作为使用土地证明文件,申请办理建设工程规划许可证,用地批准手续在施工许可前完成即可。地震安全性评价在工程设计前完成。建设工程规划许可证核发时一并进行设计方案审查,由发证部门征求相关部门和单位的意见,其他部门不再对设计方案进行单独审查。将消防设计审核、人防设计审查等技术审查并入施工图设计文件审查,相关部门不再进行技术审查。环境影响评价和节能评价在施工许可前完成。

将工程质量安全监督手续与施工许可证合并办理。申请办理施工许可手续时,应当提交危险性较大的分部分项工程清单及其安全管理措施等资料。申请领取施工许可证,应当具备下列条件:已经办理该建筑工程用地批准手续;依法应当办理建设工程规划许可证的,已经取得建设工程规划许可证;需要拆迁的,其拆迁进度符合施工要求;已经确定建筑施工企业;有满足施工需要的资金安排、施工图纸及技术资料;有保证工程质量和安全的具体措施。将供水、供电、燃气、热力、排水、通信等市政公用基础设施报装提前到施工许可证核发后办理,在工程施工阶段完成相关设施建设,竣工验收后直接办理接入事宜。

规划、国土、消防、人防、档案、市政公用等部门和单位实行限时联合验收,统一竣工验收图纸和验收标准,统一出具验收意见。对于验收涉及的测量工作,实行"一次委托、统一测绘、成果共享"。

(5)施工安装阶段。工程项目经批准新开工建设,项目即进入施工安装阶段。项目新开工时间,是指工程项目设计文件中规定的任何一项永久性工程第一次正式破土开槽开始施工的日期。不需开槽的工程,正式开始打桩的日期就是开工日期。铁路、公路、水库等需要进行大量土方、石方工程的,以开始进行土方、石方工程的日期作为正式开工日期。工程地质勘察、平整场地、旧建筑物的拆除、临时建筑、施工用临时道路和水、电等工程开始施工的日期不能算作正式开工日期。分期建设的项目分别按各期工程开工的日期计算,如二期工程应根据工程设计文件规定的永久性工程开工的日期计算。

施工安装活动应按照工程设计要求、施工合同及施工组织设计,在保证工程质量、工期、成本及安全、环保等目标的前提下进行,达到竣工验收标准后,由施工承包单位移交给建设单位。

(6)竣工验收交付使用阶段。竣工验收是投资成果转入生产或使用的标志,是全面考核基本建设成果、检验设计和工程质量好坏的重要环节。竣工验收合格的项目即从基本建设转入生产或使用。竣工验收对促进建设项目及时投产、发挥投资效果、总结建设经验都有重要作用。当建设项目的全部单位工程经过验收,符合设计要求,并完成竣工报告、竣工决算等文件的编制后,项目法人按规定,向验收主管部门提出申请,根据国家和部颁验收规程,组织验收。国家对建设项目竣工验收的组织工作,一般按隶属关系和建设项目的重要性而定。大中型项目,由各部门、各地区组织验收;特别重要的项目,由国务院批准组织国家验收委员会验收;小型项目,由主管单位组织验收。竣工验收,可以是单项工程验收,也可以是全部工程验收。经验收合格的项目,写出工程验收报告,办理移交固定资产手续,交付生产使用。

(7)项目后评价阶段。建设项目竣工投产后,一般经过1~2年生产运营后,要进行一次系统的项目后评价。其主要内容包括影响评价、经济效益评价、过程评价。项目后评价一般按三个层次组织实施,即项目法人的自我评价、项目行业的评价、计划部门(或主要投资方)的评价。为规范建设活动,国家通过监督、检查、审批等措施加强工程项目建设程序的贯彻和执行力度。除了对项目建议书、可行性研究报告、初步设计等文件的审批外,对项目建设用地、工程规划等实行审批制度,对建筑抗震、环境保护、消防、绿化等实行专项审查制度。

1.2　项目管理与工程项目管理

1.2.1　项目管理的概念

项目管理的发展历史悠久,如今的项目管理是一种新的管理方式和管理学科的代名词,已渗透到社会生活的各个方面。一方面,项目管理是指管理活动,即有意识地按照项目的特点和规律,对项目进行组织管理的活动;另一方面,项目管理也可以是指管理学科,即以项目管理活动为研究对象的一门学科,目的是探索科学组织管理项目活动的理论与方法。

项目管理是以项目为对象的系统管理方法,是指在一定的约束条件下,为了实现项目的预定目标,通过一个专门性的临时组织,对项目实施所需资源进行的全过程、全方位的策划、组织、控制、协调与监督。项目管理的目的就是保证项目目标的实现,因此项目管理的日常活动通常是围绕项目计划与组织、项目的质量管理、费用控制和进度控制等内容展开的。

1.2.2　工程项目管理的概念及特征

1.工程项目管理的概念

工程项目管理是以工程项目为对象,在有限的资源约束条件下,为最优地实现工程项目目标和达到规定的工程质量标准,根据工程项目建设的内在规律性,运用现代管理理论与方法,对工程项目从策划决策到竣工交付使用的全过程进行计划、组织、协调和控制等系统化管理的过程。

2.工程项目管理的特征

工程项目管理是以实现工程项目目标为目的针对工程项目实施的全过程、全方位的管理,除了具有项目管理的一般特征外,还具有以下鲜明的特征。

(1)工程项目管理具有系统性。工程项目管理必须将其管理对象作为一个系统进行管理,在这个前提下,首先要把工程项目作为一个有机整体全面实施管理,做好工程项目生命周期中各阶段的管理工作,如投资决策、设计、施工和投产运行阶段的全过程、全方位项目管理。其次,要对工程项目进行系统分解,做好工程项目组成中各层级的管理工作,如分项工程、分部工程进而到单位工程的组织安排,使管理效果影响到整个工程项目。

(2)工程项目管理具有综合性。工程项目管理贯穿于整个基本建设程序的各个阶段,在管理过程中,参建各方管理的目标、内容、组织方式、实施方法都会有所不同,涉及很多专业,而项目管理的根本目的就是要努力使这些不同的要求和期望能够很好地实现和综合平衡,因此工程项目的管理活动需要运用各种知识、技能、方法和工具来进行,这就决定了工程项目管理具有多专业共同协作的综合性。这既是工程项目管理的难点所在,也是工程项目管理的挑战性所在。

(3)工程项目管理具有程序性。工程项目的生命周期特点决定了其建设过程具有程序性,即每个工程项目从决策、设计、施工和竣工验收直到投产交付使用的全过程中,各个阶段、各个步骤、各个环节的先后顺序不能混乱。也就是说工程项目管理必须遵循基本建设程序,以保证项目预期目标的实现和管理过程科学有序。

(4)工程项目管理具有规范性。工程项目管理作为一门实践性很强的学科,有其特定的理论、方法和规律,而在项目管理的历史进程中,已有许多成熟的研究成果和实践经验被人们所公认、熟悉和应用,形成了相关的规范和标准,这就决定了工程项目管理是一种专业性的、规范性的、标准化的管理。因此,在工程项目建设的每个阶段都应根据其运行规律进行有效的规范化的管理,并不断完善和改进已有的规范和标准,以保证工程项目管理方法的可行性。

(5)工程项目管理具有风险性。工程项目的独特性决定了其单件性管理的特点,也决定了每一个工程项目都需要进行不同程度的创新,而创新就使得工程项目的管理过程具有了不确定性,从而造成工程项目管理的风险,即工程项目的创新性和风险性是相互关联的。这种风险可能来自建设项目的各阶段、各参建方以及各种外界因素,因此,对于投资额大、建设周期长的工程项目来说,项目管理的风险性尤为突出。

1.2.3 项目参与各方的工程项目管理

从不同角度可将工程项目管理分为不同的类型,通常是按管理主体不同进行分类。从管理主体看,大致有以下几种工程项目管理。

1.业主方的项目管理

(1)业主方项目管理的概念和目的。项目业主是指项目在法律意义上的所有人,是由各投资主体依照一定法律关系组成的项目法人(1996年国家计委将原来的项目业主责任制改为法人责任制,习惯仍称项目业主)。

业主方的项目管理是指由项目业主或委托人对项目建设全过程进行的监督与管理,习惯简称建设项目管理。业主对项目管理的根本目的是实现工程项目的投资目标,保证工程建成后在项目功能与质量上达到设计标准和使用要求。

(2)业主方项目管理的组织形式。按项目法人责任制的规定,新上项目的项目建议书被批准后,由投资方派代表组建项目法人筹备组,具体负责项目法人的筹建工作。待项目可行性研究报告批准后,正式成立项目法人,由项目法人对项目的策划、资金筹措、建设实施、生产经营、债务偿还、资产的增值保值,实行全过程负责;依照国家有关规定对项目的建设资金、建设工期、工程质量、生产安全等进行严格管理。

项目法人可聘任项目总经理或其他高级管理人员,由项目总经理组织编制项目初步设计文件;组织设计、施工、材料设备采购的招标工作,组织工程建设实施,负责控制工程投资、工期和质量。项目总经理可由项目董事会成员兼任或由董事会聘任。

(3)业主对工程项目管理的特点。业主对工程项目的管理表现了各投资方对项目的要求,是工程项目管理的中心,业主对工程项目管理采用间接方式。

(4)业主项目管理的主要工作任务

①项目决策阶段的主要任务:对投资方向和内容做初步构想,选择专业咨询机构,组织编制项目建议书和可行性研究报告,办理项目建议书和可行性研究报告的评审工作,并落实项目建设相关条件。

②项目准备阶段的主要任务:取得选址、资源利用、环境保护等方面的批准文件,以及原料、燃料,水、电、运输等方面的协议文件;组织落实项目建设用地,办理土地征用、拆迁补偿及施工场地的平整等工作。

③项目设计阶段的主要任务:明确勘察设计的范围和设计深度,选择勘察设计单位进行勘察、设计工作;及时办理有关设计文件的审批工作;聘请监理咨询机构,组织开展设备采购、工程施工招标及评标等工作。

④项目施工阶段的主要任务:需由业主办理项目有关批准手续,如施工许可证等;解决

施工所需的水、电、道路等必备条件；向承包方提供施工场地的工程地质和地下管线等资料，协调处理施工现场周围地下管线和邻近建筑物、构筑物，以及有关文物、古树等的保护工作，并承担相应费用；协调设计、施工、监理等方面的关系，组织进行图纸会审和设计交底；确定水准点和坐标控制点，以书面形式交给承包方，并进行现场交验；督促检查合同执行情况，按合同规定及时支付各项款项。

⑤竣工验收阶段的主要任务：组织进行联合试车；组织有关方面进行竣工验收，办理工程移交手续；做好项目有关资料的管理工作。

2.咨询监理方的项目管理

咨询监理方对项目的管理是指咨询监理工程师接受业主的委托，为保证项目的顺利实施，按照委托规定的工作内容，以执业标准和国家法律法规为尺度，对项目进行有效的组织、监督、协调、控制、检查与指导。

（1）咨询监理方项目管理的目的。保障委托方实现其对工程项目的预期目标，按合同规定取得合法收入。

（2）咨询监理方项目管理的特点。咨询监理工程师的工作具有较强的科学性和知识性，属智力服务性工作。咨询监理工程师的管理内容视委托合同而定，不直接从事工程项目实体的建设。工程咨询监理作为一支专业队伍，有其独立的行业管理组织、规范的市场准入、执业规则和道德准则。咨询监理工程师以提供的咨询服务按国家的有关规定收取费用。

（3）咨询监理方项目管理的主要任务。咨询监理工程师对工程项目管理的任务，取决于委托合同。

①项目决策阶段。根据国家宏观政策与发展规划，结合市场调查分析，提出项目的建设内容、产品方案、工艺技术方案、建设方案、厂址布置、环境保护方案等。在项目相关方案研究的基础上，根据有关要求，完成项目的融资方案、投资估算，以及在财务、风险、社会及国民经济等方面的评价，完成相应报告。按委托方及有关项目市批方的要求，对项目的可行性研究报告进行评估论证。根据委托，协助完成项目的有关报批工作。

②项目设计阶段，受业主委托进行项目勘察设计招标和监理工作。按业主委托要求完成项目进度安排，融资方案落实及相应协议的起草工作，协助业主完成或接受业主委托进行设备采购、施工招标工作。协助业主完成项目有关设计文件及项目开工等报批工作。按业主要求，向施工单位进行设计图纸的技术交底工作。按业主要求和国家的有关规定，做好项目设计内容的调整与修改工作。

③项目施工阶段。根据委托和授权对项目施工过程进行监督管理，并对有关问题进行妥善处理，及时向业主报告项目有关进度、质量及费用等方面的情况。为项目投产后的运营做好人员培训、操作规程和规章制度的建立等准备工作。

④项目竣工验收和总结评价阶段。协助业主，做好项目的竣工验收和试生产工作、项目的后评价工作，以及业主委托的其他工作。

3.承包商的项目管理

（1）承包商项目管理的概念及目的。承包商分为工程总承包商、设计承包商和施工承包商等。工程总承包商的项目管理包括设计施工总承包，也包括设计、采购、施工、总承包等。

设计承包商对设计项目的管理习惯上称为设计项目管理。施工承包商的项目管理习惯上称为施工项目管理。

承包商对工程项目管理的主要目的是保证承包的工程项目设计或施工达到合同规定的要求,并取得最大的效益。

(2)承包商项目管理的特点。承包商对项目的管理是以设计、施工或工程总承包合同为根本依据,不管委托方的最终目标是什么,承包商对项目的管理与控制都是以合同规定为标准。管理直接作用于工程项目实体。项目建设过程中资金投入相对较大,管理风险相对增大,所以在项目的实施阶段,加强管理、节约成本显得尤为重要。

(3)承包商项目管理的主要任务。作为承包方,采用的承包方式不同,项目管理的任务不同。

①工程总承包方项目管理的主要任务。总承包方的项目管理贯穿于项目设计、施工全过程。其总任务是依靠自身的技术和优势,在规定的时间内,按质按量地完成工程项目的总承包任务,全面履行工程总承包合同,实现企业的经营方针和目标。

②设计方项目管理的主要任务。设计单位以设计合同为依据,贯彻业主的建设意图,提供符合国家标准规范要求,满足业主需要的设计文件。

③施工方项目管理的主要任务。其任务是依靠企业施工技术和综合实力,对工程施工过程进行系统化管理,完成合同约定的施工任务,实现企业生产经营的方针和目标。

4.银行对工程项目的管理

(1)银行对工程项目管理的目的。为项目提供资金贷款的各金融机构,统称为银行。银行对工程项目管理的目的是保证投入资金的安全性、流动性和效益性。

(2)银行对工程项目管理的特点。银行对工程项目管理的主动权随着资金的投入和建造过程的进行而降低,主要通过采取金融性手段,对项目资金安全性实施监控。

(3)银行对工程项目管理的主要任务。银行对工程项目的管理分为贷前管理和贷后管理两个阶段。贷前管理的主要任务是通过调查,对借款人进行财务评价和信用评价分析,对贷款项目进行评估,决定贷款发放。

贷后管理的主要任务是在贷款发放之后,定期或不定期地对贷款的运行情况进行的分析,及时预测和发现贷款可能存在的风险,以便采取相应措施,及时催收本息,对结清贷款进行评价和总结等。

5.政府对工程项目的管理

(1)政府对工程项目管理的目的。政府对工程项目管理的目的主要在于维护社会公共利益,保证社会经济能够健康、有序和稳步发展,保证国家建设的顺利进行。

(2)政府对工程项目管理的特点。政府对工程项目的管理具有权威性、强制性和指导性,管理手段多样,以宏观管理为主,加强市场准入,强调行业协会的作用。

(3)政府对工程项目管理的主要任务。政府对工程项目管理的主要任务表现在制定各种宏观经济政策,制订经济与社会发展规划,加强重要资源的管理,加强环境与安全管理。

(4)政府对工程项目管理的主要内容。工程项目建设前期所进行的监督与管理,主要包括:审查工程项目建设的可行性和必要性;确定工程建设项目的具体位置和用地面积的范围。

工程项目设计和施工准备阶段所进行的监督与管理,主要包括:审查工程项目的设计是否符合有关建设用地、城市规划的要求;审查工程项目是否符合建筑技术性法规、设计标准的规定;工程项目施工招投标过程的监管。

工程项目施工阶段所进行的监督与管理,主要包括:开工条件审核、施工阶段定期非定期检查,以及竣工检查等。

1.3　工程项目管理知识体系与资格认证

1.3.1　项目管理知识体系

1.美国项目管理知识体系(PMBOK)

1976年美国项目管理学会(PMI)提出了制定项目管理标准的设想,经过十多年的努力,于1987年推出了项目管理知识体系(Project Management Body of Knowledge,PMBOK),几经修订,目前已出版了第六版。PMI在项目管理领域的最大贡献之一,就是科学地提出了PMBOK,也是PMI认证体系在国际上被如此认可的原因。因为一本书不可能把项目管理知识体系的全部内容囊括进来,所以PMI制作的书称为项目管理知识体系指南,即PMBOK Guide,利用该指南,可以查找项目管理相关的其他知识内容。

新版PMBOK强调项目管理知识体系内在的一致性以及与ISO项目管理标准和PMI其他标准的一致性,现将项目管理划分为十大领域,分别为项目整合管理、项目范围管理、项目进度管理、项目成本管理、项目质量管理、项目人力资源管理、项目沟通管理、项目风险管理、项目采购管理、项目干系人管理等。

2.国际项目管理能力基准(ICB)

国际项目管理协会(International Project Management Association,IPMA)建立的国际项目管理能力基准(ICB),用以对项目管理人员必备的知识、经验和能力水平进行综合评估和认证。ICB自1992年正式发布以来已经进行了多次修改和完善。

ICB是一个全球范围内所有成员国认证机构通用的基础。在ICB中,项目管理能力被划分为项目管理的技术能力、社会协调能力、主观能力等七大类60个能力要素。ICB包含在一个成功的项目管理理论与实践中所运用的基础术语、任务、实践、技能、功能、管理过程、方法、技术与工具等,以及在具体环境中应用专业知识与经验进行恰当的、创造性的、先进的实践活动。总体来看,国际项目管理协会所提出的并非严格意义上的知识管理体系,更多地阐述了从事项目管理专业的人员所应具备的能力和对从事项目管理专业相关人员的基本要求,更多地表述了从事项目管理专业的国际认证标准。因此,许多教育机构并没有以国际项目管理协会所提出的知识体系为基准,而是将这些知识融合于各自项目知识结构中。

3.ISO10006项目管理标准

国际标准化组织所颁布的ISO10006是参考美国项目管理学会(PMI)的PMBOK编制的,专门用于保障和提高项目质量管理的标准。ISO10006提供了项目质量管理系统的构成、项目质量管理的概念与方法。ISO10006标准主要是有关项目管理过程的质量及其管理问题,内容包括项目组织的特征,项目质量管理系统,项目策略过程,项目资源管理,项目整合管理,项目与范畴、时间、成本、沟通、风险、采购有关的过程等。

4.中国项目管理知识体系(C-PMBOK)

中国项目管理知识体系的研究工作开始于1993年,2001年7月正式出版了《中国项目管理知识体系-C-PMBOK2001》,2006年进行了修订。中国项目管理知识体系结构,一是项目的组织体系;二是项目生命周期体系;三是以项目管理职能为主线,项目的范围、时间、费用、质量、人力资源、信息、风险、采购和综合管理九大领域相关的项目管理知识;四是项目管理中经常用到的基本方法和工具。

1.3.2   工程项目管理知识体系

1.中国工程项目管理知识体系

中国建筑业协会工程项目管理专业委员会2003年出版了《中国工程项目管理知识体系》第一版,2011年在第一版的基础上进行了部分内容的补充、调整、删改和更新。主要内容包括工程项目范围管理、管理规划、管理组织、项目经理责任制、设计管理,项目合同、采购、进度、质量、费用、职业健康安全、环境、资源、信息、风险、沟通、综合管理等。

该知识体系全面阐述了面向项目寿命周期全过程的工程项目管理活动,构建了工程项目管理的知识模块结构,在第一版的基础上增加了工程项目经理责任制、工程项目资源管理、国际工程项目管理实务、工程项目管理综合案例等内容,使《中国工程项目管理知识体系(第2版)》更具有通用性和实用性。《中国工程项目管理知识体系(第2版)》除作为国际项目经理资质认证(IPMP)、工程项目经理、建造师的培训指导教材外,还可以作为广大工程管理专业人员学习和深造的参考资料。

2.相关执业资格认证要求的知识体系

根据建造师、监理师等执业资格考试科目设置可看出对其知识体系的要求。

(1)建造师执业资格考试设"建设工程经济"、"建设工程法规及相关知识"、"建设工程项目管理"和"专业工程管理与实务"4个科目。其中"专业工程管理与实务"科目分为房屋建筑、公路、铁路、民航机场、港口与航道、水利水电、矿业、市政公用、通信与广电、机电10个专业类别。

(2)造价工程师考试设"工程造价管理相关知识"、"工程造价计价与控制"、"建设工程技术与计量"和"工程造价案例分析"4个科目。其中,"建设工程技术与计量"分土建和安装两个专业。

(3)监理工程师考试设"建设工程监理基本理论与相关法规"、"建设工程合同管理"、"建设工程质量、投资、进度控制"和"建设工程监理案例分析"4个科目。

(4)投资建设项目管理师考试设"宏观经济政策"、"投资建设项目决策"、"投资建设项目组织"和"投资建设项目实施"4个科目。

(5)咨询工程师(投资)考试设"工程咨询概论"、"宏观经济政策与发展规划"、"工程项目组织与管理"、"项目决策分析与评价"和"现代咨询方法与实务"共5个科目。

1.3.3 项目管理专业资质认证

1.国际项目管理专业资质认证体系

国际项目管理专业资质认证(International Project Management Professional,IPMP)是国际项目管理协会在全球推行的四级项目管理专业资质认证体系的总称。IPMP是一种对项目管理人员知识、经验和能力水平的综合评估证明,根据IPMP认证等级划分获得IPMP各级项目管理认证的人员,将分别具有负责大型国际项目、大型复杂项目、一般复杂项目或具有从事项目管理专业工作的能力。

A级(Level A)证书是认证的高级项目经理。获得这一级认证的项目管理专业人员有能力指导一个公司(或一个分支机构)的包括诸多项目的复杂规划,有能力管理该组织的所有项目,或者管理一项国际合作的复杂项目。

B级(Level B)证书是认证的项目经理。获得这一级认证的项目管理专业人员可以管理一般复杂项目。

C级(Level C)证书是认证的项目管理专家。获得这一级认证的项目管理专业人员能够管理一般非复杂项目,也可以在所有项目中辅助项目经理进行管理。

D级(Level D)证书是认证的项目管理专业人员。获得这一级认证的项目管理人员具有项目管理从业的基本知识,并可以将它们应用于某些领域。

2.美国项目管理专业资质认证体系

美国项目管理学会(PMI)的项目管理专业资质认证称为PMP(Project Management Professional)。PMI的资格认证制度从1984年开始,通过认证成为"项目管理专业人员"。PMP证书体系只有一个级别,PMP的考核标准是PMBOK。

3.中国项目管理专业资质认证标准

IPMA已授权中国项目管理研究委员会(PMRC)在中国进行IPMP的认证工作,PMRC建立了国际项目管理专业资质认证中国标准(C-NCB)。

1.3.4 工程项目管理执业资格认证

1.建造师执业资格认证

建造师是指从事建设工程项目总承包和施工管理关键岗位的执业注册人员。取得建造师执业资格证书且符合注册条件的人员,经过注册登记后,即获得建造师注册证书。建造师注册受聘后,可以建造师的名义担任建设工程项目施工的项目经理,从事其他施工活动的管理,从事法律、行政法规或国务院建设行政主管部门规定的其他业务。建造师的职责是根据企业法定代表人的授权,对工程项目自开工准备至竣工验收,实施全面的组织管理。

2002年12月5日,人事部、建设部联合印发了《建造师执业资格制度暂行规定》(人发〔2002〕111号),标志着我国建造师执业资格制度的正式建立。

2.监理工程师执业资格认证

监理工程师是指经全国统一考试合格,取得《监理工程师资格证书》并经注册登记的工程建设监理人员。监理工程师实行注册执业管理制度,取得资格证书的人员,经过注册方能以监理工程师的名义执业。

1992年6月,建设部发布了《监理工程师资格考试和注册试行办法》(建设部第18号令),我国开始实施监理工程师资格考试。1996年8月,建设部、人事部下发了《建设部、人事部关于全国监理工程师执业资格考试工作的通知》(建监(1996)462号),从1997年起,全国正式举行监理工程师执业资格考试。

3.造价工程师执业资格认证

造价工程师是通过全国造价工程师执业资格统一考试或者资格认定、资格互认,取得中华人民共和国造价工程师执业资格,并按照《注册造价工程师管理办法》注册,取得中华人民共和国造价工程师注册执业证书和执业印章,从事工程造价活动的专业人员。

1996年,依据人事部、建设部关于印发《造价工程师执业资格制度暂行规定》的通知(人发(1996)7号),开始实施造价工程师执业资格制度,1998年1月,人事部、建设部下发了《关于实施造价工程师执业资格考试有关问题的通知》(人发(1998)8号),并于当年在全国首次实施了造价工程师执业资格考试。

4.投资建设项目管理师资格认证

投资建设项目管理师是指通过全国统一考试取得《中华人民共和国投资建设项目管理师职业水平证书》的人员,可受聘承担投资建设项目高层专业管理工作。

根据人事部、国家发展和改革委员会关于印发《投资建设项目管理师职业水平认证制度暂行规定》和《投资建设项目管理师职业水平考试实施办法》的通知(2004年12月16日国人部发〔2004〕110号),从2005年2月1日起,国家对投资建设项目高层专业管理人员实行职业水平认证制度,并纳入全国专业技术人员职业资格证书制度统一规划。

5.注册咨询工程师执业资格认证

注册咨询工程师是指通过全国统一考试,取得《中华人民共和国注册咨询工程师(投资)执业资格证书》,经注册登记后,在经济建设中从事工程咨询业务的专业技术人员。

2001年12月,根据人事部、国家发展计划委员会《关于印发〈注册咨询工程师执业资格制度暂行规定〉和〈注册咨询工程师执业资格考试实施办法〉的通知》(人发〔2001〕127号),国家开始实施注册咨询工程师(投资)执业资格制度。

1.4 工程项目管理的历史沿革与发展趋势

1.4.1 古代工程项目管理

我国古代的工程建设水平在世界上处于领先地位,曾经建设了大量规模宏大且技术复杂的工程,创造了许多灿烂的建筑文明。这些伟大工程的实现表明我国古代的工程管理水平也是非常先进的,否则很难取得项目成功,工程也很难达到那么高的技术水准。因此从历史中挖掘和探究古人在工程项目管理中采用的理念、方法以及经验教训是有重要意义的。

1.古代工程的组织与实施方式

古代的许多大型工程都是以国家或官府名义展开的,如皇家宫殿、官府建筑、水利工程、陵墓工程、城墙等,这些工程大都规模宏大,工程费用涉及国库开支,所以各个朝代对国家工程管理都十分重视,有一套独立的运作系统和规则。

每一个历史时期工程的组织和实施方式,都在很大程度上反映了当时的生产力发展水平、社会的政治和经济体制。在我国古代,由于生产力水平低下,民间工程建设通常规模较小,建造过程与管理简单。一般采用业主自营方式进行,社会分工比较简单,设计、施工和管理没有明确的界限,通常都集中于业主自身或其代表。这种组织和实施方式在我国现在农村仍然存在。

(1)实施组织。我国古代政府工程的实施组织基本上可以分为工官、工匠、民役三个层次。

①工官代表政府、皇家,作为建筑工程的主管部门。在殷周时就设置有司空、司工之职专门管理官营工程。秦代设置有"将作少府",汉代开始有"将作大匠",隋朝后称为"将作监",主管建造宫殿、城郭、陵墓等工程的计划、设计、预算、施工组织、监工、验收、决算等工作。

隋代开始在中央政府设立"工部"作为六部之一,到了清朝,工官制度更加完善。工官集制定建筑法令法规、规划设计、征集工匠、采办材料、组织施工于一身。

与中央政府工部对应,各府州县均设工房主管营建,职掌建筑设计、工料估算、工程做法等事宜。

②工匠,或者工官匠人,是专门为皇室及政府服务的建筑工匠,既负责设计,又负责施工和现场管理,他们既是管理者,又是工程技术人员。

在我国封建社会的每个朝代都有一套工匠管理制度。工匠在工程中要受工官的严格管理和监督。

到了清代,工业化程度很高,工匠分工很细,在工程中常用的就有石匠、木匠、锯匠、瓦匠、窑匠、画匠等25种。

③民役,在古代工程中的劳务最常见的是民役,即通过派徭役的形式将农民或城市居民强行征集到工程上。这些人通常在工程上做粗活。在我国奴隶社会和封建社会时期还经常征调囚徒进行一些大型国家工程的施工,例如秦始皇建造秦始皇陵和阿房宫时就调集"隐宫、徒刑者"70余万人。

(2)实施管理模式。我国古代工程的实施有自己适宜的管理模式,一般都采用集权管理方式,有一套严密的军事化的或准军事化的管理组织形式。它保证了规模巨大、用工繁多、技术复杂的大型建筑工程能在较短的工期内完成,而且质量十分精良。

古代大型工程一般都由国家组织实施,由政府派员或由各级政府领导人负责工程建设,成立临时管理机构(与我国现在的建设指挥部相似),工程完工后即撤销。例如大家熟知的都江堰工程由太守李冰负责建造,秦代万里长城和秦直道的建设由大将蒙恬和蒙毅负责,汉长安的建设由丞相萧何总负责。

这种以政府或军队的领导负责大型工程管理的模式在我国持续了很长时间,使许多工程的建设获得了成功。在中华人民共和国成立后到20世纪80年代中期,我国许多大型基本建设工程由军队指挥员负责管理,也有许多大型国家工程和城市建设工程仍然由政府领导人担任管理者(如工程建设总指挥)。这和我国的文化传统、政治和经济体制相关。它能够方便协调周边组织,有效调动资源,快速高效地完成工程。

(3)实施程序。在我国历史上,具体工程建设的规划、设计和施工,有一套独特的程序。《春秋左传》中就比较具体地记载了在2500多年前东周城墙工程的建设过程,包括工程规划、测量放样、设计城墙的厚度和壕沟的深度、计算土方工作量和土方调配、工期计划计算用工量和用料量、考虑工程费用和准备粮食的后勤供应,并向诸侯摊派征调劳动力等,非常详细具体。到了清代,建筑工程的建设程序已经十分完备,有了计划、设计、成本管理、施工质量管理、竣工验收、保修等管理工作。这个流程与现代工程建设过程十分相似。

2.古代工程的标准化

在传统的雇工营造模式下,历朝大规模的工程活动既要保证工程的质量、控制成本,又要使工程符合礼制,这就要求有建造标准来规范建造活动。建造标准既是工程建造的依据,又是工程建造活动和工程建造专业人员的经验总结。

《周礼·考工记》就是一个古代工程的标准,详细描述了各种器物的制作方式、尺寸、工艺、用料,甚至原材料的出产地,各种不同用途合金的配比要求,还包括城市建设工程规划标准、壕沟、仓储、城墙、房屋的施工要求等。

宋代李诫(宋徽宗时将作少监)编制的《营造法式》第一次对古代建筑体系做了比较全面的技术性总结,跟现代的工程规范很相似。

清雍正十二年(1734年)由工部颁布的《工程做法则例》,全书74卷。这是作为房屋营造工程定式"条例"颁布的,可见那时的工程标准化水平已经非常高了。

3.古代工程项目的目标管理

我国古代工程在计划管理、质量管理、工程估价与费用管理以及运行维护制度方面也都处于当时的领先水平。

宋人沈括《梦溪笔谈》记载了丁谓在修建北宋皇宫时采用的"一举而三役济",可算作是计划管理中的典范。

《周礼·考工记》中提到的"天有时,地有气,材有美,工有巧,合此四者,然后可以为良",与现代质量管理中的4M1E思想非常契合。

从《儒林外史》第40回描写的萧云仙修建青枫城城墙的故事中,可以看出当时已经有了严密的工程审计制度。

可以说,我国古代的工程管理水平已经到了非常高的水平。

1.4.2 现代工程项目管理

现代工程管理是在20世纪50年代以后发展起来的。由于现代战争的需求,同时社会生产力高速发展,大型及特大型工程越来越多,如航天工程、核武器研制工程、导弹研制工程、大型水利工程、交通工程等,由于工程规模大,技术复杂,参加单位多,又受到时间和资金的严格限制,需要新的管理手段和方法。例如,1957年美国海军的北极星导弹计划的实施项目被分解为6万多项工作,有近4000个承包商参加。为了解决进度的计划和控制方法问题,出现了计划评审技术PERT网络。这些方法很快就在工程建设中推广应用。

　　我国当时学习苏联的工程管理方法,引入施工组织设计与计划,内容包括施工技术方案、组织结构、工期计划和优化、质量保证措施、资源(如劳动力、设备、材料等)计划、后勤保障(现场临时设施、水电管网等)计划、现场平面布置等。在对建筑工程劳动过程和效率研究的基础上,我国工程定额的测定和预算方法也趋于完善。

　　20世纪50年代,钱学森出版了《工程控制论》,发表了《组织管理的技术——系统工程》、《系统思想和系统工程》等文章,是我国系统科学发展的第一个里程碑,并在国防工程领域推广应用。

　　20世纪60年代,国际上利用计算机进行网络计划的分析计算已经成熟,人们可以用计算机进行工期的计划和控制,并进行资源、计划和成本预算,在网络计划的基础上实现了工期、资源和成本的综合计划、优化和控制。这不仅扩大了工程管理的研究和应用的深度和广度,而且大大提高的工程管理效率。

　　60年代初,华罗庚教授用最简单易懂的方法将双代号网络计划技术介绍到我国,将它称为统筹法,并将其运用于纺织、冶金、制造、建筑工程领域,取得了很好的效果。

　　20世纪70年代初,国际上人们将信息系统方法引入工程管理中,开始研究工程项目管理信息系统模型。同时,工程管理的职能管理方面的探索也在不断扩展,人们对工程管理过程和各种管理职能进行全面系统的研究,如合同管理、安全管理等,在工程的质量管理方面提出并普及了全面质量管理(TOM)或全面质量控制(TQC)。

　　20世纪70年代末、80年代初,计算机得到了普及,这使工程管理理论和方法的应用走向了更广阔的领域。

　　20世纪80年代以来,人们进一步扩大了工程管理的研究领域,如工程全寿命期费用的优化、合同管理、全寿命期管理、集成化管理、风险管理、不同文化的组织行为和沟通的研究和应用,在计算机应用上则加强了决策支持系统、专家系统和互联网技术在工程管理中应用的研究。现代信息技术对工程管理的促进作用是十分巨大的。

　　1982年,钱学森出版了《论系统工程》,提出了系统思想和系统分析方法,并提出开放巨系统概念及其方法论——综合集成方法。这对于我国国防工程管理的发展有重大影响。

　　20世纪80年代,随着改革开放和市场经济的发展,许多大型项目开工建设,如长江葛洲坝水电站工程、宝钢工程等。在市场经济下,工程项目管理理论开始快速发展,同时,德国、美国、日本和世界银行的项目管理理论和实践经验,随着文化交流和项目建设,陆续传入中国。1987年,由世界银行投资的鲁布革引水隧洞工程进行工程项目管理和工程监理取得成功,迅速在我国形成了鲁布革冲击波。1988-1993年,在建设部的领导下,对工程项目管理和工程监理进行了5年试点,于1994年在全国全面推行,取得了巨大的经济效益、社会效益、环境效益和文化效益。从80年代开始,我国在建设工程领域进行了一系列的工程管理体制改革,引进了现代工程项目管理相关制度,例如投资项目法人责任制、监理制度、项目法施工、工程招标投标制度和合同管理制度等。在工程项目中也出现了许多新的融资方式、管理模式、合同形式、组织形式等。

　　近十几年来,在国际工程中人们提出了许多新的理念,如:多赢,照顾各方面的利益;鼓励技术创新和管理创新;注重工程对社会和历史的责任;工程的可持续发展等。另外,在工程的全寿命期评价和管理、集成化管理、项目治理、工程项目管理知识体系、工程管理标准化、工程管理理论和方法、工程哲学等方面有许多研究、开发和应用成果。随着科学技术的发展和社会的进步,对工程的需求也越来越多,这将进一步促进工程管理理论和方法的发展。

1.5 案例:鲁布革水电站项目工程管理案例

鲁布革位于滇、桂、黔三省(区)结合部,被称为"鸡鸣三省"之地。"鲁布革"是布依语,"鲁"意为"民族","布"意为山清水秀的地方,"革"意为"村寨"。鲁布革意为"山清水秀的布依村寨"。不过,让这里闻名于世的是因为建设鲁布革水电站。在建筑界,鲁布革还有另一层影响更深远的含义。

1987年9月,国务院召开全国施工会议,推广"鲁布革经验",要求把竞争机制引入工程建设领域,实行招标投标;工程建设实行全过程总承包方式和项目管理;施工现场的管理机构和作业队伍精干灵活,真正能战斗;科学组织施工,讲求综合经济效益。

鲁布革冲击至今还有余响,鲁布革经验至今仍在影响着中国建筑业。它开启了中国建设管理全新升级之旅,建筑业界开始学习先进的项目管理方法和施工技术,鲁布革由此在行业内尽人皆知。所以说,鲁布革的"鸡鸣"已经不止三省,早已远波全国,甚至在世界上也有耳闻。

鲁布革水电站是我国第一个利用世界银行贷款的基本建设项目,根据协议,工程三大部分之一的引水隧洞工程必须进行国际招标。这吸引到8个国际承包商来竞标,结果日本大成公司中标。

至完工后日本大成公司共制造出了至少三大冲击波:第一波——价格,中标价仅为标底的56.58%;第二波——队伍,日本大成公司派到现场的只有一支30人的管理队伍,作业工人全部由中国承包公司委派;第三波——结果,完工决算的工程造价为标底的60%、工期提前156天、质量达到合同规定的要求。

这令人咋舌的低成本、高质量、高速度和高效益,让当时中国建筑界的从业者叹为观止。时任国务院副总理李鹏感叹:"看来同大成的差距,原因不在工人,而在管理。"

1.引水系统工程国际招标概况

鲁布革水电站位于云南罗平县和贵州兴义县交界处,黄泥河下游的深山峡谷中。1981年6月国家批准建设装机容量60万千瓦的中型水电站,被列为国家重点工程。工程由首部枢纽、发电引水系统和厂房枢纽三大部分组成。

1977年,水电部就着手进行鲁布革水电站的建设,水电十四局开始修路,进行施工准备,但工程进展缓慢。1981年水电部决定利用世界银行贷款。世界银行的贷款总额为1.454亿美元,按其规定,引水系统工程的施工要按照FIDIC(国际咨询工程师联合会)组织推荐的程序进行国际公开招标。投标单位及报价如表1-1所示。

表1-1　投标人折算报价

单位:元

投标单位	报价
日本大成公司	84,630,590.97
南斯拉夫能源工程公司	132,234,146.30
日本前田公司	87,964,864.29
意美合资英波吉洛联营公司	92,820,660.50
中国闽昆、挪威FHS联营公司	121,327,425.30
法国SBTP公司	179,393,719.20
中国贵华、联邦德国霍兹曼联营公司	119,947,489.60
德国霍克蒂夫公司	废标

1982年9月招标公告发布,设计概算1.8亿元,标底1.4958亿元,工期1579天。1982年9月至1983年6月,资格预审,15家符合资格的中外承包商购买标书。1983年11月8日,投标大会在北京举行,总共有8家公司投标,其中一家废标。法国SBTP公司报价最高(1.79亿元),日本大成公司报价最低(8463万元)。两者竟然相差1倍多。评标结果公布,日本大成公司中标(投标价8463万元,是标底的56.58%,工期1545天)。

2.工程施工情况

(1)准备。大成公司提出投标意向之后,立即着手选配工程项目领导班子。他们首先指定了所长泽田担任项目经理,由泽田根据工程项目的工作划分和实际需要,向各职能部门提出所需的各类人员的数量比例、时间、条件,各职能部门推荐备选人名单。磋商后,初选的人员集中培训两个月,考试合格者选聘为工程项目领导班子的成员,统归泽田安排。大成公司采用施工总承包制,在现场的日本管理和技术人员30人左右,而作业层则主要从中国水电十四局雇用424名工人。

(2)组织保障。日本大成公司中标后,设立了鲁布革大成事务所,与本部海外部的组织关系是矩阵式的。项目组织与企业组织协调配合十分默契。大成事务所所有成员在鲁布革项目中统归项目经理泽田领导,同时,每个人还以原所在部门为后盾,服从部门领导的业务指导和调遣。

比如设备长宫晃,他在鲁布革工程中,负责工程项目所有施工设备的选型配置、使用管理、保养维修,以确保满足施工需要和尽量节省设备费用,对泽田负完全责任;同时,他要随时保持与原本部职能部门的密切联系,以取得本部的指导和支持。当重大设备部件损坏,现场不能修复时,他要及时报告本部,由本部负责尽快组织采购设备并运往现场,或请设备制造厂家迅速派员赶赴现场进行修理。

比如工程项目隧洞开挖高峰时,人手不够,本部立即增派相关专业人员抵达现场支持。当开挖高峰过后,到混凝土初砌阶段,本部立即将多余人员抽回,调往其他工程项目。这样的矩阵式组织架构,既保证了项目的急需,又提高了人力资源使用率。

(3)科学管理。根据项目效益制定奖励制度。将奖励与关键路径结合,若工程在关键路径部分,完成进度越快,奖金越高;若在非关键路径部分的非关键工作,干得快反而奖金少。就是说,非关键工作进度快了对整个工程没有什么效益。

(4)施工设备管理。不备机械设备,多备损坏率高的机械配件。机械出现故障,将配件换上即可立即恢复运转。机械不离场,机械损坏,在现场进行修理,而不是将整台机械运到修理厂。操作机械的司机乘坐班车上下班。

(5)方案优化。大成公司将施工图设计和施工组织设计相结合进行方案优化。比如,开挖 8800 米长、8 米直径的引水隧洞,采用圆形断面一次开挖方案。当时国内一般是采用马蹄形开挖,直径 8 米的洞,下面至少要挖平 7 米直径宽,以便于汽车进出,主要是为了解决汽车出渣问题。大成公司优化施工方案,改变了施工图设计出来的马蹄形断面开挖,采用圆形断面一次开挖成形的方法。计算下来,要比马蹄形方式少挖 6 万立方米,同时就减少了 6 万立方米的混凝土回填量。圆形开挖的出渣方法是:保留底部 1.4 米先不挖,做为垫道,然后利用反铲一段段铲出来。比如改变汽车在隧道内掉头的做法,先前是每 200 米搞个 4 米×20 米的扩大洞,汽车可调头;大成公司采用在路上安装个转向盘,汽车开上去 50 秒就可实现掉头,仅此一招就免去了 38 个扩大洞,减少 5 万立方米开挖量和混凝土回填量。

大成在鲁布革水电站隧道工程上使用过的施工工法很多。其中最具影响力的当推"圆形断面开挖工法"和"二次投料搅拌工法"。资料表明,大成在鲁布革水电站隧道工程上仅仅由于使用上述两种工法,就节约 2070 万元。

(6)施工进度。1984 年 11 月开工,1988 年 12 月竣工。开挖 23 个月,单头月平均进尺 222.5 米,相当于我国同类工程的 2～2.5 倍。在开挖直径 8.8 米的圆形发电隧洞中,创造了单头进尺 373.7 米的国际先进纪录。

(7)合同管理。合同管理制度相比传统那种单纯强调"风格"而没有合同关系的自家"兄弟"关系,发挥了管理刚性和控制项目目标的关键作用。

合同执行的结果是:工程质量综合评价为优良,包括除汇率风险以外的设计变更、物价涨跌、索赔及附加工程量等增加费用在内的工程结算为 9100 万元,仅为标底 14958 万元的 60.8%,比合同价仅增加了 7.53%。

(8)焦点所在。大成从日本只带来管理人员,工人和工长都是国内施工企业提供,施工设备并不比国内的先进,就创造出了比当时国内施工企业高得多的效率。同样的工人和设备只是在不同的管理之下就出现如此大不同的结果。

施工中,以组织精干、管理科学、技术适用、强有力的计划施工理念,创造出了工程质量好、用工用料省、工程造价低的显著效果,创造出了隧洞施工国际一流水准。

(9)相形见绌。相比引水隧洞施工进展,水电十四局承担的首部枢纽工程进展缓慢,1983 年开工,世界银行特别咨询团于 1984 年 4 月和 1985 年 5 月两次到工地考察,都认为按期完成截流计划难以实现。施工单位发动千人会战,进度有加快,但成本大增、质量出现问题。

1985 年国务院批准鲁布革工程厂房工地开始率先进行项目法施工的尝试。参照日本大成公司鲁布革事务所的建制,建立了精干的指挥机构,使用配套的先进施工机械,优化施工组织设计,改革内部分配办法,产生了我国最早的"项目法施工"雏形。通过试点,提高了劳动生产力和工程质量,加快了施工进度,取得了显著效果。在建设过程中,水利电力部还实行了国际通行的工程监理制和项目法人负责制等管理办法,取得了投资省、工期短、质量好的经济效果。到 1986 年底,历时 13 个月,不仅把耽误的 3 个月时间抢了回来,还提前 4 个半月结束了开挖工程,安装车间混凝土工程提前半年完成。

 思考题

    1.什么是工程项目?它有哪些特点?

    2.工程项目管理的内涵是什么?它与企业管理有何不同?

    3.如何理解工程项目的系统划分?

    4.简述工程项目的建设过程。

第2章　工程项目管理组织

在工程项目开展的过程中,需要组建项目团队并进行有效的管理,以保证工程项目的顺利完成。古代有一个非常成功的项目团队,就是《西游记》中的取经团队。该项目团队组建科学合理,分工明确,在不断磨合的过程中,群策群力,最终实现了取经任务的顺利完成。工程项目的成功与取经的成功有着众多的相似之处。本章将对工程项目的管理组织进行介绍。

2.1　工程项目组织管理概述

组织是一个具有较多含义的多义词,国内外很多学者从组织的不同角度给出了不同解释,如路易斯·A.艾伦(Louis A·Allen)就将正式的组织定义为:为了使人们能够最有效地工作去实现目标而进行明确责任、授予权力和建立关系的过程。系统组织理论创始人切斯特·巴纳德(Chester Barnard)就将组织定义为是一个由多个个体组成的系统,也是一个有意识地去协调多个个体行为和力量的系统。根据巴纳德的定义,组织的三个要素是:共同的目的、服务的意愿和沟通。而组织行为学的权威斯蒂芬·P.罗宾斯(Stephen P. Robbins)则将组织从词性上进行划分,当组织作为名词来解释时,其内涵是若干要素相结合的形式,在这些形式中,组织通过制度和规定划分了各要素的职能和层次,因此,组织就变成了一个要素整合体,据此组织可被定义为按照一定规则而设置的有层次、有职责的系统总体;当组织作为动词来解释时,其内涵是指有计划、有目的的行为活动,这时组织就变成了一个管理活动,是为了完成某一计划或目标,运用组织赋予的权利,对所拥有的资源进行合理配置,并在此基础上采取或开展的一系列管理活动。相对而言,罗宾斯给出的组织定义更加全面一些。

组织具有目标一致性、原则统一性、资源有机结合性和活动结构协调性等特点。合理的组织应该是:目标一致性和管理统一性相结合;管理幅度与管理层次相适应;权力责任相对等;集权分权相结合;分工合理密切合作;任务与组织平衡;良好的组织纪律与秩序;适应环境,具有弹性的。

工程项目组织作为组织的一种类型,具有一般组织的特征。但由于工程项目的特殊性,工程项目组织还具有以下几个特征:

(1)临时性。工程项目是一次性任务,因此为完成工程项目而建立的组织也是一次性的,等到项目结束后,工程项目组织即解散或者重新组成其他项目组织。

(2)项目组织类型多、结构复杂。由于工程项目参与人数众多、关系复杂,参与人在项目中的地位和作用不同而且各自的经营目标也不同,从而形成了不同类型的项目管理,为了完成项目的共同目标,各个成员应相互协调、积极适应。

(3)项目组织管理变化大。工程项目组织存在着许多不同的阶段,在不同的阶段项目的内容不同,项目参与人也不同,即使是同一参与人在不同项目阶段的任务可能也是不一样的,因此项目组织管理内容随项目实施的不同阶段而变化。

(4)项目组织与企业组织之间关系复杂。项目组织往往是企业组织的有机组成部分,企业是它的母体,项目组织是由企业组建的,项目管理人员来自企业,项目组织解体后,其人员仍回企业,所以项目的组织形式与企业的组织之间密切相关。

2.2 工程项目管理模式

工程项目管理模式,即工程项目实施的组织方式,指在项目实施中进行组织策划,用科学的组织结构和高效的组织效率来最优实现项目目标的方式。为满足不同管理项目的管理需求,通过多年的工程实践与发展,工程项目管理已逐步产生了DBB(Design-Bid-Build,即设计—招标—建造)、DB(Design-Build,即设计—建造)、CM(Construction Management,即建设管理)、MC(Management Contracting,即管理承包)、BOT(Build-Operate-Transfer,即建造—运营—移交)、EPC(Engineering-Procurement-Construction,即设计-采购-建造)、Partnering、PPP(Public-Private Partnership,即公私合作)等多种不同类型的工程项目管理模式。不同的组织管理模式有不同的合同体系和管理特点,也有各自的应用范围。在工程项目的组织管理中,组织管理模式的选择还需要基于项目组织的原则,根据工程项目的具体特点、建设环境、风险状况以及业主需求等因素来综合参考和确定。

2.2.1 DBB模式

DBB模式(见图2-1)是一种在国际上比较通用的传统模式,世界银行、亚洲开发银行贷款项目和采用国际咨询工程师联合会(FIDIC)的合同条件的项目均采用这种模式。这种模式最突出的特点是强调工程项目的实施必须按设计、招标和建造的顺序进行,只有一个阶段结束后才能开始另一个阶段的有关工作。采用这种模式时,业主与服务机构签订专业服务合同,在服务机构的协助下,通过竞争性招标方式将工程项目交给报价和质量都能满足要求且具有资质的投标人。

DBB模式的优点是参与项目的三方,即业主、服务机构和承包商在合同的约定下,各自行使自己的权力,履行自己的义务,因此这种模式可以使三方的责任、权利分配明确,避免了行政部门的干扰。由于长期、广泛地在世界各地采用,因而管理方法较成熟,各方都对有关程序熟悉;可自由选择咨询设计人员,对设计要求可进行控制;可自由选择监理人员监理工程。但由于这种模式在项目管理方面是按照线性顺序进行设计、招标和实施管理的,因此,建设周期长,投资成本容易失控,业主单位管理的成本相对较高,建筑师、工程师和承包商之间协调比较困难。由于建造商无法参与设计工作,设计的"可施工性"差,设计变更频繁,导致设计与施工的协调困难,可能发生争端,使业主利益受损。另外,项目周期长,业主管理费较高,前期投入较高;变更时容易引起较多的索赔。

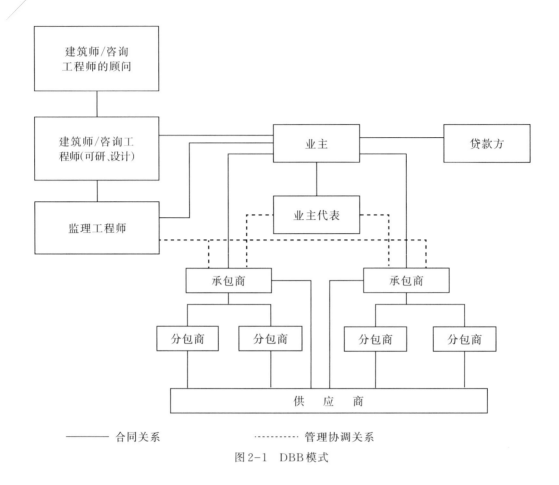

——— 合同关系　　　…………… 管理协调关系

图 2-1　DBB 模式

2.2.2　DB 模式

　　DB 模式(见图 2-2)是一种由承包商全部负责工程项目的设计、施工和安装的总承包模式,是为了解决设计与施工分离的弊端而产生的一种新模式。

　　DB 模式的优点是对业主而言,管理简单,只需签订一份项目总承包合同,相应的协调组织工作量较小;总承包合同一经签订,项目总造价也就确定,有利于控制项目总投资,能做到项目各阶段的合理衔接,而且项目周期较短。但是对总承包单位而言,由于承担了项目总体的协调工作,加之总承包合同的签订在设计之前,之后的招标发包工作及合同谈判、合同管理的难度较大等,总承包商承担了较大的风险,所以签订的合同总价会因总承包单位的管理费及项目承包的风险费高而较高。在项目总承包管理模式中,质量控制的关键是做好设计准备阶段的项目管理工作,因为对工程实体质量的控制由项目总承包单位实施;而在招标时,项目的质量要求难以全面、明确、具体地描述,使业主对项目的质量标准、功能和使用要求的控制较为困难,质量控制的难度大。

　　这种模式在某些行业中广泛应用,尤其对于工业建筑。在建设诸如炼油厂、发电站这类工业项目时,项目的复杂性使 DB 模式成为首选。事实上,在 DBB 传统模式流行前,几乎所有的项目都采用 DB 模式。

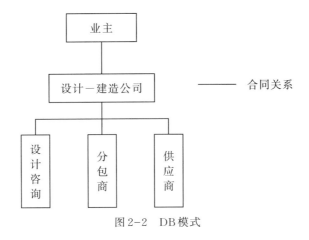

图2-2　DB模式

2.2.3 CM模式

　　CM模式通常由业主和具有施工经验的CM单位和CM经理组成,共同组织和管理工程的规划、设计与施工,其目的是将工程项目的实施作为一个完整的过程来对待,并同时考虑设计与施工因素,力求使工程项目在尽可能短的时间内建成并投入使用。CM模式分为代理型CM模式(见图2-3)和非代理型CM模式(见图2-4)。

　　1.代理型CM模式(CM/Agency)

　　代理型CM模式的特点是业主分别与设计、施工承包商和CM经理签订合同,CM经理协助业主进行设计优化和施工管理,实现设计与施工的紧密衔接,但不对投资负责。

　　代理型CM模式的优势有:业主可自由选定建筑师或工程师;招标前可确定完整的工作范围和项目原则;有完善的管理与技术支持。但是CM经理不对进度和成本做保证;可能索赔与变更的费用较高,也就是说业主风险很大。

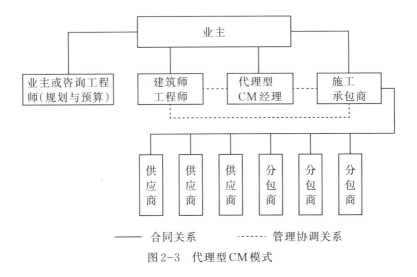

图2-3　代理型CM模式

2.非代理型 CM 模式(CM/Non-Agency)

非代理型 CM 模式也称为风险型 CM 模式,该模式的特点是业主一般不与施工单位签订工程合同,有时只与少量施工单位和材料供应单位签订合同,而 CM 经理与施工单位和材料、设备供应单位签订合同,CM 经理需要对施工的最高合同总价负责,并承担风险。

此模式的优点是可提前开工、提前竣工,业主任务较轻,风险较小;缺点是总成本中包含设计和投标的不确定因素,可供选择的风险型 CM 公司较少。

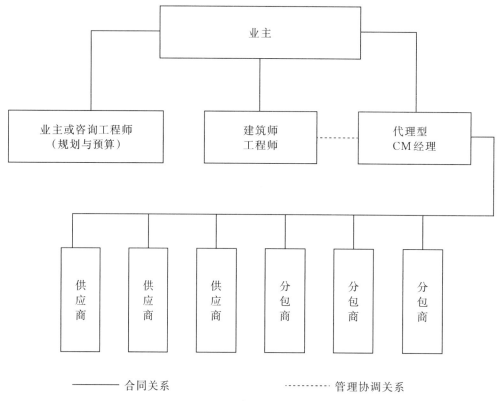

——— 合同关系   ·········· 管理协调关系

图2-4 非代理型 CM 模式

2.2.4 MC 模式

MC 模式(见图2-5)是指工程项目管理企业按照合同约定,代表业主对工程项目的组织实施进行全过程或若干阶段的管理和服务,还负责完成合同约定的工程初步设计(基础工程设计)等工作。项目管理承包企业一般按照合同约定承担一定的管理风险和经济责任。

MC 模式的优势在于可充分发挥管理承包商在项目管理方面的专业技能,统一协调和管理项目的设计与施工,减少矛盾;如果管理承包商负责管理施工前阶段和施工阶段,则有利于减少设计变更;可方便地采用阶段发包,有利于缩短工期;一般管理承包商承担的风险较低,有利于激励其在项目管理中的积极性和主观能动性,充分发挥其专业特长。但在 MC 模式中业主与施工承包商没有合同关系,因而控制施工难度较大,而且同传统模式相比,增加了一个管理层,也就增加了一笔管理费。

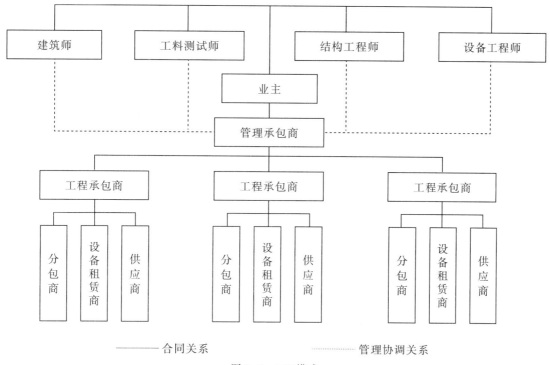

图2-5　MC模式

2.2.5　BOT模式

政府通过特许权协议,授权项目发起人(主要是民营/外商,也可是国企)联合其他公司/股东为某个项目(主要是自然资源开发和基础设施项目)成立专门的项目公司,负责该项目的融资、设计、建造、运营和维护,在规定的特许期内向该项目的使用者收取适当的费用,由此回收项目的投资、经营和维护等成本,并获得合理的回报;特许期满后,项目公司将项目无偿移交给政府。

利用BOT模式(见图2-6)可以通过采取民间资本筹措、建设和经营的方式吸引各种资金参与到项目建设中来,在一定程度上能缓解基础设施建设不足与建设资金短缺的矛盾,而且由建设单位独自承担投资风险转换为由投资者、贷款者及相关当事人共同承担投资风险后,有利于分散投资风险。在明确投资回报率和回报方式的前提下,有利于减少建设单位和承包单位间的纠纷。同时,由于在项目建设完毕投入使用后,承包商根据特许经营协议在一定期限内经营和管理该项目并取得利润,以实现投资回报,因此,承包商在工程建设过程中会高度重视建设的质量和效率,有利于保障工程质量及先进技术和管理方法的不断改进与提升。但是,BOT模式也存在一些缺点。对政府而言,需要承担政治和外汇等风险,税收流失;而且政府和企业之间需要经过长期调查了解和谈判磋商,才能在项目的委托建设和特许经营方面达成协议,这使项目前期工作过多、工程的建设周期更长、投标费用更高、投资方和贷款人风险过大、项目融资更加艰难。因此,是否选择采用BOT工程项目管理模式,还需要综合考虑BOT模式的优缺点及工程项目的实际情况。

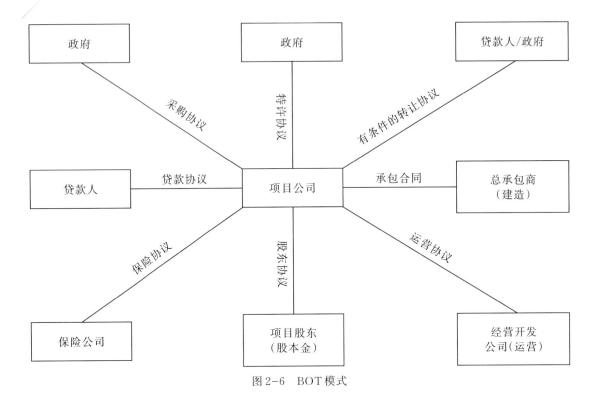

图 2-6　BOT模式

2.2.6　EPC模式

　　EPC模式(见图2-7)是在项目决策阶段以后,从设计开始,经招标,委托一家工程公司对设计—采购—建造进行总承包,因而又称为设计施工一体化模式。在EPC模式中,它不仅包括具体的设计工作,而且可能包括整个建设工程内容的总体策划以及整个建设工程实施组织管理的策划和具体工作。业主只要大致说明一下投资意图和要求,其余的工作均由EPC承包商来完成,如材料和工程设备的采购等。

　　EPC模式的优点是在项目初期选定承包商项目组成员,连续性好,项目责任单一,简化了合同组织关系,有利于业主管理,同时由一个承包商对整个项目负责,避免了设计和施工的矛盾;在选定承包商时,把设计方案的优劣作为主要的评标因素,可保证业主得到高质量的工程设计;该模式属于总价包干,业主的投资成本在早期即可得到保证,业主方承担的风险较小;可以采用阶段发包的方式以缩短工程工期。缺点是能够承担EPC大型项目的承包商数量较少;承包商承担的风险较大,项目效益、质量很大程度上取决于承包商的经验及水平;工程造价可能较高;业主无法参与建筑师/工程师的选择,业主代表担任监理角色,监控权小,工程设计可能会受施工者的利益影响。

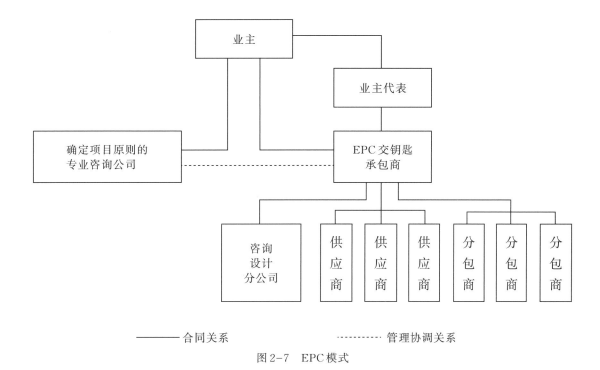

——————— 合同关系　　　　············ 管理协调关系

图2-7　EPC模式

2.2.7　Partnering模式

　　Partnering模式(见图2-8)是20世纪80年代末在美国发展起来的一种工程项目承发包模式,是工程参与各方在相互信任、资源共享,以及充分考虑建设各方利益的基础上共同实现工程项目目标、共同分担工程风险的一种管理模式。一般,Partnering过程有三个阶段,即项目前期阶段、执行阶段、完成和回馈阶段。前期阶段要建立工作组并负责日常工作。这个小组通常由业主、设计师、承包商等组成,有时也包括法律及金融顾问、政府部门的代表等。之后应尽快举行研讨会,其目的是为今后的发展制定基础章程,实现各参与方从传统对立性的文化向双赢环境的团队精神转变。在项目执行阶段,最重要的是Partnering的参与方要就该项目业绩表现的评判标准达成一致,在此基础上开展项目的实施。在项目的完成和回馈阶段,可以利用项目执行阶段的一系列正式评估报告对项目成果和Partnering过程进行有目的的分析,发现成功之处和不足之处,总结经验教训,为进行下一个项目Partnering或发展成为战略Partnering伙伴做准备。

　　Partnering模式把参与各方的合同关系转变为相互合作关系,同时突破了传统的组织界限,并且通过设定共同的组织目标,共同解决问题,避免诉讼。但该模式最重要的核心是信任,难以量化控制;适用范围较小,不利于迅速发展;权责划分容易产生盲区;难以形成有效的合作交流;初期投入高,风险高。

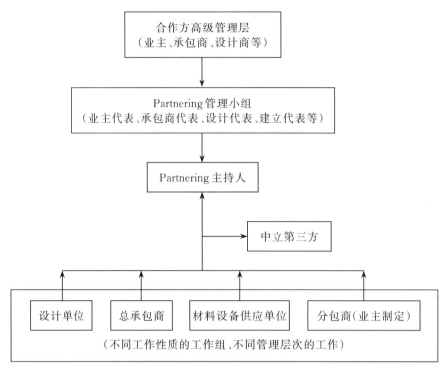

图 2-8　Partnering 模式的组织结构

2.2.8　PPP模式

PPP模式,是政府部门通过政府采购形式,与中标单位组成的特殊目的的项目公司签订特许权协议,由该项目公司负责筹资、建设与经营的一种融资模式。政府部门通常与提供贷款的金融机构达成直接协议,该协议不是对项目进行担保,而是政府部门向借贷机构做出的承诺,将按照政府部门与项目公司签订的合同支付有关费用。这个协议使项目公司能比较顺利地获得金融机构的贷款。

PPP模式的优势在于能够消除费用超支,在初始阶段私人企业与政府共同参与项目的识别、可行性研究、设施和融资等项目建设过程,保证了项目在技术和经济上的可行性,缩短前期工作周期,使项目费用降低;风险分配合理,在项目初期实现风险分配,同时政府分担一部分风险,使风险分配更合理,减少了承建商与投资商风险,从而降低了融资难度,提高了项目融资成功的可能性,并且政府在分担风险的同时也拥有一定的控制权;应用范围广泛,该模式突破了目前的引入私人企业参与公共基础设施项目组织机构的多种限制,可适用于城市供热等各类市政公用事业及道路、铁路、机场、医院、学校等。但是PPP模式依然存在以下问题:一是相关法律法规制度不健全,当前PPP相关的立法仍处于调研起草过程之中,缺少国家层级的法律保障,不利于调动更多民营资本的积极性;二是民营企业参与度比较低,目前应用PPP模式的项目投资规模较大,且涉入门槛较高,对企业经营指标等方面要求过高,在一定程度上限制了大部分中小企业的参与;三是程序审批、合同签订过程繁杂,应用PPP模式的项目一般过程繁杂,影响因素众多,实行难度很大。

2.3　工程项目管理组织形式

在工程项目当中,项目组织是为了完成某项特定的工程项目而由不同部门的不同人员组成的临时性的工作机构,它通过计划、组织、领导、控制等过程,对工程项目进行管理,保证工程项目的顺利实施与目标实现。目前,最为典型的项目组织形式包括直线式、职能式、项目式、事业部制、矩阵式五种。

2.3.1　直线式组织形式

直线式组织形式是最简单、最古老的组织结构形式,所谓的"直线"是指在这种组织结构下,职权直接从高层开始向下"流动"(传递、分解),经过若干个管理层次达到组织最低层,其特点是:组织中每一位主管人员对其直接下属拥有直接职权;组织中的每一个人只对他的直接上级负责或报告工作;主管人员在其管辖范围内,拥有绝对的职权或完全职权,即主管人员对所管辖的部门的所有业务活动行使决策权、指挥权和监督权。其组织形式如图2-9所示。

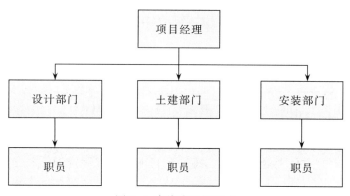

图2-9　直线式组织形式

1.直线式组织形式的优点

(1)组织结构简单,职责明确,一个下级只受一个上级领导管理,层级制度严格明确,保密程度好,决策与执行工作有较高效率。

(2)管理沟通的信息来源与基本流向固定,管理沟通的渠道也简单固定,管理沟通的速度和准确性在客观上有一定保证,便于统一指挥和集中管理。

2.直线式组织形式的缺点

(1)分工不合理且缺乏横向的协调关系。

(2)权限高度集中,各级管理者容易养成独断专行的管理作风,对管理者素质要求较高,管理风险较大。

(3)管理沟通的信息来源与基本流向被管理者控制,并且管理沟通的速度和质量严重依赖于直线中间的各个点,信息容易被截取或增删,造成管理沟通不顺畅或失误。

综上,这种组织形式比较适合规模小、技术简单的项目。

2.3.2　职能式组织形式

职能式组织形式是按职能来组织部门分工,即从企业高层到基层,把承担相同职能的管理业务及其人员组合在一起,设置相应的管理部门和管理职务(比如管理人、财、物和产、供、销的职能部门),通过将专业技能紧密联系的业务活动归类组合到一个单位内部,可以更有效地开发和使用技能,提高工作的效率。其组织形式如图2-10所示。

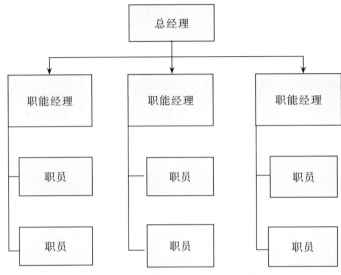

图2-10　职能式组织结构示意图

1.职能式组织形式的优点

(1)项目团队中各成员无后顾之忧。每一个管理人员都固定地归属于一个职能结构,专门从事某一项职能工作,在此基础上建立起来的部门间联系能够长期不变,这就使整个组织系统有较高的稳定性。

(2)各职能部门可在本部门工作与项目工作的平衡中合理安排力量。当项目团队的某一成员因故不能参加时,其所在职能部门可以重新安排人员进行补充。

(3)当项目全部由某一部门负责时,项目的人员使用上就会变得更简单,使之更有灵活性。

(4)各部门和各类人员实行专业化分工,有利于管理人员注重并能熟练掌握本职工作的技能,有利于强化专业管理,提高工作效率。

2.职能式组织形式的缺点

(1)各职能部门都很重视本部门的专业技术,但没有对完成项目所必需的对项目导向的重视,职能部门经理常常倾向于选择对自己部门最有利而不是对项目最有利的决策,因此所做计划常常是出于职能导向而很少考虑正在进行的项目。

(2)管理职能过于集中,可能会由于知识或信息的限制及个人能力有限而对工作带来不利影响。

(3)对于参与多个项目的职能部门,特别是个人,不宜权衡在各个项目之间的投入比例。

(4)缺乏横向的交流协调,不同职能部门的团队成员之间交流不便。

所以,职能式组织结构主要适用于中小型的、产品品种比较单一、生产技术发展变化较慢、外部环境比较稳定的企业。具备以上特性的企业,其经营管理相对简单,部门较少,横向协调的难度小,对适应性的要求较低,因此职能式组织结构的缺点不突出,而优点却能使功能得到较为充分的发挥。

2.3.3　项目式组织形式

项目式组织形式就是将项目的组织独立于公司职能部门之外,由项目组织自己独立负责项目的主要工作的一种组织管理模式。项目有完成项目任务所必需的所有资源,项目的具体工作则主要由项目团队负责。项目的行政事务、财务、人事等在公司规定的权限内进行管理。其组织形式如图 2-11 所示。

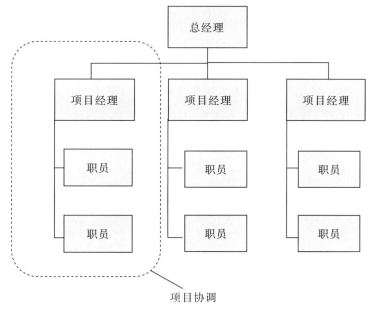

图 2-11　项目式组织结构示意图

1.项目式组织的优点

(1)项目经理是真正意义上的项目负责人。项目经理对项目及公司负责,团队成员对项目经理负责,项目经理可以调动团队内外各种有利因素,因而是真正意义上的项目负责人。

(2)团队成员工作目标比较单一。独立于原职能部门之外,不受原工作的干扰,团队成员可以全身心地投入项目工作中去,也有利于团队精神的形成和发挥。

(3)项目管理层次简单、明确。项目管理层次相对简单,项目管理的决策及响应速度快捷。

(4)项目管理指令一致。命令主要来自项目经理,团队成员避免了多头领导、无所适从的情况。

(5)项目管理相对简单,使项目成本、质量及进度等都更加容易进行。

2.项目式组织的缺点

(1)容易出现资源重复配置造成资源浪费的问题。如果一个公司的多个项目都按照项目式的组织进行管理,在资源的安排上很有可能出现内部利用率不高,而项目之间则是重复与浪费严重的问题。

(2)项目组织容易形成一个相对封闭的组织,公司的管理与决策在项目管理组织中贯彻可能遇到阻碍。

(3)项目团队与公司之间沟通不顺畅。项目团队与公司之间的沟通基本上依靠项目经理,容易出现沟通不够和交流不顺畅的情况。

(4)由于项目管理组织的独立性,使项目组织产生小团体思想,在人力与物力资源上出现"囤积"的思想,造成资源的浪费,同时,各职能部门考虑其独立性,对其资源的支持会有所保留。

项目式组织形式主要适用于同时进行多个项目的企业,特别是涉及多个大型项目。

2.3.4　事业部制组织形式

事业部制是为满足企业规模扩大和多样化经营对组织机构的要求而产生的一种组织结构形式。其具体的设计思路为:在总公司领导下设立多个事业部,把分权管理与独立核算结合在一起,按产品、地区或市场(顾客)划分经营单位,即事业部。每个事业部都有自己的产品和特定的市场,能够完成某种产品从生产到销售的全部职能。对于建筑施工企业而言,在企业内部按地区或工程类型而设立的事业部,对内是一个部门,对外则是一个具有法人资格的项目管理组织。其组织形式如图2-12所示。

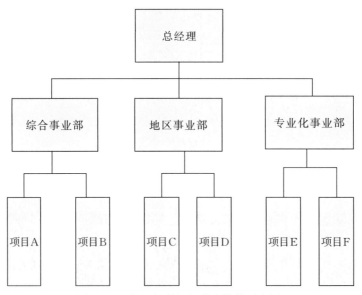

图2-12　事业部制组织形式结构示意图

1.事业部制组织形式的优点

(1)权力下放,有利于管理高层人员从日常行政事务中摆脱出来,把更多的精力放在企业战略发展方面。

(2)各事业部主管拥有很大的自主权,有助于增强其责任感,发挥主动性和创造性,使管理富有弹性,组织工作更加具有灵活性和适应性。

（3）由于事业部制是相对独立的经营单位，便于将组织的经营状况同组织成员的物质利益挂钩，从而调动了大家的积极性。

（4）各事业部集中从事某一方面的经营活动，实现高度专业化，整个企业可以容纳若干经营特点有很大差别的事业部，形成大型联合企业。

2.事业部制组织形式的缺点

（1）过分强调分权，造成了组织结构松散，缺乏组织的统一性。

（2）事业部实行独立核算，各事业部只考虑自身的利益，影响事业部之间的一些协作，一些业务的联系与沟通也往往被经济关系所替代。

（3）各事业部都存在自己的职能部门，有可能导致机构重叠，管理人员增多，人浮于事，管理费用增大，管理资源浪费等问题。

事业部制组织形式主要适用于大型经营型企业的工程承包，尤其是远离公司本部的工程承包，若某地区只有一个项目而没有后续，则不宜设立地区事业部。即该组织形式应在某地区具有专业化市场或拥有多种专业化施工能力时采用。

2.3.5　矩阵式组织形式

矩阵式组织形式是在直线职能式垂直形态组织系统的基础上，再增加一种横向的领导系统，它由职能部门系列和完成某一临时任务而组建的项目小组系列组成，从而同时实现了项目式与职能式组织结构特征的组织结构形式。矩阵式组织形式的主要特点是按两大类型设置工作部门，比较适合项目管理的组织，组织内部有两个层次的协调，当完成一项特定的工作时，首先与项目经理或专业副经理或专业组负责人进行接触协调，协调后无法解决时，矛盾或问题才提交给高层领导。这种组织形式既能最大限度发挥两种组织形式的优势，又能在一定程度上避免两者的缺陷。其组织形式如图2-13所示。

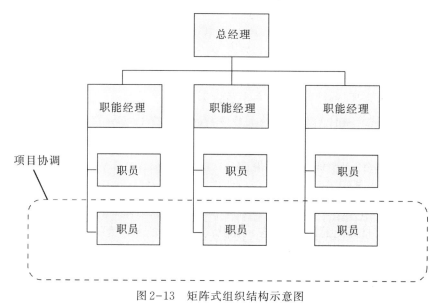

图2-13　矩阵式组织结构示意图

1.矩阵式组织形式的优点

(1)保证资源为各项目服务,项目目标能够得到保证,而且企业在人员及资源上统筹安排,优化整个系统的效率,而不会以牺牲其他项目去满足个别项目的要求。

(2)矩阵式项目组织结构富有弹性,机动、灵活,可随项目的开发与结束进行组织或解散,有自我调节的功能,对环境的变化以及顾客的要求能迅速做出反应并及时满足,对环境变化有较好的适应能力。

(3)职能组织中的专业人员既可到项目团队中发挥自己的才能,又有机会获得专业知识的提升。专业人员项目结束回到职能部门中,通过相互交流学习,获得专业上的提高,丰富了经验和阅历。

2.矩阵式组织形式的缺点

(1)由于存在双重领导,工作人员有时无所适从。同时要解决双重领导的问题就要求管理者具备较好的人际沟通能力和平衡协调矛盾的技能。

(2)组织中信息和权力等资源一旦不能共享,项目经理与职能经理之间势必会为争取有限的资源或权力不平衡而发生矛盾,这反而会产生适得其反的结果,协调处理这些矛盾必然要牵扯管理者更多的精力,并付出更多组织成本。

(3)成员之间还可能会存在任务分配不明确、权责不统一的问题,这同样会影响组织效率的发挥。

矩阵式组织形式适用于一些重大攻关项目。企业可用来完成涉及面广的、临时性的、复杂的重大工程项目或管理改革任务。特别适用于以开发与实验为主的单位,例如科学研究,尤其是应用性研究单位等。

2.4　项目团队

2.4.1　项目团队及形成

影响一个项目成功的因素除了资金、技术、设备外,还必须具有主动性、创造性的项目团队,高效的项目团队是项目获得成功的一个关键因素。

项目团队是为适应项目的有效实施而建立的团队。项目团队的具体职责、组织结构、人员构成和人数配备等因项目性质、复杂程度、规模大小和持续时间长短而异。项目团队的一般职能是项目计划、组织、指挥、协调和控制。

项目团队的特殊之处在于,一个项目确定后,可能一群以前根本没有合作过的人会为了完成某一特殊任务而快速、有效地集中起来。因为项目是新的,组建的团队也是新的,在团队成立之初,如果没有彼此的认同,没有一套共同的价值观和行为标准,没有大家都认同的、明确的团队目标,项目团队的协作和配合就难以得到保证,项目组织就难以发挥作用。如何通过有效的手段和方法,在最短的时间内建立一个有着明确的目标和方向、共同的价值观和人生观、良好的团队气氛和协作精神的团队,是项目成功的关键要素,也是项目团队与其他团队管理相比最难之处,这也是项目管理要解决的最重要的问题之一。

2.4.2　项目团队的特点

就如项目本身的独特性一样,没有两个项目团队会一模一样。但是项目团队能否有效地开展项目管理活动,主要体现在以下五个方面。

1.共同的目标

对于一个项目,为使项目团队的工作有成效,就必须有明确目的和目标,并且对于要实现的项目目标,每个项目团队成员必须对此及其带来的收益有共同的思考。项目团队有一个共同愿景,这是团队之所以存在的主观原因,项目团队的共同目标是共同愿景在客观环境中的具体化,并随着环境的变化有着相应的调整。共同目标包容了个人憧憬与个人目标,充分体现了个人的意志与利益,并且具有足够的吸引力,能够激发项目团队成员的激情。

2.合理的分工与协作

每个项目团队成员都应该明确自己的角色、权力、任务和职责,在明确目标之后,必须明确各个项目团队成员之间的相互关系。每个人的行动都会影响到其他人的工作,因此项目团队成员都需要了解为实现项目目标而必须做的工作及其相互间的关系。在项目团队建立初期,项目团队成员花费一定的时间明确项目目标和项目团队成员间的相互关系,可以在以后项目执行的过程中减少各种误解。

3.高度的凝聚力

凝聚力指维持项目团队正常运转的所有项目团队成员之间的相互吸引力。团队对成员的吸引力越强,项目团队成员遵守规范的可能性越大。一个有成效的项目团队必定是一个有高度凝聚力的团队,它能使项目团队成员积极、热情地为项目成功付出必要的时间和努力。

4.项目团队成员的相互信任

成功团队的另一个重要特征就是信任,一个团队能力的大小受到团队内部成员相互信任程度的影响。在一个有成效的团队里,成员承认彼此存在的差异,信任其他人所做和所要做的事情。因此,在团队建立之初就应当树立信任,通过交流、自由交换意见来推进彼此之间的信任。

5.有效的沟通

高效的项目团队还需具有高效沟通的能力,项目团队必须借助先进的信息技术系统与通信网络,满足团队的高效沟通的需要。沟通不仅是信息的沟通,更重要的是情感上的沟通,每个项目团队成员不仅要具有很好的交际能力,而且要拥有很高的情商。项目团队具有开放、坦诚的沟通气氛,成员在团队会议中能充分沟通意见,倾听、接受其他成员的意见,并能经常得到有效的反馈。

2.4.3　项目团队的组建

组建项目团队是项目经理在项目开始阶段最重要的工作,直接关系到后期项目能否正常进行。而组建团队并非把一群人简单地聚集在一起,而是对组织内的人力资源进行重新整合。

1.识别项目所需的必要技能

组建项目团队的第一阶段就是要对拟参与项目的团队成员的技能类型做出真实的评价,这是基于项目所需岗位来确定的。

2.选择具有必要技能的人员

在确定项目所需技能后,就要开始评定具备符合技能要求的人。常见的情况是先在组织内部挑选,在没有合适人选的情况下,通常有两种选择,一个是为该项目聘请专业对口的人员,另一个是培训现有成员,使其能够熟练掌握项目所需的技能。

3.与潜在的项目团队成员沟通

组建项目团队的第三步是与团队成员的候选人交流,了解他们参与项目的兴趣程度。

4.组建项目团队

当项目落实了人力资源问题后,最后一步就是组建项目团队。在这个过程中,项目团队的角色和责任、项目团队的工作方式、预期和标准操作流程都要被准确、清晰地定义,如果有欠缺的地方,就要补充。

2.4.4 项目团队的发展阶段

一个项目团队从组建开始,便处于一个不断成长和发展的过程,这个发展过程可以描述为五个阶段:形成期(组建阶段)、风暴期(磨合阶段)、规范期(正规阶段)、成果期(成果阶段)和解散期(解散阶段)。几乎所有的项目都经历过大家被召集到一起的初始阶段,这是一个短暂的时期。项目团队组建后很快进入磨合阶段,此时项目团队成员之间互相还不了解,时常感到困惑,有时甚至会产生敌对心理。接下来在强有力的领导下,项目团队的工作方式在正规阶段得以统一,随后项目团队以最大成效开展工作,直至项目结束,项目团队解散。

1.项目团队的形成期

在项目团队组建阶段,团队成员从不同的组织或部门来到一起,大家开始互相认识。这时期的特征是成员们既兴奋,又焦虑,而且还有一种主人翁感,他们必须在承担风险前相互熟悉。一方面,团队成员收集有关项目的信息,弄清项目是干什么的和自己应该做些什么;另一方面,研究和学习适宜的举止行为。当项目团队成员了解并认识到有关项目团队的基本情况后,就明确了自己的定位,并且有了自己作为项目团队不可缺少的一部分的意识。当项目团队成员感到他们已属于项目时,他们就会承担起项目团队的任务,并确定自己在完成这一任务中的参与程度。解决了定位问题后,项目团队成员就不会感到茫然而不知所措,从而有助于其他各种关系的建立。

2.项目团队的风暴期

风暴期以高度的内部冲突为标志。项目团队形成后,成员们明确了项目的工作以及各自的职责,开始执行分配到的任务。在实际工作中,现实可能与当初的期望发生较大的偏离,于是,成员可能会消极地对待项目工作。在此阶段,工作气氛趋于紧张,问题逐渐显露,项目团队士气较组建阶段明显下降。

项目团队的冲突和不和谐是这个阶段的一个显著特点。项目团队成员之间由于立场、观念、方法、行为等方面的差异而产生各种冲突,人际关系陷入紧张局面,甚至出现敌视情绪以及向领导者挑战的情形。在这一时期,项目团队成员与周围的环境之间也会产生不和谐,如团队成员与项目技术系统之间的不协调,项目团队成员可能对项目团队采用的信息技术系统不熟悉,经常出差错。另外,项目在运行过程中,与项目外其他部门要发生各种各样的关系,也会产生各种各样的矛盾冲突,这些都需要进行很好的协调。

3.项目团队的规范期

经受了磨合期的考验,项目团队成员之间、项目团队与项目经理之间的关系已确立,绝大部分个人矛盾已得到解决。同时,随着个人期望与现实情形逐渐一致,团队成员的不满情绪减少,项目规程得以改进和规范化。此时控制及决策权开始由项目经理移交给了项目团队,凝聚力开始形成,大家都有了团队的感觉。每个成员为取得项目目标所做的贡献都得到了认同和赞赏。在此阶段,随着项目团队成员之间开始相互信任,项目团队的信任得以发展。成员间大量地交流信息、观点和感情,合作意识增强,感觉到彼此之间可以自由地、建设性地表达他们的情绪及评论意见。在规范阶段,人们之间的关系变得融洽,群体开始表现出凝聚力,友情和对项目的共同责任感得到加强。当群体结构比较固定、群体成员对一起工作建立了一系列的期望之后,这一阶段即告完成。

4.项目团队的成果期

经过规范期后,项目团队进入了成果期。由于确立了行为规范和正确的工作方式,项目团队成员积极工作,急于实现项目目标。这一阶段的工作绩效很高,项目团队有集体感和荣誉感,信心十足。项目团队成员之间能够开放、坦诚、及时地进行沟通。在此阶段,项目团队根据实际需要,以项目团队、个人或临时小组的方式进行工作,项目团队相互依赖度高。他们经常合作,并在自己的工作任务外尽力相互帮助。

相互理解、高效沟通、密切配合和充分授权,这些有利的条件加上项目团队成员的工作激情使得这一阶段容易取得较大成绩,实现项目的创新。团队精神和集体的合力在这一阶段得到了充分的体现,每位成员在这一阶段的工作和学习中都取得了进步和发展。

5.项目团队的解散期

对于完成某项任务,实现了项目目标的团队而言,随着项目的完成,该项目团队即将解散。在这一阶段,项目团队将为自身的解散而做准备。项目团队成员们的注意力被放在如何结束项目上,同时考虑自身今后的发展,并开始为离开做准备。有时,项目团队仿佛又回到了组建阶段,必须通过改变工作方式才能完成最后各项具体任务。这时项目经理应告诉各位项目团队成员还有哪些工作需要做完,否则项目就不能圆满完成,目标就不能成功实现。也正是这时,项目团队成员领悟到了凝聚力的存在。

2.5　案例:美的事业部制组织结构改造

美的事业部制始建于1997年,时逢美的在市场中遭遇败绩,经营业绩大幅滑坡。在此前的1994年、1995年美的空调全国销售排名在第三、四名左右,到1996年却落至第七位,1997年销售年度的空调销售台数和销售收入还要低于1996年销售年度。此前一直保持强劲增长势头的美的危机重重。这一阶段美的和中国其他企业一样,是直线式管理。对于所有的产品,总裁既抓销售又抓生产。在公司发展早期,这种集权式管理曾对公司发展起了推动作用。随着企业规模的扩大,美的发展到包括空调、风扇、电饭煲在内的五大类1000多种产品。这些产品仍然由总部统一销售、统一生产。由于各个产品的特点很不一样,而销售人员同时在区域中负责多项产品,总部各职能部门也是同时对应各个产品,这样在工作上容易造成专业性不够,工作重点不明确等问题。当时的销售公司只负责产品销售业务,而集团专门成立了广告公司负责市场推广,服务公司负责售后服务工作,而产销计划则由经营管理部负责,这样在很大程度上形成了产销研的脱节。以董事长、总裁何享健为首的美的高层经过调研和反复论证,最终决定建立事业部制组织结构。

1997年1月,空调从总体业务中分离,成立了空调事业部。7月份,风扇事业部应运而生,后来又将电饭煲业务划给风扇事业部。此后新上马的饮水机、微波炉和风扇、电饭煲一起组建家庭电器事业部。到了2002年,家庭电器事业部下设电风扇、电饭煲、微波炉等6个分公司,年销量达到3000万台,销售额由最初的不到10亿元上升至2002年的40多亿元。随着公司业务的发展,厨具、电机、压缩机等其他几个事业部也纷纷成立。

2001年,美的集团正式分拆为两个集团公司(美的股份和威尚集团)和一个投资公司(美的技术投资公司),美的股份下设六大事业部:空调、家庭电器、厨具、电机、压缩机和磁控管,这部分为原美的集团公司主要部分资产,约占集团公司资产70%。新设立的威尚集团下设9个公司:电子、物流、房产、电工、家用电器、管理咨询、钢铁配送、环境设备、工业设计,主要包括集团中非上市公司资产及一些新的产业。

2002年7月,美的将家庭电器事业部按产品分为四部分:风扇、饮水设备、微波炉和电饭煲事业部。对于这次分拆,美的的一位中层干部认为,在全球化市场的大背景下,随着美的小家电越做越大,产品策略分工不清晰及对市场的反应速度不够快的缺点正越来越突出,因此必须改革小家电的经营策略和经营模式,改革的方式之一就是集中优势资源,按产品划分,组建组织简单、反应迅速的事业部,实现产销研一体化,即进行分拆。

2002年10月10日,冰箱事业部也从空调事业部分拆出来,原空调事业部副总经理金培耕担任冰箱事业部总经理。美的冰箱事业部的建立延续了美的事业部制度建立起来的一贯管理逻辑:以产品为主线成立事业部,专业化运作;对事业部充分授权,明确权责利,独立经营和核算,调动经营者释放活力。作为冷冻产品的冰箱,与空调之间有很多共性,因此拆分前的冰箱业务寄身于空调事业部。美的意欲在统一的平台上,使冰箱的运作在采购、生产、营销、品牌建设、促销、物流等各个环节上都与空调有最大程度的资源共享。比如在销售业务上,许多区域由原来各个区域的空调销售人员负责销售,冰箱渠道基本与空调渠道重合。然而,尽管冰箱产品投放市场后销售网点迅速扩张到1000多个,但业绩并未达到原定目标,其市场预期也因此一再调低。冰箱的销售特点如销售季节、渠道也并未如人们想象的与空调基本一样。此外,销售人员业绩考核中,空调仍然占有大部分的比例,冰箱销售的完成情况对业务员的绩效考核影响并不大。这样销售人员用于冰箱销售中的精力有限,不可避免地影响到冰箱销售。同时,在其他方面实现资源共享的初衷也并未实现。因此,美的最终还是决定将冰箱业务从空调事业部中分拆。这样,美的按照产品逐步建立了事业部体系。各个事业部在集团统一领导下,拥有自己的产品和独立的市场,拥有很大的经营自主权,实行独立经营、独立核算。各个事业部既是受公司控制的利润中心,又是产品责任单位或市场责任单位,对产销研以及行政、人事等管理负有统一领导的职能。此外,各事业部内部的销售部门基本上设立了市场、计划、服务、财务、经营管理等五大模块,将以上功能放到销售部门,形成了以市场为导向的组织架构。美的制冷家电集团组织结构如图2-14所示。事业部制的建立使美的集团总部脱身于日常琐事管理,将主要精力集中在总体战略决策、控制规模额度和投资额度、各事业部核心管理层任免的人事权以及市场的统一协调工作上。以集团总部的国内市场部(现已划归上市公司广东美的集团股份有限公司)为例,它并不参与各个产品的具体销售,只负责美的整体形象的推广和全国各地销售网的协调。在分公司,国内市场部只派出商务代表,负责当地政府公关以及协调各省销售工作。事业部制改造被美的认为是近年来异军突起的主要原因。2001年美的集团的销售收入突破140亿元,是1997年的四倍多。空调连续五年跻身国内市场前三名,牢牢占据着第一阵营的位置。

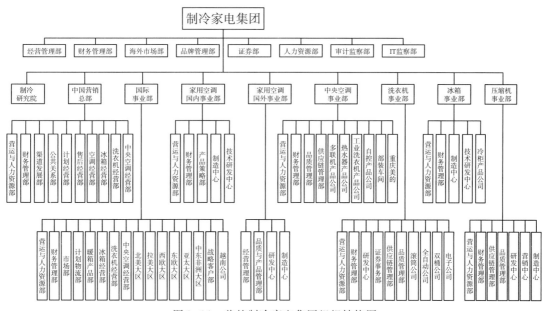

图2-14 美的制冷家电集团组织结构图

 思考题

1.请分析工程项目管理的特点。

2.请分析职能组织结构、线性组织结构、矩阵组织结构的特点。

3.工程管理模式有哪些? 各有哪些特点?

4.请结合实际浅析项目团队发展阶段。

第3章　工程项目过程管理

工程建设项目的全过程是由项目策划、勘察设计、招投标、施工、竣工验收、试运行交付使用和项目后评价等阶段共同构成。一个工程建设项目是一个完整的系统,工程建设项目要想取得良好的效益,必须采用系统的观点做好工程建设项目的全过程管理。本章将在介绍工程项目管理过程的基础上,依次介绍工程建设项目在各个阶段的管理内容。

3.1　工程项目的生命周期及工程项目管理过程

3.1.1　工程项目的生命周期

工程项目是一次性任务,因而它是有起点和终点的。工程项目生命周期是指一个项目从开始到结束所经历的全部时间或过程,工程项目的生命周期可以用建设项目的生命周期为代表。例如,当一个组织准备识别某一可能的项目机会时,通常会进行项目的可行性研究,以决定是否应当进行这个项目。从项目生命周期的角度看,可行性研究是项目的第一个阶段。一旦项目通过了可行性研究,并得到批准,那么,项目就进入实施阶段,签订合同、设计、施工等。最后,项目要进行竣工验收并交付使用。所以,一般的工程项目生命周期可分为四个阶段,如图3-1所示。

图3-1　工程项目的生命周期

项目生命周期有其特性与共性,特性是指每个项目都有自己的生命周期,它与项目一一对应,是独一无二的。共性是指任何项目都要经历启动、成长、成熟和终止四个阶段。每个项目的全部过程必然经过四个阶段,少于四个阶段就不是一个完整的项目;每个项目的过程也不会多于这四个阶段,如果认为项目生命周期可以多于这个范围,那必定是错用了项目的概念。也有人提出工程建设项目的生命周期分为四个阶段,即项目的前期策划和决策阶段、项目的设计和计划阶段、项目的实施阶段以及项目的使用阶段。按照这种划分方法,项目的生命周期中少了项目终止阶段,多了项目使用阶段,因此,无法用项目管理的一般理论分析。

3.1.2 工程项目管理过程

1.战略策划过程

该过程主要包含投资意向、投资机会分析、项目建议书、可行性研究等几个环节:

(1)投资意向。投资意向是工程项目的投资人发现社会上存在合适的投资机会所产生的投资愿望。投资意向是工程建设的起点,也是工程建设活动得以进行的必备条件。

(2)投资机会分析。投资机会分析是工程项目的投资人对投资机会是否合适、有无良好的投资回报等问题所进行的初步考察和分析。

(3)项目建议书。项目建议书是投资机会分析结果文字化后形成的书面文件,以方便投资者分析与抉择,其主要内容是对工程项目拟建的必要性、建设的客观可行性以及获利的可能性所进行的论述。项目建议书是工程项目的投资者向国家提出的要求建设某一建设项目的建议文件,是对建设项目的轮廓设想。

(4)可行性研究。在项目建议书获得批准之后,应当对拟建设项目在技术上是否可行、经济上是否合理进行科学的分析和论证,为项目决策提供理论依据。可行性研究应当对建设项目所涉及社会、经济、技术问题进行深入的调查研究,进行多方案比较、优化;对建设项目建成后的经济、社会效益进行科学的预测和评价,提出该项目是否可行的结论性意见。

2.与范围有关的过程

该过程主要包括范围的确定、范围计划、范围控制、范围变更管理等环节:

(1)范围的确定。界定项目的范围,并制订项目范围的说明文件。

(2)范围计划。确定实现项目目标所要求的各种活动及步骤。

(3)范围控制。控制项目实施过程中的各项实际工作。

(4)范围变更管理。判断工作范围有无变化,并处理范围的变更。

3.与时间有关的过程

与时间有关的过程旨在确定活动的相关性和周期并确保及时完成项目:

(1)活动的相关性策划。识别项目各活动间的内部关系、逻辑上的相互影响和相关性。

(2)活动持续时间计算。估算出完成每一项活动所需要的最可能时间,估算要与规定条件和所需资源相联系。

(3)制订进度计划。将项目的进度目标、活动相关性及其周期联系起来,制订项目的总进度和详细进度。

(4)进度控制。控制项目活动的实现,以确保进度或采取适当的措施使已延期项目恢复正常。

4.与成本有关的过程

该过程的目的是预测和管理项目成本,并确保在预算内完成项目。所包括的过程如下:

(1)成本预算。确定项目的各种成本消耗。

(2)成本计划。确定项目成本的支出方式,便于成本控制。

(3)成本控制。控制成本及与项目预算的偏离。

5.与人员有关的过程

由于人决定项目的质量的高低与成功与否,故与人员有关的过程要营造一种氛围,使人们有效地为项目做出贡献。与人员有关的过程如下:

(1)项目组织结构的确定。确定一个经过设计的、适应项目需求的项目组织结构,包括确定岗位、职责和权限。

(2)人员安排。选择并安排足够的、有胜任能力的人员,以适应项目的需要。

(3)项目组织建设。开发个人与团队的技艺和能力,以改善项目业绩。

6.与沟通有关的过程

与沟通有关的过程旨在促进项目所需信息的交换,确保及时和适当地生成、收集、传递、储存和最终处理项目信息。与沟通有关的过程如下:

(1)沟通策划。项目信息和沟通体系的策划。

(2)信息管理。使项目组织成员和其他相关受益者能够得到所需要的信息,确保信息流通顺畅、及时。

(3)沟通控制。按策划好的沟通体系控制沟通。

7.与风险有关的过程

与风险有关的过程旨在将可能的不利事件的影响减到最小并最大限度地利用各种机会进行改进。这里的风险指与过程有关的和与项目产品有关的两方面的风险。风险管理涉及项目的全过程。与风险有关的过程如下:

(1)风险识别。识别项目实施中的各种风险。

(2)风险评估。评估发生风险的可能性和风险事件对项目的影响。

(3)风险响应。编制响应风险的计划,确定风险响应策略。

(4)风险控制。实施并修订风险计划,以降低风险发生的概率,并减少风险造成的损失。应将上述过程及其输出形成文件。

8.与采购有关的过程

与采购有关的过程涉及采购、询价以及为项目采购产品,包括以下几项:

(1)确定资源需求状况。确定项目实施所需的资源种类、数量、需求时间等信息,为后续采购奠定基础。

(2)采购策划。确定采购方式和途径,编辑采购文件。采购文件必须考虑顾客的要求,应包括明确范围、产品特征、适宜的质量管理要求及相关文件,产品交货日期和到分承包方现场的权利要求。

(3)分承包方评价。评价并确定邀请哪些分承包方参加投标。

(4)签订分包合同。发布招标书、评定投标书、谈判、编制和签订分包合同。

(5)合同控制。合同控制从合同生效开始,主要是为了确保分承包商完成合同内容。

工程项目管理过程的工作内容总结见表3-1。

表3-1　工程项目管理过程说明

过程		说明
战略策划过程	投资意向	发起投资机会的过程
	投资机会分析	对发现的投资机会进行分析论证的过程
	项目建议书	对建设项目轮廓设想和规划的过程
	可行性研究	为项目的战略决策提供依据
与范围有关的过程	范围的确定	界定项目的范围,并制定项目范围说明文件
	范围计划	识别实现项目目标所要求的各种活动及步骤
	范围控制	控制项目实施过程中的各项实际工作
	范围变更管理	判断工作范围有无变化,并处理范围的变更
与时间有关的过程	活动的相关性策划	识别项目各活动之间的逻辑关系及相互影响
	活动持续时间计算	估算各个活动在一定资源条件下的完成时间
	制订进度计划	确定项目总的进度目标及进度实施方案
	进度控制	控制项目活动在计划时间内完成
与成本有关的过程	成本预算	确定项目的各种成本消耗
	成本计划	确定项目成本的支出方式,便于成本控制
	成本控制	控制成本,防治偏离和成本预算
与人员有关的过程	项目组织结构的确定	选择合理的项目组织形式,合理规划责任权力
	人员安排	适当安排岗位,充分调动人员的能力
	项目组织建设	开发组织潜力,改善项目业绩
与沟通有关的过程	沟通策划	建立沟通体系,保证实现良好的沟通
	信息管理	确保信息流通顺畅、及时
	沟通控制	控制沟通以符合项目工作需求
与风险有关的过程	风险识别	识别项目实施中的各种风险
	风险评估	估测风险发生的概率、时间和可能造成的损失
	风险响应	确定针对项目风险的策略
	风险控制	降低风险发生概率,减少风险造成的损失
与采购有关的过程	确定资源需求状况	资源种类、数量、需求时间的确定
	采购策划	确定采购方式和途径,编制采购文件
	分承包方评价	评价并确定参加采购的承包人
	签订分包合同	签订分承包合同
	合同控制	确保分承包商完成合同内容

3.2 工程项目策划与决策

3.2.1 工程项目策划

《孙子兵法》第一篇开宗明义:"夫未战而庙算胜者,得算多也;未战而庙算不胜者,得算少也。多算胜,少算不胜,而况于无算乎? 吾以此观之,胜负见矣。"策划与决策是工程项目前期的两项重要任务。科学的决策需要策划,对于任何一个项目,策划作为一种具有前瞻性、创新性和操作性特点的行动纲领,是至关重要、不可或缺的。项目策划是对项目全生命周期集成管理的策划,直接影响并决定着项目的顺利实施。"凡事预则立,不预则废",任何一个项目的成功首先开始于策划的成功。

1.工程项目策划的定义

策划是为完成某一任务或为达到预期的目标,根据现实的各种情况与信息,判断事物变化的趋势,以活动的任务或目标为中心,对所采取的方法、途径、程序等进行周密而系统的全面构思、设计,选择合理可行的行动方式,从而形成正确的决策并进行高效的工作的活动过程。

工程项目策划是指在项目前期,根据业主方的总的目标要求,从不同的角度出发,通过对建设项目进行系统分析,对建设活动的总体战略进行运筹、规划,对建设活动的全过程进行预先的考虑和设想,以便在建设活动的时间、空间、结构三维关系中选择最佳的结合点,重组资源并展开项目运作,为保证项目在完成后获得满意、可靠的经济效益、环境效益和社会效益提供科学的依据的活动。

工程项目策划可按多种方法进行分类。依据项目建设程序,可分为工程项目决策策划和工程项目实施策划。依据项目策划的范围不同,在项目前期阶段对项目整体的策划称为项目总体策划,对项目各个阶段进行的策划称为项目阶段策划,对项目某一专题进行的策划称为项目专项策划,如项目管理策划、项目技术策划等。由于各类策划的对象和性质不同,所以策划的依据、内容和深度要求也不同。

工程项目策划旨在为项目建设的决策和实施增值。增值可以反映在诸如人类生活和工作的环境保护、建筑环境、项目的使用功能和建设质量、建设成本和经营成本、社会效益和经济效益、建设周期以及建设过程的组织和协调等方面。

目前,我国的大部分项目并没有进行严格、全面的项目策划,而仅仅对项目的某个方面或某个阶段进行策划,策划工作缺乏系统性。而且,项目策划的内容和工作程序没有明确的规定,大多是根据业主方的需要,分项、分阶段进行的。

2.工程项目策划的内容与原则

工程项目决策策划的主要任务是定义项目开发或建设的任务和意义,其基本内容包括项目环境和条件的调查与分析;项目定义与项目目标论证;项目结构分析;与项目决策有关的组织、管理和经济方面的论证与策划;与项目决策有关的技术方面的论证与策划项目决策的风险分析等。

工程项目实施策划的主要任务是定义如何组织项目开发或建设,其基本内容包括:项目实施的环境和条件的调查与分析;项目目标的分析和再论证;项目实施的组织策划;项目实施的管理策划;项目实施的合同策划;项目实施的经济策划;项目实施的技术策划;项目实施的风险策划;项目审计策划等。

工程项目策划的原则包括系统性原则、全生命周期原则、有效性原则、客观性原则、前瞻性原则和价值原则等。

3.工程项目策划的程序

工程项目策划是一个开放性的工作过程,需要整合多方面的知识,如组织知识、管理知识、经济知识、技术知识、设计经验、施工经验、项目管理经验和项目策划经验等。工程项目策划的基本程序如下:

(1)设定问题和策划目标。

(2)环境信息收集。

(3)策划环境分析。

(4)机会识别、捕捉、创造。

(5)具体计划和日程安排。

(6)报告拟定。

(7)组织实施。

(8)效果评价与反馈,不断完善与总结策划。

3.2.2　工程项目前期决策

1.决策的内涵

决策是人们为了实现预期的目标,采用一定的科学理论,通过一定的程序和方法,对若干备选方案进行研究论证,从中选出最为满意的方案的过程。决策是行动的基础,要有明确的目的和备选可行方案,通过因果分析和综合评价择优选择。决策的构成要素包括决策主体、可选方案、决策状态和衡量标准。

决策过程分为设定目标、信息收集、方案设计、方案评价和方案选择五个相互联系的阶段,这五个阶段相互交织、往复循环、贯穿整个决策过程,如图3-2所示。

第一,在决策之前首先要设定要达到的目标,目标即为方向,目标的制订要具体、全面,具有可操作性,切忌目标之间相互矛盾。第二,根据确定的目标,明确搜集的内容,制订翔实的信息搜集计划,加强搜集过程的信息沟通,保证信息搜集的质量。第三,在对信息系统提供的数据、情报、调查结果进行系统分析后,设计方案便至关重要,要同时设计出可供选择的多种方案,并详细说明每种方案的特点、利弊及可操作度。第四,方案的评价和优化选择。这一步至关重要,对多种可供选择的方案的比较、评估,是整个决策过程中最关键的一步,在这个过程中,需要决策者通过定性、定量、定时的分析来权衡预选方案在近期、中期、远期会产生怎样的效能价值,以及方案实施后会产生的后果和影响。第五,决策者结合组织自身实力和外部环境变化状况,选择最终的方案。

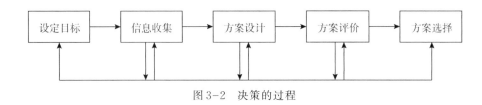

图3-2 决策的过程

2.决策的层次

项目决策实质上是投资决策。投资决策主要分为三类:战略决策、结构决策和项目决策。

战略决策是全面性的,主要依据投资主体的发展方向及行动方针确定投资总规模;结构决策则是根据投资总规模,确定如何组织人、财、物等生产要素,有效地将这些资源分配到各投资方向并确定相应的规模,最大限度地实现投资主体的战略发展目标;项目决策则是在选定的结构下选择最有效的实现战略目标的投资项目。因此,工程项目决策处于投资决策的最低层次,不能脱离组织发展战略规划而独立存在,必须在组织发展战略的大框架下进行。

3.工程项目决策分析的含义

工程项目决策是指项目经营者按照自己的意图和目的,在调查分析、研究的基础上,采用一定的科学方法、手段,对工程项目的建设规模、投资规模、建设工期,以及对经济社会发展的影响等方面进行技术经济分析和评价,以确定工程项目是否必要和可行的过程。

4.工程项目决策分析的重要性

工程项目从投资意向开始到竣工验收结束的全过程,主要分为项目决策阶段、项目设计阶段、项目建设准备阶段、项目实施阶段和项目收尾阶段等。各个阶段发生失误都会造成损失,其中,项目决策阶段一旦发生失误,工程将面临致命的损失,是各阶段损失最大的环节。

项目决策阶段主要决定其建设规模、产品方案、建设地址,决定采用什么工艺技术、购置什么样的设备,决定建设哪些主体工程和配套工程、建设进度安排、资金筹措等事项。在激烈的市场竞争条件下,这些过程中的任何一项决策失误,都有可能导致工程项目的失败。而且工程项目是难以逆转的过程,项目前期失误在后期难以挽回,项目决策过程中的失误在项目运行中难以弥补。据世界银行统计,最近几年我国工程投资失误率高达30%,经济损失平均在4000亿元以上。

5.工程项目决策分析要求

(1)数据信息准确可靠。全面准确地了解和掌握有关的数据是决策分析和评价的最基本要求。工程项目决策过程中涉及的信息主要包括各级规划、评估涉及的参数与指标,各种定额,国家各种技术规范和技术标准,项目涉及的水文、地质等基础数据,项目自身的市场、原材料等各项数据。

(2)方法科学合理,并采用多种方法验证。决策分析要注意方法的科学性、合理性,根据不同情况选择不同的方法,并通过多种方法进行验证,以保证决策的准确性。方案决策的方法很多,主要有三类:经验判断法,即依靠咨询工程师的经验进行综合判断;数学分析法,主要包括系统分析、线性分析、统筹方法等建立在数学手段基础上的定量分析技术;实验法,先选少数典型单位或部分环节作试点,然后总结经验作为最后评定的依据,对一些不允许失误的重大决策,是一种可行的方法。上述三种方法各有所长,应该根据决策分析的性质和特点,灵活选用或结合使用。

(3)符合逻辑,具有说服力。首先要选择合适的目标并掌握约束条件,其次要定性与定量相结合,并以定量为主,静态与动态相结合,从而进行多方案比较与优化。

(4)多方案比较与优化。多方案比较与优化是工程项目决策分析的关键,尤其在进行多目标决策时,通常各个方案各有利弊,可以采用综合评价、目标排序、逐步淘汰和两两对比等方法。

6.工程项目决策的基本原则

工程项目决策是一项多属性、多目标的综合性决策,由于项目自身独特性与一次性的特点,导致决策者难以直接借鉴类似的项目经验。因此,进行工程项目决策,必须具有前瞻的眼光、科学的态度、严谨的作风,并遵循科学化与民主化相结合的原则。科学化强调在工程项目决策过程中,采取科学的程序,运用科学的方法,在调查研究的基础上,对拟建工程项目的可行性和发展前景进行认真的决策分析和评价;民主化即善于吸收各种不同意见,综合各个领域的专家意见,全面分析各种风险,谨慎判断。

7.工程项目决策分析过程

工程项目决策分析一般采取分阶段、由粗到细、由浅到深的逐步翔实细化的过程。不同国家、不同行业与性质的工程项目,其决策过程也不尽相同。联合国工业发展组织(United Nations Industrial Development Organization,UNIDO)编写并出版的《工业可行性研究报告编写手册》(修订增补版)中,将工业项目的可行性研究分为投资机会研究、预可行性研究和详细可行性研究三个阶段。我国基本建设程序规定,工程项目的决策分析主要包括工程项目建议书和工程项目可行性研究报告。

工程项目决策分析是一项复杂的、原则性很强的工作,其内容主要包括:拟建项目是否符合经济和社会发展的需要;产品方案、产品规模和生产规模是否符合市场需要,在市场竞争中能否具有竞争力;生产工艺是否先进适用;项目建成后投入品的供应和有关配套条件能否满足持续生产的需要;资金投入和各项建设条件是否满足项目实施的要求;项目各项风险是否被识别并采取了措施;建设方案是否进行了多方案比较,是否实现了方案的最优。

工程项目在不同阶段,其决策内容不同,主要包括投资机会分析、工程项目初步方案决策分析和工程项目方案决策分析。工程项目方案决策分析即工程项目可行性研究。在项目决策分析过程中,对拟建项目的市场需求状况、生产条件、协作条件、工艺技术、设备等问题,进行深入调查研究,得出项目是否可行的结论,选择并推荐优化的建设方案,为项目决策单位及业主提供决策依据。

我国现行工程项目决策程序如图3-3所示。

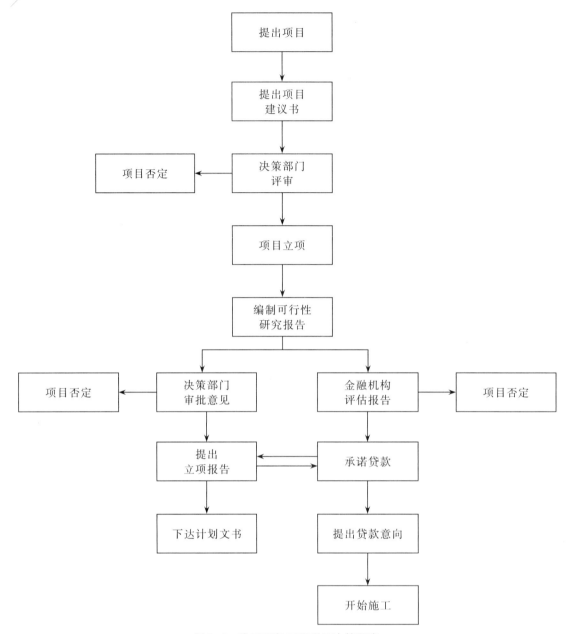

图3-3 我国现行工程项目决策程序

3.2.3 项目投资机会研究

项目投资机会研究主要针对一般经营性项目,是投资人在拟投资建设项目前的准备性调查研究,将项目的设想变为战略的投资建议,以便进行下一步的深入研究。项目投资机会研究的重点是分析投资环境,鉴别投资方向,选择投资项目。

1.项目投资机会研究概述

项目投资机会研究是工程投资决策的第一步,若研究表明投资项目可行,则可进入下一阶段,进行更为深入的研究,也就是项目建议书阶段。项目投资机会研究比较粗略,投资费用、收入和营业成本等基本的财务数据可根据类似项目进行推算,其精度要求为30%,研究时间一般为1~2个月,费用约占项目投资的0.2%~1%。

项目投资机会研究通过对项目所在地政治、经济、产业与环境的系统分析,寻找投资机会,鉴别投资方向,选定项目,确定初步可行性研究范围和辅助研究的关键方面。其内容主要包括市场调查、消费分析、投资政策、税收政策研究等,重点是对投资环境的分析,如在某一地区或某一产业部门,对某类项目的背景、市场需求、资源条件、发展趋势以及需要的投入和可能的产出等方面进行准备性的调查、研究和分析,从而发现有价值的投资机会。

项目投资机会研究一般可以从以下三个方面进行。

(1)对投资环境进行客观分析。预测客观环境可能发生的变化,寻求投资机会,特别是对市场供需态势进行分析,因为在市场经济条件下,市场反应了投资机会状况。

(2)对企业经营目标和战略进行分析。在分析企业外部环境和内部环境的基础上,确定企业各项经济活动的发展方向和奋斗目标,不同的企业其发展战略、投资机会的选择有所不同。

(3)对企业内外部资源条件进行分析。主要是对企业人力、物力、财力资源,企业技术能力和管理能力,以及外部条件的分析。

根据上述项目投资机会研究,初步选定拟建项目,描述项目的背景和依据,对市场和政策做出客观分析与预测,对企业发展战略和内外部条件做出分析,提出总体结构以及其他具体建议。项目投资机会研究提出的项目意向或投资机会是进一步深入研究的前提与基础,其最终成果是机会研究报告。

2.项目投资机会研究分类

项目投资机会研究分为一般投资机会研究和具体项目投资机会研究。

(1)一般投资机会研究。一般投资机会研究是一个全方位的搜索过程,需要进行广泛的调查,收集大量的数据。一般投资机会研究又可分为三类。

①地区投资机会研究,即通过调查分析地区的基本特征、人口及人均收入、地区产业结构、经济发展趋势、地区进出口结构等状况,研究、寻找在某一特定地区内的投资机会。

②部门投资机会研究,即通过调查分析产业部门在国民经济中的地位和作用、产业的规模和结构、各类产品的需求及其增长率等状况,研究、寻找在某一特定产业部门的投资机会。

③资源开发投资机会研究,即通过调查分析资源的特征、储量、可利用和已利用状况、相关产品的需求和限制等情况,研究、寻找开发某项资源的投资机会。

(2)具体项目投资机会研究。在一般投资机会研究初步筛选投资方向和投资机会后,需要进行具体项目的投资机会研究。

具体项目投资机会研究比一般投资机会研究更为深入、具体,需要对项目的背景、市场需求、资源条件、发展趋势以及需要的投入和可能的产出等方面进行调查、研究和分析。

3.项目投资机会研究的主要内容

项目投资机会研究的主要内容包括市场调查、消费分析、投资政策研究、税收政策研究等,其重点是对投资环境的分析,从而发现有价值的投资机会。项目投资机会研究阶段对项目的建设投资和生产成本一般是参照类似项目的数据进行粗略的估算。

(1)分析投资动机。一般而言,可以从以下几个方面对投资的动机进行识别和论证。

①激烈的市场竞争,迫使投资者进行技术更新改造,研究开发新产品和适销对路的产品。

②为降低单位产品成本,实现最大利润,增加投资,扩大生产规模,达到经济规模。

③市场需求巨大,产品供不应求,丰厚的利润诱导投资者投资开发新产品。

④为分散经营风险,改善投资经营结构,拓宽投资领域,进行全方位、多元化的投资经营。

⑤改善投资区域分布,形成合理的投资布局。

⑥受国家宏观政策影响,转移投资方向,调整投资产业结构。

⑦追求某领域项目投资的高回报,把握机会,创造条件,跟踪投资。

⑧利用高科技和专利技术,研究开发新产品,填补空白,开辟潜在市场,获取超额投资利润。

⑨发挥独特的资源优势和特定的投资优势,投资开发项目。

⑩用活自有资金或呆账资金,实现资本增值,获取超出银行利息的投资利润。

⑪为增强企业后劲,增加经营效益的稳定性,投资长线项目(如基础设施项目、工业项目等)。

⑫按有关部门要求和社会需要,利用某些优惠政策和有利条件,进行扶贫开发和社会公益事业项目建设。

⑬优势互补,横向联合投资开发。

(2)鉴别投资机会。对各种投资机会进行鉴别和初选,论证投资机会酝酿的依据是否合理,一般应通过以下方面来分析各种项目投资机会设想。

①资金来源及其性质。任何资金的来源渠道,均有特定的限制使用条件。在酝酿投资机会时,必须考虑投资资金的特定限制条件。

②自身优势项目。选择投资项目必须考虑自身优势情况。

③资源优势项目。一种新资源的发掘及被利用,往往能给投资者带来巨额利润。利用资源优势,选择投资方向,是投资者需要优先考虑的因素。

④新技术优势项目。以新技术作为自己选择投资项目的方向,往往是获得巨额利润的重要途径。

⑤地理位置优势项目。在投资区位选择上,运用地理位置的优势往往非常重要。

⑥市场超前项目。寻找投资机会,关键要有超前意识,潜在市场的挖掘和开辟,往往能获得超额利润。

⑦现有企业的前后工序配套项目,多种经营项目,具有生产要素的成本及市场等综合优势的项目,具有时代特点的投资项目、其他国家在经济方面具有同样水平时获得成功的同类行业项目。

(3)论证投资方向。把握好的投资机会,关键问题在于选对投资方向。投资方向的论证应结合我国现阶段市场经济特征和基本建设规律以及国家的产业政策,结合不同行业的特点,进行科学策划、评估和慎重决策。

①资源利用开发型项目。由于不少资源具有不可再生或再生能力差的特点,因此,这些

资源总是随着不断地被开发利用而日益减少。资源量越来越少,其价值就越来越高,尤其对那些稀缺资源或无再生能力的资源来说,更是如此。因此,投资开发这类资源并对其进行加工或深加工,只要经营管理有方,产品结构合理,形成规模经济,一般都能取得良好收益。另外,独具特色的旅游资源,独特的地理、气候形成的农业资源,均可有效地开发利用。

②填补市场空白型项目。项目投资效益的好坏,关键在于市场。尤其是工业加工项目,只要产品需求大,生产成本低,就具备了获利的基础。只要投资者瞄准机会、利用市场空白,构思投资项目,生产经营符合市场需求的产品,就能获得理想的投资收益。

③科技领先型项目。一项新技术的突破、新产品的问世,往往能取得超出市场平均利润几倍、几十倍的超额利润。高额利润回报的诱导,促使人们不断研究应用新技术、开发新产品。因此,如果投资者按照社会的现实及潜在需求来组织人员去研制技术领先的新产品,或者通过购买技术专利,开发新产品投放市场,则可获取高技术附加值带来的高额利润回报。

④配套加工服务型项目。该类项目投资的着眼点主要在于某一大项目的开发建设或某一产业的蓬勃发展,客观上对某些配套产品或配套服务形成巨大需求,从而使该类项目投资具有一定规模和稳定的需求市场,市场风险相对较小。因此,投资商可采取跟进配套策略,投资开发配套项目。

⑤可收费的基础工程项目。对于基础设施及基础工业项目,如城市煤气、收费公路、桥梁、火电站以及输电网线和通信线路等,由于投资风险较小,收益有保证,而且从长远看,也能获取令人满意的投资回报,往往是具有较强资本实力和良好融资渠道的投资者追逐的投资领域。

⑥政府鼓励的国有企业改造和支柱产业项目。该类项目一般能得到当地政府在政策、土地使用等方面优惠,有时还能得到资金和信贷等方面的支持,甚至对于有些项目,政府还承诺给予某一固定比例的投资回报。因此,投资者可在综合考虑各项条件和因素后,有选择地收购、兼并国有企业或参与支柱产业项目的投资建设。

(4)具体项目投资机会论证。在初步筛选投资方向和投资机会后,应该进行具体项目的投资机会研究,并向潜在的投资者发布投资机会初步建议。这一阶段应对设想中的项目的自然资源条件、市场需求、项目开发模式、项目实施的环境等进行初步分析,并结合其他类似经济背景的国家或地区的经验教训、相关投资政策法规、技术设备的可能来源、生产前后延伸的可能、合理的经济规模、产业政策、各生产要素来源及成本等,初步评价投资机会的财务、经济及社会影响,进一步论证投资方向是否可行,以及投资机会是否有价值。

具体项目投资机会研究比一般投资机会研究更为普遍,它将项目设想转变为概略的投资建议,其目的是要促使投资者做出反应,因此必须梳理清楚该项目的一些基本资料,而不是简单地列举一些可能具有一定潜力的项目或产品名录。

4.项目投资机会研究的常用工具

项目投资机会研究是在对拟定区域的投资环境进行系统评价的基础上,分析拟定投资行业的竞争程度的过程。整个过程中运用到的主要工具包括PEST分析模型、SWOT分析模型和波特五力模型等。

(1)PEST分析模型。PEST分析是指宏观环境分析,包括政治的(political)、经济的

(economic)、社会的(social)和技术的(technological)分析。不同行业和企业根据自身特点和经营需要,具体分析内容可以有所差异。

①政治环境。一国的社会制度,执政党的性质,政府方针、政策、法律法规等,构成该国的政治环境。同时,社会性质、社会制度也会影响和限制组织活动。即使社会制度不变,不同时期执政党不同,政府方针、政策的特点和倾向也不同,对组织活动的态度和影响也在不断发展变化之中。

②经济环境。经济环境可以分为宏观经济环境和微观经济环境两个方面。宏观经济环境主要指能够反映国民经济发展水平和发展速度的变量,如国民收入、国内生产总值、国家人口数量及增势等。微观经济环境主要指企业面临的内部和外部经济环境,如消费者收入水平、消费偏好、储蓄情况、就业程度等。

③社会环境。社会环境主要指国家或地区的居民受教育程度和文化水平、宗教信仰、风俗习惯、审美观点、价值观念等。文化水平会影响居民的需求层次,宗教信仰和风俗习惯会导致行为或语言禁忌,审美观点则会影响人们对组织活动内容、活动方式以及活动成果的态度。

④技术环境。技术环境除了要考察与企业所处领域的活动直接相关的技术手段的发展变化外,还应及时了解国家对科技开发的投资和支持重点、投资领域技术发展动态和研究开发费用总额、技术转移和技术商品化速度、专利及其保护情况等。

(2)SWOT分析模型。SWOT分析主要关注企业的内部禀赋与运作、外部环境构成与特点,并强调企业的内外匹配与契合。SWOT分析的企业内部因素主要考察企业优势(strength)与劣势(weakness),外部因素主要考察机会(opportunity)与威胁(threat)。

①优势。优势是组织机构的内部因素,具体包括有利的竞争态势、充足的财政来源、良好的企业形象、技术力量、规模经济、产品质量、市场份额、成本优势、广告攻势等。

②劣势。劣势也是组织机构的内部因素,具体包括设备老化、管理混乱、缺少关键技术、研究开发落后、资金短缺、经营不善、产品积压、竞争力差等。

③机会。机会是组织机构的外部因素,具体包括新产品、新市场、新需求、外国市场壁垒解除、竞争对手失误等。

④威胁。威胁也是组织机构的外部因素,具体包括新的竞争对手、替代产品增多、市场紧缩、行业政策变化、经济衰退、客户偏好改变、突发事件等。

最后,将调查得出的各种因素根据轻重缓急或影响程度等排序方式,构造SWOT矩阵。在此过程中,将那些对公司发展有直接的、重要的、大量的、迫切的、深远的影响因素优先排列出来,而将那些间接的、次要的、少量的、不急的、短暂的影响因素排列在后面。

(3)波特五力模型。波特五力模型中的"五力"指:供应商的讨价还价能力、购买者的议价能力、潜在竞争者进入的能力、替代品的替代能力、行业内竞争者现在的竞争能力。这五种力量是行业的五种竞争来源,决定了企业在行业中的基本竞争态势。

①供应商的讨价还价能力。供方主要通过提高其投入要素价格与降低单位价值质量的能力,来影响下游企业的盈利能力与产品竞争力。供方力量强弱主要取决于他们所提供给买主的是什么投入要素,当供方所提供的投入要素其价值构成了买主产品总成本的较大比

例,对买主产品生产过程非常重要或者严重影响买主产品质量时,供方对于买主的讨价还价能力就大大增强。

②购买者的议价能力。购买者主要通过其压价与要求提供较高的产品或服务质量的能力,来影响行业中现有企业的盈利能力。比如,购买者有能力实现后向一体化,而卖主不可能进行前向一体化的时候,购买者的讨价还价能力就大大增强。

③潜在竞争者进入的能力。新进入者一方面可以为行业带来新生产能力和新资源,另一方面则会瓜分市场份额,危及现有企业生存。新企业进入一个行业的可能性大小,取决于进入者主观估计进入所能带来的潜在利益、所需花费的代价及所要承担的风险这三者的相对大小情况。

④替代品的替代能力。生产互为替代品的两个企业,即使处于不同行业,也会产生相互竞争行为。替代品价格越低、质量越好、用户转换成本越低,其所能产生的竞争压力就越强;而这种来自替代品生产者的竞争压力的强度,可以具体通过考察替代品销售增长率、替代品厂家生产能力及盈利扩张情况来加以描述。

⑤行业内竞争者现在的竞争能力。与现有竞争者进行竞争并获得优势,必然会产生冲突与对抗,这些冲突与对抗往往表现在价格、广告、质量、售后服务等方面,这就构成了现有企业之间的竞争。当一个企业通过SWOT分析确定了其优势和劣势,并进行市场定位之后,应因势利导,保护好自己并时刻准备应对其他企业的举动。

3.2.4 项目建议书的编制与审批

项目建议书又称立项报告,是项目建设筹建单位或项目法人,根据国民经济的发展、国家和地方中长期规划、产业政策、生产力布局、国内外市场、所在地的内外部条件等,提出的某一具体项目的建议文件,是对拟建项目提出的框架性的总体设想。项目建议书是初步可行性研究(Pre-feasibility Study,PS)的成果。

1.项目建议书编制概述

项目建议书主要从宏观上论述项目设立的必要性和可能性,将项目投资的设想变为概略的投资建议。项目建议书可以供项目审批机关做出初步决策,减少项目选择的盲目性,为下一步可行性研究打下基础。国家投资计划最终要落实到一个个具体的项目上。项目建议书的审批过程实际上就是国家对所申请建设的众多项目进行比较筛选、综合平衡的过程。项目建议书经过批复,项目才能列入长期计划并进行前期工作计划。

项目建议书的批复是可行性研究报告的重要依据之一,可行性研究报告是项目建议书的后续文件之一。项目建议书的工作精度介于项目投资机会研究与可行性研究之间,投资估算一般不超过实际投资的20%,时间为2~4个月,费用占投资总额的0.25%~1.5%。

2.项目建议书编制的内容

项目建议书编制的主要内容包括以下几个方面。

(1)项目的名称、承办单位、负责人。

(2)项目的意义、必要性和依据。对技术引进项目还要说明拟引进技术的名称、内容、国内外技术的差异,技术来源的国别、厂商。进口设备项目,要说明拟进口设备的理由、生产条件、设备的名称、规格、数量、价格等。

（3）项目的产品方案、市场需求、拟建生产规模、建设地点的初步设想。

（4）资源情况、建设条件、协作关系和引进技术的可能性及引进方式。

（5）投资估算和资金筹措方案及偿还能力预计。

（6）项目建设进度的初步安排计划。

（7）项目投资的经济效益和社会效益的初步估计。

3.项目建议书的审批

项目建议书要根据管理体制和隶属关系分级审批。

（1）大中型基本建设项目和限额以上更新改造项目,在委托有资格的工程咨询、设计单位初评后,经省、自治区、直辖市、计划单列市发展和改革委员会(以下简称发改委)及行业归口主管部门初审后,报国家发改委审批,其中特大型项目(总投资4亿元以上的交通、能源、原材料项目,2亿元以上的其他项目),由国家发改委审核后报国务院审批。总投资在限额以上的外商投资项目,项目建议书分别由省发改委、行业主管部门初审后,报国家发改委会同有关部门审批;超过1亿美元的重大项目,上报国务院审批。

（2）小型基本建设项目和限额以下更新改造项目由地方或国务院有关部门审批。小型项目中总投资1000万元以上的内资项目、总投资500万美元以上的生产性利用外资项目、300万美元以上的非生产性利用外资项目,项目建议书由地方或国务院有关部门审批;总投资1000万元以下的内资项目、总投资500万美元以下的非生产性利用外资项目,本着简化程序的原则,若项目建设内容比较简单,可直接编报可行性研究报告。

3.2.5　项目可行性研究

项目可行性研究是指通过对拟建项目的市场需求状况、建设规模、产品方案、生产工艺、设备选型、工程方案、建设条件、投资估算、融资方案、财务和经济效益、资源的有效利用、环境和社会影响以及可能产生的风险等方面进行全面深入的调查、研究和充分的分析、比较、论证,从而得出该项目是否值得投资、建设方案是否合理的研究结论,为项目的决策提供科学、可靠的依据的研究方法。

1.项目可行性研究的作用

（1）投资项目决策的依据。投资项目受到包括经济、技术、政治、管理等多方面因素的影响,科学判断与预测上述因素是一项复杂的系统工程。通过详细的可行性研究,有助于认识和分析这些影响因素,为项目决策提供科学、可靠的信息,使决策者有客观依据,避免仅靠主观判断;与此同时,通过可行性研究构造和分析多种合理的投资方案,决策者可以充分了解未来项目所涉及的各个方面,在此基础上进行方案比较和选择,降低投资决策风险,提高效益。

（2）投资项目规划设计及组织实施的依据。可行性研究报告涉及的产品方案、建设规模、厂址、工艺流程、主要设备选型和总图布置等方面可以直接作为编制规划设计的准则和依据。可行性研究报告提出的市场调查与分析、方案比选和论证资料,可以在规划设计的技术经济选择和论证中使用。可行性研究关于投资条件和实施等方面的设想与各种因素分析,可以作为投资项目组织实施考虑的重要依据。项目实施过程中遇到的一些问题完全可以充分利用可行性研究中的成果进行解决。

(3)向金融机构筹资的依据。可行性研究是向世界银行等国际金融组织申请项目贷款必不可少的重要文件。我国的国家开发银行、中国建设银行、中国工商银行等在进行大额贷款时,一般也要审查项目的可行性研究报告。银行通过审查可行性研究报告对贷款项目进行评估,目的在于确认项目是否具有偿还能力,避免承担过大风险。

(4)政府有关部门审查的依据。政府在选择投资或贷款项目时,其重要依据就是项目可行性研究报告。同时,投资额较大的项目,一般都需要向项目所在地政府有关部门申报,如向规划部门、环保部门、建设管理等部门申报。可行性研究报告通常是申请各种许可的重要材料。

(5)项目后评价的依据。在项目后评价中,投资项目可行性研究的资料和成果,大多数都要用来与运营效果进行对比分析,构成项目后评价的重要依据。

2.项目可行性研究的依据

对一个拟建项目进行可行性研究,必须在国家有关的政策、法规、规划的指导下完成,同时还要有相应的各种技术资料,其主要依据包括以下12个方面。

(1)国家有关的发展计划文件,包括对行业政策中的鼓励、特许、限制、禁止等有关规定。

(2)项目主管部门对项目建设要求请示的批复。

(3)项目建议书及其审批意见。

(4)双方签订的可行性研究合同协议。

(5)拟建地区的环境现状资料。

(6)试验、试制报告。

(7)业主与有关方面达成的协议,如投资、原材料供应、建设用地、动力等方面的初步协议。

(8)国家或地方颁布的有关法规。

(9)国家或地方颁布的与项目建设有关的标准、规范、定额等。

(10)市场调查报告。

(11)主要工艺和设备的技术资料。

(12)其他自然、社会、经济等方面的资料。

3.项目可行性研究的主要内容

根据《投资项目可行性研究指南》(计办投资〔2002〕15号文),项目可行性研究的主要内容如下。

(1)全面深入地进行市场分析预测。调查和预测拟建项目产品国内、国际市场的工序情况和销售价格;研究产品的目标市场,分析市场占有率;研究确定市场,主要是产品竞争对手和自身竞争力的优势、劣势,以及产品的营销策略,并研究确定主要市场风险和风险程度。

(2)对资源开发项目要深入研究,确定资源的可利用量、资源的自然品质、资源的赋存条件和资源的开发利用价值。

(3)深入进行项目建设方案设计,具体包括以下几方面:

①深入研究项目的建设规模和产品方案,对项目建设规模进行比选,推荐适宜的建设规模方案;研究制定主产品和副产品的组合方案,通过比选优化,推荐最优方案。

②进行厂址选择,深入研究厂址具体位置,并对厂址进行比选,绘制厂址地理位置图。

③进一步研究确定工艺技术方案和主要设备方案,对生产方法、主题和辅助工艺流程进行比选,论证工艺技术来源的可靠性及可得性,并绘制工艺流程图和物料平衡图,同时对主要设备进行最后的选型比较,提出主要设备清单、采购方式、报价,其深度要达到采购、预订货的要求。

④进一步研究主要原材料、辅助材料和燃料的品种、质量、年需求量、来源和运输方式,以及价格现状和走势,并编制原材料和燃料供应表。

⑤确定项目构成,包括主要单项工程,将项目总图平面布置和横竖布置方案进行比选,绘制总平面布置图,编制总平面布置主要指标表。

⑥研究厂内外的运输量、运输方式以及场内运输设备。

⑦研究提出给排水、供电、供热、通信、维修、餐厨、空分、空压、制冷等公用、辅助工程方案。

⑧研究节能、节水措施并分析能耗、水耗指标。

⑨进一步深入研究环境影响问题,调查项目所在地的自然、社会、生态等环境条件及环境保护区现状;分析污染和破坏环境因素及其危害程度;提出环境保护措施;估算环境保护措施所需费用;对环境治理方案进行优化评价。

(4)研究劳动安全卫生与消防。分析危害因素及危害程度,制定安全卫生措施方案以及消防设施方案。

(5)研究项目建成投产及生产经营的组织机构与人力资源配置。研究组织机构设置方案及其适应性;研究人力资源配置的构成、人数、技能素质要求;并编制员工培训计划。

(6)制订项目进度计划。确定建设工期,编制项目计划进度表,对大型项目还要编制项目主要单项工程的时序表。

(7)对项目所需投资进行详细估算。分别估算建筑工程费、设备及工器具购置费、安装工程费及其他建设费用;分别估算基本预备费和涨价预备费;估算建设期利息;并估算流动资金。

(8)深化融资分析。构造并优化融资方案;研究确定资本和债务资金来源,并形成意向性协议。

(9)深化财务分析。按规定科目详细估算销售收入和成本费用;编制财务报表,计算相关指标,进行盈利能力和偿债能力分析。

(10)深化国民经济评价。分析国民经济效益与费用,编制国民经济评价报表,计算相关指标。

(11)深化社会评价。对应进行社会评价的项目,进行详细的社会评价。

(12)对环境影响进行综合评价。包括环境对项目建设的影响和项目建设及投产后对环境污染和破坏影响的评价。

(13)对项目进行不确定性分析。包括敏感性分析、盈亏平衡分析。

（14）深化风险分析。对项目主要风险因素进行识别，分析风险影响程度，确定风险等级，研究防范和降低风险的对策和措施。

（15）对上述可行性研究内容进行综合评价。概述推荐方案，提出优缺点，概述主要对比方案，做出项目可行性研究结论，并提出项目下一步的工作和项目实施中需要解决的问题的建议。

项目可行性研究报告，一般应按以下结构编写，如表3-2所示。

表3-2　项目可行性研究报告的内容结构

1.总论
  （1）项目提出的背景与概况
  （2）可行性研究报告编制的依据
  （3）项目建设条件
  （4）问题与建议
2.市场预测
  （1）市场现状调查
  （2）产品供需预测
  （3）价格预测
  （4）竞争力与营销策略
  （5）市场风险分析
3.资源条件评价
  （1）资源可利用量
  （2）资源品质情况
①资源禀赋条件
②资源开发价值
4.建设规模与产品方案
  （1）建设规模与产品方案构成
  （2）建设规模与产品方案比选
  （3）推荐的建设规模与产品方案
  （4）技术改造项目推荐方案与原企业设施利用的合理性
5.场（厂）址选择
  （1）场（厂）址现状及建设条件描述
  （2）场（厂）址方案比选
  （3）推荐的场（厂）址方案
  （4）技术改造项目场（厂）址与原企业的依托关系
6.技术设备工程方案
  （1）技术方案选择
  （2）主要设备方案选择
  （3）工程方案选择
  （4）技术改造项目的技术设备方案与改造前比较
7.原材料燃料供应
  （1）主要原材料供应方案选择

续表

（2）燃料供应方案选择

8.总图运输与公用辅助工程总图布置方案

（1）场（厂）内外运输方案

（2）公用工程与辅助工程方案

（3）技术改造项目与原企业设施的协作配套

9.节能措施

（1）节能措施

（2）能耗指标分析（技术改造项目应与原有企业能耗比较）

10.节水措施

（1）节水措施

（2）水耗指标分析（技术改造项目应与原企业水耗比较）

11.环境影响评价

（1）环境条件调查

（2）影响环境因素分析

（3）环境保护措施

（4）技术改造项目与原企业环境状况比较

12.劳动安全卫生与消防

（1）危险因素和危险程度分析

（2）安全防范措施

（3）卫生保健措施

（4）消防措施

（5）技术改造项目与原企业的比较

13.组织机构与人力资源配置

（1）组织机构设置与其使用性分析

（2）人力资源配置

（3）员工培训

14.项目实施进度

（1）建设工期

（2）实施进度安排

（3）技术改造项目的建设与生产的衔接

15.投资估算

（1）投资估算范围与依据

（2）建设投资估算

（3）流动资金估算

（4）总投资额及分年投资计划

16.融资方案

（1）融资组织形式选择

（2）资本金筹措

（3）债务资金筹措

（4）融资方案分析

17.财务评价

（1）财务评价基础数据与参数选取

（2）销售收入与成本费用估算

（3）编制财务评价报表

（4）盈利能力分析

（5）偿债能力分析

（6）不确定性分析

（7）财务评价结论

18.国民经济评价

（1）影子价格及评价参数的选取

（2）效益费用范围调整

（3）效益费用数值调整

（4）编制国民经济评价报表

（5）计算国民经济评价报表

（6）国民经济评价结论

19.社会评价

（1）项目对社会影响分析

（2）项目与所在地互适性分析

（3）社会风险分析

（4）社会评价结论

20.风险分析

（1）项目主要风险

（2）风险程度分析

（3）防范与降低风险对策

21.研究结论与建议

（1）推荐方案总体描述

（2）推荐方案的优缺点描述

（3）主要对比方案

（4）结论与建议

3.3　工程项目计划与工程项目管理规划

3.3.1　工程项目计划

1.工程项目计划的基本概念与作用

工程项目计划是指对工程项目的实施过程（活动）进行的各种计划、安排的总称，是对项目实施过程的设计。计划是项目管理的一大职能，又是项目过程中一个极为重要的环节，它在工程项目管理中具有十分重要的地位：

(1)在工程项目的总目标确定后,通过计划可以分析研究总目标能否实现,总目标确定的费用、工期、功能要求是否能得到保证,是否平衡。如果发现不能实现或不平衡,则必须修改目标,修改技术设计,甚至可能取消项目。所以计划又是对构思、项目目标、技术设计更为详细的论证。有时候项目目标是由业主或上层管理者临时提出的,在其中可能存在不明确、要求不清、矛盾、不完备之处,通过计划可以分析并解决这些问题。

(2)计划既是对目标的实现方法、措施和过程的安排,又是目标的分解过程。计划结果是许多更细、更具体的目标的组合,它们将作为各级组织的责任落实,以保证工程的顺利实施和目标的实现。在项目过程中,计划常常又是中间决策的依据,因为对项目计划的批准是一项重要的决策工作。

(3)计划是实施的指南和控制的依据。计划描述了项目实施过程和前景状况。通过科学的计划能合理地科学地协调各工种、各单位、各专业之间的关系,能充分利用时间和空间,可以保证有秩序地工作,可以进行各种技术经济比较和优化,提高项目的整体效益。

计划文件经批准后作为项目的工作指南,必须在项目实施中贯彻执行,以计划作为对实施过程进行监督、跟踪和诊断的依据,所以没有计划,任何控制工作都是没有意义的;最后它又作为评价和检验实施成果的尺度,作为对实施者业绩评价和奖励的依据。由于项目是一次性的、唯一的,所以与企业计划相比,项目的实施成果评价困难,通常只能与计划比,与目标比。这样也使得项目计划工作十分重要,同时又富于挑战性。

(4)业主和项目的其他方面(如投资者)需要利用计划的信息,以及计划和实际比较的信息了解和控制工程,做项目阶段决策、安排资金,以及做后期生产准备。

在现代工程项目中,没有周密的计划,或计划得不到贯彻和保证是不可能取得成功的。

2.工程项目计划的内容

由于项目是多目标的,同时有许多项目要素,带来项目计划内容上的复杂性。项目计划的内容十分广泛,包括许多具体的计划工作:

(1)工期计划。将项目的总工期目标分解,确定项目结构各层次单元的持续时间,以及确定各个工程活动开始和结束时间的安排,做时差分析。

(2)成本(投资)计划,包括:

①各层次项目单元计划成本。

②项目"时间—计划成本"曲线和项目的成本模型(即"时间—累计计划成本"曲线)。

③项目现金流量(包括支付计划和收入计划)。

④项目的资金筹集(贷款)计划等。

(3)资源计划包括:

①劳动力的使用计划、招聘计划、培训计划等。

②机械使用计划、采购计划、租赁计划、维修计划。

③物资供应计划、采购订货计划、运输计划等。

④质量计划,如质量保证计划、安全保障计划等。

(4)其他计划,如现场平面布置、后勤管理计划(如临时设施、水电供应,道路和通信等)、项目的运营准备计划。

　　不同的项目参加者所负责的计划的内容和范围不一样,一般由任务书或合同规定的工作范围、工作责任确定。

　　项目计划的各种基础资料和计划的结果应形成文件,使其具有可追溯性并便于沟通。项目计划应采用适应不同参加者需要的统一的标准化的表达方式,如报告、图、表的形式。

3.3.2　工程项目管理规划

　　工程项目管理规划作为指导项目管理工作的文件,对项目管理的目标、内容、组织、资源、方法、程序和控制措施进行安排,是施工项目管理各项工作的首要内容。项目管理规划由项目管理规划大纲和项目管理实施规划两种文件组成。

　　1.工程项目管理规划大纲

　　工程项目管理规划大纲是由组织的管理层或组织委托的项目管理单位在投标之前编制的旨在作为投标依据、满足招标文件要求及签订合同要求的文件。项目管理规划大纲主要有两方面的作用:

　　(1)作为项目投标人的项目管理总体构思指导项目投标,争取项目中标,是技术标书的一个组成部分;

　　(2)作为项目中标后详细编制可操作性的项目管理实施规划的依据。

　　2.工程项目管理规划大纲的编制依据

　　(1)可行性研究报告;

　　(2)招标文件及发包人对招标文件的解释;

　　(3)设计文件、标准、规范与有关规定;

　　(4)工程现场情况;

　　(5)有关合同文件;

　　(6)有关市场与环境信息。

　　3.工程项目管理规划大纲的编制程序

　　工程项目管理规划大纲编制程序,如图3-4所示。

　　4.项目管理规划大纲包括的主要内容

　　(1)项目概况。主要是对项目性质、规模、结构形式和承包范围的描述。

　　(2)项目范围管理规划。针对为完成项目所必需的专业工作、管理工作和行政工作进行详细分析、工作说明的制作,主要包括项目范围的确定、项目结构分析、项目范围控制等。

　　(3)项目管理目标规划。包括:施工合同要求的目标,如合同规定的使用功能要求,合同工期、造价、质量标准,合同或法律规定的环境保护标准和安全标准;企业对施工项目的要求,如成本目标,企业形象,对合同目标的调整要求。

　　(4)项目管理组织规划。要求组织构架科学合理、有明确的管理

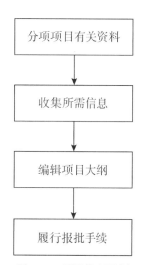

图3-4　项目管理规划大纲编制程序

目标和责任制度,工作人员具备相应的从业资格,根据实际需要对项目管理组织进行调整并保持相对稳定的原则,为各相关项目管理组织合理分配项目目标、责任和利益,并承担相应风险。重点在于确定项目经理的人选和项目部组织机构形式。

(5)项目过程管理规划。对工程项目建设进行阶段划分(或里程碑阶段划分),确定工程项目建设和管理的程序及过程中的主要工作内容,以及施工现场管理的目标、原则,现场平面规划图,施工现场的主要技术、组织措施等。

(6)项目成本管理规划。建立、健全项目成本管理责任体系,明确业务分工和责任关系,把管理目标分解与渗透到各项技术工作、管理工作和经营工作中去。包括编制施工预算和成本管理的总原则,项目的总成本目标、成本目标分解和成本计划,以及保证成本目标实现的技术组织措施。

(7)项目进度管理规划。招标文件的工期要求及工期目标的分解,确定进度目标,编制总进度计划和各分部分项工程进度计划,确定施工总进度计划主要的里程碑事件,以及保证工期目标实现的技术组织措施。

(8)项目质量管理规划。招标文件或发包人要求的总体质量目标,分解质量目标,建立项目质量保证体系,以及保证质量目标实现的技术组织措施和施工方案描述,如施工程序、重点单位工程或重点分部工程施工方案、保证质量目标实现的主要技术组织措施、拟采用的新技术和新工艺、拟选用的主要施工机械设备等。

(9)项目职业健康安全与环境管理规划。保证项目职业健康安全的主要技术组织措施、总体安全管理体系和目标责任制的建立,以及相关岗位安全职责的确定;确定本工程项目文明施工和环境保护的特点、组织体系、内容及其技术组织措施。

(10)项目采购与资源管理规划。项目采购规划包括采购部门的设置、制定采购管理制度、工作程序和采购计划;项目资源管理规划的主要工作是建立和完善项目资源管理体系,建立资源管理制度、确定资源管理的责任分配和管理程序的建立,并做到管理的持续改进。

(11)项目信息管理规划。项目信息管理规划的目的是及时、准确地获得所需的信息,其主要工作包括建立信息管理体系,确定信息传输途径,统一信息整理格式和信息编码,以及建立信息的分级处理制度和反馈制度等。

(12)项目风险管理规划。首先建立风险管理体系,明确各层次管理人员的风险管理责任,再针对项目的具体情况,预测风险因素、风险发生的概率及可能造成的损失,制定风险预防和控制的针对性措施。

5.项目管理规划大纲的编制要求

(1)由企业投标办公室(或经营部、项目部)组成工作小组进行编制,吸收拟委派的项目经理及技术负责人参加。

(2)编制时,以为本工程的项目管理服务为宗旨,作为内部文件处理。为了满足发包人企业的要求,可根据招标文件的要求内容进行摘录其余的内容作为企业机密。

(3)"大纲"中规划的各种目标,都应该满足合同目标的要求,但合同目标不能作为企业的计划管理目标,计划管理目标应比合同目标积极可靠,以调动项目管理者的积极性。

(4)各种技术组织措施的规划应立足于企业的经营管理水平和实际能力,应可靠、可行、有效。

（5）由于开工前还要编制施工项目管理实施规划，故"大纲"应较好地掌握详略程度，实施性的内容宜粗不宜细，应能对施工项目管理实施规划起指导纲领的作用，待编制施工项目管理实施规划时再细化。

6.项目管理实施规划

项目管理实施规划必须由项目经理组织的项目经理部在工程开工之前编制完成，是项目管理规划大纲的深化和具体化，要求具体可行，并体现企业的管理特色。

项目管理实施规划是对项目管理规划大纲进行细化，并使其具有可操作性。

（1）项目管理实施规划应依据下列资料编制：

①项目管理规划大纲。

②项目分析资料。

③项目管理目标责任书。项目管理目标责任书由企业法定代表人向项目经理下达，以明确项目经理的管理责任目标为主，包括权限和利益的文件等。

④工程合同及相关文件。

⑤已建成同类项目资料。

（2）项目管理实施规划应包括下列内容：

①工程概况。包括工程特点、建设地点及环境特征、施工条件、项目管理特点及总体要求等。

②工程施工部署和准备工作计划。主要内容有项目的质量、进度、成本及安全目标；拟投入的最高人数和平均人数。分包计划、劳动力使用计划、材料供应计划和机械设备供应计划；施工程序及项目管理总体安排等。

③工程实施方案。主要包括施工流向和施工顺序、施工阶段划分、施工方法和施工机械选择、安全施工设计、环境保护内容及方法等。

④进度计划。包括施工总进度计划、单位工程进度计划及分部分项工程施工进度计划。

⑤质量管理计划。包括对项目质量管理体系的过程和资源做出规定的文件与规定，质量计划应明确指出所开展的质量活动，并直接或间接通过相应程序或文件，指出如何实施这些活动。

⑥安全生产计划。包括工程概况、安全控制目标、安全控制程序、组织结构、职责权限、安全规章制度、资源配置、安全措施、安全检查评价及奖惩制度。

⑦成本管理计划。包括自下而上进行分级核算，逐层汇总；反映各成本项目指标和降低成本指标；反映各子项的成本和进度计划的相应成本。

⑧资源需求计划。资源计划应分类编制，一般应包括劳动力需求计划、主要材料和周转材料需求计划、机械设备需求计划、预制品订货和需求计划、大型工具器具需求计划等。

⑨风险管理计划。包括风险因素识别一览表、风险可能出现的概率及损失值估计、风险管理重点、风险防范对策和风险管理责任。

⑩信息管理计划。项目信息管理计划应包括与项目组织相适应的信息流通系统、信息中心的建立规划、项目管理软件的选择与使用规划、信息管理实施规划。

⑪项目现场平面布置图。包括施工平面图说明、施工平面图和施工平面图管理规划。

施工平面图应按现行制图标准和制度要求进行绘制。

⑫各项目标的控制措施。包括保证进度目标的措施、保证安全目标的措施、保证成本目标的措施、保证季节施工的措施、保护环境的措施和文明施工措施。各项措施应包括技术措施、组织措施、经济措施及合同措施。

⑬技术经济指标。包括规划指标、规划指标水平高低的分析和评价、实施难点的对策,其中,规划指标包括总工期、质量标准、成本指标、资源消耗指标以及其他指标(如机械化水平等)。

(3)项目管理实施规划的管理应符合下列规定:

①项目管理实施规划应经会审后,由项目经理签字并报企业主管领导人审批;

②监理机构对项目管理实施规划应按专业和子项目进行交底,落实执行责任;

③当监理机构对项目管理实施规划有异议时,经协商后可由项目经理主持修改;

④执行项目管理实施规划过程中应进行检查和调整;

⑤项目管理结束后,必须对项目管理实施规划的编制、执行的经验和问题进行总结分析,并归档保存。

(4)编制程序与管理。

《建设工程项目管理规范》对"实施规划"的编制程序做了规定,如图3-5所示。

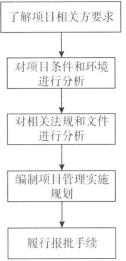

图3-5　项目管理实施规划编制程序

3.4　工程项目的执行与控制

3.4.1　工程项目控制的基本概念

管理以及工程项目管理首先开始于制订计划,继而进行组织结构设置和人员配置,实施有效的领导,并在计划的实施过程中进行控制。

所谓控制,是指在实现行为对象目标的过程中,行为主体按预定的计划实施各项工作。由于在实施过程中会遇到许多干扰因素,行为主体应通过检查,收集实施状态的信息,并将它与原计划(标准)做比较,若发现偏差,则采取措施纠正这些偏差,从而保证计划正常实施,达到预定目标。这里的控制表现为以实现事先预定目标为目的,所以又称为目标控制。

工程项目实施控制的行为对象为工程项目的技术系统,控制主体包括工程项目组织者以及各参加者(如设计单位、监理单位、各承包商),控制对象的目标包括工程项目总目标体系、各参加单位的合同目标。

工程项目目标控制问题的要素包括:工程项目、控制目标、控制主体、实施计划、实施信息、偏差数据、纠偏措施、纠偏行为,这些都应是非常具体甚至是需要量化的要素。

3.4.2　工程项目实施控制的对象和必要性

1.工程项目实施控制的对象

工程项目实施控制对象是项目控制活动的载体,只有对具体控制对象进行微观控制,并系统集成起来,才能实施对工程项目的全面控制。

(1)工程项目结构分解各层次的单元,直到工作包及其各个工程活动,它们是控制的主要对象。由于它们构成进度计划中的工作任务,所以通过它们可形成时间、工程量、成本、资源的综合控制。自由控制到最小单元才能控制成本、工期、质量,精确度才可信,才能真正理解偏差。

(2)项目的各生产要素,包括劳动力、材料、现场、费用等。

(3)项目管理任务的各方面,如成本、质量、工期、合同等。

(4)工程项目实施过程的秩序、安全、稳定性等。

(5)为了便于有效地控制和检查,应设置一些控制点。控制点通常是关键点,能最佳地反映目标,如:

①重要的里程碑事件;

②对工程质量、进度、成本有重大影响的工程活动或措施;

③标的大、持续时间长的主要合同;

④主要工程设备、主体工程。

2.实施控制的必要性

在现代工程项目中,实施控制作为项目管理的一个独特的阶段,对项目的成败具有举足轻重的作用。其原因有:

(1)项目管理主要采用目标管理方法,由前期策划阶段确定的总目标和经过设计和计划分解的详细目标必须通过实施控制才能实现。目标是控制的灵魂,没有控制,目标和计划无法实现;没有目标则不需要控制,也无法进行控制。

(2)现代工程项目规模大、投资大、技术要求高、系统复杂,其计划实施的难度很大,不进行有效的控制,则必然会导致项目的失败。

(3)由于专业化分工,参加项目实施的单位多,项目的顺利实施需要各单位在时间上、空间上协调一致,但由于项目各参加者有自己的利益、有其他项目或其他方面的工作,会造成行为的不一致、不协调或利益的冲突,使项目实施过程中断或受到干扰,所以对他们必须有严格的控制。

(4)由于多种经营、灵活经营、抗御风险的需要,在许多企业中跨部门、跨行业、跨地区,甚至跨国的项目越来越多,例如国际投资、海外工程等,这给项目管理带来了新的问题,给控制提出了新的课题和要求。项目失控现象无论在国际上,还是在国内都十分普遍,现代项目管理必须要解决跨地区(跨国)、跨行业远程控制问题。

(5)项目计划是在许多假设条件基础上对项目实施过程进行预先的安排,但工程项目在实施过程中由于各种干扰因素的作用可能会使实施过程偏离项目的目标、偏离计划,如果不进行控制,会造成偏离增大,最终可能导致项目失败。这些干扰因素可能有:

①外界环境的变化。包括恶劣的气候条件使运输拖延进而造成材料拖延,或发生了一些人力不可抗拒的灾害。

②其他方面供应不足,如停水、断电、材料和设备供应受阻,资金短缺,或未达到实际的生产能力,各项目参加者的协调出现问题。

③设计和计划的错误。如设计的频繁修改使正常的施工秩序被打乱、实施过程中管理工作或技术工作的失误、管理者缺少经验。

④业主新的要求,政府新的干预,造成对项目目标的干扰。

上述各方面都会导致对工程的干扰,造成工程实施与目标和计划的偏离。只有进行严格的控制才能不断地调整实施过程,从而保证实施的发展符合目标,与计划一致。

3.4.3 控制的基本理论和过程

1.控制的基本理论

建立在控制论思想基础上的控制基本理论,主要有以下几点:

(1)控制是一定主体为实现一定的目标而采取的一种行为。要实现最优化控制,必须首先满足两个条件:一是要有一个合格的控制主体;二是要有明确的系统目标。

(2)控制是按事先拟订的计划和标准进行的,控制活动就是要检查实际发生的情况与标准或计划是否存在偏差,偏差是否在允许的范围之内,是否应采取控制措施及采取何种措施以纠正偏差。

(3)控制的方法是检查、分析、监督、引导和纠正。

(4)控制是针对被控系统而言的。既要针对被控系统进行全过程控制,又要对其所有要素进行全面控制。全过程控制包括事先控制、事中控制和事后控制;要素控制包括对人力、物力、财力、信息、技术、组织、时间、信誉等要素进行控制。

(5)控制是动态的。

(6)提倡主动控制,即在偏差发生之前预先分析偏差的可能性,采取预防措施,防止发生偏离。

(7)控制是一个大系统,它包括组织、程序、手段、措施、目标和信息六个分系统,其中信息分系统贯穿于实施全过程。

2.控制过程

控制者进行控制的过程是在预先制订的目标基础上,事先制订实施计划,实施开始后,将计划所要求的劳动力、材料、设备、机具、方法等资源和信息输入受控系统,在输入资源转化为产品的过程中,对受控系统进行检查、监督,并收集相关信息(工作量完成情况、成本、消耗资源情况等),将其与计划或标准相比较,评价计划实际完成情况,如发现偏差,应采取纠正措施,或通过信息反馈修正计划,再开始工程项目实施过程,并不断进行此控制过程的循环,如图3-6所示。

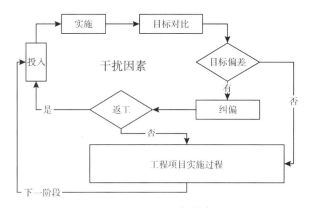

图 3-6　工程项目目标控制过程

这个过程也可以称之为 PDCA 循环控制过程, P 即 plan, 计划; D 即 do, 执行; C 即 check, 检查; A 即 action, 处理。在这一过程中, 环境与受控系统以及控制系统受外部环境的影响很大。

3.4.4　工程项目控制的内容和主要工作

1. 工程项目控制的内容

项目实施控制包括极其丰富的内容, 以前人们将它归纳为三大控制, 即工期(进度)控制、成本(投资、费用)控制和质量控制, 这是由项目管理的三大目标引导出的。这三个方面包括了工程实施控制最主要的工作, 此外还有一些重要的控制工作, 例如:

(1)合同控制。现代工程项目参加单位通常都用合同连接, 以确定在项目中的地位和责权关系, 合同定义工程的目标、工期、质量和价格。它具有综合特点, 它还定义各方的责任、义务、权力、工作, 所以与合同相关的工作也应受到严格控制。

(2)风险控制。目前项目管理中, 人们对风险控制做了许多研究, 是项目管理的一个热点问题。

(3)项目变更管理及项目的形象管理。控制经常要采取调控措施, 而这些措施必然会造成项目目标、对象系统、实施过程和计划的变更, 造成项目形象的变化。

尽管按照结构分解方法, 控制系统可以分解为几个子系统, 但要注意, 在实际工程中, 这几个方面是互相影响、互相联系的, 所以强调综合控制。在分析问题、做项目实施状况诊断时, 必须综合分析成本、工期、质量、工作效率状况并做出评价。在考虑调整方案时也要综合地采取技术、经济、合同、组织、管理等措施, 对工期、成本、质量进行综合调整。如果仅控制一两个参数容易造成误导。

2. 工程项目控制的主要工作

(1)工程项目的投入管理。当工程项目进入实施阶段, 其预先设计的组织系统便开始充分发挥作用, 对工程实施的各个阶段进行控制。为了保证计划的顺利进行, 首先应做好以下控制工作。

①各种投入(如劳动力、技术与方案、材料、设备等资源)必须符合规范与客观要求。

②进一步落实各阶段的工作程序。工作程序包括各部门、各种作业队伍及各种人员的

工作职责、界面关系,项目实施具体控制工作的流程及信息反馈过程。

工程项目实施的各个阶段由于工作性质以及投入与输出都不尽相同,因而其工作程序应有区别。如设计与施工,由于其行为系统的差别,它们的工作程序不可能相同。实践中,项目的每个方面(如设计、施工、招投标、供应设备安装、验收等)都有其正常的工作程序,应结合每个具体项目的特征、各种目标、计划将各个方面的工作程序具体化,并清楚定义下来,形成文件,让参与工作的每个单位或个人都能清晰地了解。

1)项目组织者对工程程序的控制。项目组织者必须事先建立起项目总体工程程序以及它与各参加单位之间的工作程序(如项目协调处理矛盾、发布指令、解释合同等),并清晰地告知项目的每一参加单位甚至主要人员。这些可通过合同以及项目手册进行说明。

2)项目参与者对工作程序的控制。每一个工程项目的参加者必须根据组织者的工程项目手册、合同以及工作性质建立起各自的工作程序,这一工作程序必须与组织者的总体程序、与其他可能相关的参加者的工作程序相容。

3)工程项目实施的工作程序一般包括:工程项目的计划程序、工程项目控制(进度、成本、质量、现场安全、信息等)工作程序、工程项目的组织工作程序、工程项目各种资源(如人力、材料、资金)管理等工作程序、工程项目技术管理工作程序。

以上各方面在项目实施过程中是相互交织的,但项目各种职能管理人员的工作是有界限与界面的,必须通过系统分析与设计去定义这一系列的工作流程,以保证各种工程流程之间的交叉与衔接。

4)工作程序应包括各种工作的检查,对各种干扰和潜在危险的预测,各种实际工程实施情况及环境状况的记录,各种工作和文件的审查与批准。管理与控制部门需要什么信息,取决于实际控制的需要。信息管理部门以及各职能管理部门应事先对信息进行规划,这样才能获得控制所需要的全面、准确、及时的信息。这些信息记录反映各个工作程序中的阶段工作成果。

(2)转换过程的控制。转换过程的控制工作即跟踪了解工程项目进展情况,掌握工程转换的第一手资料。对转换过程的控制应根据控制期的设置分阶段进行。项目在这一控制工作中,主要是记录各种信息。

①记录各种干扰因素。工作项目的各种干扰因素是评价工程进展与计划时偏差的重要方面。

②记录工程实施过程。工程实施过程发生的各种信息的记录,是事后追溯的必要的工作基础,并为分析偏差提供依据。实际工程中的施工日志、监理日志就是用来记录工程实施过程的。

③记录工程量完成情况。

④记录计划完成情况。

⑤记录工程各种实际发生的费用(如人工、材料等)。

⑥记录各种材料用量。

⑦记录各种质量检查过程与结果。

工程量、计划、材料用量、发生费用的记录是反映实际工程进度、成本、工作量、质量等基本信息的;它们的记录与汇总应细分到进度计划中的各工作任务、WBS(工作分解结构)的各项目单元、各责任人。工程信息应真实、客观。

（3）信息反馈与对比。

①在信息规划的基础上，将上述各种信息进行加工处理，形成反映工程每一控制期的进度、成本、质量、安全的综合信息，然后反馈给控制部门。通过这些信息，结合工程状况、环境变化，可对工程进行预测，这样各管理职能部门就能获得项目实施状况的报告。

②将工程项目实际进度、成本、质量状况与项目的目标、项目的计划相比较，可以确定实际与计划的差距，发现何处、何时、哪方面出现了偏差。

③在实际工程中对这种偏差的认识在时间上是滞后的，因此，信息反馈要尽量迅速，并能反映实际问题。实践中最好建立有效的早期预警系统。

④对偏差的分析应是全面的，从宏观到微观，由定性到定量，分析到每个控制对象偏差可能表现在：

1）工程的完备性、工作量和质量。

2）生产效率：控制期内完成的工作量和相应的劳动消耗。

3）费用/成本：各工作任务或工作包费用，各费用项目剩余成本。

4）工期：如工作任务或工作最终工期、剩余工期等。

（4）偏差的分析。

①产生偏差的原因分析。产生偏差的原因很多，除最常出现的实际工程不能完全按计划实施外，可能还有目标的变化、边界条件和环境条件的变化、计划的错误、新的解决方案的采用、不可预见风险的发生、高层管理的干扰等。所以对偏差的分析不要仅局限于实际与计划的对比，还要根据实际信息判断上述原因发生的可能性，这样才能得到正确的判断。

②产生偏差的责任分析。

1）责任分析的依据是原定的目标分解所落实的责任，它由任务书、任务单、合同、项目手册等定义。通过分析确定是哪个单位、哪个部门、哪个成员未能完成规定的责任而造成偏差，这对工程今后的控制是非常重要的。

2）在实际工程中有时偏差的产生是由于多方面责任，或多种原因的综合，因此分析时应按原因进行分解，明确造成偏差的各种责任。

③实施过程趋向的预测。这主要是给决策者提供决策依据。实施过程趋向预测是在目前实际状况的基础上对后期工程活动做新的进度计划、新的成本、资源计划等，这种预测工作包括：

1）偏差对项目的结果状况有什么影响，即按目前状况继续实施工程，其成本和质量的最终状况。

2）如果采取措施，以及采取不同的措施，工程项目将会有什么结果。

3）事先预测和评价潜在的危险和将来可能发生的干扰，以准备采取预防的行动，否则会加大调整的难度。

（5）采取纠偏措施。当实际与计划发生偏差后，要积极采取措施加以纠正。

①如果是轻度偏差，通常可采用较简单的措施进行纠偏。例如，在进度稍许拖延的情况下，可适当增加投入。

②如果有较大偏离，则需要改变局部计划才能使计划目标得以实现。如果已经确认原

定计划目标不能实现,那就要重新确定目标,然后根据新目标制订新计划,使工程在新的计划状态下组织实施。

目标与计划的修改最重要的影响就是造成投资或成本的追加,最严重的措施是中断项目。

纠偏措施的手段是多种多样的,如技术的、经济的、组织的、管理的或合同手段,干预实施过程,协调各单位、各专业的设计和施工工作。纠偏措施的决策权在项目组织单位或参加单位的决策者手中,他们的控制部门提出各种解决方案并参与决策。调整是动态的控制,是一个连续滚动的过程,在每个控制期结束后,都应有相应的协调会议,进行常规的工作调整、修改计划、安排下期的工作。

3.5   工程项目收尾管理与项目后评价

3.5.1   工程项目收尾管理概述

项目收尾阶段应是项目管理全过程的最后阶段,包括竣工收尾、验收、结算、决算、回访保修、管理考核评价等方面的管理。项目收尾阶段应制订工作计划,提出各项管理要求。

1.项目竣工收尾

项目经理部应全面负责项目竣工收尾工作,组织编制项目竣工计划,报上级主管部门批准后按期完成。竣工计划应包括下列内容:①竣工项目名称;②竣工项目收尾具体内容;③竣工项目质量要求;④竣工项目进度计划安排;⑤竣工项目文件档案资料整理要求。

项目经理应及时组织项目竣工收尾工作,并与项目相关方联系,按有关规定协助验收。

2.项目竣工验收

项目完成后,承包人应自行组织有关人员进行检验评定,合格后向发包人提交工程竣工报告。规模较小且比较简单的项目,可进行一次性项目竣工验收;规格较大且比较复杂的项目,可以分阶段验收。项目竣工验收应依据有关法规,必须符合国家规定的竣工条件和竣工验收要求。文件的归档整理应符合国家有关标准、法规的规定,移交工程档案应符合有关规定。

3.项目竣工结算

项目竣工结算应由承包人编制、发包人审查,双方最终确定。项目竣工结算编制依据如下:①合同文件;②竣工图纸和工程变更文件;③有关技术核准资料和材料代用核准资料;④工程计价文件、工程量清单、取费标准及有关调价规定;⑤双方确认的有关签证和工程索赔资料。

项目竣工验收后,承包人应在约定的期限内向发包人递交项目竣工结算报告及完整的结算资料,经双方确认并按规定进行竣工结算。承包人应按照项目竣工验收程序办理项目竣工结算,并在合同约定的期限内进行项目移交。

4.项目竣工决算

(1)组织进行项目竣工决算编制的主要依据是:①项目计划任务书和有关文件;②项目总概算和单项工程综合概算书;③项目设计图纸及说明书;④设计交底、图纸会审资料;⑤合同文件;⑥项目竣工结算书;⑦各种设计变更、经济签证;⑧设备、材料调价文件及记录;(⑨竣工档案资料;⑩相关的项目资料、财务决算及批复文件。

(2)竣工决算的内容。项目竣工决算应包括下列内容:①项目竣工财务决算说明书;②项目竣工财务决算报表;③项目造价分析资料表等。

(3)竣工决算的程序。编制项目竣工决算应遵循的程序如图3-7所示。

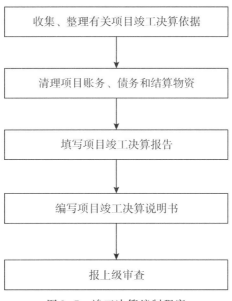

图 3-7 竣工决算编制程序

5.项目回访保修

承包人应签发工程质量保修书。签发工程质量保修书应确定质量保修范围、期限、责任和费用的承担等内容。承包人应制定项目回访和保修制度并将其纳入质量管理体系。承包人应根据合同和有关规定编制回访保修工作计划,回访保修工作计划应包括下列内容:①主管回访保修的部门;②执行回访保修工作的单位;③回访时间及主要内容和方式。

回访可采取电话询问、登门座谈、例行回访等方式。回访应以业主对竣工项目质量的反馈及特殊工程采用的新技术、新材料、新设备、新工艺等的应用情况为重点,并根据需要及时采取改进措施。

6.项目管理考核评价

组织应在项目结束后对项目的总体和各专业进行考核评价。项目考核评价的定量指标可包括工期、质量、成本、职业健康安全、环境保护等。

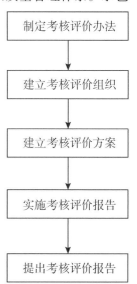

图 3-8 项目考核评价程序

项目考核评价的定性指标可包括经营管理理念,项目管理策划,管理制度及方法,新工艺、新技术推广,社会效益及社会评价等。

(1)项目考核评价的程序。项目考核评价程序如图3-8所示。

(2)项目管理总结。项目管理结束后,组织应按照下列内容编制项目管理总结：①项目概况；②组织机构、管理体系、管理控制程序；③各项经济技术指标完成情况及考核评价；④主要经验及问题处理；⑤其他需要提供的资料。项目管理总结和相关资料应及时归档和保存。

3.5.2 建设工程项目竣工验收

1.竣工验收的概念及验收的目的

建设工程项目竣工验收是指由业主、施工单位和项目验收委员会（或验收小组）以批准的项目设计任务书和设计文件，以及国家或部门颁发的施工验收规范和质量检验标准为依据，按照一定的程序，在项目建成并试生产合格后（工业生产性项目），对项目的总体进行检验、认证、综合评价和鉴定的活动。

建设工程项目竣工验收是项目建设周期的最后一个环节，也是建设工程项目管理的重要内容和终结阶段的重要工作。实行竣工验收制度是全面考核建设工程项目，检查其是否符合设计文件要求和工程质量是否符合验收标准，能否交付使用、投产，发挥投资效益的重要环节。其目的是：

（1）全面考察建设工程项目的施工质量。建设工程项目竣工验收阶段通过对已竣工工程的检查和试验，考核施工单位的施工成果是否达到了设计要求而形成生产或使用能力，可以正式转入生产运行。通过竣工验收，及时发现和解决影响生产和使用方面存在的问题，以保证建设工程项目符合设计要求。

（2）明确合同责任。建设工程项目能否顺利通过竣工验收，是判别施工单位是否按照建设工程施工合同约定的责任范围完成施工义务的标志。通过竣工验收以后，施工单位即可以与业主办理竣工结算手续，将建设工程项目交给业主使用。

（3）建设工程项目转入投产使用的必备环节。建设工程项目建成投产、交付使用后，能否取得良好的宏观效益，需要经过国家权威管理部门按照技术规范、技术标准组织验收确认。通过建设工程项目竣工验收，国家可以全面考核项目的建设成果，检验项目决策、设计、施工、设备制造和管理水平，以及总结建设经验。

2.建设工程项目竣工验收的内容

（1）工程资料验收。工程资料验收包括工程技术资料验收、工程综合资料验收和工程财务资料验收。

①工程技术资料验收的内容有：

1）工程地质、水文、气象、地形地貌、建筑物、构筑物及重要设备安装位置、勘察报告、记录；

2）初步设计、技术设计或扩大初步设计、关键的技术试验、总体规划设计；

3）土质试验报告、基础处理报告；

4）建筑工程施工记录、单位工程质量检验记录、管线强度及密封性试验报告、设备及管线安装施工及质量检验记录；

5）设备图纸、说明书、设备试车、验收运转、维修记录；

6）各单项工程及全部管网竣工图等资料。

②工程综合资料验收的内容有：

1)项目建议书及批件；

2)可行性研究报告及批件；

3)项目评估报告；

4)设计任务书；

5)工地征用申报及批件；

6)招标投标及合同文件；

7)项目竣工验收报告、验收鉴定书。

③工程财务资料验收的内容有：

1)历年建设资金供应情况和应用情况；

2)历年年度投资计划、财务收支计划；

3)建设成本资料支付使用的财务资料；

4)设计概算、预算、竣工结算资料。

(2)工程内容验收。工程内容验收包括建筑工程验收、安装工程验收。

①建筑工程验收的内容。建筑工程验收，主要是如何运用有关资料进行审查验收，主要包括：

1)建筑物的位置、标高、轴线是否符合设计要求；

2)对基础工程中的石方工程、垫层工程、砌筑工程等资料的审查验收；

3)对结构工程中的砖混结构、内浇外砌结构、钢筋混凝土结构的审查验收；

4)对屋面工程中的保温层、防水层的审查验收；

5)对门窗工程的审查验收；

6)对装饰工程的审查验收。

②安装工程验收的内容。安装工程验收分为建筑设备安装工程验收、工艺设备安装工程验收和动力设备安装工程验收。

1)建筑设备安装工程主要是指建筑物中的上下水管道、暖气、天然气或煤气、通风、电气照明等安装工程。验收时应检查这些设备的规格、型号、数量、质量是否符合设计要求，检查安装时的材料、材质，进行试水、闭水试验。

2)工艺设备安装工程包括生产、起重、传动等设备的安装，以及附属管线敷设和油漆保温等。验收时应检查设备的规格、型号、数量、质量和安装位置、标高以及单机试车、无负荷联动试车、有负荷联动试车是否符合设计要求，检查管道的焊接质量、试压、试漏、油漆、保温等及各种阀门。

3)动力设备安装工程验收是指有自备电厂的项目，或变配电室、动力配电线路的验收。

3.建设工程项目竣工验收的程序

建设项目全部建成，各单项工程的验收符合设计要求，并具备竣工图表、竣工决算、工程总结等必要文件资料，由业主或其主管部门向负责验收的单位提交竣工验收申请报告，按程序验收，其验收程序为：

(1)施工单位申请交工验收；

（2）监理工程师现场初步验收；

（3）单项工程验收；

（4）全部工程的竣工验收。

3.5.3　工程项目竣工资料移交与归档管理

竣工档案是项目竣工验收的重要条件之一，来自项目参建各单位在项目实施期间收集、积累的工程文档资料。工程文档资料管理的好坏，直接影响到竣工档案的系统性、完整性和准确性。

1.工程文档资料

工程文档资料是在项目实施过程中与工程进度同步形成的，是从项目立项开始直到项目实施结束、竣工验收为止，各阶段所产生的、与项目相关的各种文件、资料、设计图纸、图表、计算资料、试验报告与试验资料、工程照片、记录照片、录像、光盘等。工程文档资料的主要来源如下所述。

（1）工程项目实施过程中直接形成的文件资料。例如，项目决策阶段形成的文件资料；工程勘察设计文件、招标投标文件、各种合同文件（包括合同变更和补充文件），设备材料方面的文件；工程施工过程形成的文件、资料和现场记录（包括施工、工程监理、业主等单位的现场记录）；资金来源和财务管理文件资料；单项工程及全面竣工验收文件；项目审计监督文件；工程项目内部各单位之间各种形式往来文件，各种会议记录、纪要领导讲话、专家咨询意见等。

（2）对工程项目的实施有直接或间接影响的法律、法规以及有关政策，政府有关部门和各级地方部门的有关规定或其他类似文件。

（3）国际、国内与工程项目有关的各种社会、经济信息。

（4）各种媒体发表的与工程项目有关的评论和文章。

（5）与工程项目有关的其他资料。

2.工程文档资料管理

项目业主要将工程文档管理作为项目管理的重要内容之一，并依据国家档案管理要求，在项目建设开始时就成立档案管理小组，明确专人负责，制定相关办法，规定工程文档收集范围、时间和归档要求，并建立合理的文档分类体系、文（函）件编码体系、文（函）件收发登记和处理制度等，以便确保工程文档的收集、整理、归档工作与项目的立项、准备、建设实施以及竣工验收同步进行。

3.工程文档资料管理的目的与要求

工程文档资料管理的目的：在项目实施期提供便利的查阅条件；为以后编制竣工档案奠定基础；能准确有效地为项目正常生产服务。

工程文档资料管理的要求：文档必须完整、准确、系统、图面整洁、装订整齐、签字手续完备，图片、照片等要附情况说明；竣工图要真实、准确、完整、反映实际情况，必须做到图物相符。

4.工程文档资料的收集、整理与移交

所有参加项目建设的单位,包括设计、施工、监理等单位,要在工程项目业主统一组织安排下,分工负责,按照工程编序建立项目档案体系,对本单位分管项目的工程文档进行全面系统地收集、整理、归档后妥善保存;在单项(单位)交工验收时,经监理工程师签证、工程项目业主检查复核后,移交项目业主保管。

5.竣工档案的主要内容

工程项目竣工档案主要包括以下主要内容。

(1)工程项目文件。其包括工程项目立项、可行性研究、环境影响评价、项目评估等所有申报及批复文件,规划、环保、消防、卫生、人防、抗震等文件;工程项目用地、征地拆迁文件;工程勘察、测绘和工程设计文件;工程招标投标及相关合同文件;工程概算、施工预算;工程监理文件;工程施工总结等。

(2)工程技术文件。其包括施工文件;施工组织设计、技术交底、开工报告等;图纸会审、设计变更记录;原材料试验报告、定位测量等;设备试验报告记录;预检记录、隐检记录;工程质量事故处理记录。

(3)工程项目设备清单。其包括设备名称、规格、数量、产地、出厂合格证、设备图纸、说明书、设备性能、备品备件名称等。

(4)工程项目竣工文件。其包括竣工文件:竣工验收申请及批复,验收会议文件等;竣工技术资料;工程项目竣工图;水、暖、电气、管线等设备系统布置图及设计说明书;生产设备安装施工图及说明书;工程项目质量评审资料,工程设计总说明书以及竣工验收委员会(小组)会议记录及鉴定书等;工程项目财务决算,工程项目审计结论。

(5)工程项目财务文件。其包括年度财务计划;工程项目概算、预算和决算;固定资产移交清单及交接凭证;主要耗材、器材移交清单。

(6)工程项目运行技术文件。其包括运行技术准备;试车调试、生产试运行原始记录和总结资料;生产操作规程、事故分析报告等。

(7)工程项目科研项目。其包括科研计划;试验分析、计算等。

(8)工程项目涉外文件。其包括项目涉外有关文件、项目涉外有关技术问题。

(9)环境、安全卫生、消防安全考核记录。

(10)相应的单个专业验收组的验收报告及验收纪要。

不同行业有不同的专业验收范围的要求和规定,在实际工作中,应按照相应的行业标准执行。

6.竣工档案的形成

竣工档案的形成与工程文档资料的收集、积累直接相关,竣工资料档案的积累、整编、审定等工作是在工程文档资料基础上,随着单项工程验收、全面竣工验收同步进行的。在单项工程验收时,施工单位要在已收集、整理和归档的工程文档基础上,按工程项目业主统一规定的要求,整理一套合格的档案资料及完整的竣工图纸,交给项目业主;全面竣工验收时,工程项目业主必须对全部工程的档案资料按归档范围、文件内容、文件性质等,以单项工程进行整理,分别按管理文件、项目文件、施工文件、监理文件、法律性文件等类别进行组卷、排列、编目,形成竣工档案,提交竣工验收委员会。

7.竣工档案的编制要求

竣工档案应根据国家有关主管部门颁发的《基本工程项目档案资料管理暂行规定》《工程项目竣工文件编制及档案整理规范》以及《建设文件归档整理规范》的规定,按照安全、系统、完整、准确、规范、及时的基本要求进行编制。

8.竣工档案的验收与移交

项目业主按照统一规定的要求,将项目竣工档案整理完毕后,国家档案管理的行政主管部门,在大型项目的验收前,要进行专门的档案管理与移交的预验收。只有在档案管理部门认可并通过验收后,才有资格申请国家对项目的正式验收。项目通过国家正式验收后,项目业主即可将项目固定资产和项目竣工档案移交给生产单位统一保管,作为今后维护、改造、扩建、科研、生产组织的重要依据。

3.5.4 工程项目管理后评价

1.工程项目管理后评价及其作用

建设工程项目管理后评价是指建设工程项目在竣工投产、生产运营一段时间后,对项目的运行进行全面的评价,即将项目决策初期的预期效果与项目实施后的终期实际结果进行全面对比考核,对建设工程项目投资产生的财务、经济等方面的效益与影响进行全面科学的评估。建设工程项目后评价是固定资产投资管理的一项重要内容,后评价的范围既包括基本建设项目,又包括更新改造项目。

建设工程项目后评价是一项比较新的事业,一些西方发达国家和世界银行等国际金融组织开始进行建设工程项目后评价工作也仅有不到60年的历史,我国从1988年以后才正式开始试点工作。通过建设工程项目后评价,可以肯定成绩、总结经验、研究问题、吸取教训、提出建议,从而不断提高建设工程项目决策水平和投资效果。建设工程项目后评价对于投资决策的科学化和项目投资控制具有以下重要的作用:

(1)进行建设工程项目后评价,有利于提高项目决策水平。一个建设工程项目的成功与否,主要取决于立项决策是否正确。在我国的工程建设实践中,大部分项目的立项是正确的,但也不乏立项决策明显失误的情况。例如,有一些工业项目建设中,没有认真进行市场调研和预测,贪大求洋,盲目上马,结果造成建设规模过大,产品销路不畅,长期亏损,甚至被迫停产或部分停产。建设工程项目后评价将很多教训提供给项目决策者,这对于控制和调整同类项目具有重要的作用。

(2)进行建设工程项目后评价,有利于提高生产能力和经济效益。建设工程项目投产后,经济效益如何,何时能达到设计生产能力等问题,是后评价十分关心的问题。如果项目到了达产期而不能达产,或虽已达产,但效益很差,进行后评价时就要认真分析原因,研究对策,促使其尽快达产,努力提高经济效益,尽可能使建成后的项目充分发挥作用。

(3)进行建设工程项目后评价,有利于控制工程造价。大中型建设工程项目投资额巨大,在造价方面稍加控制就可能节约一笔可观的投资。目前在项目前期决策阶段进行的评价,在建设过程中进行的招标投标等都是控制造价的行之有效的方法。如果仔细认真地进行项目后评价,就可以检验项目前评价和招标投标的理论和方法是否正确、合理,从中引出成功的经验,吸取失误的教训,这将会对控制工程造价起到积极的作用。

2.建设工程项目后评价的组织与实施

建设工程项目后评价可以按三个层次组织实施,即业主单位的自我评价、项目所属行业(或地区)主管部门的评价和各级计划部门的评价。

所有建设工程项目竣工投产(或营运、使用)一段时间以后,项目业主单位都要进行自我评价,并向行业(或地区)的主管部门提交后评价报告。接到项目业主单位提交的后评价报告后,行业(或地区)的主管部门首先要审查其资料是否齐全,报告是否真实、可靠;同时要根据工作的需要,从行业或地区的角度选择一些项目进行行业或地区评价,如从行业布局、行业发展、同行业的技术水平、经营成果等方面进行评价。行业(或地区)的后评价报告应报同级和上级计划部门。

各级计划部门是建设工程项目后评价工作的组织者、领导者和方法制度的制订者。当收到项目业主单位和行业(或地区)主管部门报来的项目后评价报告后,各级计划部门应根据需要选择一些项目列入年度计划,开展项目后评价复审工作,也可委托具有相应资质的咨询公司代为组织实施。

3.建设工程项目后评价的内容

建设工程项目的类型不同,后评价所要求的内容在深度和广度上也会有所不同。归纳起来在实际工作中往往从以下几个方面对建设工程项目进行后评价。

(1)影响评价。建设工程项目影响评价,一般都是有选择地进行,而且评价时间往往是在项目竣工投产(营运、使用)7~8年后。通过项目建成后对社会的经济、政治、技术和环境等方面所产生的影响,来评价项目决策的正确性。如果项目建成后达到了原来预期的效果,对国民经济发展、产业结构调整、生产力布局、人民生活水平提高、环境保护等方面都带来了有益的影响,说明项目的决策是正确的;如果背离了既定的决策目标,就应具体分析,找出原因,引以为戒。

(2)经济效益评价。建设工程项目经济效益评价是通过项目建成后所产生的经济效益与可行性研究时所预测的经济效益相比较,对项目进行评价。它是衡量项目成功与否的关键。对于生产性项目,要运用投产运营后的实际资料,计算实际内部收益率、实际净现值、实际投资利润率、实际投资利税率、实际借款偿还期等一系列后评价指标,然后与可行性研究阶段所预测的相应指标进行对比,从经济上分析项目建成后是否达到了预期效果。没有达到预期效果的,应分析原因,采取措施,提高经济效益。

(3)过程评价。建设工程项目过程评价是对项目的立项决策、设计施工资金使用、竣工投产、生产运营等全过程进行评价和系统分析,找出偏离原预期目标的原因,并提出对策建议,以不断提高项目的建设水平。

以上建设工程项目三个方面的后评价有着密切的联系,必须全面理解和运用,才能做出客观、公正、科学的结论。

3.6 案例:某度假村建设项目过程管理

3.6.1 项目概况

某实业公司拟建一度假村,选址在浦东国际机场与泸潮港连线中部地段,占地面积约10000m²。主要包括欧式别墅区、主楼、副楼、游泳馆、射击馆、钓鱼台、停车场、职工宿舍,并在周边道路布置绿地。建成后将集休闲、娱乐、会议、餐饮等多种功能于一体。各配套项目经向有关单位征询,可配套解决。项目总投资1亿元人民币,建设周期2年。项目管理组织结构如图3-9所示。

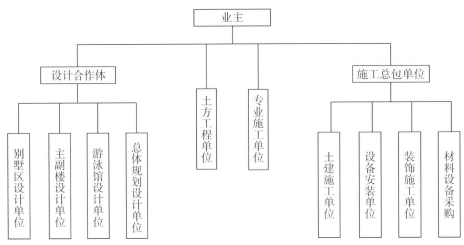

图3-9 项目管理组织结构

3.6.2 项目管理任务

本项目管理方案是对项目设计阶段进行投资、质量、合同、信息、组织协调六方面的控制,以及加工材料设备招标管理。

1.投资控制

采用的基本工作原理是动态控制原理,即采用计算机辅助的手段,在项目设计的各个阶段,分析和审核投资计划值,并将不同阶段的投资计划值和实际值进行动态跟踪比较,当其发生偏差时,分析产生偏差的原因,提出纠偏的措施,使项目设计在确保项目质量的前提下,充分考虑项目的经济性,使项目总投资控制在计划总投资范围以内。主要任务是:

(1)审核方案设计优化估算,并提出审核报告和建议;

(2)审核设计概算,并提出审核报告和意见;

(3)在审核设计概算的基础上,确定项目总投资目标值;

(4)对施工图设计从设计、施工、材料和设备等多方面进行必要的市场调查分析和技术经济比较,并提出咨询报告,供业主参考;

(5)审核施工图预算,调整总投资计划,在充分考虑满足项目功能的条件下提出进一步挖掘节约投资的可能性;

(6)在施工图设计过程中,逐一进行投资计划值和实际值的跟踪比较,并提交投资控制报告和建议;

(7)严格审查设计变更,从经济性分析是否满足业主的要求。

2.进度控制

设计进度如果控制不住,将直接影响项目建设总进度目标的实现。为了缩短建设周期,项目管理人员应协助设计单位进行合理的安排,使设计进度计划为施工招标服务,并尽量使设计满足业主对开工日期的要求、同时兼顾采购周期较长的材料、设备供应时间的要求,同时应充分考虑有关政府和市政部门对设计文件审批的时间要求。此外,业主自身因素(如业主能否向设计方及时明确设计要求,并提供设计所需的参数和条件、能否及时对设计文件进行决策和认可、能否尽量减少设计意图的改变和反复)造成对设计进度影响的情况,项目管理人员应协助业主尽早发现问题,并提出解决方案。主要任务是:

(1)审核设计方提出的详细的设计进度计划和出图计划,并控制其执行,尽可能避免发生因设计推迟而影响项目总进度计划及造成施工单位要求工期赔偿;

(2)协助起草主要加工材料和设备的采购计划,编制加工进口材料设备清单,以便业主向有关部门办理进口手续;

(3)协助研究分析分包合同及招投标、施工进度,与设计方协商,使设计进度为招投标及施工服务,并作为进度目标值;

(4)协助业主对设计文件尽快做出审定和决策,以免影响设计进度计划;

(5)在设计过程中进行进度计划值和实际值的比较,并提交进度控制报告和建议;

(6)协调各专业工种设计进度,使其能满足施工进度要求。

3.质量控制

设计质量具有直接效用质量和间接效用质量双重属性。直接效用质量目标是指设计文件(包括图纸和说明书)应尽量满足的质量要求,其中最关键的是设计是否符合国内有关设计规范、是否满足业主的要求、各阶段设计是否达到国家有关部门规定的设计深度,以及设计是否具有施工和安装的可建造性。间接效用质量目标是指设计文件所体现的最终建筑产品质量,该项目的间接效用质量是指通过设计和施工的共同努力使项目建设成为造型新颖、功能齐全、布局合理、结构可靠、环境协调的具有国际一流水平的邮电通信大楼。为了有效地进行设计阶段质量控制,项目管理人员应在透彻了解业主各项要求的基础上,详细地阅读、分析图纸,以便发现并提出问题。对重要的细节问题和关键问题,如有必要建议组织中外专家论证。主要任务是:

(1)仔细分析设计图纸,及时向设计单位提出图纸中存在的问题。对设计变更进行技术经济分析,并按照规定的程序办理设计变更手续。凡对投资及进度带来影响的设计变更,需合同业主核签;

(2)审核各设计阶段的设计图纸与说明是否符合国家有关设计规范、设计质量和标准要求,并根据需要提出修改意见;

（3）在设计进展过程中，协助审核设计是否符合业主对设计质量的特殊要求，并根据需要提出修改意见；

（4）若有必要，建议组织有关专家对结构方案进行分析和论证，以确定施工可行性及结构可靠性，以降低成本、提高效率；

（5）进行大楼智能化总体方案设计的技术经济分析；

（6）对常规设备系统的技术经济进行分析，并提出改进意见；

（7）审核有关水、电、气等系统设计与有关市政工程规范、市政条件是否相符合，以便获得有关政府部门的审批；

（8）审核施工设计是否满足要求，确保施工进度计划的顺利进行；

（9）对项目所采用的主要设备、材料充分了解其性能，并进行市场调查分析；对设备、材料的选用提出咨询报告，在满足功能要求的条件下，尽可能降低工程成本。

4.合同管理

合同管理是项目管理工作中除三大目标控制外的另一项重要的工作，因为业主签订的任何合同，都与项目的投资、进度和质量有关，因此，应充分重视合同管理的重要性。主要任务是：

（1）协助业主选择标准合同文件，起草设计合同及特殊条款；

（2）从投资控制、进度控制和质量控制的角度分析设计合同条款，分析合同执行过程中可能会出现的风险和问题；

（3）参与设计合同谈判；

（4）进行设计合同执行期间的跟踪管理，包括合同执行情况的检查，签订补充协议等事宜；

（5）分析可能发生索赔的原因，制定防范性的对策，减少业主被索赔事件的发生；协助业主处理有关实际合同的索赔事宜，并处理合同纠纷事宜。

5.信息管理

信息是规划、控制、协调和决策的依据，在整个项目建设过程中扮演着非常重要的角色，必须进行良好的信息管理。信息管理的基本原则是通过对信息进行合理的分类及编码，制定信息管理制度，以便迅速准确地传递信息、全面有效地管理信息。在此基础上建立完整的文档系统，客观地记录并反映项目建设的整个过程。主要任务是：

（1）建立设计阶段工程信息的编码体系；

（2）建立设计阶段信息管理制度，并控制其执行；

（3）进行设计阶段各类工程信息的收集、分类、整理和存档；

（4）运用计算机进行本项目的信息管理，随时向业主提供有关项目管理的各类信息，并提供各种报表和报告；

（5）协助业主建立有关会议制度，整理各类会议纪要；

（6）将所有设计文档（包括图纸、说明文件、来往函件、会议纪要、政府批文等）装订成册，在项目结束后递交业主。

6.组织协调

设计阶段是由多家单位和众多人员共同参与的,为了使这个过程能紧密结合、顺利运作,必须进行有效的组织与协调。主要工作内容为:

(1)协助业主协调与设计单位之间的关系,并处理有关问题,使设计工作顺利进行;

(2)协助业主处理设计与有关政府主管部门和市政部门的联系,了解有关设计参数和要求;

(3)协助业主做好方案设计与扩初设计审批准备工作,处理和解决方案设计与扩初设计审批有关规定;

(4)协助业主处理设计阶段各种纠纷事宜;

(5)协助业主协调设计与招投标、施工之间的关系;

(6)协助业主处理有关政府部门和市政部门对设计文件的审批事宜。

7.加工机电设备和材料招标工作

(1)业主进行加工材料设备的合同结构设计;

(2)协助业主进行机电设备系统和材料的招标准备工作,包括机电设备和材料的型号、性能询价、资格预审等,重点考察其生产能力、供货时间、产品质量及使用工程的实际效果;

(3)编制加工材料和机电设备系统招标文件;

(4)起草加工材料和机电设备供货及安装合同;

(5)编制加工材料、机电设备标底;

(6)分析投标文件,参与加工材料、机电设备系统评标、议标和合同谈判及起草、制定合同书;

(7)协助业主处理有关索赔事宜,制定防范性对策、减少向业主索赔的发生;

(8)监督订货合同执行情况,控制供货进度及产品质量(包括开箱、检验等),确保不影响施工进度和安装质量,防止索赔情况的发生。

 思考题

1.项目生命周期及其主要管理内容。

2.编写一个项目的需求建议书。

3.怎样进行项目构思?

4.项目申请书的内容有哪些?

5.工程项目建设阶段是如何划分的?

6.工程项目的过程与工程项目管理的过程分别包括哪些内容?

7.简述工程项目策划的程序。

8.可行性研究的主要作用及可行性研究报告的主要内容?

9.招标文件的编制包括哪些内容?

10.评标方法有哪些?

11.索赔的概念? 索赔的程序?

12.工程项目计划的内容有哪些?

13.工程项目管理规划大纲与工程项目管理实施规划的主要作用是什么?其主要内容分别是什么?

14.工程项目控制的主要工作是什么?

15.工程项目管理后评价的概念及评价内容是什么?

第4章　工程项目进度管理

工程项目有诸多目标,其中项目进度是最受关注的目标。进度管理也是工程项目管理的主线,费用管理、采购管理、风险管理等均与进度管理密切相关。在工程项目进度管理的过程中,需要应用系统的观点来分析问题、解决问题,最终实现统筹综效。本章将对工程项目进度管理的概述、相关技术和控制方法进行介绍。

4.1　工程项目进度计划

工程项目进度管理是根据工程项目的进度目标,编制经济合理的进度计划,并在项目执行过程中检查工程项目进度计划的执行情况,若发现实际执行情况与计划进度不一致,及时分析原因,并采取必要的措施对原工程进度计划进行调整或修正。本节将针对工程项目进度计划的分类、表示方法以及编制程序进行介绍。

4.1.1　工程项目进度计划的分类

为了确保工程项目进度控制目标的实现,参与工程项目建设的各有关单位都要编制进度计划,并且控制这些进度计划的实施。工程项目进度计划可以按照项目建设参与方、使用者、项目范围、时间、目的、项目个数、粗细程度等进行分类,如图4-1所示。

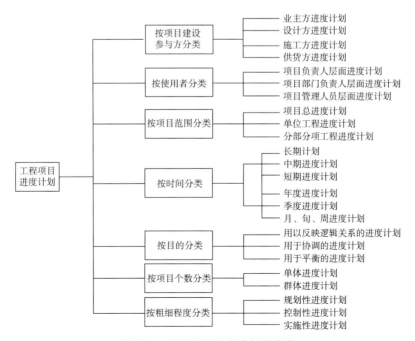

图4-1　工程项目进度计划的分类

4.1.2 工程项目进度计划的表示方法

工程项目进度计划的表示方法有横道图、垂直图表法(或称线条图)、流水作业图、网络计划技术等。本部分将主要就横道图和网络计划技术进行介绍。

1.横道图

横道图,又称甘特图,是一种传统的进度计划方法,是1917年由美国的亨利·甘特(Henry Gant)发明的。它通过日历形式列出项目活动工期及相应的开始和结束日期,为反映工程项目进度信息提供了一种标准格式。作为一个二维的平面图,横道图的横向表示进度,与时间相对应,纵向表示工作内容,如图4-2所示。

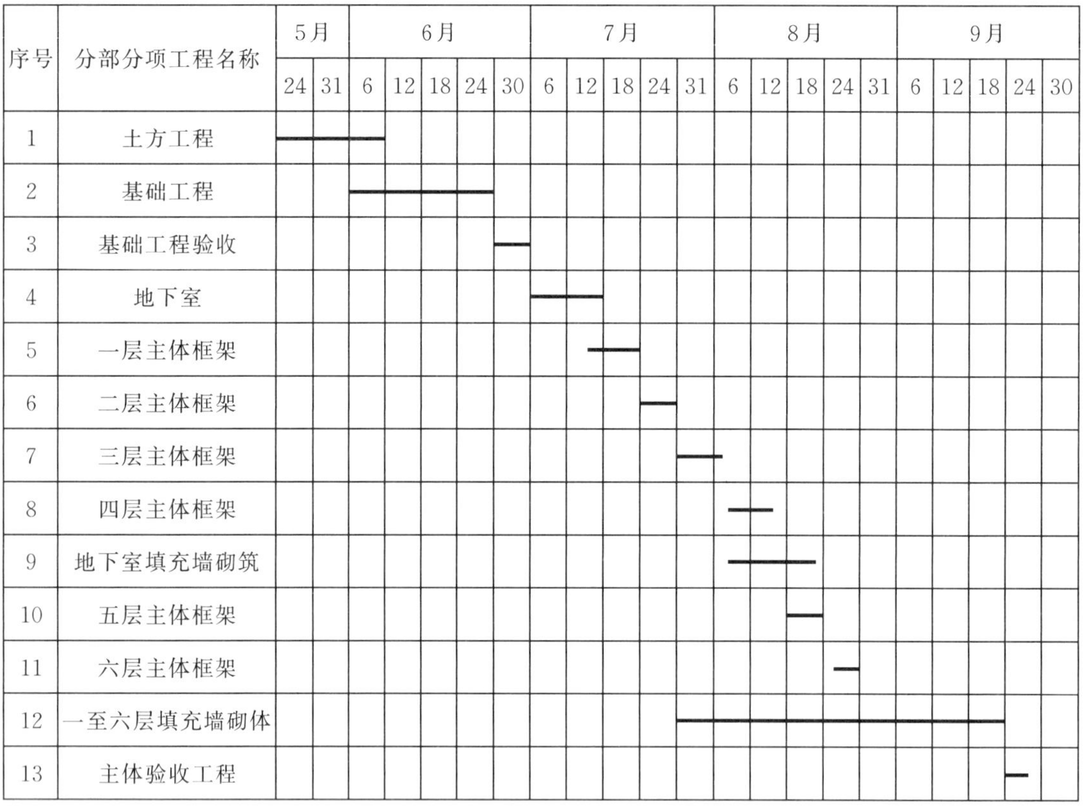

序号	分部分项工程名称	5月		6月					7月					8月					9月				
		24	31	6	12	18	24	30	6	12	18	24	31	6	12	18	24	31	6	12	18	24	30
1	土方工程	■	■	■																			
2	基础工程			■	■	■	■																
3	基础工程验收							■															
4	地下室								■	■	■												
5	一层主体框架									■	■												
6	二层主体框架											■	■										
7	三层主体框架												■	■									
8	四层主体框架													■	■								
9	地下室填充墙砌筑													■	■								
10	五层主体框架															■	■						
11	六层主体框架																■	■					
12	一至六层填充墙砌体												■	■	■	■	■	■	■	■	■		
13	主体验收工程																				■	■	

图4-2 某办公楼主体工程施工计划横道图

横道图是最简单且运用最广的一种计划方法,尽管有新的计划技术被采用,横道图在工程项目管理中仍占统治地位。横道图的优点是简单、明了、直观、易于编制。然而,进度计划横道图不能系统地把工程项目各项活动之间的复杂关系表示出来,难以进行定量分析和计算,同时也不能指出影响工程项目进度的关键所在。因此,横道图一般适用于比较简单的小型工程项目进度计划的编制,或用于项目初期的计划。此外,横道图一般是网络分析的输出结果,可作为高层管理者了解项目总体计划之用。

2.网络计划技术

网络计划技术是用网络计划对项目的工作进度进行安排和控制,以保证实现预定目标的科学的计划管理技术。网络计划是在网络图上加注工作的时间参数等而编制成的进度计划。因此,网络计划由两部分组成,即网络图和网络参数。网络图是由箭线和节点组成的,用来表示工作流程的有向、有序的网状图形。网络参数是根据项目中各项工作的延续时间和网络图所计算的工作、节点、线路等要素的各种时间参数。网络计划技术在近几十年得到广泛应用,这是本章的重点,将在下一节详细论述。

与横道图相比,网络计划能够明确表达各项工作之间的逻辑关系,可根据时间参数的计算明确各项工作的机动时间并找出关键线路和关键工作,还可以利用计算机进行计算、优化和调整,因此,网络计划图比横道图更加先进和有效。不过,网络图也有其不足之处,即不如横道计划图那么直观明了。因此,在工程实践中,应该将网络计划技术和横道图计划结合起来使用,以充分发挥网络计划技术和横道图计划各自的优点。

4.1.3　工程项目进度计划的编制程序

在编制工程项目进度计划之前,必须收集有关工程项目的各种资料,分析影响进度计划的各种因素,为编制进度计划提供依据。工程项目进度计划编制程序如图4-3所示。

1.收集、分析有关资料

有效的工程项目进度计划取决于相关资料的质量。通过正式的、非正式的多种渠道收集有关资料,对与进度计划有关的问题进行分析预测,为编制工程项目进度计划提供依据,主要内容有:

(1)设计文件、有关的法规、技术规范、标准和政府指令。

(2)工程项目现场的勘测资料。

(3)收集工程项目所在地区的气温、雨量、风力及地震等有关资料。

(4)工程项目所在地区的各种资源状况,包括资源品种、质量、单价、运距、产量、供应能力及方式等。

(5)工程项目所在地区附近的铁路、公路、航运运输情况,包括其位置、运输能力、卸货及存储能力等。

(6)供水、供电、供风的方式及能力等状况。

(7)提供当地劳动力的计划。

(8)物资采购、设备供货计划,工程项目进度计划与提供有关物资采购和设备供货进度相协调。

(9)已建成的同类或相似项目的实际工程项目工期,并作为本项目编制工程项目进度计划提供参考依据。

(10)其他资料。

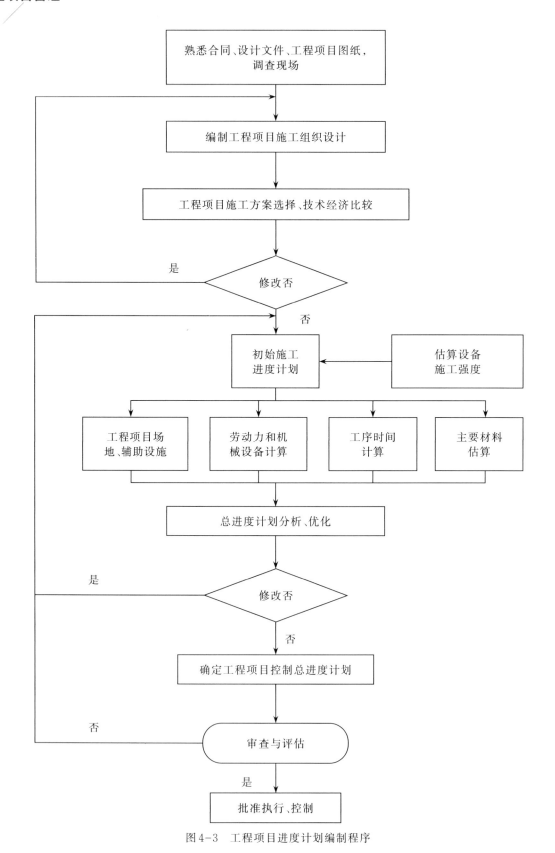

图 4-3　工程项目进度计划编制程序

2.工程项目分解,确定工程进度目标体系

工程项目进度计划的编制,需要从项目施工计划的整体性出发,根据系统工程的观点,将一个项目逐级分解成若干个子项目(或称工作单元),即工作结构分解 WBS,以便明确进度控制的管理目标,如图 4-4 所示为一个水电站施工工程项目分解图。编制子项目的网络计划,明确进度控制责任人,有效地组织进度计划的实施,并能控制整个工程项目网络计划系统的实施。特别是大中型工程项目,建设周期长,影响因素错综复杂,若干个相互独立的单项工程项目的网络计划不能全面反映整个工程项目在各个阶段之间的衔接和制约关系,没有全面反映工程项目进度控制的综合平衡问题。为了解决这个问题,必须建立工程项目网络计划系统。

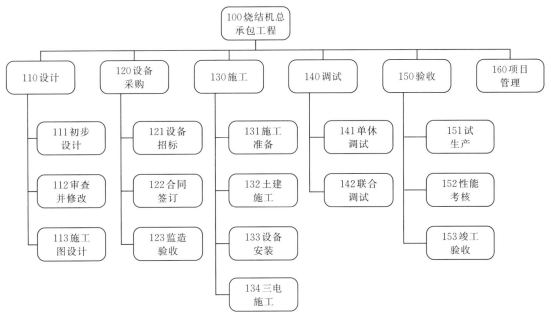

图 4-4　烧结机总承包工程工作结构分解图

项目的进度目标可从不同角度逐级进行分解,明确各级进度目标和相应的责任者,形成项目进度管理目标体系,以便有效地组织项目实施,最终控制项目进度总目标。在工程项目分解结构中,子项目网络计划具有相对独立的作业,项目参与者责权分明,易于管理。一般的工程进度目标分解方法包括:

(1)按项目组成分解进度目标。

(2)按项目实施单位分解进度目标。

(3)按工程实施过程分解进度目标。

(4)按项目计划分解目标。

3.决定工程项目任务和里程碑

对于每一个最低级别的 WBS 元素,识别任务和里程碑对应交付的元素。可交付物通常设置为里程碑,产生可交付物的活动被称为任务。里程碑是一个时间点,被用于管理检查点来测量成果。

在确定了交付产品的任务和里程碑之后,它们应该被逻辑地排序,来反映将被执行的工作方式。排序建立了任务和里程碑之间的依赖关系,并被用于计算交付产品的进度。

4.选择施工技术方案,确定施工顺序及工作的逻辑关系

不同的施工项目,其工作内容和工作之间的关系不同;相同的施工项目,采用不同的施工技术方案,工作之间的关系也不尽相同。因此,在编制进度计划之前,首先应选择工程项目技术方案。

工作的逻辑关系主要由两个方面决定:一方面是工作的工艺关系,即工程项目工艺要求的先后顺序关系。在作业内容、施工技术方案确定的情况下,这种工作逻辑关系是确定的。另一方面是组织关系,即对于工艺上没有明确规定先后顺序关系的工作,由于考虑到其他因素(如工期、工程项目设备、资源限制等)的影响而组织编排的先后顺序关系。一般来说,确定工程项目顺序时,主要考虑以下几点:

(1)在保证工期及工程项目实施工艺逻辑关系的前提下,实行分期施工,以便提前投产收益。一般来说,在条件允许的情况下,工程项目的作业面越多,工期越有保证。

(2)工程项目由若干施工单元组成,在确定它们的施工顺序时,应优先安排下列项目:

①按工程项目实施工艺要求,须先期投入生产或起主导作用的施工设备;

②工程量大、施工难度大、需要时间长的项目,如水利水电枢纽发电系统的施工;

③工程项目场内外的运输系统、动力系统;

④工程项目辅助工程,如项目的工作车间等。

应当指出的是,上述确定工程项目顺序的原则不是一成不变的,应对具体问题具体分析。

(3)工程项目的管理目标。工程项目管理的重要任务是对项目的目标(投资、进度、质量、环境、安全等)进行有效的控制。就工程项目进度控制而言,编制进度计划时必须合理确定项目的进度目标,明确项目进度实施控制的目标,并与实施进度计划相协调。

5.项目工程量、工作持续时间和资源需求量的计算

计算项目的工程量,确定项目工作持续时间和资源需求量是编制网络计划和对计划进行定量分析的基础。工程项目进度计划的准确性与施工工作的工程量、工作持续时间、资源需求量计算密切相关。

在估算项目的工程量时,工程量的估算精度与设计深度密切相关。当没有给出工程项目的详细设计时,可以根据类似工程或概算指标估计工程量。若有工程项目的设计施工图纸,可以根据设计施工图纸,并考虑工程项目分期、分段等因素,计算出相应的工程量。

在工程项目进度计划中,各项工作的作业时间是计算项目计划工期的基础。在项目工程量一定的情况下,工作持续时间与安排在工作上的设备水平、设备数量、效率、人员技术水平、人员数量等有关。

工程量的计算应根据项目的设计图和工程量计算规则,针对所划分的每一个工作进行。当编制工程项目进度计划有预算文件,且工作的划分与工程项目进度计划一致时,可以直接套用项目预算的工程量,不必重新计算。

(1)工程量的计量单位应与现行定额手册中所规定的计量单位相一致,以便计算劳动力、材料和机械数量时直接套用定额,避免换算。

(2)结合项目施工方法和安全技术要求计算工程量。

(3)结合工程项目组织的要求,按划分的工程项目分项、分段计算。

(4)计算劳动量和机械台班数。计算劳动量和机械台班数时,首先要确定所采用的定额。定额有时间定额和产量定额两种,可直接套用现行工程项目定额;亦可考虑工程项目的实际状况做出必要的调整,使主要工程项目的进度计划更切合实际。对具有新技术和特殊的工程项目,定额手册中尚未列出的,可参考类似项目的定额或实测确定。

当某项目由若干分项组成时,则应根据分项目的时间定额(或产量定额)及工程量,按公式(4-1)计算,得到项目的综合时间定额(或综合产量定额):

$$H = \frac{Q_1 H_1 + Q_2 H_2 + \cdots + Q_i H_i + \cdots + Q_n H_n}{Q_1 + Q_2 + \cdots + Q_i + \cdots + Q_n} \tag{4-1}$$

式中,H为综合时间定额(工日/m³,工日/m²,工日/t……);Q_i为项目中第i个分项目的工程量;H_i为项目中第i个分项目的时间定额。

根据项目的工程量和所采用的定额,可按公式(4-2)或公式(4-3)计算出项目所需要的劳动量和机械台班数:

$$P = Q \times H \tag{4-2}$$

或

$$P = Q/S \tag{4-3}$$

式中,P为项目所需要的劳动量(工日)或机械台班数(台班);S为项目所采用的人工产量定额(m³/工日,m²/工日,t/工日……)或机械台班产量定额(m³/台班,m²/台班,t/台班……)。

零星工作所需要的劳动量可结合实际情况,由承包商根据自己的经验进行估算。

(5)确定项目的持续时间。根据项目所需要的劳动量或机械台班数,以及该项目安排的工人数或配备的机械台数按公式(4-4)计算项目的持续时间:

$$D = P/(R \times B) \tag{4-4}$$

式中,D为项目所需要的时间,即持续时间(天);R为每班安排的工人数或工程项目机械台数;B为每天工作班数。

如果根据上式确定的工人数或机械台数超过承包单位现有的人力、物力,除了寻求其他途径增加人力、物力外,应从技术上和工程项目的组织上采取措施加以解决。

①按实物工程量和定额标准计算。对于主要工程项目的各项工作,可根据工程量、人工、机械台班产量定额和合理的人、机数量按下式计算:

$$t = w/(r \times m) \tag{4-5}$$

式中,t为工作基本工时;w为工作的实物工程量;r为台班产量定额;m为施工人数(或机械台班数)。

②套用工期定额计算。对于工程项目总进度计划中大"工序"的持续时间,通常对国家及相关部门制订的各类项目工期定额做适当修改后套用。

③三时估计法计算。有些工作任务没有确定的实物工程量,或不能用实物工程量来计算工时,又没有颁布的工期定额可套用,例如试验性工作或新工艺、新技术等。在这种情况

下,可以采用三时估计法来计算:

$$t = \left(t_0 + 4t_m + t_p\right)\big/6 \tag{4-6}$$

式中,t_0 为乐观估计工时;t_m 为最可能工时;t_p 为悲观估计工时。

上述三个工时是在经验的基础上,根据实际情况估计出来的。

根据上述方法确定了工作的基本工时后,还应考虑到其他因素,并进行相应的调整。在实际工作中,经常选择几种主要因素加以考虑,调整公式为:

$$T = tK \tag{4-7}$$

$$K = K_1 K_2 K_3 \tag{4-8}$$

式中,T 为工作项目的持续时间计划值;K 为综合修正系数;K_1 为自然条件(天气、水流、地质等)影响系数;K_2 为技术熟练程度影响系数;K_3 为单位或工种协作条件修正系数。

K_1、K_2、K_3 都是大于1或等于1的系数,其值可根据工程实践经验和具体情况来确定。在缺少经验数据时,综合调整系数参考取值为:

当 $t \leqslant 7$ 天时,$K = 1.15 \sim 1.4$;

当 $t > 7$ 天时,$K = 1.1 \sim 1.25$。

6. 编制工程项目工作明细表

为便于网络图的绘制、时间参数计算和网络计划优化,在前述几项工作的基础上编制工程项目工作明细表,如表4-1所示。

表4-1　工程项目工作明细表

代号	工作名称	工作量		资源量		持续时间	紧前工作	紧后工作	备注
		数量	单位	人工	台班				
A	施工设备								
B									
⋮	⋮								

7. 绘制工程项目施工网络图

根据工作表中所列的施工工序关系绘制工程项目施工网络图,施工网络图主要考虑施工工艺逻辑关系(即考虑施工工作的先后关系)。在表明遵循工程项目的顺序的同时,还应考虑由工程项目施工方法决定的组织逻辑关系。编制工程项目网络进度计划时,常以考虑工序逻辑关系为主,绘制施工网络图,通过调整形成初始网络进度计划。

8. 编制初始网络进度计划

对形成的初始网络计划,综合考虑工程项目的工艺逻辑关系和组织逻辑关系,对图中存在的不合理逻辑关系必须进行修正,使网络图在工艺顺序和组织顺序上都正确地表达工程项目实施方案的要求,形成指导现场的网络进度计划。

在草拟初始进度计划时,一定要抓住关键,分清主次关系,合理安排,协调配合。这样就构成整个工程项目进度计划的轮廓,再将不直接受客观环境控制的其他项目配合安排、形成初始工程项目的总进度计划。

初始工程项目的总进度计划拟订以后,首先要审查施工工期是否符合规定要求。对于满足施工工期要求的初始总进度计划,按时间坐标累计各工种工程量和主要资源用量。对出现的施工强度高峰和资源用量高峰进行调整,以削减峰值,满足均衡施工的要求,使之成为可行计划。

9.确定各种主要工程项目资源的计划用量

根据时间坐标网络图中施工工序所需的主要施工资源的计划用量,绘制不同资源的动态曲线和累计曲线图,形象描述资源用量计划。

10.工程项目进度计划优化与调整

(1)施工工期。检查工程项目进度计划中的计划工期是否超过规定的合同工期目标,如果超过,则应对计划中增大关键工序的施工强度或增加机械设备,缩短关键工序的持续时间,使整个进度计划的计划工期满足合同工期要求。如工程项目进度计划的工期远小于规定的工期目标,则考虑降低工程项目投资,减少劳力或机械设备来降低施工强度,适当延长关键工序的持续时间,使整个进度计划的工期接近合同工期。工程项目进度计划经调整后满足工期控制目标,作为实施的施工进度计划。

(2)工程项目资源。检查工程项目主要资源的计划用量是否超过实际可能的投入量(拥有量),如果超过计划用量,则必须进行调整。调整的方法是在满足工期目标的基础上,利用非关键工序的时差,错开施工高峰,削减资源用量高峰;或改变施工方法,减少资源用量。这时要增加、减少或改变某些工序逻辑关系,经调整重新绘制施工进度计划网络图,经过不断调整,直到资源计划用量满足实际拥有量。

(3)费用。在满足工期目标及资源目标的条件下,检查工程项目进度计划的费用是否超过施工承包的合同价。在正常条件下,缩短工期(即加快施工进度)会引起直接费用增加和间接费用减少;反之,延长工期(即放慢工程项目进度)会引起直接费用减少和间接费用增加。工期费用优化是在考虑工期目标的条件下,找出与工程项目费用最低对应的工期或既定工期条件下的工程项目费用最低,即在工程项目进度计划中考虑间接费用随着工期缩短而减少的影响,找出既能使计划工期缩短而又能使直接费用增加额最少的工序,缩短其持续时间。经过多次调整,比较分析不同工期的直接费用和间接费,求出工期—费用的优化关系。调整后的工程项目网络计划及其时标网络进度计划,用于指导施工及控制进度计划。

工程项目进度计划的可行性及优化程度,除了考虑工期、资源、费用三个目标外,还应考虑是否满足质量标准、安全计划、现场临时设施、施工辅助设施的规模与布置、各种材料及机械的供应计划等其他因素。

4.2　工程项目网络计划技术

4.2.1　工程项目网络计划技术概述

1.网络计划技术的起源与发展

20世纪50年代,为了适应科学研究和新的生产组织管理的需要,国外陆续出现了一些计划管理的新方法。1957年,美国杜邦公司的工程技术人员和数学家共同开发了关键线路法(Critical Path Method,CPM)。它首次运用于化工厂的建造和设备维修,大大缩短了工作时间,节约了费用。1958年,美国海军针对舰载洲际导弹项目研究,开发了计划评审技术(Program Evaluation and Review Technique,PERT)。该项目运用网络方法,将研制导弹过程中各种合同进行综合权衡,有效地协调了成百上千个承包商的关系,而且提前完成了任务,并在成本控制上取得了显著的效果。20世纪60年代初期,网络计划技术在美国得到了推广,新建工程全面采用这种计划管理新方法,并开始被日本和西欧一些国家引入。近年来,由于计算机技术的飞速发展、边缘学科的相互渗透,网络计划技术与决策论、排队论、控制论、仿真技术相结合,应用领域不断拓宽,又相继产生了诸如搭接网络技术(PD)、决策网络技术(DN)、图示评审技术(GERT)、风险评审技术(VERT)等一大批现代计划管理方法,广泛应用于工业、农业、建筑业、国防和科学研究领域。随着计算机的应用和普及,还开发了许多网络计划技术的计算和优化软件。

我国对网络计划技术的研究与应用起步较早。1965年,著名数学家华罗庚教授首先在我国的生产管理中推广和应用这些新的计划管理方法,并根据网络计划统筹兼顾、全面规划的特点,将其称为统筹法。改革开放以后,网络计划技术在我国的工程建设领域也得到迅速的推广和应用,尤其是在大中型工程项目建设的资源合理安排、进度计划编制、优化和控制等方面的应用效果显著。目前,网络计划技术已成为我国工程建设领域推行现代化管理必不可少的方法。国家标准《网络计划技术》GB/T13400.1-2012、GB13400.2-2009、GB13400.3-2009和行业标准《工程网络计划技术规程》JGJ/T 121-1999的颁布,使工程网络计划技术在计划的编制与控制管理的实际应用中有了一个可遵循的、统一的技术标准,保证了计划的科学性,对提高工程项目的管理水平发挥了巨大作用。

实践证明,网络计划技术的应用已取得了显著成绩,保证了工程项目质量、成本、进度目标的实现,也提高了工作效率,节约了项目资源。但网络计划技术与其他科学管理方法一样,也受到一定客观环境和条件的制约。网络计划技术是一种有效的管理手段,可提供定量分析信息,但工程的规划、决策和实施还取决于各级领导和管理人员的水平。另外,网络计划技术的推广应用,需要有一批熟悉和掌握网络计划技术理论、应用方法和计算机软件的管理人员,需要提升工程项目管理的整体水平。

2.网络计划技术的分类

网络计划技术的基本模型是网络图。网络图是由箭线和节点组成的,用来表示工作流程的有向、有序的网状图形。所谓网络计划,是用网络图表达任务构成、工作顺序,并加注时间参数的进度计划。

网络计划技术可以从不同的角度进行分类。

(1)按工作之间逻辑关系和延续时间的确定程度分类。

网络计划技术的种类与模式有很多,但按工作之间逻辑关系和延续时间的确定程度来划分,可归纳为四种类型,具体如表4-2所示。

表4-2　网络计划技术的分类

类型		延续时间	
		确定	非确定
逻辑关系	确定性	关键线路法(CPM)	计划评审技术(PERT)
	非确定性	决策关键线路法(DCPM)	图形评审技术(GERT)
			随机网络技术(QGERT)
			风险评审技术(VERT)

　　网络计划的基本形式是关键线路法(CPM)和计划评审技术(PERT)。PERT与CPM的区别在于,关键线路法是可以确定出项目各工作最早、最迟开始和结束时间,通过最早最迟时间的差值可以分析每一项工作相对时间紧迫程度及工作的重要程度,这种最早和最迟时间的差值称为机动时间,机动时间最小的工作通常称为关键工作。关键线路法的主要目的就是确定项目中的关键工作,以保证实施过程中能重点关照,保证项目按期完成。PERT的形式与CPM网络计划基本相同,只是在工作延续时间方面CPM仅需要一个确定的工作时间,而PERT需要工作的三个时间估计,包括最短时间a、最可能时间m及最长时间b,然后按照β分布计算工作的期望时间t。PERT通常使用的计算方法是CPM的方法。

　　决策关键线路(DCPM)在网络计划中引入了决策点的概念,使得在项目的执行过程中可根据实际情况进行多种计划方案的选择。

　　图形评审技术(GERT)引入了工作执行完工概率和概率分支的概念,一项工作的完成结果可能有多种情况。

　　随机网络技术(QGERT),作为图形评审技术(GERT)的进一步扩展,引入了排队和决策功能,将项目管理、风险分析和决策过程联系在一起,可以直接进行网络模型的计算和分析。

　　风险评审技术(VERT)可用于对项目的质量、时间、费用三坐标进行综合仿真和决策。

　　(2)按网络结构分类。若按照网络的结构不同,可以把网络计划分为双代号网络和单代号网络。

　　①双代号网络计划。双代号网络计划的示例,如图4-5所示。在这里,箭线及其两端节点的编号表示工作,在箭线上标注工作持续时间。为了正确地反映逻辑关系,在网络图中添加了虚工作。

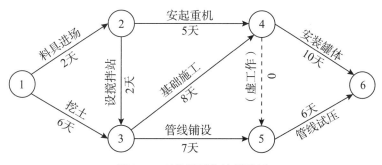

图4-5　双代号网络计划示例

双代号网络可以分为双代号时间坐标网络和双代号非时间坐标网络。以时间坐标为尺度绘制的网络计划,称为时间坐标网络计划。不按时间坐标绘制的网络计划,称为非时间坐标网络计划。双代号网络中工作箭线的长度和方向,在无时间坐标的网络图中,原则上可以任意画,但必须满足网络逻辑关系;在有时间坐标的网络图中,其箭线长度必须根据完成该项工作所需持续时间的大小按比例绘图。

②单代号网络计划。单代号网络可以分为普通单代号网络和搭接网络。搭接网络主要是为了反映工作之间执行过程的相互重叠关系而引入的一种网络计划表达形式。

单代号搭接网络计划中,节点表示工作,在节点内标注工作持续时间,箭线及其上面的时距符号表示相邻工作间的逻辑关系,工作间的逻辑关系用前项工作的开始或完成时间与其紧后工作的开始或完成时间之间的间距来表示。

单代号搭接网络计划的示例,如图4-6所示。在这里,节点的左边代表工作的开始,节点的右边代表工作的完成。这是欧美国家标准所规定的画法,与我国行业标准所规定的单代号搭接网络的画法有所不同。

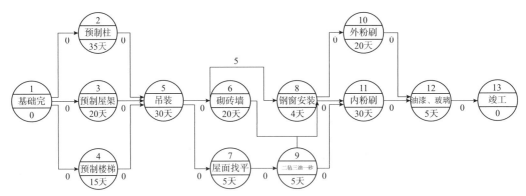

图4-6 单代号搭接网络计划示例

单代号网络计划是单代号搭接网络计划的一个特例,它的前后工作之间的逻辑关系是完成到开始关系等于零。在实际应用中,由于单代号网络计划和单代号搭接网络计划中工作之间的逻辑关系表示方法的简易性以及没有虚工作,该种网络计划运用得越来越普遍,诸多网络计划软件也广泛采用了这种形式的网络计划。

3.网络计划技术的特点

网络计划技术作为现代管理的方法,与传统的计划管理方法相比较,具有明显优点,主要表现如下:

(1)利用网络图模型,明确表达各项工作的逻辑关系。按照网络计划方法,在制订工程计划时,首先必须理清楚该项目内的全部工作和它们之间的相互关系,然后才能绘制网络图模型。它可以帮助计划编制者理顺那些杂乱无章的、无逻辑关系的想法,形成完整合理的项目总体思路。

(2)通过网络图时间参数计算,确定关键工作和关键线路。经过网络图时间参数计算,可以知道各项工作的起止时间,知道整个计划的完成时间,还可以确定关键工作和关键线路,便于抓住主要矛盾,集中资源,确保进度。

(3)掌握机动时间,进行资源合理分配。资源在任何工程项目中都是重要因素。网络计划可以反映各项工作的机动时间,制定出最经济的资源使用方案,避免资源冲突,均衡利用资源,达到降低成本的目的。

(4)运用计算机辅助手段,便于网络计划的调整与控制。在项目计划实施过程中,由于各种影响因素的干扰,目标的计划值与实际值之间往往会产生一定的偏差,运用网络图模型和计算机辅助手段,能够比较方便、灵活和迅速地进行跟踪检查和调整项目施工计划,控制目标偏差。

4.2.2　双代号网络计划

1.基本概念

这是一种用箭线表示工作、节点表示工作相互关系的网络图方法。这种技术也称为双代号网络(AOA),在我国这种方法应用较多。双代号网络计划一般仅使用结束到开始的关系表示工作之间的关系。因此,为了表示所有工作之间的逻辑关系往往需要引入虚工作加以表示。

在双代号网络中,工作由连接两个节点的弧(Arrow,箭线)表示,每个工作都由两个数字(i,j)(开始/结束)来定义。每个工作因此就可由这两个节点的数字来标识。图4-7是双代号网络图的一个例子。

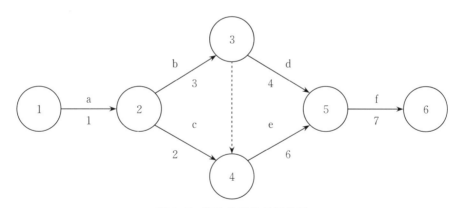

图4-7　简单的双代号网络图

2.绘图规则

绘制双代号网络图需要遵守相关的规则。

(1)方向、时序与编号

①方向:网络图是有方向的,按工艺流程的顺序,工作从左到右排列。

②时序:时序反映工作之间的衔接关系及时间顺序。

③编号:按照时序,对节点编号,号码不能重复,且箭尾节点编号i必须小于箭头节点编号j。

④唯一:两个节点之间只能有一条箭线,代表一项工作。如图4-8所示的画法是错误

的,箭线必须从一个节点开始,到另一个节点结束,不能从一条箭线中间引出其他箭线。

图4-8　破坏唯一性的错误画法

(2)紧前工作与紧后工作

①若有工作b和c,都需要在工作a完工后才能开工,则如图4-9所示,表示工作a的紧后工作是b、c;工作b、c的紧前工作是a。

②若工作c在工作a与b完工后才能开工,则如图4-10所示,表示工作a、b的紧后工作是c;工作c的紧前工作是a和b。

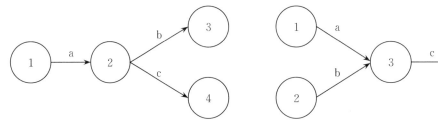

图4-9　紧前工作与紧后工作(一)　　　　　图4-10　紧前工作与紧后工作(二)

③若工作c与d需要在工作a与b完工后才能开工,则如图4-11所示,表示工作a、b的紧后工作是c、d;工作c、d的紧前工作是a、b。

(3)缺口与回路

在网络图上,除了始点和终点外,其他所有事件前后都要用箭线连接起来,不可中断,在图中不可有缺口。如图4-12所示的网络中工作b丢失了与其紧后工作应有的联系。

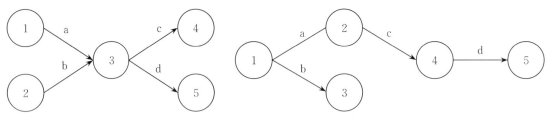

图4-11　紧前工作与紧后工作(三)　　　图4-12　网络图的错误画法——有缺口

网络图中不能有回路,即不可有循环现象,否则将造成逻辑上的错误,使这项工作永远达不到终点,如图4-13所示。

(4)虚工作。虚工作是实际上并不存在的工作,它并不消耗时间,也不消耗和占用人力、物力、财力,只是用来说明工作之间的逻辑关系。虚工作用虚线表示。

虚工作有以下几种情况:

①平行作业。当从某个节点出发有两道以上的平行工作,并且它们均要在完工之后才能进行下道工作时,则必须引入虚工作。例如,在图4-14中虚工作表示在a、b工作平行作业

完工后转入c工作。选择a、b两工作中工作时间较长的一道工作与下一道工作衔接,而其他工作则通过虚工作与下一道工作衔接。

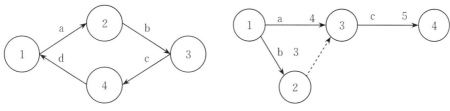

图4-13 网络图的错误画法——有回路　　　　图4-14 平行作业

②交叉作业。对需要较长时间完成的相邻几道工作,只要条件允许,可不必等待紧前工作全部完工后再转入后一道工作,而是分批分期地将紧前工作完成的部分工作转入下一道工作,这种方式称为交叉作业。

例如,加工三个零件经过a、b两道工作,如果在a工作三个零件全部完工后再转到b工作,串行作业网络图如图4-15所示。

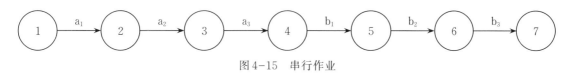

图4-15 串行作业

交叉作业的网络图如图4-16所示。

③工作a、b平行作业,当工作a完工后,工作c开始;而当工作b、c完工后,工作d开始,如图4-17所示。

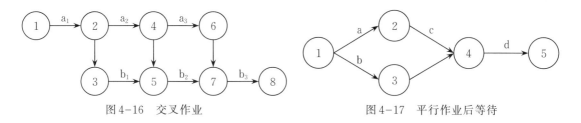

图4-16 交叉作业　　　　图4-17 平行作业后等待

3.双代号网络计划时间参数的计算

双代号网络计划时间参数计算的目的在于通过计算各项工作的时间参数,确定网络计划的关键工作、关键线路和计算工期,为网络计划的优化、调整和执行提供明确的时间参数。双代号网络计划时间参数的计算方法很多,一般常用的有按工作计算法和按节点计算法。本节只介绍按工作计算法在图上进行计算的方法。

(1)时间参数的概念及其符号

①工作持续时间(D_{i-j})。工作持续时间是一项工作从开始到完成的时间。

②工期(T)。工期泛指完成任务所需要的时间,一般有以下三种:

1)计算工期。根据网络计划时间参数计算出来的工期,用 T_c 表示。

2)要求工期。任务委托人所要求的工期,用 T_r 表示。

3)计划工期。根据要求工期和计算工期所确定的作为实施目标的工期,用T_p表示。网络计划的计划工期T_p应按下列情况分别确定。

当已规定了要求工期T_r时:

$$T_p \leqslant T_r \tag{4-9}$$

当未规定要求工期时,可令计划工期等于计算工期:

$$T_p = T_c \tag{4-10}$$

③网络计划中工作的六个时间参数

1)最早开始时间(ES_{i-j})。指在各紧前工作全部完成后,工作$i-j$有可能开始的最早时刻。

2)最早完成时间(EF_{i-j})。指在各紧前工作全部完成后,工作$i-j$有可能完成的最早时刻。

3)最迟开始时间(LS_{i-j})。指在不影响整个任务按期完成的前提下,工作$i-j$必须开始的最迟时刻。

4)最迟完成时间(LF_{i-j})。指在不影响整个任务按期完成的前提下,工作$i-j$必须完成的最迟时刻。

5)总时差(TF_{i-j})。指在不影响总工期的前提下,工作$i-j$可以利用的机动时间。

6)自由时差(FF_{i-j})。指在不影响其紧后工作最早开始的前提下,工作$i-j$可以利用的机动时间。

按工作计算法计算网络计划中各时间参数,其计算结果可标注在箭线之上,如图4-18所示。

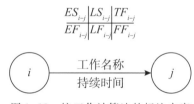

图4-18 按工作计算法的标注内容

(2)双代号网络计划时间参数计算。按工作计算法在网络图上计算六个工作时间参数,必须在清楚计算顺序和计算步骤的基础上,列出必要的公式,以加深对时间参数计算的理解。时间参数的计算步骤如下。

①最早开始时间和最早完成时间的计算。工作最早时间参数受到紧前工作的约束,故其计算顺序应从起点节点开始,顺着箭线方向依次逐项计算。

以网络计划的起点节点为开始节点的工作最早开始时间为零。如网络计划起点节点的编号为1,则:

$$ES_{i-j} = 0 \ (i = 1) \tag{4-11}$$

最早完成时间等于最早开始时间加上其持续时间:

$$EF_{i-j} = ES_{i-j} + D_{i-j} \tag{4-12}$$

最早开始时间等于各紧前工作的最早完成时间EF_{h-i}的最大值：

$$ES_{i-j} = \max\{EF_{h-i}\} \qquad (4-13)$$

或

$$ES_{i-j} = \max\{ES_{h-i} + D_{h-i}\} \qquad (4-14)$$

②确定计算工期T_c。计算工期等于以网络计划的终点节点为箭头节点的各个工作的最早完成时间的最大值。当网络计划终点节点的编号为n时，计算工期：

$$T_c = \max\{EF_{i-n}\} \qquad (4-15)$$

当无要求工期的限制时，取计划工期等于计算工期，即取$T_p = T_c$。

③最迟开始时间和最迟完成时间的计算。工作最迟时间参数受到紧后工作的约束，故其计算顺序应从终点节点起，逆着箭线方向依次逐项计算。

以网络计划的终点节点$(j=n)$为箭头节点的工作的最迟完成时间等于计划工期，即：

$$LF_{i-n} = T_p \qquad (4-16)$$

最迟开始时间等于最迟完成时间减去其持续时间：

$$LS_{i-j} = LF_{i-j} - D_{i-j} \qquad (4-17)$$

最迟完成时间等于各紧后工作的最迟开始时间LS_{j-k}的最小值：

$$LF_{i-j} = \min\{LS_{j-k}\} \qquad (4-18)$$

或

$$LF_{i-j} = \min\{LF_{j-k} - D_{j-k}\} \qquad (4-19)$$

④计算工作总时差。总时差等于其最迟开始时间减去最早开始时间或等于最迟完成时间减去最早完成时间，即：

$$TF_{i-j} = LS_{i-j} - ES_{i-j} \qquad (4-20)$$

$$TF_{i-j} = LF_{i-j} - EF_{i-j} \qquad (4-21)$$

⑤计算工作自由时差。当工作$i-j$有若干个紧后工作$j-k$时，其自由时差应为：

$$FF_{i-j} = \min\{ES_{j-k} - EF_{i-j}\} \qquad (4-22)$$

$$FF_{i-j} = \min\{ES_{j-k} - ES_{i-j} - D_{i-j}\} \qquad (4-23)$$

以网络计划的终点节点$(j=n)$为箭头节点的工作，其自由时差FF_{i-n}应按网络计划的计划工期T_p确定，即：

$$FF_{i-n} = T_p - EF_{i-n} \qquad (4-24)$$

4.关键工作和关键线路的确定

(1)关键工作。网络计划中总时差最小的工作是关键工作。

(2)关键线路。自始至终全部由关键工作组成的线路为关键线路，或线路上总的工作持续时间最长的线路为关键线路。网络图上的关键线路可用双线或粗线标注。

【例4-1】某双代号网络图如图4-19所示，按工作计算法标注其时间参数如图4-20所示。

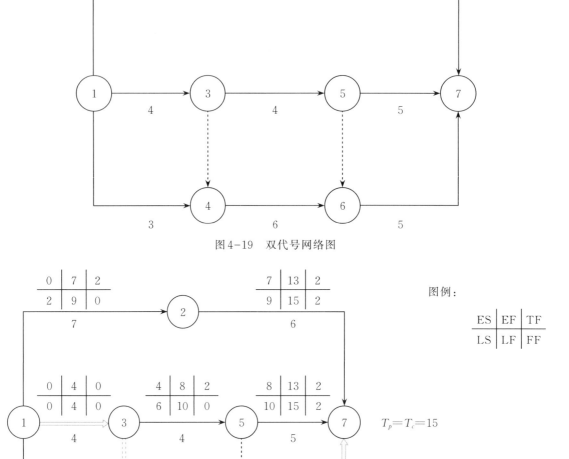

图4-19 双代号网络图

图4-20 用工作法标注的双代号网络计划

4.2.3 双代号时标网络计划

1.双代号时标网络计划的特点

双代号时标网络计划是以水平时间坐标为尺度编制的双代号网络计划,其主要特点如下。

(1)时标网络计划兼有网络计划与横道计划的优点,它能够清楚地表明计划的时间进程,使用方便。

(2)时标网络计划能在图上直接显示出各项工作的开始与完成时间、工作的自由时差及关键线路。

（3）在时标网络计划中可以统计每一个单位时间对资源的需要量，以便进行资源优化和调整。

（4）由于箭线受到时间坐标的限制，当情况发生变化时，对网络计划的修改比较麻烦，往往要重新绘图。但在使用计算机以后，这一问题已较容易解决。

2.双代号时标网络计划的一般规定

（1）双代号时标网络计划必须以水平时间坐标为尺度表示工作时间。时标的时间单位应根据需要在编制网络计划之前确定，可为小时、天、周、月或季。

（2）时标网络计划应以实箭线表示工作，以虚箭线表示虚工作，以波形线表示工作自由时差。

（3）时标网络计划中所有符号在时间坐标上的水平投影位置，都必须与其时间参数相对应。节点中心必须对准相应的时标位置。

（4）时标网络计划中虚工作必须以垂直方向的虚箭线表示，有自由时差时加波形线表示。

3.时标网络计划的编制

时标网络计划宜按各个工作的最早开始时间编制。在编制时标网络计划之前，应先按已确定的时间单位绘制出时标计划表，如表4-3所示。

表4-3 时标计划表

日历(时间单位)	1	2	3	4	5	6	7	8	9	10	11	12	13	14	15	16	17
网络计划																	
(时间单位)	1	2	3	4	5	6	7	8	9	10	11	12	13	14	15	16	17

双代号时标网络计划的编制方法有两种。

（1）间接法绘制。先绘制出时标网络计划，计算各工作的最早时间参数，再根据最早时间参数在时标计划表上确定节点位置，连线完成，某些工作箭线长度不足以到达该工作的完成节点时，用波形线补足。

（2）直接法绘制。根据网络计划中工作之间的逻辑关系及各工作的持续时间，直接在时标计划表上绘制时标网络计划。绘制步骤如下：

①将起点节点定位在时标表的起始刻度线上。

②按工作持续时间在时标计划表上绘制起点节点的外向箭线。

③其他工作的开始节点必须在其所有紧前工作都绘出以后，定位在这些紧前工作最早完成时间最大值的时间刻度上，某些工作的箭线长度不足以到达该节点时，用波形线补足，箭头画在波形线与节点连接处。

④用上述方法从左至右依次确定其他节点位置，直至网络计划终点节点定位，绘图完成。

【例4-2】已知网络计划的资料,如表4-4所示。试用直接法绘制双代号时标网络计划。

表4-4　某网络计划工作逻辑关系及持续时间

工作	紧后工作	持续时间	工作	紧后工作	持续时间
A_1	A_2,B_1	2	C_3	E,F	2
A_2	A_3,B_2	2	D	G	2
A_3	B_3	2	E	G	1
B_1	B_2,C_1	3	F	I	2
B_2	B_3,C_2	3	G	H,I	4
B_3	C_3,D	3	H		3
C_1	C_2	2	I		3
C_2	C_3	4			

【解】(1)将起点节点①定位在时标表的起始刻度线上,如图4-21所示。

(2)按工作的持续时间绘制①节点的外向箭线①→②,即按A_1工作的持续时间,画出无紧前工作的A_1工作,确定节点②的位置。

(3)自左至右依次确定其余各节点的位置。如②、③、④、⑥、⑨、⑪、⑬节点之前只有一条内向箭线,则在其内向箭线绘制完成后即可在其末端将上述节点绘出。⑤、⑦、⑧、⑩、⑫、⑭、⑮节点则必须待其前面的两条内向箭线都绘制完成后才能定位在这些内向箭线中最晚完成的时刻处。其中,⑤、⑦、⑧、⑩、⑫、⑭各节点均有长度不足以达到该节点的内向实箭线,故用波形线补足。

(4)用上述方法自左至右依次确定其他节点位置,直至画出全部工作,确定终点节点圆上⑮的位置,该时标网络计划即绘制完成。

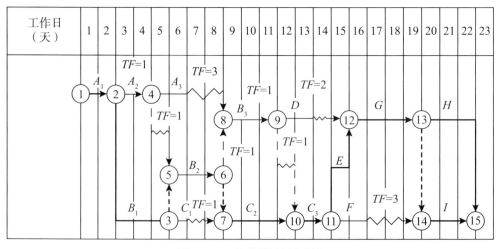

图4-21　时标网络计划示例

4.关键线路和计算工期的确定

(1)时标网络计划关键线路的确定,应自终点节点逆箭线方向朝起点节点逐次进行判定,即从终点到起点不出现波形线的线路即为关键线路。如图4-21中,关键线路用粗箭线表示。

(2)时标网络计划的计算工期,应是终点节点与起点节点所在位置之差。如图4-19中,计算工期 $T_c = 22 - 0 = 22$（天）。

4.2.4　单代号网络计划

这是一种使用节点表示工作、箭线表示工作关系的项目网络图。这种网络图通常称为单代号网络(简称AoN)。

1.单代号网络图的特点

单代号网络图与双代号网络图相比,具有以下特点:

(1)工作之间的逻辑关系容易表达,且不用虚箭线,故绘图较简单;

(2)网络图便于检查和修改;

(3)由于工作持续时间表示在节点之中没有长度,故不够形象直观;

(4)表示工作之间逻辑关系的箭线可能产生较多的纵横交叉现象。

2.单代号网络图的绘图规则

(1)必须正确表达已定的逻辑关系。

(2)严禁出现循环回路。

(3)严禁出现双向箭头或无箭头的连线。

(4)严禁出现没有箭尾节点的箭线和没有箭头节点的箭线。

(5)箭线不宜交叉,当交叉不可避免时,可采用过桥法或指向法绘制。

(6)只应有一个起点节点和一个终点节点。当网络图中有多项起点节点或多项终点节点时,应在网络图的两端分别设置一项虚工作,作为该网络图的起点节点和终点节点。

单代号网络图的绘图规则大部分与双代号网络图的绘图规则相同,故不再进行解释。

3.单代号网络计划时间参数的计算

单代号网络计划与双代号网络计划只是表现形式不同,它们所表达的内容则完全一样。下面以图4-22所示单代号网络计划为例,说明其时间参数的计算过程。计算结果如图4-23所示。

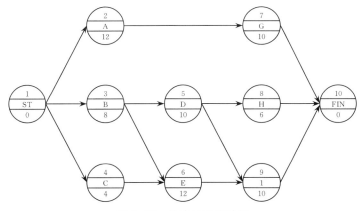

图4-22　单代号网络计划

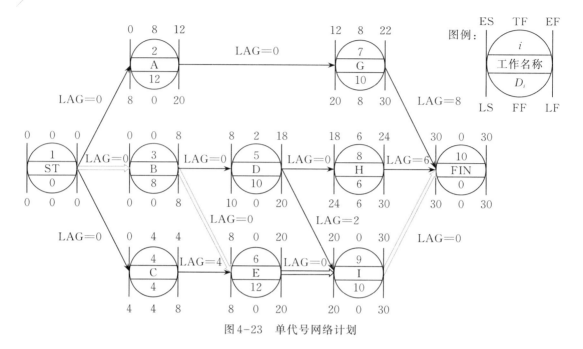

图4-23　单代号网络计划

4.计算工作的最早开始时间和最早完成时间

工作最早开始时间和最早完成时间的计算应从网络计划的起点节点开始,顺着箭线方向按节点编号从小到大的顺序依次进行。其计算步骤如下:

(1)网络计划起点节点所代表的工作,其最早开始时间未规定时取值为零。例如在本例中,起点节点ST所代表的工作(虚拟工作)的最早开始时间为零,即

$$ES_1 = 0$$

(2)工作的最早完成时间应等于本工作的最早开始时间与其持续时间之和,即

$$EF_i = ES_i + D_i \tag{4-25}$$

式中,EF_i为工作i的最早完成时间;ES_i为工作i的最早开始时间;D_i为工作i的持续时间。

例如在本例中,工作A的最早完成时间为

$$EF_2 = ES_2 + D_2 = 0 + 12 = 12$$

(3)其他工作的最早完成时间应等于其紧前工作最早完成时间的最大值,即

$$ES_j = \max\{EF_i\} \tag{4-26}$$

式中,ES_j为工作i的最早开始时间;EF_i为工作j的紧前工作i的最早完成时间。

例如在本例中,工作E的最早开始时间为

$$ES_6 = \max\{EF_3, EF_4\} = \max\{8, 4\} = 8$$

(4)网络计划的计算工期等于其终点节点所代表的工作的最早完成时间。例如在本例中,其计算工期为

$$T_c = EF_{10} = 30$$

5.计算相邻两项工作之间的时间间隔

相邻两项工作之间的时间间隔指其紧后工作的最早开始时间与本工作最早完成时间的差值,即

$$LAG_{i,j} = ES_j - EF_i \tag{4-27}$$

式中，$LAG_{i,j}$ 为工作 i 与其紧后工作 j 之间的时间间隔；ES_j 为工作 i 的紧后工作 j 的最早开始时间；EF_i 为工作 i 的最早完成时间。

例如在本例中，工作 A 与工作 G 的时间间隔为

$$LAG_{2,7} = ES_7 - EF_2 = 12 - 12 = 0$$

6. 确定网络计划的计划工期

当已规定了要求工期时，计划工期不应超过要求工期；当未规定要求工期时，可令计划工期等于计算工期。在本例中，假设未规定要求工期，则其计划工期就等于计算工期，即

$$T_p = T_c = 30$$

7. 计算工作的总时差

工作总时差的计算应从网络计划的终点节点开始，逆着箭线方向按节点编号从大到小的顺序依次进行。

（1）网络计划终点节点 n 所代表的工作的总时差应等于计划工期与计算工期之差，即

$$TF_n = T_p - T_c \tag{4-28}$$

当计划工期等于计算工期时，该工作的总时差为零。例如在本例中，终点节点⑩所代表的工作 FIN（虚拟工作）的总时差为

$$TF_{10} = T_p - T_c = 30 - 30 = 0$$

（2）其他工作的总时差应等于本工作与其各紧后工作之间的时间间隔加该紧后工作的总时差所得之和的最小值，即

$$TF_i = \min\{LAG_{i,j} + TF_j\} \tag{4-29}$$

式中，TF_i 为工作 i 的总时差；$LAG_{i,j}$ 为工作 i 与其紧后工作 j 之间的时间间隔；TF_j 为工作 i 的紧后工作 j 的总时差。

例如在本例中，工作 D 的总时差为

$$TF_5 = \min\{LAG_{5,8} + TF_8, LAG_{5,9} + TF_9\} = \min\{0 + 6, 2 + 0\} = 2$$

8. 计算工作的自由时差

（1）网络计划终点节点 n 所代表的工作的自由时差等于计划工期与本工作的最早完成时间之差，即

$$FF_n = T_p - EF_n \tag{4-30}$$

式中，FF_n 为终点节点 n 所代表的工作的自由时差；T_p 为网络计划的计划工期；EF_n 为终点节点 n 所代表的工作的最早完成时间（即计算工期）。

例如在本例中，终点节点⑩所代表的工作 FIN（虚拟工作）的自由时差为

$$FF_{10} = T_p - EF_{10} = 30 - 30 = 0$$

（2）其他工作的自由时差等于本工作与其紧后工作之间时间间隔的最小值即

$$FF_i = \min\{LAG_{i,j}\} \tag{4-31}$$

例如在本例中，工作 D 的自由时差为

$$FF_5 = \min\{LAG_{5,8}, LAG_{5,9}\} = \min\{0, 2\} = 0$$

9.计算工作的最迟完成时间和最迟开始时间

工作的最迟完成时间和最迟开始时间的计算可按以下两种方法进行:

(1)根据总时差计算:工作的最迟完成时间等于本工作的最早完成时间与其总时差之和,工作的最迟开始时间等于本工作的最早开始时间与其总时差之和,即

$$LF_i = EF_i + TF_i \qquad (4-32)$$

$$LS_i = ES_i + TF_i \qquad (4-33)$$

例如在本例中,工作D的最迟完成时间和最迟开始时间分别为

$$LF_5 = EF_5 + TF_5 = 18 + 2 = 20$$

$$LS_5 = ES_5 + TF_5 = 8 + 2 = 10$$

(2)根据计划工期计算:工作最迟完成时间和最迟开始时间的计算应从网络计划的终点节点开始,逆着箭线方向按节点编号从大到小的顺序依次进行。

①网络计划终点节点n所代表的工作的最迟完成时间等于该网络计划的计划工期。即

$$LF_n = T_p \qquad (4-34)$$

例如在本例中,终点节点⑩所代表的工作FIN(虚拟工作)的最迟完成时间为

$$LF_{10} = T_p = 30$$

②工作的最迟开始时间等于本工作的最迟完成时间与其持续时间之差,即

$$LS_i = LF_i - D_i \qquad (4-35)$$

例如在本例中,工作G的最迟开始时间为

$$LS_7 = LF_7 - D_7 = 30 - 10 = 20$$

③其他工作的最迟完成时间等于该工作各紧后工作最迟开始时间的最小值,即

$$LF_i = \min\{LS_j\} \qquad (4-36)$$

式中,LF_i 为工作 i 的最迟完成时间;LS_j 为工作 i 的紧后工作 j 的最迟开始时间。

例如在本例中,工作D的最迟完成时间为

$$LF_5 = \min\{LS_8, LS_9\} = \min\{24, 20\} = 20$$

10.确定网络计划的关键线路

(1)利用关键工作确定关键线路。如前所述,总时差最小的工作为关键工作。将这些关键工作相连,并保证相邻两项关键工作之间的时间间隔为零而构成的线路就是关键线路。例如在本例中,由于工作B、工作E和工作I的总时差均为零,故它们为关键工作。由于网络计划的起点节点①和终点节点与上述三项关键工作组成的线路上,相邻两项工作之间的时间间隔全部为零,故线路①—③—⑥—⑨—⑩为关键线路。

(2)利用相邻两项工作之间的时间间隔确定关键线路。从网络计划的终点节点开始,逆着箭线方向依次找出相邻两项工作之间时间间隔为零的线路就是关键线路。例如在本例中,逆着箭线方向可以直接找出关键线路①—③—⑥—⑨—⑩。

4.2.5　单代号搭接网络计划

1.基本概念

前述的网络计划,其工作之间的逻辑关系是一种衔接关系,即紧前工作完成之后紧后工

作就可以开始,紧前工作的完成为紧后工作的开始创造条件。但实际上,可能会出现另外一种情况,即紧后工作的开始并不以紧前工作为前提,只要紧前工作开始一段时间后能为紧后工作提供一定的开始工作条件,紧后工作就可以与紧前工作平行进行。这种关系称为搭接关系。

2. 单代号搭接网络计划中的搭接关系

搭接关系有以下四种类型,如图 4-24 所示。

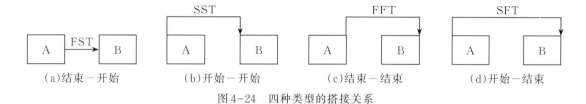

图 4-24　四种类型的搭接关系

①结束-开始型(finish-to-start):B 在 A 结束之前不能开始,如图 4-24(a)所示。

②开始-开始型(start-to-start):B 在 A 开始之前不能开始,如图 4-24(b)所示。

③结束-结束型(finish-to-finish):B 在 A 结束之前不能结束,如图 4-24(c)所示。

④开始-结束型(start-to-finish):B 在 A 开始之前不能结束,如图 4-24(d)所示。

其中,结束-开始型是最为常见的。结束-结束型和开始-开始型节点式关系是最自然的,它允许某项工作和其紧后工作在某种程度上可以同时进行。使用结束-结束型和开始-开始型节点式关系,可以使项目跟踪和项目实施的建立更加快捷。开始-结束型节点式关系的建立只是完全数学意义上的,现实生活中比较少见。

3. 单代号搭接网络计划的时间参数计算

(1)计算工作最早时间

①计算最早时间参数必须从起点节点开始依次进行,只有紧前工作计算完毕,才能计算本工作。

②计算工作最早开始时间应按下列步骤进行。起点节点的工作最早开始时间都应为零,即:

$$ES_i = 0(i = 起点节点编号) \tag{4-37}$$

其他工作 j 的最早开始时间(ES_j)根据时距应按下列公式计算:

相邻时距为 STS_{ij} 时,

$$ES_j = ES_i + STS_{ij} \tag{4-38}$$

相邻时距为 FTF_{ij} 时,

$$ES_j = EF_i + FTF_{ij} - D_j \tag{4-39}$$

相邻时距为 STF_{ij} 时,

$$ES_j = ES_i + STF_{ij} - D_j \tag{4-40}$$

相邻时距为 FTS_{ij} 时,

$$ES_j = EF_i + FTS_{ij} \tag{4-41}$$

③计算工作最早时间,当出现最早开始时间为负值时,应将该工作 j 与起点节点用虚箭线相连接,并确定其时距为:

$$STS_{起始节点,j} = 0 \qquad (4-42)$$

④工作 j 的最早完成时间 EF_j 应按下式计算。

$$EF_j = ES_i + D_j \qquad (4-43)$$

⑤当有两种以上的时距(有两项工作或两项以上紧前工作)限制工作间的逻辑关系时,应分别计算其最早时间,取其最大值。

⑥搭接网络计划中,全部工作的最早完成时间的最大值若在中间工作 k,则该中间工作 k 应与终点节点用虚箭线相连接,并确定其时距为:

$$FTF_{k,终点节点} = 0 \qquad (4-44)$$

⑦搭接网络计划计算工期 T_c 由与终点相联系的工作的最早完成时间的最大值决定。

⑧搭接网络计划的计划工期 T_p 的计算应按下列情况分别确定:

当已规定了要求工期 T_r 时,$T_p \leqslant T_r$;

当未规定要求工期时,$T_p = T_r$。

(2)计算时间间隔 $LAG_{i,j}$。相邻两项工作 i 和 j 之间在满足时距之外还有多余的时间间隔 $LAG_{i,j}$,应按下式计算。

$$LAG_{i,j} = \begin{bmatrix} ES_j - EF_i - FTS_{i,j} \\ ES_j - ES_i - STS_{i,j} \\ EF_j - EF_i - FTF_{i,j} \\ EF_j - ES_i - STF_{i,j} \end{bmatrix} \qquad (4-45)$$

(3)计算工作总时差。工作 i 的总时差 TF_i 应从网络计划的终点节点开始,逆着箭线方向依次逐项计算;部分工作分期完成时,有关工作的总时差必须从分期完成的节点开始逆向逐项计算。

终点节点所代表工作 n 的总时差 TF_n 值应为:

$$TF_n = T_p - EF_n \qquad (4-46)$$

其他工作 i 的总时差 TF 应为:

$$TF_i = \min\{TF_j + LAG_{i,j}\} \qquad (4-47)$$

(4)计算工作自由时差。终点节点所代表工作 n 的自由时差 FF_n 应为:

$$FF_n = T_p - EF_n \qquad (4-48)$$

其他工作 i 的自由时差 FF_i 应为:

$$FF_i = \min\{LAG_{i,j}\} \qquad (4-49)$$

(5)计算工作最迟完成时间。工作 i 的最迟完成时间 LF_i,应从网络计划的终点节点开始,逆着箭线方向依次逐项计算。当部分工作分期完成时,有关工作的最迟完成时间应从分期完成的节点开始逆向逐项计算。

终点节点所代表的工作 n 的最迟完成时间 LF_n,应按网络计划的计划工期 T_p 确定,即:

$$LF_n = T_p \qquad (4-50)$$

其他工作i的最迟完成时间LF_i应为：

$$LF_i = EF_i + TF_i \qquad (4-51)$$

或

$$LF_i = \min \begin{bmatrix} LS_j - FTS_{ij} \\ LS_j - STS_{ij} + D_i \\ LF_j - FTF_{ij} \\ LF_j - STF_{ij} + D_i \end{bmatrix} \qquad (4-52)$$

(6)计算工作最迟开始时间。工作i的最迟开始时间LS_i应按下式计算：

$$LS_i = LF_i - D_i \qquad (4-53)$$

或

$$LS_i = ES_i + TF_i \qquad (4-54)$$

4.关键工作和关键线路的确定

(1)确定关键工作。关键工作是总时差为最小的工作。单代号搭接网络计划中工作总时差最小的工作，即是其具有的机动时间最少，如果延长其持续时间就会影响计划工期，因此为关键工作。当计划工期等于计算工期时，工作的总时差为零，是最小的总时差。当有要求工期，且要求工期小于计算工期时，最小的总时差为负值；要求工期大于计算工期时，最小的总时差为正值。关键线路是自始至终全部由关键工作组成的线路或线路上总的工作持续时间最长的线。

(2)确定关键线路。该线路在网络图上应用粗线、双线或彩色线标注。在单代号搭接网络计划中，从起点节点开始到终点节点均为关键工作，且所有工作的时间间隔均为零的线路应为关键线路。

4.3　工程项目进度控制

制订工程项目进度计划的目的就是使工程项目能够在进度计划的指导下，在预定的时间内完成项目预定的任务，实现工程项目的预期目标。但在工程项目的实施过程中，由于项目时常受到来自项目内外多种因素的干扰，这就有可能给工程进度计划的执行带来不同程度的阻碍和约束。因此，要使工程项目能够实现预定的计划，就必须及时了解和掌握工程项目的实施状态以及给工程项目带来不利影响的各种因素，并通过科学全面和深入系统的分析，寻找和发现出给工程进度带来不利影响的主次原因。在此基础上，结合工程项目的实际情况，提出解决影响进度问题的针对性方法和措施，进而消除各种因素给工程进度带来的不利影响，确保工程项目进度计划的顺利实现。

工程项目进度控制过程如图4-25所示。

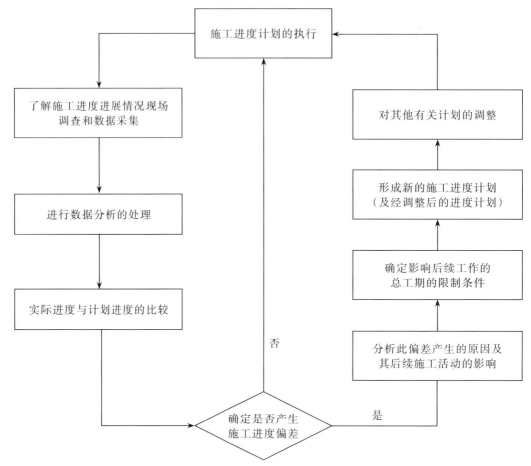

图4-25 施工进度动态控制循环图

4.3.1 工程项目进度的影响因素

在制订工程项目进度计划时,计划编制的前提是假设实施进度计划所需的条件完全可以满足计划实施的要求。实际上,在工程进度计划的实施过程中,工程项目可能会受到来自项目内外多种因素的影响,因此,当实施进度计划的实际情况与所需条件不符或存在差异时,工程进度计划的执行就可能受到不同程度的影响。从实际情况来看,影响建设工程进度的不利因素有很多,如人为因素,技术因素,设备、材料及构配件因素,机具因素,资金因素,水文、地质与气象因素,以及其他自然与社会环境等方面的因素。其中,人为因素是最大的干扰因素。从产生的根源看,有的来源于建设单位及其上级主管部门,有的来源于勘察、设计、施工及材料、设备供应单位,有的来源于建设监理单位,有的来源于政府、建设主管部门、有关协作单位和社会,也有的来源于各种自然条件。在工程建设过程中,常见的影响因素如下:

(1)业主因素。如业主使用要求改变而进行设计变更;应提供的施工场地条件不能及时提供或所提供的场地不能满足工程正常需要;不能及时向施工承包单位或材料供应商付款等。

（2）勘察设计因素。如勘察资料不准确，特别是地质资料错误或遗漏；设计内容不完善，规范应用不恰当，设计有缺陷或错误；设计对施工的可能性未考虑或考虑不周；施工图纸供应不及时、不配套，或出现重大差错等。

（3）施工技术因素。如施工工艺错误；不合理的施工方案；施工安全措施不当；不可靠技术的应用等。

（4）自然环境因素。如复杂的工程地质条件；不明的水文气象条件；地下埋藏文物的保护、处理；洪水、地震、台风等不可抗力等。

（5）社会环境因素，如外单位临近工程施工干扰；节假日交通、市容整顿的限制；临时停水、停电、断路；以及在国外常见的法律及制度变化，经济制裁，战争、骚乱、罢工、企业倒闭等。

（6）组织管理因素。如向有关部门提出各种申请审批手续的延误；合同签订时遗漏条款、表达失当；计划安排不周密，组织协调不力，导致停工待料、相关作业脱节；领导不力，指挥失当，使参加工程建设的各个单位、各个专业、各个施工过程之间交接、配合上发生矛盾等。

（7）材料、设备因素。如材料、构配件、机具、设备供应环节的差错，品种、规格、质量、数量、时间不能满足工程的需要；特殊材料及新材料的不合理使用；施工设备不配套，选型失当，安装失误，有故障等。

（8）资金因素。如有关方拖欠资金，资金不到位，资金短缺；汇率浮动和通货膨胀等。

除上述因素外，不同类型的工程项目还可能存在其他方面的影响因素，这些因素普遍具有不确定性、随机性和多样性的特征，因此，这就需要工程项目管理者及时了解和掌握工程项目的实际情况，并根据实际情况及时解决工程项目进度管理中的各种问题，确保工程进度计划得到有效的贯彻和执行。

4.3.2　工程项目进度的检查方法

进度的检查与进度计划的执行是融汇在一起的。进度计划的检查方法主要是采用对比法，即实际进度与计划进度进行对比。一般最好是在图表上进行对比，不同的计划图形产生了多种检查方法。常用的进度比较方法有横道图、S形曲线、香蕉形曲线、前锋线等几种比较法。

1.横道图比较法

横道图比较法是指将项目实施过程中检查实际进度收集到的数据，经加工整理后直接用横道线平行绘于原计划的横道线处，进行实际进度与计划进度的比较方法。采用横道图比较法，可以形象、直观地反映实际进度与计划进度的比较情况。采取横道图比较法进行的某基础工程施工实际进度与计划进度的比较结果如图4-26所示。

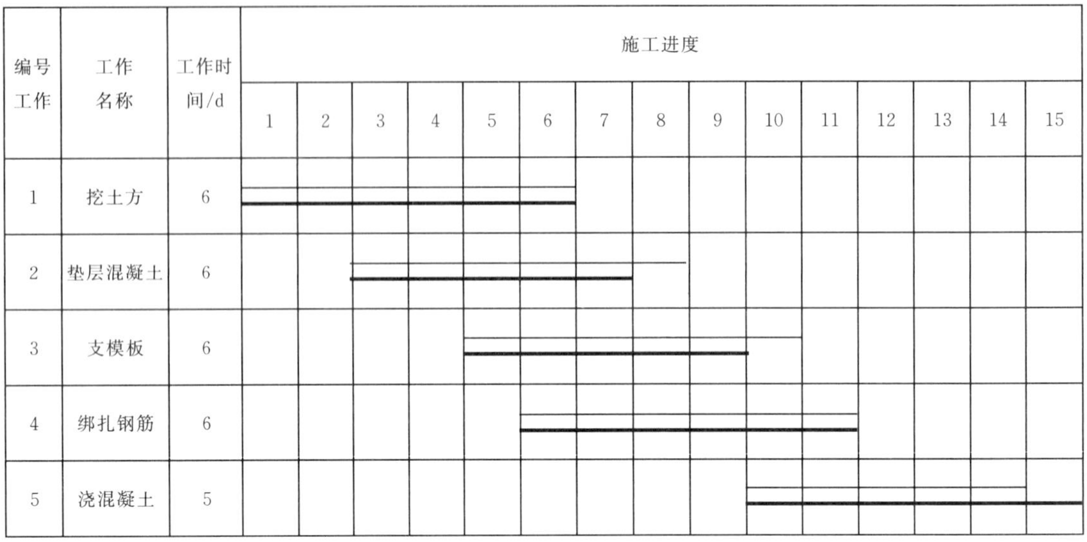

编号工作	工作名称	工作时间/d	施工进度															
			1	2	3	4	5	6	7	8	9	10	11	12	13	14	15
1	挖土方	6															
2	垫层混凝土	6															
3	支模板	6															
4	绑扎钢筋	6															
5	浇混凝土	5															

图4-26　某基础工程实际进度与计划进度比较图

图4-26中,细线表示计划进度,粗线表示实际进度。经比较可以看出,在第8天末,挖土方工作已经完成;垫层混凝土的工作按计划进度应当完成,而实际施工进度只完成了80%左右的任务,已经拖欠了大约20%的任务量;绑扎钢筋工作已经完成了50%,施工实际进度与计划进度一致。在此基础上根据各项工作的进度偏差,进度控制者可以采取相应的纠偏措施对进度计划进行调整,以确保该工程按期完成。

利用横道图比较法,通过上述记录与比较,为进度控制者提供了实际施工进度与计划进度之间的偏差,为采取调整措施提出了明确的任务。因此,横道图比较法具有以下优点:记录和比较方法都很简单,形象直观,容易掌握,应用方便,被广泛应用于简单的进度监测工作中。

但横道图比较法也有其局限性和缺点,它仅适用于施工中的各项工作都是按均匀的速度进行的情况,即要求每项工作在单位时间里完成的任务量都是相等的。同时由于它是以横道图进度计划为基础,因此也具有以下缺点,如工作之间的逻辑关系不明显,关键工作和关键线路无法确定,一旦某些工作进度产生偏差,难以预测对后续工作和整个工期产生的影响,难以确定调整方法等。

2.S形曲线比较法

从工程项目建设进展的全过程看,单位时间内完成的工作任务量一般都随着时间的递进而呈现出两头少、中间多的分布规律,即工程的开工和收尾阶段完成的工作任务量少而中间阶段完成的工作任务量多。这样以横坐标表示进度时间,以纵坐标表示累计完成工作任务量而绘制出来的曲线将是一条S形曲线,如图4-27所示。S形曲线比较法就是将进度计划确定的计划累计完成工作任务量和实际累计完成工作任务量分别绘制成S形曲线,并通过两者的比较借以判断实际进度与计划进度相比是超前还是滞后,并可得出其他各种有关进度信息的进度计划执行情况的检查方法。应用S形曲线比较法比较实际和计划两条S形曲线可以得出以下分析与判断结果:

（1）实际进度与计划进度比较情况。对应于任意检查日期,与相应的实际进展S形曲线上一点,若位于计划S形曲线左侧,表示此时实际进度比计划进度超前;若位于右侧,则表示实际进度比计划进度滞后。在图4-27中,$\triangle T_a$表示a时刻实际进度超前的时间,$\triangle T_b$表示b时刻实际进度滞后的时间。$\triangle Q_a$表示a时刻超额完成的工作任务量,$\triangle Q_b$表示在b时刻拖欠的工作任务量。

（2）预测工作进度。若后期工程按原计划速度进行,则可做出后期工程计划S形曲线如图4-27中虚线部分,从而可以确定此项工程总计拖延时间的预测值为$\triangle T_c$。

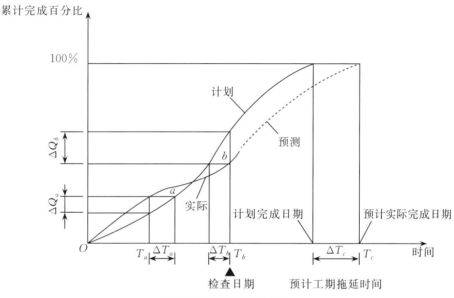

图4-27　S形曲线比较法

3.香蕉形曲线比较法

根据网络计划的原理,网络计划中的任何一项工作均可具有最早开始和最迟开始两种不同的开始时间,而一项计划工作任务随着时间的推移,其逐日累计完成的工作任务量可以用S形曲线表示。于是,对工程网络计划而言,其逐日累计完成的工作任务量就必然都可借助于两条S形曲线概括表示:一是按工作的最早开始时间安排计划进度而绘制的S形曲线,称为ES曲线;二是按工作的最迟开始时间安排计划进度而绘制的S形曲线,称为LS曲线。两条曲线除在开始点和结束点相重合外,ES曲线的其余各点均落在LS曲线的左侧,使得两条曲线围合成一个形如香蕉的闭合曲线圈,故称为香蕉形曲线,如图4-28所示。

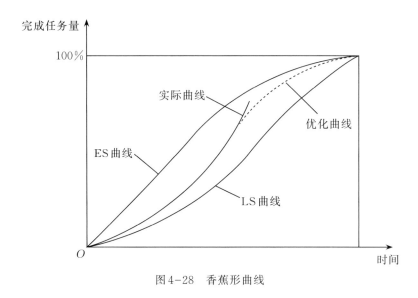

图4-28　香蕉形曲线

在项目实施过程中进度管理的理想状况是在任一时刻按实际进度描出的点均落在香蕉形曲线区域内,呈正常状态。而一旦按实际进度描出的点落在ES曲线的上方(左侧)或LS曲线的下方(右侧),则说明与计划要求相比实际进度超前或滞后,已产生进度偏差。进度超前或滞后的时间与超额或拖欠的工作任务量均可直接从图中量测或计算得到。香蕉形曲线的作用还可用于对工程实际进度进行合理的调整与安排,或确定在计划执行情况检查状态下后期工程的ES曲线和LS曲线的变化趋势。

4.前锋线比较法

前锋线是指在原时标网络计划上,从检查时刻的时标点出发,用点画线依此将各项工作实际进展位置点连接而成的折线。前锋线比较法就是在时标网络计划中通过绘制某检查时刻工程项目实际进度前锋线,并与原进度计划中各工作箭线交点的位置来判断工作实际进度与计划进度的偏差,进而判定该偏差对后续工作及总工期影响程度的一种方法。采用前锋线比较法进行实际进度与计划进度的比较,其步骤为:

(1)绘制时标网络计划图。实际进度前锋线是在时标网络计划图上标示,为清楚起见,可在时标网络计划图的上方和下方各设一时间坐标。

(2)绘制实际进度前锋线。实际进度前锋线是在原时标网络计划上,自上而下地从计划检查时刻的时标点出发,用点画线依次将各项工作实际进度达到的前锋点连接而成的折线。一般从时标网络计划图上方时间坐标的检查日期开始绘制,依次连接相邻工作的实际进展位置点,最后与时标网络计划图下方坐标的检查日期相连接。工作实际进展位置点的标定方法有按该工作已完成任务量比例进行标定和按尚需作业时间进行标定两种。

①按已完成的实物工程(工作)量比例进行标定。假设项目中各项工作均按匀速进行,且时标网络图上箭线的长短与相应工作的持续时间对应,也与其实物工程量的多少成正比。检查时刻某工作的实物工程量完成了几分之几,其前锋点就从表示该工作的箭线起点由左至右标在箭线长度几分之几的位置。

②按尚需时间进行标定。有些工作的持续时间难以按实物工程量来计算,只能凭经验

估算,估算出检查时刻起到该工作全部完成尚需要的时间,从该工作的箭线末端反过来标出实际进度前锋点的位置。

通过实际进度前锋线与原进度计划中各工作箭线交点的位置可以判断实际进度与计划进度的偏差。

(3)进行实际进度与计划进度的前锋线比较可以直观地反映出与检查日期有关的工作实际进度与计划进度之间的关系。对某项工作来说,其实际进度与计划进度之间的关系可能存在三种情况:

①工作实际进展位置点落在检查日期的左侧,表明该工作实际进度拖后,拖后时间为两者之差。

②工作实际进展位置点与检查日期重合,表明该工作实际进度与计划进度一致。

③工作实际进展位置点落在检在日期的右侧,表明该工作实际进度超前,超前时间为两者之差。

(4)预测进度偏差对后续工作及总工期的影响。通过实际进度与计划进度的比较确定进度偏差后,还可根据工作的自由时差和总时差预测该进度偏差对后续工作及项目总工期的影响。

以图4-29为例,通过利用前锋线比较法对某网络计划的实际执行情况进行分析,可发现,工作B拖延1天,工作C与计划一致,工作D拖延2天。

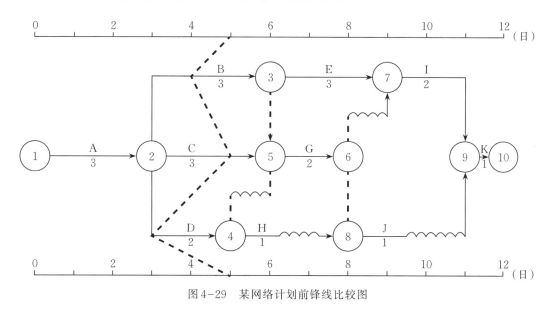

图4-29 某网络计划前锋线比较图

4.3.3 工程进度拖延的处理方法

工程项目出现延误后,可采取以下两种基本应对策略采取积极措施赶工,调整后期计划,以弥补或部分弥补已经产生的拖延;不采取纠偏措施,仍按照原计划安排后期工作,这样有可能在项目后期产生更大的延误。具体策略的选择应注意符合项目的总目标与总战略。

1.适用工程压缩的情况

在实际工程中,采取积极措施赶工,一般压缩后续工作工期,工期压缩一般在以下情况下发生。

(1)在计划阶段,当计划总工期大于限定总工期,或计算机网络分析结果出现负时差时,必须进行计划调整,压缩关键线路的工期。

(2)在实施阶段,由于承包商责任造成工期拖延,承包商有责任采取赶工措施,使工程按原计划竣工;由于业主责任、业主风险或不可抗力影响导致工程拖延,但业主或上级要求承包商采取措施弥补或部分弥补拖延的工期。

(3)工程正常进行,但由于市场变化,或业主和上层组织目标的变化,在项目实施过程中要求工程提前竣工,则必须采取措施压缩工期。许多压缩工期措施效果不明显,而且容易增加成本开支,引起现场混乱、质量降低和安全事故等问题。因此,管理者在选择时应做出周密的考虑和权衡,应将它当作一个新的综合的计划过程来处理,必须明确对项目成本预算、资源使用和工程质量等可能产生的影响。

2.常见的赶工措施

从总体上说,应该选择有效的、可以实现的、费用较省以及对项目的实施和对承包商、供应商等影响较小的赶工措施。在实际工程中经常采用以下赶工措施:

(1)增加资源投入。例如,增加劳动力、材料周转材料和设备的投入量以缩短关键活动的持续时间,但应注意由此引起的成本增加、资源利用率降低和资源供应困难等问题。

(2)资源重新分配。例如,在条件允许的情况下,降低非关键线路活动资源的投入强度,而使它们向关键线路集中。这样非关键线路在误差范围内适当延长不影响总工期,而关键线路由于增加了投入、缩短了持续时间,进而缩短了总工期。例如,将服务部门的人员投入到生产中去,投入风险准备资源等。

(3)采用多班制施工,或延长工作时间。该措施会受到法定劳动时间的限制,另外,人们在加班期间的劳动效率降低,但又需对他们进行高额补偿,将导致成本大幅度增加。

(4)缩减项目范围。采用该方法时,应注意所采取的措施对工程的完整性,以及经济、安全、高效率运行产生的影响,可能提高运行费用,同时应注意必须经过上级管理者的批准。

(5)通过员工培训,改善工具、器具和工作环境,优化工作流程,设立工作激励机制,营造和谐氛围,以提高劳动生产率。

(6)将原计划由自己承担的某些分项工程分包给其他单位,将原计划由自己生产的结构件改为外购等。该措施不仅会增加风险,也会产生新的费用,而且还增加了控制和协调工作。

(7)改变网络计划中工程活动的逻辑关系。将正常情况下前后顺序工作改为平行工作;采用流水施工;合理搭接各阶段工作。但应注意各工程活动的逻辑性和资源限制条件以及由此产生的现场混乱和低效率等问题。

(8)修改实施方案,采用技术措施,如场外预制场内拼装;使用外加剂缩短混凝土的凝固时间,缩短拆模期等。采用该措施应注意进行技术措施的经济性分析。

(9)将一些工作包合并,特别是在关键线路上按先后顺序实施工作包合并,必须与实施者共同研究,通过局部地调整实施过程和人力、物力的分配,达到缩短工期的目的。

3.选择合理的压缩对象

能否合理选择压缩对象是决定工期压缩成败的关键。对于压缩对象的选择,一般应考虑如下因素。

(1)优先选择持续时间较长的活动。如压缩量相同,活动持续时间越长相对压缩比越小,则通常影响较小;如果其他条件相同,压缩比越小,则影响越小,需增加的投入越少。此外,持续时间长的工程活动可压缩性较大。

(2)选择压缩成本低的活动。工程活动持续时间的变化会引起该活动资源投入和劳动效率的变化,则最终会引起该活动成本的变化。对于某活动而言,因压缩单位时间所需增加的成本称为该活动的压缩成本。通常由于原来的持续时间是经过优化的,所以一般压缩都会造成成本的增加。而且,同一活动,如果继续压缩,其压缩成本会不断上升。这种成本的快速增加有十分复杂的原因,最主要的原因是资源投入的增加和劳动效率的降低。

(3)压缩所引起的资源变化,应避免造成大型设备的数量变化,不要增加难以采购的材料(如进口材料),避免造成对计划的大幅度修改。

(4)可压缩性。无论是一个工程项目的总工期,还是一项活动的持续时间,都存在可压缩性或工期弹性问题。在不缩小项目范围的条件下,有些活动由于技术规范要求、资源限制、法律限制,是不可压缩的,或经过压缩以后渐渐变成不可压缩的,它的工期弹性越来越小,接近最短工期限制。

(5)压缩时点选择。选择近期活动作为压缩对象,这样可为以后的工期调整留有余地,但近期活动压缩的影响面较大。项目初期活动的变化,会导致后期许多活动都要提前,从而导致与这些活动相关的供应计划、劳动力安排、分包合同等都要变动。选择后期(远期)的活动压缩则影响面较小,但以后如果再要压缩工期将很困难,因为活动持续时间的可压缩性是有限的。一般在计划期,由于工程活动都未做明确的安排,可以考虑压缩前期活动;而在实施中应尽量考虑压缩后期活动,以缩小影响面。

4.3.4　工程进度计划的保障措施

不论是实施原定的进度计划还是实施调整后的进度计划,项目管理者都需要预先制定若干措施来保障进度计划的顺利实施。在实际工作中,采取的保障措施有很多种,如行政措施、合同措施、技术措施、经济措施等,需要项目管理者根据不同的情况制定不同的对策,以确保工程进度计划的顺利实现。

(1)行政措施。行政措施是指上级领导利用其行政地位和权力,通过行政手段发出工作指令,给项目实施者一定的压力,使施工人员通过加班加点、延长劳动时间或先牺牲自身利益而配合他方工作的方法。尽管这种方法在某些情况下具有直接、迅速、有效等显著特点,但这种方法具有较强的压制性,可能存在上层领导的主观臆断和不符合实际的指挥,极有可能引起项目有关人员的反对并带来负面效应。因此,上层领导只有在了解和掌握工程项目实际情况的基础上,面对事关项目大局且非常重要的时刻才适合使用该方法。

（2）合同措施。合同措施是指通过项目合同条款的约束,明确和落实工程项目中各项工作进度目标的责任,使相关责任人主动采取相应的措施,在规定的时间内积极完成工程项目各项任务。否则,工程建设方即可按合同追究相应的责任并提出索赔。

（3）技术措施。技术措施是指通过采用更先进的施工技术、新型材料、新型工艺或新的工具来提高工作效率,以此来确保计划内的工作在预定的时间内完成。但采用此类方法时,有可能增加工程费用,而且也可能由于施工者对新技术、新材料、新工艺或新工具的不熟悉,给工程质量或安全带来影响。因此,项目管理者需要慎重使用该方法。

（4）经济措施。经济措施是指通过奖惩制度和规定来激励项目实施者高效完成工作的一种方法。如果工程项目的施工人员提早完成工程项目的预定任务,则可得到相应的物质或精神奖励;如果在规定的时间内未完成预定的任务,则受到相应的处罚。

（5）其他措施。除上述几种措施外,还可以通过改善劳动条件、改善作业环境、加强项目参与各方之间的合作等方法来保障工程进度计划的顺利实施。

4.4 案例:乙烯项目进度管理

4.4.1 项目背景

某公司聚氨酯产业链一体化乙烯项目是一个百万吨级乙烯项目,总投资168亿元,占地2400亩(1亩≈666.67平方米),主要建设年产100万吨乙烯装置,以及相关配套装置、辅助工程。乙烯项目于2018年12月全面开工建设,计划2020年下半年建成投产。项目设计图如图4-30所示。

本项目新建100万吨/年乙烯装置(包括100万吨/年轻烃裂解制乙烯单元、裂解汽油加氢单元等),其中100万吨/年轻烃裂解制乙烯单元引进德西尼布石伟(Technip S&W)公司的专利技术,裂解汽油加氢单元采用惠生公司的自有技术。乙烯装置以来自丙烷洞库的丙烷和来自工业园丙烷脱氢装置的乙烷(6万吨/年)为原料,最终产品为年产聚合级乙烯100万吨,聚合级丙烯53.3万吨。

乙烯项目的建设有利于完善工业园聚氨酯产业链一体化,有利于解决工业园聚醚多元醇生产过程中需要的原料环氧乙烷、环氧丙烷,并可以消耗异氰酸酯产业链的副产品HCL,推动产业平衡发展。同时该项目还采用国际最先进工艺和公司自主研发的环保法PO/SM技术,致力打造国内最高水平的乙烯产业链,填补国内空白,打破国外垄断。

工程采用"指挥部+监理单位+承包商(E+P+C)"的管理模式,工业园工程建设乙烯项目指挥部,作为项目的决策层和管理层;监理对相应的E、P、C承包商负有监督、管理责任。

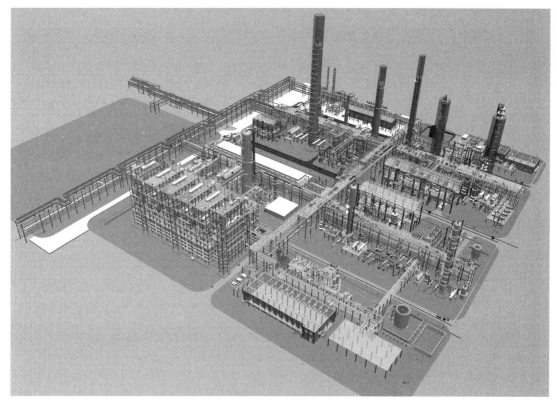

图 4-30　乙烯项目

4.4.2　项目目标

1.主要工作范围

本项目由中石化某建设公司承建,主要承担乙烯裂解装置给排水、钢结构、动静设备、工艺管道、电气仪表等安装工程。

2.工期

合同工期:2018 年 4 月 1 日至 2020 年 4 月 30 日,2020 年 7 月 28 日投产。

3.计划成本

项目施工合同额 5 亿,项目计划目标成本 4.69 亿,截至 2019 年 10 月,已累计实际成本 2.4 亿。

4.主要里程碑事件

主要里程碑事件如图 4-31 所示。

作业代码	作业名称	原定工期	开始	完成
WHYX-1	聚氨酯一体化项目-乙烯裂解及相关装置一级总体计划	1126	2017-04-01	2020-04-30
WHYX-1.0 里程碑节点		1125	2017-04-01	2020-04-30
MS10010	项目开工	0	2017-04-01*	
MS10020	基础设计完成	0		2017-12-31*
MS10030	30%模型审查	0		2017-11-30*
MS10040	60%模型审查	0		2018-06-30*
MS10050	90%模型审查	0		2018-11-15*
MS10060	详细设计完成	0		2018-12-31*
MS10070	长周期设备订货完成	0		2018-06-30*
MS10090	其他常规设备订货完成	0		2018-12-31*
MS10095	所有采购订货工作完成	0		2019-02-28*
MS10100	第一批裂解炉模块到现场	0		2018-10-25*
MS10110	第一批大件设备到现场	0		2018-11-15*
MS10120	所有设备到现场	0		2019-07-31*
MS10130	所有材料到现场	0		2019-12-31*
MS10140	现场开工	0	2018-05-01*	
MS10150	主要设备基础、主干地管、主接地网等地下设施施工完成	0		2018-12-31*
MS10160	裂解炉模块安装开始	0	2018-10-25*	
MS10170	第一台大件设备吊装开始	0	2019-01-10*	
MS10180	土建基础施工完成	0		2019-04-30*
MS10190	主体钢结构施工完成	0		2019-06-30*
MS10200	主要动静设备安装完成	0		2019-07-31*
MS10210	压缩机安装完成	0		2019-10-31*
MS10220	裂解炉安装完成	0		2019-12-31*
MS10230	管道预制安装（含防腐、吹扫、试压）完成	0		2020-03-15*
MS10240	电仪安装完成	0		2020-03-31*
MS10250	装置具备受电条件	0		2019-10-20*
MS10260	十一循具备可用条件	0		2019-12-31*
MS10265	低温罐具备可用条件	0		2019-12-31*
MS10270	罐区中交（含低温罐组）	0		2020-02-29*
MS10280	丁二烯装置中交	0		2020-03-31*
MS10290	乙烯装置中交	0		2020-04-30*

图 4-31　乙烯项目主要里程碑事件

5.项目成功的标准和允许偏差

(1)质量目标：

满足设计要求,一次验收合格,建设工程质量合格率100%；

焊接一次合格率高于97%；

投产一次成功。

(2)HSE 管理目标指标：

重大事故:0；

工伤离岗率:≤0.08；

可记录伤害率:≤0.2；

三级非伤害事故率:≤0.15；

严重交通事故率:≤0.8。

(3)进度目标指标：

2019 年 4 月 30 日交付；

2019 年 7 月 28 日投产。

4.4.3　工作范围计划

乙烯裂解装置包括裂解单元、急冷单元、压缩单元、冷分离单元、热分离单元、汽油加氢单元、变压吸附制氢(PSA)单元、废碱氧化单元及其他公用工程和辅助设施。

乙烯装置具有"四大一特"的特点,"四大"即大体积混凝土基础、大件设备吊装、大型压缩机组、大型DCS系统调试,"一特"即特殊材质焊接。

4.4.4　进度计划和控制

1.计划

进度计划可分为施工进度计划、管理进度计划。施工进度计划主要指实体的进度计划,管理进度计划主要包括材料供应计划、方案编制计划、管理人员到场计划、预结算计划等。

施工进度计划遵循WBS分解原则,合理分配工序权重,达到精准统计现场进度,指导计划纠偏的作用。施工进度计划编制主体应为各施工组组长,并经过组内讨论而得,计划员编制,主管经理审核批准。

管理进度计划编制主体应为各部门部室长,经过部门内讨论,自行编制,主管经理审核批准。

编制乙烯装置三级施工计划,设置专职计划统计岗位。增加工作之间的逻辑关系,配置各专业资源计划。了解各专业之间的自由时差与总时差,科学管理进度。

严格遵守公司三级计划制度,编制好总体进度计划、月季度计划、三周滚动计划。三者关系应该是层层分解。

建立设计、采购、相关专业进度计划的跟踪机制,由计划员收集并跟踪,出现偏差应及时通报项目部,以做好应对措施。

在合同中明确进度的奖惩条款,制定比学赶帮超方案。

2.纠偏

当施工进度计划出现偏差时,应分析原因。将偏差原因分类为外部原因与内部原因。

(1)外部措施。根据进度偏差的外部原因,采取沟通、书面报告、自我调整等方式进行调节。出现外部偏差后,及时与业主方沟通。在沟通无果或效果不明显的情况下,及时上报书面报告。沟通后仍无法改变,应及时进行自我调节,减缓施工节奏,停止进入行动。

(2)组织措施。更换项目部内部施工负责人或更换此部分管理体系,例如采取施工负责人升级,由原施工经理担任组长,改为项目主管经理直接担任组长等措施。

通知分包商更换施工负责人或增加施工管理力量。

更换或增援分包商,一般不采取此方式。采取此类方式,项目成本随之加大,新分包商适应期间效率降低,材料混乱。应建立良好的分包商人均产值的跟踪机制,时刻关注分包商成本,在早期及时调整,防微杜渐。

(3)技术措施。改变某些工作间的衔接关系,缩短某些工作的持续时间,改变工序权重比例,例如加大模块化深度。

提高机械化程度,使用先进机具、工装,提高施工效率。

加大资源供应力度,短时间集中优势资源,打小型"歼灭战"。

(4)经济措施。设置控制点奖励,控制点奖励不只奖励分包商,还可奖励项目施工组。关键控制点奖应该起到充分调动分包商与项目部管理人员积极性的作用。保证进度款支付,保证资金充足。

3.考核

每月月底进行施工进度考核,可作为综合考评中的一项,也可单独进行考评。以完成月进度计划和累计进度计划的百分率作为考核标准。

对月进度目标完成好的队伍予以奖励,奖励以减免台班或辅材的形式进行。

4.4.5 总体进度计划

该项目包括乙烯装置、丁二烯装置、罐区等部分工程,其中包含设计、采购、施工等环节。项目的总体进度计划请见图4-32、图4-33、图4-34、图4-35和图4-36。

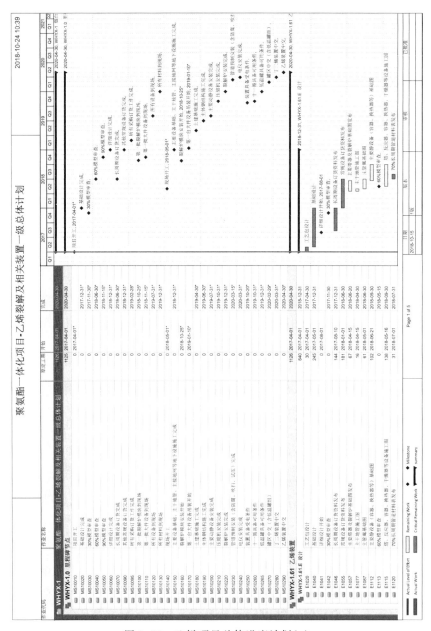

图4-32 乙烯项目总体进度计划(a)

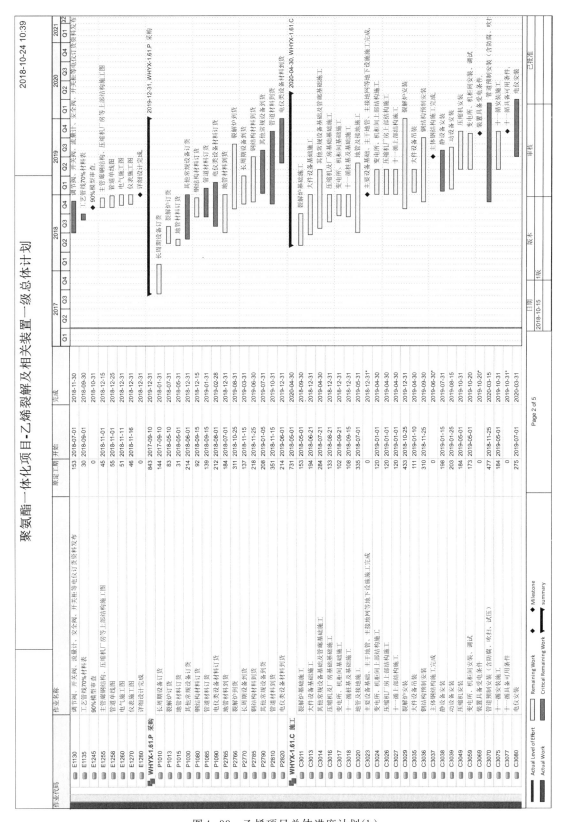

图4-33 乙烯项目总体进度计划(b)

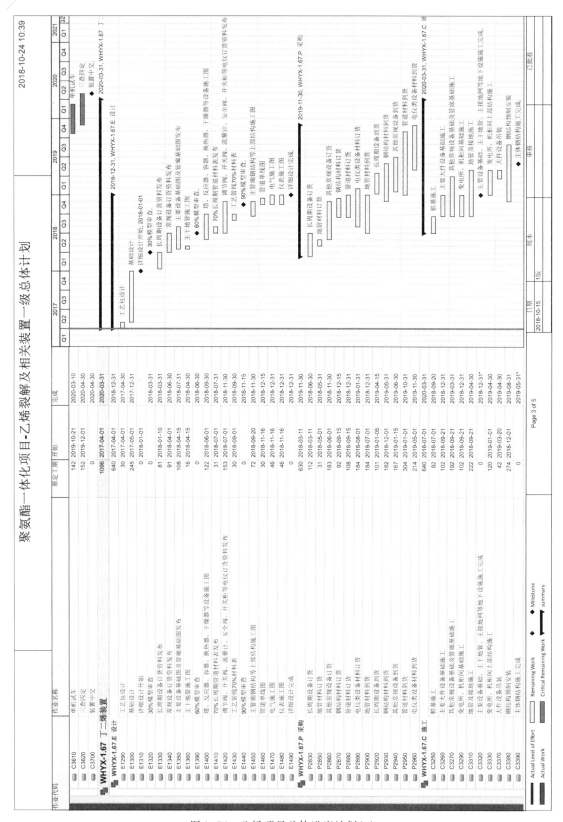

图 4-34　乙烯项目总体进度计划(c)

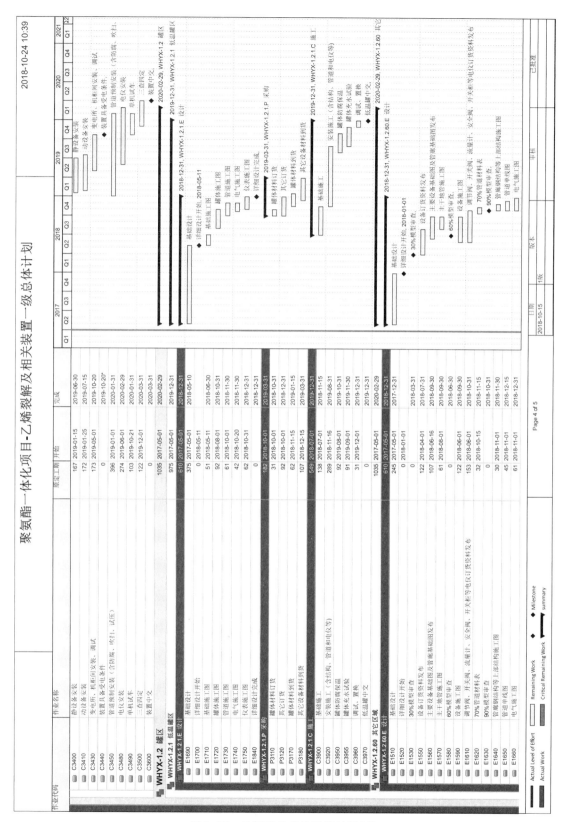

图4-35　乙烯项目总体进度计划(d)

聚氨酯一体化项目-乙烯裂解及相关装置一级总体计划

2018-10-24 10:39

作业代码	作业名称	原定工期	开始	完成
E1670	仪表施工图	61	2018-11-01	2018-12-31
E1680	详细设计完成	0		2018-12-31
WHYX-1.2.60.P 采购		487	2018-08-01	2019-11-30
P2990	地管材料订货	46	2018-10-01	2018-11-15
P3000	设备订货	153	2018-08-01	2018-12-31
P3005	罐体材料订货	31	2018-10-01	2018-10-31
P3010	钢结构材料订货	46	2018-11-16	2018-12-31
P3020	管道材料订货	77	2018-11-16	2019-01-31
P3030	电仪类设备材料订货	120	2018-11-01	2019-02-28
P3035	罐体材料到货	137	2018-11-15	2019-03-31
P3040	地管材料到货	77	2018-12-01	2019-02-15
P3070	钢结构材料到货	120	2019-01-01	2019-04-30
P3087	设备到货	106	2019-02-15	2019-05-31
P3090	管道材料到货	273	2019-01-16	2019-10-15
P3100	电仪类设备材料到货	183	2019-06-01	2019-11-30
WHYX-1.2.60.C 施工		517	2018-10-01	2020-02-29
C3720	罐基础施工	92	2018-10-01	2018-12-31
C3730	其他设备基础施工	151	2018-11-01	2019-03-31
C3740	变电所、机柜间基础施工	92	2018-11-01	2019-01-31
C3750	地管及接地施工	151	2018-12-01	2019-04-30
C3760	主要设备基础、主干地管、主接地网等地下设施施工完成	0		2018-12-31*
C3770	变电所、机柜间上部结构施工	120	2019-02-01	2019-05-31
C3780	罐制作安装	365	2018-12-01	2019-11-30
C3790	钢结构预制安装	273	2019-01-01	2019-09-30
C3810	设备安装	167	2019-02-15	2019-07-31
C3830	变电所、机柜间安装、调试	142	2019-06-01	2019-10-20
C3840	装置具备受电条件	0		2019-10-20*
C3850	管道预制安装（含防腐、吹扫、试压）	334	2019-01-16	2019-12-15
C3860	电仪安装	245	2019-06-01	2020-01-31
C3862	罐体防腐保温	153	2019-09-01	2020-01-31
C3863	罐充水试验	138	2019-10-01	2020-02-15
C3870	单机试车	103	2019-10-21	2020-01-31
C3880	三查四定	91	2019-12-01	2020-02-29
C3890	装置中交	0		2020-02-29

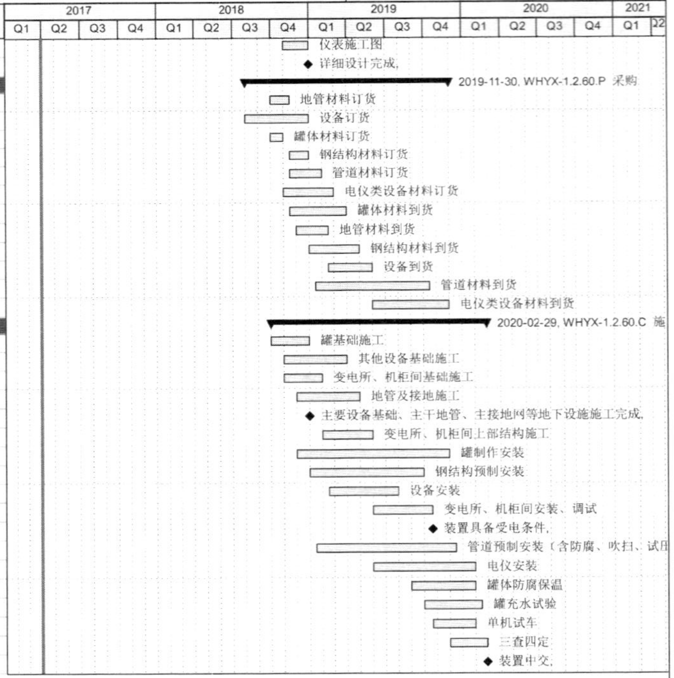

Actual Level of Effort　Remaining Work　◆ Milestone
Actual Work　Critical Remaining Work　summary

Page 5 of 5

日期	版本	审核	已批准
2018-10-15	1版		

图4-36　乙烯项目总体进度计划(e)

思考题

1.试描述工程项目进度管理的过程。

2.工程项目进度管理的方法与措施各有哪些?

3.工程项目进度计划的种类有哪些?不同种类计划的内容组成、编制依据及编制目的各是什么?

4.试描述工程项目进度计划的表示方法及它们各自的优缺点。

5.请列举实例说明进度计划的调整原则和方法。

第5章 工程项目费用管理

工程项目费用管理就是要保证在批准的预算内完成所有工程项目内容的建设,其管理过程一般包括资源计划编制、费用估算、费用计划编制和费用控制等。本章将在介绍工程项目费用构成的基础上,着重介绍资源计划、费用估计、费用计划、费用控制等内容。

5.1 工程项目费用构成

工程项目费用是由多种费用构成的,从不同的角度出发可以得到不同的结果。举例,从费用的变化情况来划分,工程项目费用可以分为固定费用和变动费用,固定费用是工程项目中相对稳定的费用,如工程项目的人员工资、房屋租金、固定场所费用等;而变动费用是指随着工程项目变动而变化的费用,如项目的广告费、研发费、职工培训费等。但其实在工程项目管理中,工程项目费用构成主要是从工程成本来划分的,即将工程项目费用分为了直接费、间接费、利润、税金和其他五大类如图5-1所示,这样的划分不仅有利于工程项目费用的管理,而且有利于工程项目费用的计算。

5.1.1 直接费

直接费是指工程施工过程中耗费的构成工程实体的各项费用,包括直接工程费(人工费、材料费、施工机械使用费)和措施费,是工程支出的主要部分。

1.人工费

人工费是指直接工程施工过程中从事建筑安装工程施工的生产工人开支的各项费用,内容包括:

(1)基本工资:按企业工资标准发放给生产工人的技术等级工资等的基本工资。

(2)生产工人辅助工资:生产工人除法定节假日以外非工作时间的工资。包括职工学习、探亲、女工哺乳期的工资,病假在六个月以内的工资及产、婚、丧假期的工资等。

(3)工资性补贴:在基本工资以外的各类补贴,包括:物价补贴、煤和燃气补贴、交通补贴、住房补贴和流动施工津贴等。

(4)福利费:指按规定标准计提的生产工人福利费。

(5)劳动保护费:指按规定标准发放的生产工人劳动保护用品的购置费及修理费,防暑降温费,以及在有碍身体健康环境中施工的保健费用等。

2.材料费

材料费是指工程施工过程中耗费的构成工程实体的原材料、辅助材料、构配件、零件、半成品的费用和周转使用材料的摊销费用。内容包括:

（1）材料原价（或供应价格）：材料的出厂价、进口材料抵岸价格或市场批发价（元/每计量单位）。

（2）材料运杂费：材料自来源地运至工地仓库或指定堆放地点所发生的装、卸、运输费用，以及运输、装卸过程中不可避免的损耗，运输过程中包装材料的摊销等费用。

（3）采购及保管费：材料采购和保管、供应所发生的采购费、仓储费、工地保管费、仓储损耗费等。

（4）检验试验费：规范规定的对建筑材料、构件进行鉴定、检查所发生的费用。包括自设试验室进行试验所耗用的材料和化学药品等费用。

3.施工机械使用费

施工机械使用费是指工程施工机械作业所发生的机械使用费以及机械安拆费和场外运费。主要包括：

（1）折旧费：施工机械在规定的使用年限内，陆续收回其原值及购置资金的时间价值。

（2）修理费：施工机械按规定的修理间隔进行必要的修理或者保养和排除临时故障所需的费用。

（3）机上人工费：机上司机和其他操作人员的工作台班人工费及上述人员工作台班以外的人工费。

（4）燃料动力费：施工机械在运转作业中所消耗的固体燃料、液体燃料及水、电等费用。

（5）养路费及车船使用税：施工机械按国家规定和省有关部门规定应交纳的养路费、车船使用税、保险费及年检费等。

（6）除大型机械安拆和场外运输费以外的其他机械安拆和场外运输费。

4.措施费

措施费是指为完成工程项目施工，发生于该工程施工前和施工过程中非工程实体项目的费用，其内容主要包括：

（1）环境保护费：施工现场为达到环保部门要求所需要的各项费用。

（2）文明施工费：施工现场文明施工所需要的各项费用。

（3）临时设施费：施工企业为进行建筑工程施工所必需的生活和生产用临时建筑物、构筑物和其他临时设施等的搭设、维修、拆除费或摊销费。

（4）夜间施工费：因工程结构及施工工艺要求，必须进行夜间施工所发生的降低工效、夜餐补助、施工照明等费用。

（5）大型机械设备进出场及安拆费：机械整体或分体自停放场地运至施工现场或由一个施工地点运至另一个施工地点，所发生的机械进出场运输转移费用及机械在施工现场进行安装、拆卸所需的人工费、材料费、机械费、试运转费和安装所需的辅助设施的费用。

（6）混凝土、钢筋混凝土模板及支架费：混凝土施工过程中需要的各种钢模板、木模板、支架等的支、拆、运输费用及模板、支架的摊销（或租赁）费用。

（7）脚手架费：施工需要的各种脚手架搭、拆、运输费用及脚手架的摊销（或租赁）费用。

（8）已完工程及设备保护费：竣工验收前，对已完工程及设备进行保护所需费用。

5.1.2 间接费

间接费是指建筑安装企业为组织施工和进行经营管理以及间接为工程服务所需的各项费用,主要包括规费和管理费。

1.规费

规费是指政府有关部门规定的必须缴纳的费用,主要包括:

(1)工程排污费:施工现场按规定缴纳的工程排污费。

(2)工程定额测定费:按规定缴纳工程造价(定额)管理部门的定额测定费。

(3)社会保障费:其主要由养老保障金、失业保险费、医疗保险费构成。

(4)住房公积金:企业按规定标准为职工缴纳的住房公积金。

(5)危险作业意外伤害保险费:按照建筑法规定,企业为从事危险作业的建筑安装施工人员支付的意外伤害保险费。

(6)安全施工费:按《建设工程安全生产管理条例》规定,为保证施工现场安全施工所必需的各项费用。

2.管理费

管理费是指建筑安装企业组织施工生产和经营管理所需费用,主要内容包括:

(1)管理人员工资:管理人员的基本工资、工资性补贴、职工福利费、劳动保护费等。

(2)办公费:企业办公用的文具、纸张、账表、印刷、邮电、书报、会议、水电燃气等费用。

(3)差旅交通费:职工因公出差的差旅费、住勤补助费、市内交通费和误餐补助费、职工探亲路费、劳动力招募费、工伤人员就医路费,工地转移费及管理部门使用的交通工具油料、燃料、养路费及牌照费等。

(4)劳动保险费:由企业支付离退休职工的易地安家补助费、职工退职金、六个月以上的病假人员工资、职工死亡丧葬补助费、抚恤费、按规定支付给离休干部的各项经费。

(5)职工教育经费:企业为职工学习先进技术和提高文化水平,按职工工资总额计提的费用。

(6)财务费:企业为筹集资金而发生的各科费用。

(7)税金:企业按规定缴纳的房产税、车船使用税、印花税等。

(8)其他:包括技术转让费、技术开发费、业务招待费、绿化费、广告费、公证费、法律顾问费、审计费、咨询费、财产保险费等。

5.1.3 利　润

利润是指工程项目施工企业完成所承包的工程项目后获得的盈利。利润是根据拟建单位工程类别确定的,即按其建筑性质、规模大小、施工难易程度等因素实施差别利率。建筑业企业可根据本企业经营管理水平和建筑市场供求情况,自行确定本企业的利润水平。

5.1.4 税　金

税金是指国家税法规定的应计入建设工程造价内的营业税、城市维护建设税及教育费附加等费用。国家为了集中必要的资金,保证重点建设,加强基本建设管理,控制固定资产投资规模,对各施工企业承包工程的收入征收营业税,以及对城建工程单位征收城市建设维护费和教育附加税。该费用由施工企业代收,与税务部门进行结算。

5.1.5 其 他

在工程项目费用中,除了直接构成工程项目成本的以上五种费用外,从工程造价的角度出发,还有工程建设的其他费用。这些费用主要有土地使用费、建设单位管理费、勘察设计费、研究试验费、工程监理费、工程保险费与引进技术和进口设备其他费等。

其中,土地使用费是指企业为取得土地使用权而交纳的费用,土地使用费含有农业土地

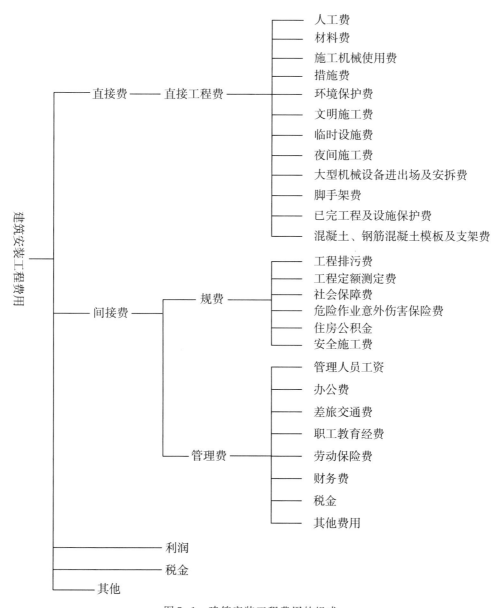

图5-1　建筑安装工程费用的组成

征用费和国有土地使用费。建设单位管理费是经批准单独设置管理机构,为筹建、建设和竣工验收前的生产准备等工作所发生的管理费用,一般包括项目建议书、可研和设计文件所需要的费用。勘察设计费是建设单位自行或委托勘察设计单位进行工程勘察、设计所发生的各项费用,包括勘察费用和设计费用两部分。研究试验费是指为本建设项目提供或验证设计数据、资料所进行必要的研究试验和按照设计规定在施工过程中必须进行的试验项目所发生的费用,以及支付科研成果、专利、先进技术的一次性转让费。工程监理费是指工程建设项目法人委托工程监理机构对建设项目全过程实施监理所支付的费用。工程保险费是指建设项目在建设期间根据需要实施工程保险所需的费用。引进技术和进口设备其他费用包括过关人员出国费用、国外工程人员来华费用、技术引进费、分期或延期付款利息、担保费及进口设备检验鉴定费。

5.2　工程项目资源计划

资源计划的任务就是按照项目的实施计划编制资源使用和供应计划,将项目实施所需要的资源按正确的时间、正确的数量供应到正确的地点,并降低资源成本消耗(如采购费用、仓库保管费用等)。其主要作用有以下几点:

(1)资源作为网络的限制条件,在安排各工程活动的逻辑关系时就要考虑资源的投入量、限制条件和供应过程的影响,所以资源计划是工期计划的保证,尤其是对特殊的工程而言,资源的生产和供应计划常常是整个项目计划的主体。

(2)资源的及时供应是项目顺利实施的前提条件,若资源得不到保障,工期计划考虑的再周密也不能实行。

(3)资源的费用一般在工程总费用的80%以上,因此资源必须纳入成本管理中,作为降低成本的主要途径。

5.2.1　资源计划的类别

工程项目资源计划是基于项目实施要求而编制的资源供应方案。根据工程项目在不同阶段的资源需求,工程项目资源计划一般可分为四大类,即项目前期决策阶段的资源计划、工程项目准备阶段的资源计划、施工阶段的资源计划和竣工阶段的资源计划。

1.前期决策阶段的资源计划

这一阶段所需要的项目资源主要是人力资源中的智力资源以及少量的调研经费,涉及内容主要是项目可研分析的专家类别和数量以及需要的研究经费数额,因此,此阶段编制的资源计划非常简单,没有固定的格式,一般多以文字方式来表述。

2.准备阶段的资源计划

这一阶段需要的项目资源主要是人力资源、项目资金和少量的工程物质材料以及清理工程现场的机械设备,其中工程物质材料主要是搭建临时设施所需的材料和通信网络等设备设施以及工程项目部办公所需材料,资源种类较少且数量不多,因此,此阶段编制的资源计划也较为简单,一般多以简单的表格并辅以必要的文字说明来表述。

3.施工阶段的资源计划

由于施工阶段是工程项目各种资源的集中使用阶段,资源种类多、数量大、供需关系复杂多变且极易受到来自项目内外多种因素的影响,因此资源进度计划的编制就需要采用能够及时反映工程所需资源实际需求的动态模式。就目前来看,多是以计算机技术为基础,采用工程项目管理部统一规定的资源计划编写模板来编写资源计划,必要的情况下,可辅以若干图例和文字进行详细的说明。

4.竣工阶段的资源计划

在工程项目的竣工阶段,工程项目所需要的资源主要是人力资源和少量的工程材料等资源。由于此阶段所需要的资源完全可以使用施工阶段余留下来的资源,因此,除工程项目试验运行所需要的必要材料外,一般并不编制资源计划。即使遇到个别情况,编制的资源计划也非常简单,没有固定的格式,多以文字方式表述。

5.2.2 资源计划的编制及注意事项

为了使工程项目资源计划更加真实可靠,编制的资源计划必须依赖于相关的数据进行编制。这些数据如下:①工作分解结构WBS。②项目工作进度计划。③历史信息,历史信息记录了先前类似工作使用资源的需求情况,这些资料一般是可以获得的。④范围陈述,范围陈述包括了项目工作的说明和项目目标,在项目资源计划的编制过程中应特别考虑。⑤资源安排描述,什么资源是可能获得的,特别的数量描述和资源水平对于资源安排描述特别重要。⑥组织策略:人事组织、所提供设备的租赁和购买策略。

为了使编写的工程项目资源计划满足建设的实际需求,编制的资源计划必须依据有关文件规定或规则来编写。这些文件规定和规则主要如下:工程项目施工图;工程概算和预算定额;工程项目施工方案;工程项目建设大纲;工程项目质量、进度、费用和安全工作计划;工程现场环境及其周围的自然环境状况;工程地质情况;工程地基处理方案;工程资源需求分析结果;工程应急处理方案;工程风险预案;工程概预算书;国家有关部委和当地发布的地区基价和费用定额;工程税费计价依据及计价办法;当地建设行政主管部门发布的价格信息文件;工程设计变更;工程建设调整方案;工程合同;生产厂家提供的设备材料手册;工程可行性研究报告;国家或行业对有关特殊材料的规定文件;其他与工程设备、材料、能源等有关的资料。

在获得资源计划编制文件之后,编制者首先需要预先全面系统地了解和掌握工程项目的现场情况、设计图纸、施工方案、建设大纲、工程合同等系列内容。在此基础上,编制者可结合实际情况,采用定额分析法或表单法等方法,通过对工程项目所需资源的需求分析,提出工程项目所需各种资源的需求明细清单,并编写出资源需求表。其次,根据工程项目部所规定的资源计划模板,即可编写出工程项目开工建设前的资源计划。在工程项目的建设过程中,若出现工程设计变更和实施方案的调整与变化以及其他情况,编制者应再对原资源计划进行及时的调整和修正,确保工程资源计划与实际需求相一致。资源计划的编制流程如图5-2所示。

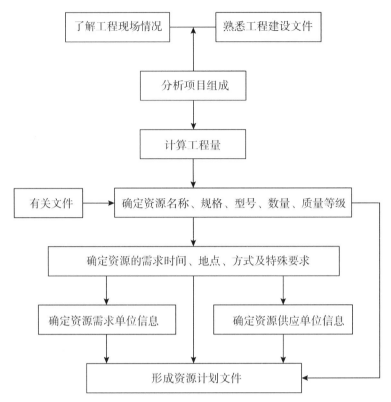

图 5-2　资源计划的编制流程

在进行资源计划编制时,应该注意以下几个问题:

（1）对资源问题应该有更加全面和系统的思维,引进供应链管理及物流管理的观念,提升项目管理的能力和水平。

（2）注意资源的优先级问题。资源的种类繁多,管理者对资源的管理应该是区别对待的,在实际编制过程中用优先级的方法确定资源的优先程度,这样就能很快抓住主要矛盾,在工程项目其他阶段保证优先级高的资源的供应。但是不同的工程项目对优先级有不同的定义,应根据具体情况确定。

（3）项目资源使用的日历问题。某种资源的日历是指可以（或不可以）使用某种资源（例如人员）的时间区段,例如我国的法定节假日。项目资源日历还可标识出该资源在可供使用期间内可供使用的资源数量限值。

5.2.3　资源管理计划

与资源计划相对应,资源管理计划是为了落实资源计划的各项内容而开展的具体工作,内容主要包括各种资源的名称与数量、实际需求时间与计划供应时间、资源供应中可能出现的问题及其解决办法、具体问题的责任人等。管理计划的编制不仅需要以已编制好的资源计划为依据,更需要按照工程施工准备计划、施工进度总计划和主要分部分项工程进度计划来落实。资源管理计划文件一般由两个部分组成:一是资源管理计划明细表;二是资源计划管理对策表。

1.资源管理计划明细表

资源管理计划明细表是为了条理清晰地表达资源管理的各项工作而编写的管理内容矩阵单,主要的目的是让资源管理人员在了解和掌握所需资源具体明细的基础上,就各自的责任进行明确的划分,使有关各方认真履行各自的职责。资源管理计划明细表的格式如表5-1所示。

表 5-1　资源管理计划明细表

资源名称		资源一	资源二	资源N
计划数量				
规格型号				
计划供应时间				
实际需要时间				
时间余量				
生产单位	生产单位			
	负责人			
	联系电话			
	电子信箱			
供货单位	供货单位			
	负责人			
	联系电话			
	电子信箱			
接受单位	接受单位			
	负责人			
	联系电话			
	电子信箱			
质量负责人				
备注				

2.资源计划管理对策表

资源计划管理对策表是以资源管理计划明细表为基础,针对各项资源在其保障中可能存在的问题而编写的对策与措施,主要内容包括资源的质量保障措施、供应时间保障措施、运输的具体方式及可能存在的风险、风险的具体对策、各项措施的执行人和责任人。资源计划管理对策表的格式如表5-2所示。

表 5-2　资源计划管理对策表

资源名称				
质量保障	质量标准	潜在问题	保障措施	检测工具
	执行人		负责人	
进度保障	进度要求	潜在问题	保障措施	检测工具
	执行人		负责人	
其他风险	资源运输类		资源安全类		其他类	
	运输问题	保障措施	安全问题	保障措施	其他问题	保障措施
	执行人		执行人		执行人	
	责任人		责任人		责任人	
计划编制人			编制时间	
计划审批人			审批时间	

5.2.4　资源管理工具

在工程资源计划的管理中,为了对工程资源实现有效的管理和控制,项目管理者时常借助若干管理工具来了解和掌握资源管理的效果,以便及时发现其中存在的问题,并提出针对性的解决方法,确保达到资源管理的预期目的。常用的方法主要有项目资源矩阵、项目资源数据表和项目资源甘特图。

1.项目资源矩阵

项目资源矩阵是为了更好地实现工程项目的资源调整与配置而采用的一种资源管理方式,通过这种方式,可以把工程项目某一时段或整个阶段所需的所有资源与有关工作联系起来,描绘出某一时段或整个阶段资源的需求和使用情况。当工程中出现资源冲突时,项目管理者可以进行全局性调整和配置,为实现工程资源的有效管理与控制提供科学的依据。项目资源矩阵如表 5-3 所示。

表 5-3　项目资源矩阵

阶段	资源配置与使用状况								备注
	工作 1				工作 N				
类别	计划量	供应量	使用量	差量	计划量	供应量	使用量	差量	
资源 1									
资源 2									
资源 N									

2.项目资源数据表

项目资源数据表是主要表现项目资源在整个项目不同阶段的使用和安排情况的一种项目资源计划工具,如表5-4所示。

表5-4　项目资源数据表

需求资源种类	需求资源总量	阶段					备注
		1	2	3	…	N	
资源1							
资源2							
资源3							
资源4							
…							
资源N							

3.项目资源甘特图

项目资源甘特图是一个以工程进度为基准,分析工程资源需求进度与供给进度的工具,是一种最直观的工期计划方法,通过这种方式,可以看出工程项目对资源需求的紧缺程度,并可以判断工程资源对进度带来的影响程度。当工程即将出现资源供应紧张的情况时,可以帮助项目管理者实现对工程资源的预警管控目的。项目资源甘特图如表5-5所示。

表5-5　项目资源甘特图

阶段	资源供应进度状况						备注
	工作1			工作N			
类别	要求时间	实际时间	时间余量	要求时间	实际时间	时间余量	
资源1							
资源2							
资源N							

5.3　工程项目费用估计

5.3.1　工程项目费用估计的概念

工程项目费用的估计是在工程项目很多资料和建设细节不明确的前提下进行的费用测算,最常用的估计方法有生产规模指数估算法、分享比例估算法、资金周转法、单位面积综合指标估算法和单元指标估算法等。估算的依据主要是拟建项目的内容、专业机构发布的工程造价和费用构成,以及政府部门的物价指数和已建同类工程项目的档案资料等。工程项目费用估计的意义:

1.为项目的投资决策提供依据

工程项目费用的估计如果超过了投资方的预期,那么项目就无法获得投资方的认可,项目就无法立项。工程项目的费用如果在投资方的预期之内,那么投资方就会根据投资的目的和项目投资的必要性、合理性及效益情况进行决策。

2.为项目审批提供进度

如果工程项目费用的估计结果超出了项目管理单位或部门当期的总投资规模或单个项目的投资规模限制,项目将直接被否定。如果工程项目的费用估计结果在项目审批的投资限额内,审批单位或部门将会按照项目审批的有关规定进行项目审批。

3.为工程造价控制提供依据

在工程项目的各个阶段,前期工程项目费用的估计结果将对后期的工作起到控制作用,也是后期制订项目计划资金筹措的依据,保证了工程公司能够在各个阶段获得最佳效益。

4.为工程招标提供依据

工程项目费用估算是项目经济评价的重要基础数据,对项目总造价起决定性作用,估算结果的获得能够大大提高工程公司在项目投标竞争中取胜并获得利润的概率。

5.3.2　工程项目费用估计的方法

1.生产规模指数估算法

生产规模指数估算法是指利用已知的投资指标来概略地估算同类型但不同生产规模的工程项目或设备的投资额的方法,其估计表达式为:

$$C_2 = C_1 \left(\frac{Q_2}{Q_1}\right)^n \times C_f$$

其中,C_1为已建同类项目的投资额;C_2为拟建项目的投资额;Q_1为已建同类项目的生产规模;Q_2为拟建项目的生产规模;C_f为增价系数;根据不同行业的项目设定的不同值,一般不应超过10为宜,n为生产规模指数,选取n值的原则是:靠增大设备或装置的尺寸扩大生产规模时,n取$0.6 \sim 0.7$;靠增加相同设备或装置的数量扩大生产规模时,n取$0.8 \sim 0.9$。

【例 5-1】 2008年已建成年产10万吨的钢厂,投资额4000万元,2012年拟建生产50万吨的钢厂。2008—2012年每年平均造价指数递增4%,生产能力指数为0.8,估算拟建钢厂投资额。

$$C_2 = C_1 \left(\frac{Q_2}{Q_1}\right)^n \times C_f = 4000 \times \left(\frac{50}{10}\right)^{0.8} \times (1 + 4\%)^4 = 16957.8 (万元)$$

2.分项比例估算法

分项比例估算法是首先估算出设备的投资额,其次按一定比例估算建筑物与构筑物及其他投资。估计公式为:

$$C = E(1 + f_1 P_1 + f_2 P_2 + f_3 P_3 + \cdots\cdots + f_n P_n) + I$$

其中,C为拟建项目的投资额;E为根据拟建项目当时当地价格计算的设备费(含运杂费)的总和;P_1、P_2、P_3……P_n为已建项目中建筑、安装及其他工程费用等占设备费百分比;f_1、f_2、f_3……f_n为由于时间因素引起的定额、价格、费用标准等综合调整系数;I为拟建项目的其他费用。

【例 5-2】　某新建项目设备投资为 10000 万元,根据已建同类项目统计情况,一般建筑工程占设备投资的 28.5%,安装工程占设备投资的 9.5%,其他工程费用占设备投资的 7.8%。该项目其他费用估计为 800 万元,试估算该项目的投资额(调整系数 $f=1$)。

$$C=10000 \times \left(1+28.5\%+9.5\%+7.8\%\right)+800=15380(万元)$$

3.系数估算法

系数估算法也称为因子估算法,它是以拟建项目的主体工程费或主要设备购置费为基数,以其他工程费与主体工程费的百分比为系数估算项目的静态投资的方法。朗格系数法是世界银行项目投资估算常用的方法。估算公式如下:

$$C=EK_L, K_L=\left(1+\sum K_i\right)K_C$$

其中,C 为工程总建设费用,E 为主要设备费用,K_L 为朗格系数(总建设费用与设备费用之比),K_i 为管线、仪表、建筑物等项费用的估算系数,K_C 为管理费、合同费等间接费在内的总估算系数。朗格系数包含的内容见表 5-6。

表 5-6　朗格系数表

项目		固体流程	固流流程	流体流程
朗格系数 L		3.1	3.63	4.74
内容	a 包括基础、设备、绝热、油漆及设备安装费	$E \times 1.43$		
	b 包括上述在内和配管工程费	a × 1.1	a × 1.25	a × 1.6
内容	c 装置直接费	b × 1.5		
	d 包括上述在内和间接费,总费用(C)	c × 1.31	c × 1.35	c × 1.38

【例 5-3】　在北非某地建设一座年产 30 万套汽车轮胎的工厂,已知该工厂的设备到达工地的费用为 2204 万美元。试估算该工厂的静态投资。

(1)设备到达现场的费用 2204 万美元。

(2)根据表 5-6 计算费用 a。$E \times 1.43=2204 \times 1.43=3151.72$(万美元);则设备基础、绝热、刷油及安装费用为:$3151.72-2204=947.72$(万美元)。

(3)计算费用 b。$E \times 1.43 \times 1.1=2204 \times 1.43 \times 1.1 \approx 3466.89$(万美元);则其中配管(管道工程)费用为:$3466.89-3151.72=315.17$(万美元)。

(4)计算费用 c。$E \times 1.43 \times 1.1 \times 1.5 \approx 5200.34$(万美元);则电气、仪表、建筑等工程费用为:$5200.34-3466.89=1733.45$(万美元)。

(5)计算投资 C。$C=E \times 1.43 \times 1.1 \times 1.5 \times 1.31 \approx 6812.45$(万美元);则间接费用为:$6812.45-5200.34=1612.11$(万美元)。

4.资金周转率法

资金周转率法是利用资金周转率指标进行投资估算。采用该方法时,先根据已建类似项目的有关数据计算资金周转率,然后根据拟建项目的预计年产量和单位估算构建项目投资。其计算公式如下:

$$资金周转率 = \frac{年销售总额}{年投资} = \frac{年产量 \times 单位产品售价}{年投资}$$

$$总投资 = \frac{预计年产量 \times 预计单位产品售价}{资金周转率}$$

【例 5-4】 某项目资金周转率的近似值为 1.5,项目生产期产品的年产量为 450 万吨,产品价格为 100 元/吨。用资金周转率法估算的项目建设投资为多少万元。

$$总投资 = \frac{预计年产量 \times 预计单位产品售价}{资金周转率} = \frac{450 \times 100}{1.5} = 30000(万美元)$$

5.单元指标估计法

单元指标是指建设住宅类工程项目的单位客户房间投资指标、建设库房类工程项目的冷库单位储藏量投资指标、建设医院类工程项目的医院单个床位投资指标等。单元指标估计法在实际工作中应用比较多,工业建设项目和民用建设项目的投资估计公式分别为:

工业建设项目:

$$项目投资额 = 单元指标 \times 生产能力 \times 物价浮动指数$$

民用建设项目:

$$项目投资额 = 单元指标 \times 民用建筑功能 \times 物价浮动指数$$

5.4 工程项目费用计划

工程项目费用计划是指在对工程项目所需的成本总额做出合理估计的前提下,为了确定项目实际执行情况的基准,保证项目投资目标的实现,而把整个项目的费用分配到各个任务上去的工作,它是项目管理的一个重要方面。在传统的项目管理中,费用管理是和进度(时间)管理、质量管理并重的三大方面;在现代的项目管理中,它仍然是项目管理中的一个主要的要素。项目的费用计划是项目费用控制的基础,因此项目费用计划的质量直接影响项目进行的质量,费用计划的执行情况也是考察项目经理绩效的一个主要指标。

项目费用计划的内容包括确保在限定的预算内完成项目的资源计划过程、费用估计过程、费用预算过程。本节以项目预算为主。

5.4.1 项目费用计划概述

项目预算也称为项目费用计划,其目的就是在费用估算的基础上,将估算的项目费用基于 WBS 分配到每一项具体的工作上,并确定整个项目的总预算,作为衡量项目执行情况和控制费用的基准之一。

项目预算过程实际上包括以下几个要求:

(1)不仅要得出各个项目的预算费用,还要对不同的方案进行技术经济分析,以寻求最优方案。

(2)不仅在前期进行费用计划,还要在实施中不断调整和修改费用计划,形成全过程的费用计划管理。

（3）不仅要保证项目费用最小化，而且要追求项目利润最大化。

（4）不仅要按照预定项目规模和进度计划安排资金供应，还要按照可获得资金或资源量安排项目规模和进度计划。

5.4.2　费用预算要素

（1）费用估算文件。项目费用估算是进一步展开费用预算的前提工作，是作为项目各基本工作包费用分配的基础。

（2）工作分解结构。工作分解结构确定了费用分配的项目组成部分。

（3）项目进度计划。利用网络图计算得出的项目进度计划给出了项目各工作单元的起止时刻，从而确定了各工作单元需要各类资源的时间，进而可以得出项目费用在项目工期内发生的时间和费用的分布。

（4）项目风险管理计划。项目风险管理水平会影响项目预算的结果。

5.4.3　费用预算的方法和技术

项目费用估算的工具和技术也可用于项目的费用预算。常用的项目预算方法有以下三类：

（1）项目估算中所用的方法。各种项目估算中所用的方法，如工料清单法等。

（2）常规的预算确定方法。在日常运营中使用的预算方法，如财务预算方法等。

（3）独特的项目预算方法。项目费用预算专用方法，如甘特图法、风险分析法等。

一般情况下，项目费用预算是将估算费用按项目的工作分解结构和项目团队的组织分解结构（OBS）分解，形成便于在项目执行过程中进行费用控制的费用分解结构（CBS）。

CBS给出了项目的各工作单元的预算费用，项目的进度计划给出了项目各项工作的预算费用发生的时间。基于CBS和项目进度计划，就可以得到项目的费用基准计划。

5.4.4　分摊总预算费用

根据项目预算过程的输入信息，将项目总费用分摊到每个费用要素中去，如人工、原材料和分包商，再到WBS中的适当的工作包，并为每一个工作包建立一个总预算费用（Total Budget Cost，TBC）。为每一个工作包建立TBC的方法有两种，一种是自上而下法，即在总项目费用之内按照每一工作包的相关工作范围来考察，以总项目费用的一定比例分摊到各个工作包中；另一种方法是自下而上法，它是依据与每一工作包有关的具体活动而进行费用估算的方法；还有一种方法是上下结合法，顾名思义，上下结合法在编制过程中，要经历自上而下和自下而上的往复。由于在项目估算过程中，没有对项目的具体活动进行详细的说明，在项目开始后，就需要补充对每一项活动的详细说明并制订网络计划。一旦对项目的每一项活动进行了详细具体的说明，就可以对每一项活动进行时间、资源和费用的估计了。每一个工作包的TBC就是组成各工作包的所有费用的总和。

图5-3说明了把600000美元的项目费用分摊到WBS中的各个工作包的情况。分摊到各个工作包的数字表示为完成与各工作有关的所有活动的TBC。无论是自上而下还是自

下面上,都是用来建立工作包的总预算费用,所以所有工作包的预算加总时,它们不能超过项目总预算费用。

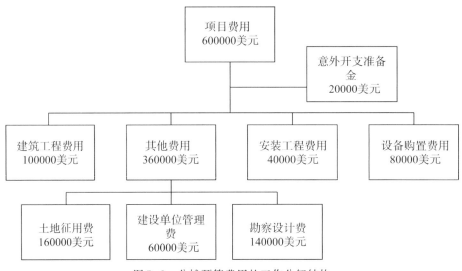

图5-3 分摊预算费用的工作分解结构

5.4.5 累计预算费用

一旦为每一项工作包建立了总预算费用,项目预算过程的第二步就是分配每一个TBC到各个工作包的整个工期中去。每个工期的费用估计是根据该工作包的各个活动所完成的进度确定的。当每一项工作包的TBC分摊到工期的各个区间后,就能确定在任何时候用去了多少预算。这个数字可以通过截至某一期的每期的预算费用总和而得到。这一合计数,就称为累计预算费用(Cumulative Budgeted Cost,CBC),是直接到某期为止的工程预算值。

5.4.6 费用预算的结果

费用预算的主要结果为获得项目费用预算表和费用基线等。在费用预算表中,应列出项目所有工作或任务的名称、费用预算值、需要时间等(表5-7)。费用基线一般是指项目费用累计负荷曲线,它是项目费用预算的基准线,将作为度量和监控项目实施过程中费用支出的依据(图5-4)。

表5-7 某项目费用预算表 单位:工时

工作名称	预算值	进度日程预算(项目日历表)										
		1	2	3	4	5	6	7	8	9	10	11
A	400	100	200	100								
B	400		50	100	150	100						
C	550		50	100	250	150						
D	450			100	100	150	100					

工作名称	预算值	进度日程预算（项目日历表）										
		1	2	3	4	5	6	7	8	9	10	11
E	1100					100	300	300	200	200		
F	600								100	100	200	200
月计	3500	100	300	400	500	500	400	300	300	300	200	200
累计		100	400	800	1300	1800	2200	2500	2800	3100	3300	3500

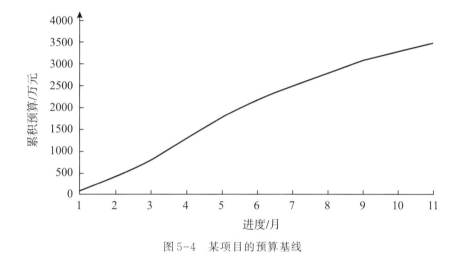

图 5-4　某项目的预算基线

5.5　工程项目费用控制的挣得值法

挣得值法（Earned Value Management，EVM）是对项目进度和费用进行综合控制的一种有效方法。挣得值法通过测量和计算已完成的工作的预算费用与已完成工作的实际费用和计划工作的预算费用得到有关计划实施的进度和费用偏差，从而达到判断项目执行的状况。它的独特之处在于以预算和费用来衡量项目的进度。

5.5.1　挣得值分析方法的三个基本参数

1.计划工作量的预算费用（Budgeted Cost for Work Scheduled，BCWS）

BCWS 是指项目实施过程中某阶段计划要求完成的工作量所需的预算费用。BCWS主要是反映进度计划应当完成的工作量（以费用表示）。其计算公式为：

$$BCWS＝计划工作量×预算（计划）单价$$

在没有变化的情况下，BCWS 在项目实施过程中应保持不变。

2.已完成工作量的实际费用（Actual Cost for Work Prformed，ACWP）

ACWP 是指项目实施过程中某阶段实际完成的工作量所消耗的费用。ACWP 主要是反映项目执行的实际消耗指标。其计算公式为：

$$ACWP＝已完成工作量×实际单价$$

3.已完成工作量的预算费用(Budgeted Cost for Work Performed,BCWP)

BCWP是指项目实施过程中某阶段按实际完成工作量及按预算定额计算出来的费用。其计算公式为:

$$BCWP=已完成工作量×预算(计划)单价$$

BCWP即为挣得值,也称挣值。

5.5.2 挣得值分析方法的四个评价指标

1.费用偏差(Cost Variance,CV)

CV是指检查期间BCWP与ACWP之间的差异。其计算公式为:

$$CV=BCWP-ACWP$$

当CV为负值时表示执行情况不佳,表示实际费用超过预算值,即超支。反之当CV为正值时表示实际费用低于预算值,即有节余或效率高。

2.进度偏差(Scheduling Variance,SV)

SV是指检查日期BCWP与ACWP之间的差异。其计算公式为:

$$SV=BCWP-BCWS$$

当SV为正值时表示进度提前,SV为负值时表示进度延误。

3.费用执行指标(Cost Performed Index,CPI)

CPI是指挣得值与实际费用值之比。其计算公式为:

$$CPI=\frac{BCWP}{ACWP}$$

当CPI>1时,表示实际费用低于预算;

当CPI=1时,表示实际费用与预算费用吻合;

当CPI<1时,表示实际费用超出预算。

4.进度执行指标(Schedule Performed Index,SPI)

SPI是指项目挣得值与计划值之比。其计算公式为:

$$SPI=\frac{BCWP}{BCWS}$$

当SPI>1时,表示进度提前;

当SPI=1时,表示实际进度等于计划进度;

当SPI<1时,表示进度延误。

5.5.3 预测项目完成时的费用

项目完成费用估计(Estimate At Completion,EAC)是指在检查时刻估算的项目范围规定的工作全部完成时的项目总费用。

EAC的计算是以项目的实际执行情况为基础,再加上项目全部未完成工作的费用预测。在不同的情况下,对未完成工作的费用预测也不同,因此EAC的计算方法也不同。最常见的EAC计算有以下几种:

(1)如果认为项目当前已完成工作的费用偏差幅度就是项目全部费用的偏差幅度,则可按照完成情况估计在目前实施情况下完成项目所需的总费用EAC,即EAC＝实际支出＋按照实施情况对剩余预算做出的修改。这种方法通常用于当前的变化可以反映未来的变化时。其计算公式为:

$$EAC＝实际费用＋(总预算费用－BCWP)×(ACWP/BCWP)$$

$$或EAC＝实际费用＋(总预算费用－BCWP)/CPI$$

$$或EAC＝总预算费用×(ACWP/BCWP)$$

$$或EAC＝总预算费用/CPI$$

(2)当过去的执行情况表明先前的费用假设有根本缺陷或由于条件改变而不再使用于新的情况时,需要对所有未完成工作重新估算费用。在这种情况下,EAC的公式为:

$$EAC＝ACWP＋对剩余工作的新估计值$$

(3)当现有的偏差被认为是不正常的(由偶然因素引起),或者项目管理小组认为类似偏差不会再发生时,EAC的计算方法为:

$$EAC＝ACWP＋剩余工作的原预算$$

5.5.4　三种挣得值参数的综合分析

在进度成本控制中,要决定是否存在偏差,我们可以比较3个基本指标。如表5-8所示。

表5-8　三种挣得值参数的综合分析

序号	参数分析		分析	建议措施
1	ACWP>BCWS>BCWP	0>SV>CV	拖期、超支投入超前	把工作效率低的人员替换为工作效率高的人员
2	BCWP>BCWS>ACWP	CV>SV>0	拖期、超支投入超前	若偏离不大,暂维持原状
3	BCWP>ACWP>BCWS	SV>CV>0	提前、节约投入超前	抽出部分人员,放缓进度
4	ACWP>BCWP>BCWS	SV>0>CV	提前、超支投入超前	抽出部分人员,增加骨干人员
5	BCWS>ACWP>BCWP	0>CV>SV	拖期、超支投入延后	增加高效人员投入
6	BCWS>BCWP>ACWP	CV>0>SV	拖期、节约投入延后	迅速增加人员投入

【例5-5】　已知某包装机项目有关数据如表5-9至5-11所示,考察项目前八个周的有关费用。

(1)根据表5-9、表5-10、表5-11绘制表格每期累计挣得值数据。

(2)计算第八周末项目的CV、SV并进行分析。

(3)计算第八周末项目的CPI、SPI并进行分析。

表5-9　包装机项目每期预算成本

| | TBC | 周 | | | | | | | | | | | |
		1	2	3	4	5	6	7	8	9	10	11	12
设计	24	4	4	8	8								
建筑	60					8	8	12	12	10	10		
安装与调试	16											8	8

续表

	TBC	周											
		1	2	3	4	5	6	7	8	9	10	11	12
合计	100	4	4	8	8	8	8	12	12	10	10	8	8
累计		4	8	16	24	32	40	52	64	74	84	92	100

表5-10　包装机项目的每期累计完成比率　　　　　　　　单位:%

	周							
	1	2	3	4	5	6	7	8
设计	10	25	80	90	100	100	100	100
建筑	0	0	0	5	15	25	40	50
安装与调试	0	0	0	0	0	0	0	0

表5-11　包装机项目的每期实际成本　　　　　　　　单位:千元

	周								总费用
	1	2	3	4	5	6	7	8	
设计	2	5	9	5	1				22
建筑				2	8	10	14	12	46
安装与调试									0
合计	2	5	9	7	9	10	14	12	68
累计	2	7	16	23	32	42	56	68	68

解:(1)绘制结果如表5-12所示

表5-12　包装机项目的每期累计挣得值

	BCWP	周							
		1	2	3	4	5	6	7	8
设计	24	2.4	6	19.2	21.6	24	24	24	24
建筑	30				3	9	15	24	30
安装与调试									
累计	54	2.4	6	19.2	24.6	33	39	48	54

(2)由表中数据可知:BCWP＝54,BCWS＝64,ACWP＝68

CV＝BCWP－ACWP＝54－68＝－14＜0　说明费用超支

SV＝BCWP－BCWS＝54－64＝－10＜0　说明进度延误

(3)CPI＝BCWP/ACWP＝54/68＝0.79＜1　说明费用超支

SPI＝BCWP/BCWS＝54/64＝0.84＜1　说明进度延误

【例 5-6】 观察表 5-13 中的数据并完成以下要求。

（1）将表 5-13 中的数据填写完整。

（2）根据填写完成的数据进行费用和进度预测。

（3）在表 5-13 的基础上给出各个月的预算、实际值和挣得值（表 5-14），请将表 5-14 用图像表示出来。

表 5-13　数据表

1	2	3	4	5	6	7	8	9	Budg	Actual	Plann	Earn	CV	SV
									100	90				
									150	110				
									200	100				
									50	0				

表 5-14　预算、实际值和挣得值数据表

Budg	20	40	90	50	100	50	50	70	30
	20	60	150	200	300	350	400	470	500
Actual	18	36	109	37	50	50			
	18	34	163	200	250	300			
Earn	20	40	90	25	55	55			
	20	60	150	175	230	285			

解：（1）答案如表 5-15 所示：

表 5-15　结果表

1	2	3	4	5	6	7	8	9	Budg	Actual	Plann	Earn	CV	SV
									100	90	100	100	10	0
									150	110	150	75	−35	−75
									200	100	100	110	10	10
									50	0	0	0	0	0

（2）由表 5-14 可知：费用执行指标 CPI＝BCWP/ACWP＝285/300＝0.95

进度执行指标 SPI＝BCWP/BCWS＝285/350＝0.81

所以费用预测：预测值＝总预算/CPI＝500/0.95＝526

进度预测：预计完成时间＝计划完成时间/SPI＝＝9/0.81＝11

（3）绘制结果如图 5-5 所示。

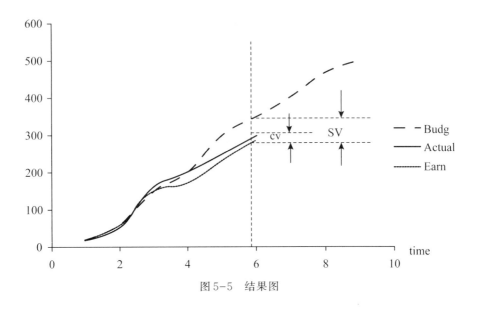

图5-5　结果图

5.6　案例:挣得值法在广佛肇高速公路肇庆段机电监理项目的应用

　　广佛肇高速公路肇庆段始于四会市大沙镇,紧靠着肇庆市国家高新技术产业开发区(大旺),并与二广高速公路相连接,终于广东与广西交界处,往西延伸接梧州环城高速公路。项目由广东省长大公路工程有限公司和广东肇庆路桥发展公司投资建设,路线全长约174.9km,共有129座桥梁、16座隧道,全线设置互通19处(含2处预留)。广佛肇高速公路肇庆段从2013年11月全线动工到2016年底建成通车,比省发改委批复工期提前一年完成。广佛肇高速公路肇庆段机电工程总监理工程师办公室负责监理7个施工标段,包括监控设施、通信设施、收费设施、低压配电设施、高压供电设施、照明设施以及隧道机电设施共7个分部工程。机电工程于2016年6月3日开工,2016年12月25日交工验收。该项目机电工程具有工期紧、费用高等特点,对进度和费用的控制具有重要意义。

　　挣得值法要求对工程项目的各类费用监管及时和准确,在项目上体现在监理对计量支付的审查工作上。广佛肇高速公路肇庆段机电总监办严格按照计量支付原则把控施工单位的费用申请和支付工作。广佛肇项目机电工程控制费用的依据包括:批准的本工程初步设计图纸及概算文件;施工招标和合同文件;施工进度计划、资金流计划,应得到总监办审批和同意;设计图纸、工程变更和监理计量签证文件。

　　广佛肇高速公路肇庆段机电工程共有7个分部工程、40个分项工程,每个分项工程又分十几个单项工程。本案例以通信设施分部工程里的部分单项工程为例来研究项目实施中挣得值法对进度与费用的控制。根据开工时间至交工时间期间,通信设施里部分单项工程的计量支付情况以及预算情况,做出费用值分析表(表5-16)。根据表5-16,可做出挣得值法分析曲线(图5-6),从图5-6的曲线走势可定性直观地看出各监控时点相应单项工程的费用支出情况。为了定量地分析各单项工程进度开展与费用支出的情况,计算出4个评价指标,如表5-17所示。

表 5-16　通信设施部分单项工程费用值分析

单位：万元

序号	实施项目名称	监控时点	计划完成工作预算费用（BCWS）	已完成工作预算费用（BCWP）	已完成工作实际费用（ACWP）
1	通信人手孔制作	2016年7月1日	209.44	167.76	180.45
2	硅芯管敷设	2016年8月1日	288.38	263.82	307.08
3	光缆敷设	2016年9月1日	378.52	326.77	357.87
4	传输、交换系统施工	2016年10月1日	503.46	524.56	498.76
5	紧急电话安装调试	2016年11月1日	780.47	793.50	750.29
6	通信系统交换机设备安装调试	2016年12月1日	997.64	923.33	907.31

注：开工时间为2016年6月3日。

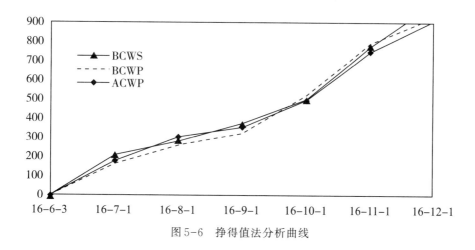

图 5-6　挣得值法分析曲线

表 5-17　通信设施部分单项工程评价指标值

序号	实施项目名称	CV/万元	SV/万元	CPI/%	SPI/%
1	通信人手孔制作	-12.69	-41.68	92.97	80.10
2	硅芯管敷设	-43.26	-24.56	85.91	91.48
3	光缆敷设	-31.10	-51.75	91.31	86.33
4	传输、交换系统施工	25.80	21.10	105.17	104.19
5	紧急电话安装调试	43.21	13.03	105.76	101.67
6	通信系统交换机设备安装调试	16.02	-74.31	101.77	92.55

从图5-6中可看出，BCWS、BCWP、ACWP三条曲线紧密相靠且平稳上升，表明通信设施工程进度与费用控制整体受控。根据表5-17，通信人手孔制作、硅芯管敷设、光缆敷设单项工程的进度偏差SV＜0，进度绩效指数SPI＜1，表明该3项工程进度滞后。究其原因，是因为工期受七、八月份台风、暴雨及施工界面的影响，故进度滞后；通信人手孔制作、硅芯管

敷设、光缆敷设单项工程的费用偏差CV＜0,费用绩效指数CPI＜1,表明该3项工程费用超支。究其原因,主要是通信人手孔制作、硅芯管敷设等受土建界面影响较大,施工界面提交不连续,造成窝工现象严重;同时由于与土建单位交叉施工,路基及路面施工的大型机械对通信人手孔造成部分损坏,以及交安标施工波形梁立柱时对硅芯及光缆造成部分损伤等,均产生了额外的修复费用,故费用超支。通信系统交换机设备安装调试进度偏差SV＜0,进度绩效指数SPI＜1,表明该工程进度滞后,滞后的原因是设备功能测试、调试周期长。针对以上影响因素,可通过加派人力和物资达到追赶工期的目的;通过积极主动和交叉施工标段沟通协调,达到减少工程成果受到意外破坏的程度,从而减少不必要的修复费用,进而控制费用不超支。根据挣得值法可得知当前各项工程的进度开展与费用支出的状态;通过分析挣得值法曲线可看出工程进度是超前还是滞后、费用是节支还是超支;通过计算评价指标可定量分析工程进度超前或滞后程度、费用节支或超支多少。

在项目实施的过程中,业主、监理、承包人三方均可利用挣得值法对计划费用、实际完成费用、预算费用进行动态控制,并利用分析挣得值法曲线的方法进行对比,从而控制工程进度和工程费用。通过挣得值法4个评价指标,更加定量地发现进度和费用开展的状态,便于及时纠偏。广佛肇高速公路肇庆段机电总监办利用了挣得值法对项目进行控制,使得工程在施工过程中的进度和费用偏差得到有效控制,使项目在合同规定的工期内顺利完成交工,同时各标段的工程造价均有效地控制在合同总价内。

 思考题

1.请简要介绍工程项目费用构成。
2.工程项目费用估计的方法有哪些?
3.工程项目费用计划的意义是什么?
4.请简要介绍挣得值法。

第6章　工程项目质量管理

工程项目质量管理是指为保证和提高工程质量,运用一整套质量管理体系、手段和方法所进行的系统管理活动。在工程项目管理中,质量管理是一个根本性的问题,因为只有工程项目的质量合乎标准,才能投入生产和交付使用,达到工程项目建设的终极目的。本章将在介绍工程项目质量管理的含义、原则、过程、体系方法等的基础上,着重介绍工程项目质量策划、质量控制以及质量管理中常用的统计分析方法和工具。

6.1　质量管理概述

6.1.1　工程项目质量的含义

工程项目质量是指能够满足用户或社会需要的,并由工程合同有关技术标准、设计文件、施工规范等具体详细设定其安全、适用、耐久、经济、美观等特性要求的工程质量以及工程建设各阶段、各环节工作质量的总和。工程项目质量有如下特点:

(1)形成过程复杂。一般的工业产品通常由一个企业来生产,而工程项目的质量由咨询单位、设计承包商、施工承包商、材料供应商等许多单位参与完成,形成过程复杂。

(2)影响因素多。影响质量的因素主要有决策、材料、地质、气候和管理制度等,这些因素都会直接或者间接地影响到工程项目的质量。

(3)隐蔽性强。工程项目在施工过程中,由于工序交接手续多,隐蔽工程多,若不及时发现并检查中间出现的错误,很容易将不合格的产品判断成合格的产品。

(4)终检局限大。工程项目建成以后不能像某些工业产品那样拆解或者解体来检查内部质量,所以终检验收时难以发现工程内部的质量缺陷。

(5)质量波动大。工程生产没有固定的自动线和流水线,没有稳定的生产环境,没有标准的规格和性能要求,容易产生质量波动。

6.1.2　工程项目质量管理的含义

质量管理是指确定质量方针、目标和职责,并通过质量体系中的质量策划、控制、保证和改进来使其实现的全部活动。

工程项目质量管理是指导和控制项目组织的、与工程项目质量有关的、相互协调的活动,它是组织管理工作的重要组成部分,是有计划、有系统的活动。有效的工程项目质量管理应该根据工程项目的诸多特点,依靠系统的质量管理原则、方法及过程而开展。

6.1.3　工程项目质量管理的原则

（1）坚持以业主为关注焦点

业主是组织的生存基础，没有业主，组织将无法生存，业主最关心的就是工程质量的优劣，或者说业主的最大利益就在于工程的质量，因此在工程施工过程中必须树立以业主为关注焦点的信念，切实保证工程质量。为实施本原则，要保证全面、不断地了解业主的需求和期望，同时确保各项目标，包括质量目标能直接体现业主的需求和期望。在重点关注业主的前提下，确保兼顾其他相关方的利益，使组织得到全面、持续的发展。

（2）坚持以人为控制中心

人是质量的创造者，一方面，质量控制应"以人为本"，把人作为质量控制的动力，在管理中充分发挥人的积极性、创造性，只有这样，项目的质量控制才能达到既定目标；另一方面，工程质量是各项目、各部门的质量反映，依赖于上至项目经理下到公司员工的共同努力。

（3）坚持预防为主

预防为主的思想是事前分析影响项目质量的各个因素，然后找出主导因素，采取控制措施并加以分析，使质量问题消失于萌芽之中，做到防患于未然。提倡以预防为主，严格把关和积极预防相结合的方法，才能使工程质量在工程全过程处于控制之中。

（4）坚持持续的过程控制

围绕质量目标持续的过程控制是项目质量管理的基础，为了保证和提高工程质量，质量控制不仅仅限制于施工过程中，还要贯穿于从勘察设计到使用维护的全过程，把所有影响工程质量的因素都控制起来，有机协调好各个环节的接口问题，坚持持续不断的改进和管理，使过程的质量风险降到最低。

6.1.4　工程项目质量管理的过程

（1）制订质量管理计划

包括制订项目的质量标准及计量计划。标准化是开展质量管理的基础，工程项目主要有技术标准和管理标准两大类。技术标准主要有产品质量标准、操作标准、技术定额、试验标准等，管理标准主要有工作标准、规章制度、经济定额、信息传递报表等。制定质量管理的计量工作计划包括投料计划、控制计量、检测计量和对产品的测试、检验、分析等内容。只有完善计量工作，才能获得真实的数据，定量化分析问题，保证质量标准得以贯彻执行。

（2）工程项目质量检查

工程项目质量检查是保证质量的重要环节，确保了质量计划的顺利落实。工程项目质量检查应该贯穿项目的始终，通常分为内部质量检查和外部质量检查，同时要建立起比较完善的质量管理责任制，把质量管理各个方面的要求落实到每个部门、每个成员，形成一个严密的质量管理工作体系，通过质量管理责任制使质量目标具体化，落实到实处。

（3）工程项目质量改进

对工程项目质量检查过程中不符合质量标准的工程，找出质量不符合标准要求的原因，并制定和落实提高质量的措施改进工程质量。质量改进的组织分为两个层次：一是从整体的角度为改进项目调动资源的管理层,即质量管理委员会;二是具体实施质量改进活动的实施层,即质量改进团队或质量改进小组。除此之外质量改进的步骤本身是一个PDCA循环,即计划(plan)、实施(do)、检查(check)、处置(action)四个阶段。

(4)工程项目质量验收。工程质量的竣工验收是对项目施工阶段的质量进行试车运转和检查评定,以考核质量目标是否符合实际阶段的质量要求。此阶段是工程项目由建设向生产转移的必要阶段,影响工程项目能否最终形成生产能力以及反映工程项目质量的最终水平。

6.1.5 工程项目质量管理体系方法

质量管理体系方法是管理的系统方法的原则在建立和实施质量管理体系中的具体应用。GB / T19000—2000标准列举了建立和实施质量管理体系的八个步骤,该方法也适用于保持和改进现有的质量管理体系:

(1)确定顾客和相关方的需求和期望;

(2)建立组织的质量方针和质量目标;

(3)确定实现质量目标必需的过程和职责;

(4)确定和提供实现质量目标必需的资源;

(5)规定测量每个过程的有效性和效率的方法;

(6)应用规定的方法确定每个过程的有效性和效率;

(7)确定防止不合格并消除产生原因的措施;

(8)建立和应用持续改进质量管理体系的过程。

6.2 工程项目质量策划

6.2.1 工程项目质量策划的概念

项目质量策划是项目质量管理的一部分,致力于制订质量目标,同时规定必要的运行过程和相关资源以实现项目质量目标。也就是说,项目质量策划是根据有关要求确定某一项目所要实现的具体的质量目标以及如何实现该目标的过程。

首先建立质量保证体系,确定相关的职责和权限,收集企业质量方针、总质量目标或上级质量目标的要求,发包人和其他相关方的需求和期望,与策划内容有关的业绩或成功经历,存在的问题点或难点,过去的经验教训等资料。然后,根据质量方针和企业总体的质量目标,结合项目具体情况确定质量目标,并将确定的质量目标分解到各分部、分项的过程中。针对某一具体项目,把进行质量控制的关键分项工程或关键工作设定质量控制点。最后,为使策划的质量控制、质量保证和质量改进得到实施,应确定人、机、料、法、环等相关资源以及实现目标的方法,检查或考核的方法,评价其业绩成果的指标,完成后的奖励方法,所需的文件和记录等。

6.2.2　工程项目质量策划的作用和内容

　　质量策划的第一项作用是为质量控制提供依据,使工程的特殊质量要求能够通过有效的措施得以满足;第二项作用是在合同情况下,供方用质量计划向业主证明其可以满足特定合同的特殊质量要求,并作为业主实施质量监督的依据。

　　根据以上作用的要求,质量策划应该包括以下几个内容:编制依据,项目概括,质量目标,组织结构,质量控制及管理组织协调的系统描述,必要的质量控制手段,施工过程、服务、检测和试验程序等,确定关键工序和特殊过程的作业指导书,更改和完善质量计划的程序。

6.2.3　质量策划的编制

　　(1)质量策划时应注意的问题:由于质量策划的重要作用,作为最高领导者的项目经理应该亲自主持策划;项目质量策划应该集体策划,编制者应该有丰富的经验和较强的沟通能力;质量策划应始终以业主为关注焦点,准确无误地找出关键的质量问题,反复征询对质量策划草案的意见以修改完善;质量策划应体现对工序、分项工程、单位工程的过程控制,且应体现从资源投入到完成工程质量最终检验和试验的全过程控制,使质量策划成为对外质量保证和对内质量控制的依据。

　　(2)工程项目质量策划依据的资料:工程合同规定的产品质量特性、产品应达到的各项指标及验收标准;工程项目管理规划;工程项目实施应执行的法律法规、技术标准、规范、有关施工操作规程;企业和项目部的质量管理体系文件及其要求;工程承包合同、设计图纸及相关文件;施工组织设计、专项施工方案及项目计划。

6.2.4　质量策划的实施与验证

　　当设计好的质量策划实施时,质量管理人员应按照分工进行控制,按规定保存质量控制记录。当发生质量缺陷或事故时,必须分析原因、分清责任、进行整改。项目负责人应定期组织具有资格的质量检查人员和内部质量审检员验证质量策划的实施效果。发现质量控制中的问题或隐患时,提出措施予以解决。对重复出现的质量不合格现象,责任人应按规定承担责任,并依据验证评价的结果进行处罚。

　　工程项目质量策划,是在充分地占有项目设计文件和科学地分析项目特点的基础上制定的,因而具有很强的针对性和严肃性。尤其是对总体项目的总体评定具有重要影响的工程单位,必须确保达到项目质量目标规定的质量标准,一旦偏离,会造成项目质量总目标难以实现的严重后果,所以工程项目质量策划一经颁布,必须严格遵循执行。

　　然而由于影响项目施工的因素非常多,如设计变更、意外情况的发生等,均会阻止项目质量策划的顺利实施,因而在项目工程质量策划实施的过程中,必须加强对质量策划执行情况的检查,发现问题并及时调整。

　　在项目实施的过程,由于主客观因素的影响,偶尔会发生某部位的施工质量经检查未达到原质量策划规定的质量标准,从而对工程项目的总质量造成不同程度的影响。此时,在项目质量总目标的前提下,应根据原质量策划和实际情况进行分析,及时调整项目的质量小目标,并制定相应的技术保证措施,对原质量策划进行适当的调整。确实无法调整时,经谨慎研究,对影响项目质量总目标的分部实施返工,以确保项目质量总目标的实现。

6.3　工程项目的质量控制

6.3.1　工程项目勘察设计阶段的质量控制

勘察阶段的质量控制主要包括以下两点。

(1)勘察现场作业质量控制

①重要岗位持证上岗,并严格按勘察方案及有关操作规程开展现场工作,并留下现场印证记录。

②原始资料取得的方法、手段及使用的仪器设备应当正确、合理,勘察的仪器和设备实验室应有明确的规定要求,现场钻探、取样应通过计量认证。(3)原始记录应该按要求认真填写清楚,并经过有关工作人员检查、签字。(4)项目作业人应始终在作业现场进行指导、督促监督,并对各项作业资料进行检查验收签字。

(2)勘察文件质量控制

首先,应检查勘察结果是否满足条件;其次,详细审查工程勘察报告;另外,根据不同的勘查阶段对工程勘察报告的内容和深度进行检查,看其是否满足勘察任务书和相应设计阶段的要求。

在设计阶段,按工作进程和深度不同一般划分为初步设计和施工图设计两个部分,对于技术较为复杂的工业项目一般分为初步设计、技术设计(扩大初步设计)和施工图设计三个阶段来进行。各阶段的设计成果包括设计说明、技术文件(图纸等)和经济文件(概预算)。

(1)工程项目设计阶段质量管理的目标。首先,保证设计方案符合可行性研究所定的质量要求,符合相关技术法规和技术标准的规定,满足现场、施工的实际条件;其次,保证设计方案符合业主要求,注意协调业主所需功能与约束条件间的矛盾,并用一定质量标准检验设计成果。

(2)设计阶段质量控制和评定的依据。①有关工程项目建设及质量管理方面的法律法规。例如有关城市规划、建设用地、市政管理、环境保护和建筑工程质量监督等法律法规。②有关工程建设的技术标准。例如各种设计规范、规程、标准和设计参数的定额指标等。③项目可行性研究报告、项目评估报告及选址报告。④反映建设过程中和建设后所需的有关技术、资源、经济和社会协作等方面的协议、数据和资料。

(3)设计负责人制订的设计图纸及说明书由业主批准。设计批准不意味着对于设计文件在尺寸上检查,也不解除设计文件制订者的责任和义务。当必须由外部权力机关批准设计时,由设计负责人负责取得批准,同时设计负责人负责批准承包商进行的设计。

设计的进度及费用控制由业主代表负责。业主对于项目的费用及进度规定了限值,如果设计负责人制定的设计超过了业主规定的限值,设计负责人必须用自己的钱重新进行设计。业主代表制订的基本计划是进度控制的文件,该基本计划综合了设计负责人及承包商制订的计划。业主和承包商以及业主和设计负责人之间分别订立合同,把各部分人结合到一起,由业主代表通过合同引导设计负责人及承包商弥补他们所应负责的时间损失,而业主不必增加费用。业主代表负责管理资金,自始至终提供财务建议、检查文书,并对可能出现的变化做出估计。

6.3.2 工程项目施工阶段的质量控制

由于施工阶段是使工程设计意图最终实现并形成工程实体的阶段,是最终形成工程实物实体的系统过程,所以施工阶段的质量控制是一个由对投入的资源和条件的质量控制,进而对生产过程及各环节质量进行控制,直到对所完成的工程产出品的质量检验与控制为止的全过程的系统控制过程。这个过程可以根据在施工阶段工程实体质量形成的时间阶段不同来划分,也可以根据施工阶段工程实体形成过程中物质形态的转化划分,或者将施工的工程项目作为一个大系统,按施工层次加以分解划分。

(1)根据在施工阶段工程实体质量形成的时间阶段划分。可分为三个阶段:事前控制、事中控制、事后控制。事前控制:施工前的准备阶段进行的质量控制,它是指在各工程对象正式施工活动开始前,对各项准备工作及影响质量的各因素和有关方面进行的质量控制;事中控制:施工过程中进行的所有与施工过程有关各方面的质量控制,也包括对施工过程中的中间产品(工序产品或分部、分项工程产品)的质量控制;事后控制:它是指对通过施工过程所完成的、具有独立的功能和使用价值的最终产品,及其有关方面的质量进行控制。

(2)根据施工阶段工程实体形成过程中物质形态的转化划分。可分为对投入的物质、资源质量的控制;施工及安装过程质量的控制,即在使投入的物质资源转化为工程产品的过程中,对影响产品质量的各因素、各环节及中间产品质量的控制;对完成的工程产品质量的控制与验收。在上述三个阶段的系统过程中,前两阶段对于最终产品质量的形成有着决定性的作用。所以,质量控制的过程中,无论是对投入物资源的控制,还是对施工及安装生产过程的控制,都应当对影响工程实体质量的五个重要因素方面,即对施工有关人员因素、材料(包括半成品、构配件)因素、机械设备(生产设备及施工设备)因素、施工方法(施工方案、方法及工艺)因素和环境因素进行全面的控制。

(3)根据工程项目施工层次划分。通常任何一个大中型工程建设项目可以划分为若干层次。例如,对于建筑工程项目按照国家标准可以划分为单位工程、分部工程、分项工程、检验批等几个层次;而对于诸如水利水电、港口交通等工程项目则可划分为单项工程、单位工程、分部工程、分项工程等几个层次。检验批一般按工程量、楼层、施工段、变形缝等进行划分,比如地基基础中的分项工程一般划分为一个检验批;分项工程一般按主要工种、材料、施工工艺、设备类别等进行划分,比如按工种划分的模板工程、钢筋工程、混凝土工程等和按工艺划分的预应力、现浇结构等;分部工程通常按专业性质、工程部位或特点、功能和工程量确定,比如按部位划分地基与基础、主体结构、建筑屋面等和按性质划分的建筑电气、建筑智能化、通风空调、电梯、建筑节能等;单位工程一般指有独立的设计文件、独立的施工条件以及独立的使用功能的建筑物及构筑物,比如一栋教学楼和广播电视塔等。各组成部分之间的关系具有一定的施工先后顺序的逻辑关系。各层次间的质量控制系统过程如图6-1所示。

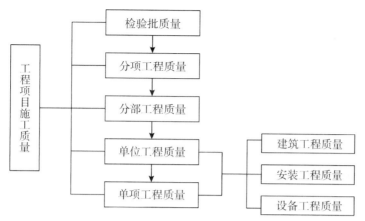

图 6-1　按工程项目施工层次划分的质量控制系统过程

6.3.3　工程项目验收的质量控制

工程质量的竣工验收是对项目施工的质量进行试车运转和检查评定,以考核质量目标是否符合勘察设计阶段的质量要求。此阶段是工程项目建设向生产转移的必要环节,影响工程项目能否最终形成生产能力,反映工程项目质量的最终水平。

竣工验收的主要任务如下:首先,业主、设计单位和承包商要分别对工程项目的决策和论证、勘察和设计以及施工的全过程进行最后评价,对工程项目管理全过程进行系统的检验。其次,业主应与承包商办理工程的验收和交接手续,办理竣工结算,办理工程档案资料的移交,办理工程保修手续等,主要是处理工程项目的移交和善后清理工作。

竣工验收的具体内容如下:

(1)检查工程是否按批准的设计文件建成,配套、辅助工程是否与主体工程同步建成。

(2)检查工程质量是否符合国家和铁道部颁布的相关设计规范及工程施工质量验收标准。

(3)检查工程设备配套及设备安装、调试情况,国外引进设备合同完成情况。

(4)检查环保、水保、劳动、安全、卫生、消防、防灾安全监控系统、安全防护、应急疏散通道、办公生产生活房屋等设施是否按批准的设计文件建成、合格,精测网复测是否完成,复测成果和相关资料是否移交设备管理单位,工机具、常备材料是否按设计配备到位,地质灾害整治及建筑抗震设防是否符合规定。

(5)检查工程竣工文件编制完成情况,竣工文件是否齐全、准确。

(6)检查建设用地权属来源是否合法,面积是否准确,界址是否清楚,手续是否齐备。

6.4　工程项目质量管理的统计分析

6.4.1　常用的数据

数据是进行质量管理的基础,"一切用数据说话"才能做出科学的判断。通过收集、整理质量数据,可以帮助我们发现、分析质量问题,以便及时采取对策措施,纠正和预防质量事故。常用的数据有以下几种。

1.子样平均值

子样平均值用来表示数据的集中位置,也称为子样的算术平均值,即

$$\bar{X} = \frac{1}{n}\left(X_1 + X_2 + \cdots + X_n\right) = \frac{1}{n}\sum_{i=1}^{n}x_i$$

式中,$\bar{X}$——子样平均值;

x_i——所测得的第 i 个数据;

n——子样的个数。

2.中位数

中位数是指将收集到的质量数据按大小次序排列后处在中间位置的数值,故又称为中值。它也表示数据的集中位置。当子样数 n 为奇数时,取中间一个数为中位数;n 为偶数时,则取中间两个数的平均值作为中位数。

3.极差

一组数据中最大值与最小值之差,常用 R 表示。它表示数据分散的程度。

4.子样标准偏差

子样标准偏差反映数据分散的程度,常用 S 表示,即

$$S = \sqrt{\frac{1}{n-1}\sum_{i=1}^{n}(X_i - \bar{X})^2}, \ (n < 30)$$

$$S = \sqrt{\frac{1}{n}\sum_{i=1}^{n}(X_i - \bar{X})^2}, \ (n \geqslant 30)$$

式中,S——子样标准差;

$(X_i - \bar{X})$——第 i 个数据与子样平均值 $\bar{X}$ 之间的离差。

5.变异系数

变异系数是用平均数的百分率表示标准偏差的一个系数,用以表示相对波动的大小,即

$$C_V = \frac{S}{\bar{X}} \times 100\%$$

式中,C_V——变异系数;

S——子样标准偏差;

$\bar{X}$——子样平均值。

6.4.2 排列图

排列图法又叫巴氏图法或巴雷特图法,也叫主次因素分析图法。排列图有两个纵坐标,左侧纵坐标表示产品频数,即不合格产品件数;右侧纵坐标表示频率,即不合格产品累计百分数。图中横坐标表示影响产品质量的各个因素或项目,按影响质量程度的大小,从左到右依次排列。每个直方形的高度表示该因素影响的大小,图中曲线称为巴雷特曲线。在排列图上,通常把曲线的累计百分数分为三级,与此相对应的因素分三类。A类因素对应于频率

$0\sim80\%$,是影响产品质量的主要因素;B类因素对应于频率$80\%\sim90\%$,为次要因素;C类因素对应于频率$90\%\sim100\%$,属一般影响因素。运用排列图,便于找出主次矛盾,使错综复杂的问题一目了然,有利于采取对策,加以改善。

【例6-1】 现以砌砖工程为例,按有关规定对项目进行检查,结果按不合格的大小排序,见表6-1,试找出影响砌砖工程质量的主要因素。

表6-1　砌砖工程不合格项目及频率汇总表

序号	实测项目	实测点数	超差点数(频数)	频率/%	累计频率/%
1	门窗洞口	392	36	55.38	55.38
2	墙面垂直	1589	20	30.77	86.15
3	墙面平整	1589	7	10.77	96.92
4	切砖厚度	36	2	3.08	100
合计		3606	65	100	

由表6-1可知,影响砌砖质量的主要因素是门窗洞口偏差和墙面垂直偏差,两者的累计频率达到了86.15%,应采取措施以确保工程质量。

6.4.3　频数分布直方图

频数分布直方图又称质量分布图或简称直方图,它是将所收集的质量数据按一定的规定进行整理、分析,然后画成长方形(长柱形)的统计图。由于这种图中的每一个长方形代表一定范围内实测数据出现的频数,所以该图称为频数分布直方图。

1.直方图的绘制

下面用实例说明直方图的绘制方法。今从某工程公司混凝土构件预制厂连续抽取试块,测取某混凝土强度数据共计200个(一般情况数据应取100个左右)。其作图步骤归纳如下:

(1)将收集的实测数据汇总列表,并从中找出最大值(X_{max})与最小值(X_{min})。例中数据见表6-2,其中$X_{max}=299$,$X_{min}=271$。

表6-2　混凝土块抗压强度数据表

296	287	284	287	286	275	287	283	290	278	294	273	282	282	273	285	289	283	299	280
271	286	281	289	286	297	286	292	286	287	289	279	281	283	289	288	278	275	284	279
284	287	279	283	290	291	278	284	289	279	288	271	271	279	280	284	286	283	289	288
286	287	284	287	287	294	290	286	297	285	286	291	284	290	286	289	271	273	286	284
293	289	296	281	285	281	287	282	284	286	287	292	290	277	280	285	289	277	279	277
283	294	287	293	283	288	283	279	275	299	291	290	287	276	283	283	286	285	283	285
280	287	288	285	286	274	288	289	281	299	285	287	283	289	283	291	280	277	293	
284	290	285	284	290	298	290	280	283	284	288	283	278	281	284	289	281	273	275	284
286	285	284	283	291	292	294	271	290	281	284	290	289	283	286	277	287	277	290	294
285	284	284	288	281	278	288	280	290	284	293	281	297	283	289	200	288	281	294	279

（2）计算极差值R。

$$R = X_{\max} - X_{\min} = 299 - 271 = 28$$

（3）确定组数K。50个以下的数据总数一般分7个以下的组；50～100个数据总数一般分6～10个组；100～200个数据总数一般分7～12个组；200个以上数据总数一般分10～20个组。经验证明，组数太少会掩盖数据变动；组数太多会使组的高度参差不齐，不易看出规律。通常要使每组平均至少含4～5个数据。本例取$K=9$。

（4）确定组距h。组距等于极差R除以K，并取近似整数。

$$h = \frac{X_{\max} - X_{\min}}{K} = \frac{R}{K}$$

本例中：$h = \dfrac{299-271}{9} = 3.11$（取3）

（5）计算组界值。为了避免数据刚好落在分组的界线上，分组的组界值应按下式计算。

第一组数据的组界值为：上界值等于$X_{\min} + \dfrac{h}{2}$，下界值等于$X_{\min} - \dfrac{h}{2}$。

以第一组的上界值为第二组的下界值，第二组的下界值加上组距h即为第二组的上界值，以此类推。

例中第一组：上界值为$X_{\min} + \dfrac{h}{2} = 272.5$，下界值为$X_{\min} - \dfrac{h}{2} = 269.5$。

第二组：上、下界值分别为275.5和272.5。

其余各组组界值见表6-3。

（6）编制频数分布表。根据确定的组界值，统计频数和计算频数值，编制频数分布表。见表6-3。

（7）绘制频数分布直方图。以横坐标表示分组的组界值，纵坐标表示各组数据的频数。形成以组距为底边、频数为高度的若干长方形，构成频数分布直方图。

表6-3　混凝土抗压强度频数分布统计图

序号	组界值	频数	频率
1	269.5～272.5	4	0.02
2	272.5～275.5	6	0.03
3	275.5～278.5	13	0.065
4	278.5～281.5	30	0.15
5	281.5～284.5	40	0.2
6	284.5～287.5	42	0.21
7	287.5～290.5	38	0.19
8	290.5～293.5	12	0.06
9	293.5～296.5	9	0.045
10	296.5～299.5	6	0.03
合计		200	1

(8)最后,在直方图上表明常用数据,如图6-2所示。

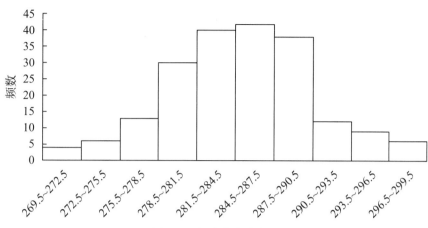

图6-2　频率分布直方图

2.直方图的定量表示

直方图的定量表示需要有一个定量的表达方式,以对直方图加以概括。一般情况下,质量分布应符合正态分布曲线,该曲线的分散和集中情况用算术平均值来表示集中位置,用 R (极差)和 S(标准偏差)来表示分散程度,用 C_v(变异系数)来表示两组数据间的相对波动程度。

仍结合混凝土强度数据,分析如下:

(1)平均值 $\bar{X}$。$\bar{X} = \dfrac{296+287+\cdots}{200} = 285$,表示大部分质量数据密集在平均值的附近。

(2)极差 R。$R = X_{\max} - X_{\min} = 28$,反映数据的分散程度。

(3)标准偏差 S。$S = \sqrt{\dfrac{1}{200}\sum_{i=1}^{200}(X_i - X)^2} = 5.7$,反映各个数据对平均值的偏离程度。

(4)变异系数 C_V。$C_v = \dfrac{S}{V} = \dfrac{5.7}{285} = 0.02$,表示了两组数据间的相对波动程度。

6.4.4　相关图

产品质量与影响质量的因素之间,常常有一定的依存关系,但它们之间不是一种严格的函数关系,即不能由一个变量的值精确地求出另一个变量的值。这种依存关系称为相关关系。相关图又叫散布图,就是把两个变量之间的相关关系用直角坐标系表示出来,借以观察判断两个质量特性之间的关系,通过控制容易测定的因素达到控制不易测定的因素的目的,以便对产品或工序进行有效的控制。相关图的形式有正相关、负相关、非线性相关和无相关四种。

分析中,除了绘制相关图之外,还必须计算相关系数,以确定两种因素之间关系的密切程度。相关系数计算公式为:

$$r = \frac{S(XY)}{\sqrt{S(XX)S(YY)}}$$

式中 $S(XX) = \sum_{i=1}^{n}(X_i - X)^2 = \sum_{i=1}^{n}X_i^2 - \frac{(\sum_{i=1}^{n}x_i)^2}{n}$

$$S(YY) = \sum_{i=1}^{n}(Y_i - Y)^2 = \sum_{i=1}^{n}Y_i^2 - \frac{(\sum_{i=1}^{n}y_i)^2}{n}$$

$$S(XY) = \sum_{i=1}^{n}(X_i - X)(Y_i - Y) = \sum_{i=1}^{n}X_iY_i - \frac{(\sum_{i=1}^{n}x_i\sum_{i=1}^{n}Y_i)}{n}$$

【例6-2】 根据表6-4所列数据,计算相关系数,确定其相关关系。

$$S(XX) = \sum_{i=1}^{n}X_i^2 - \frac{(\sum_{i=1}^{n}x_i)^2}{n} = 35875 - \frac{(495)^2}{11} = 13600$$

$$S(YY) = \sum_{i=1}^{n}Y_i^2 - \frac{(\sum_{i=1}^{n}y_i)^2}{n} = 5398 - \frac{(208)^2}{11} = 1465$$

$$S(XY) = \sum_{i=1}^{n}X_iY_i - \frac{(\sum_{i=1}^{n}x_i\sum_{i=1}^{n}Y_i)}{n} = 13755 - \frac{(495 \times 208)}{11} = 4395$$

$$r = \frac{S(XY)}{\sqrt{S(XX)S(YY)}} = \frac{4395}{\sqrt{13600 \times 1465}} = 0.98$$

表6-4　数据汇总表

序号	1	2	3	4	5	6	7	8	9	10	11	合计
X_i	5	5	16	20	30	40	50	60	65	90	120	495
Y_i	4	6	8	13	16	17	19	25	25	29	46	208
X_i^2	25	25	100	400	900	1600	2500	3600	4225	8100	14400	35875
Y_i^2	16	36	45	169	256	289	361	625	625	841	2116	5398
X_iY_i	20	30	80	260	480	680	950	1500	1625	2610	4520	13755

由 $r = 0.98$ 可知相关关系为正相关,且 X、Y 关系密切。

6.4.5　管理图

管理图又叫控制图,它是反映生产工序随时间变化而发生的质量波动的状态,即反映生产过程中各个阶段质量变动状态的图形。质量波动一般有两种情况:一种是偶然性因素引起的波动,称为正常波动;另一种是系统性因素引起的波动,属于异常波动。质量控制的目标就是要查找异常波动的因素并加以排除,使质量只受正常波动因素的影响,符合正态分布的规律。质量管理图就是利用上下控制界限,将产品质量特性控制在正常波动范围之内。质量管理图如图6-3所示。一旦有异常原因引起质量波动,通过管理图就可看出,能及时采取措施预防不合格产品的出现。

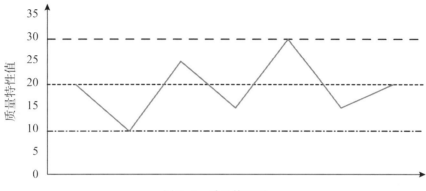

图6-3　质量管理图

管理图的种类虽多,但其基本原理是相同的,现以常用的 $\bar{X}$—R 管理图为例,阐明作图步骤,表6-5的 $\bar{X}$—R 管理图的作图步骤如下。

(1)收集数据,归纳列表。如表6-5所示的每个样本有五个数据,分别为 X_1、X_2、X_3、X_4、X_5。

表6-5　数据统计图

序号	X_1	X_2	X_3	X_4	X_5	$\bar{X}$	R
1	263.0	262.9	263.2	263.2	263.2	263.10	0.3
2	262.9	263.1	262.8	263.0	263.1	262.98	0.2
3	263.1	262.9	263.1	263.0	263.2	263.06	0.3
4	263.3	263.2	263.1	263.0	263.2	263.16	0.3
5	263.0	262.9	263.1	263.2	263.2	263.08	0.3
6	262.9	263.0	262.8	263.0	263.1	262.96	0.3
7	263.0	263.2	263.1	263.0	263.2	263.10	0.2
8	263.1	263.1	263.1	263.0	263.2	263.10	0.2
9	263.0	263.3	263.0	263.2	263.1	263.12	0.3
10	263.2	263.1	262.9	262.9	263.1	263.04	0.3
11	262.8	263.0	262.8	263.0	263.1	262.94	0.3
12	263.1	263.0	263.1	263.0	263.2	263.08	0.2
13	263.0	263.2	263.3	262.8	263.2	263.10	0.3
14	263.1	263.0	263.1	263.0	263.1	263.06	0.1
15	263.1	263.0	262.9	262.8	263.0	262.96	0.3

续表

序号	X_1	X_2	X_3	X_4	X_5	$\bar{X}$	R
16	263.2	263.2	263.1	263.0	263.2	263.14	0.2
17	263.2	263.1	263.1	263.1	263.2	263.14	0.1
18	263.1	263.1	263.1	263.1	263.3	263.14	0.2
19	263.2	263.2	263.2	263.2	263.0	263.16	0.2
20	263.2	263.0	263.0	263.2	263.1	263.10	0.2
21	262.9	263.0	262.9	263.0	263.0	262.96	0.1
22	263.0	263.1	263.2	263.2	263.2	263.14	0.2
23	263.0	263.3	263.0	263.2	263.1	263.12	0.3
24	263.0	263.0	263.0	263.2	263.0	263.04	0.2
25	263.1	263.0	263.0	263.1	263.1	263.06	0.1
						263.07	0.228

(2)计算常用数据(以第一个样本为例)。

样本平均值:$\bar{X} = \dfrac{1}{n}\sum_{i=1}^{n} x_i = \dfrac{263.0 + 262.9 + 263.2 + 263.2 + 263.2}{5} = 263.10$

样本极差值:$R = X_{max} - X_{min} = 263.2 - 262.9 = 0.3$

样本总平均值:$\bar{\bar{X}} = \dfrac{\sum\limits_{j=1}^{N} \bar{x}_j}{N} = 263.07$

极差平均值:$\bar{R} = \dfrac{\sum\limits_{j=1}^{N} R_j}{N} = 0.228$

$\bar{X}$ 管理图的控制界限:

中心线:$CL = \bar{\bar{X}} = 263.07$

上控制界限:$UCL = \bar{\bar{X}} + A_2\bar{R} = 263.07 + 0.577 \times 0.228 = 263.20$

下控制界限:$LCL = \bar{\bar{X}} - A_2\bar{R} = 263.07 - 0.577 \times 0.228 = 262.94$

R 管理图的控制界限:

中心线:$CL = \bar{R} = 0.228$

上控制界限:$UCL = D_4\bar{R} = 2.114 \times 0.228 = 0.482$

下控制界限:$LCL = D_3\bar{R} < 0$

其中系数 A_2,D_3,D_4 均从控制图系数表中查得,$A_2 = 0.557$,$D_4 = 2.114$,当 $n \leqslant 6$ 时,$D_3 < 0$,此时 $LCL < 0$,可省略。

(3)绘制 $\bar{X}$—R 管理图。用例中数据绘制 $\bar{X}$—R 管理图如图 6-4 和图 6-5 所示。

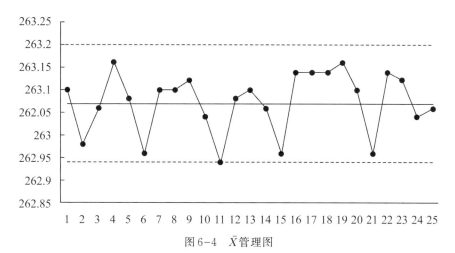

图6-4　$\bar{X}$管理图

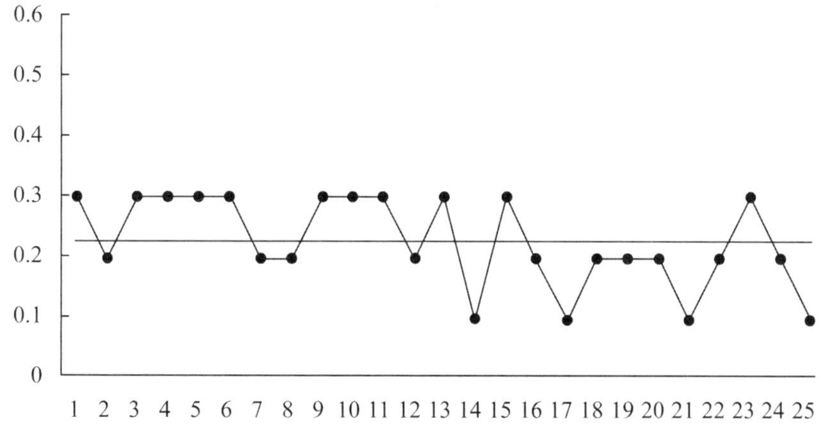

图6-5　R管理图

6.4.6　检查表或检查表法

检查表又称调查表,统计分析表等。它以简单的数据,用容易理解的方式,制成图形或表格,必要时记上检查记号,并加以统计整理,作进一步分析或核对检查之用。检查表是质量管理中最简单也是使用得最多的手法。但或许正因为其简单而不受重视,所以检查表使用的过程中存在的问题也不少。

检查表的具体制作步骤是:

(1)决定检查的项目和频率。

(2)决定检查的人员和方法。

(3)相关条件的记录方式,如作业场所、日期、工程等。

(4)决定检查表格式(图形或表格)。

(5)决定检查记录的符号。如:正、+、△、*、○等。制作结果如表6-6所示。

表6-6 检查表

品名：		时间： 年 月 日
工序：		工厂：
不合格种类:缺陷		
加工不良		班组：
形状不良等		检验员：
检验总数:2530		批号:82—8—6
备注:全数检验		合同号:82—5—3
不合格种类	检验结果	小计
表面缺陷	正正正正正	32
砂眼	正正正正	23
加工不良	正正正正正正正正	48
形状不良		4
其他	正	8
	总计	115

型号		检查部位	某零件外部
工序		检查人	
检查目的	外观缺陷	检查件数	872

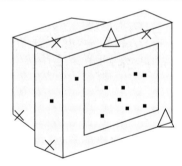

·色斑
×流漆
△尘粒

6.4.7 层别法或分层法

层别法是针对部门别、人别、工作方法别、设备、地点等所收集的数据,按照它们共同的特征加以分类统计的一种分析方法,即为了区别各种不同的原因对结果的影响,而以个别原因为主,分别统计分析的一种方法。常用的分层标志有:

(1)按操作班组或操作者分层。

(2)按机械设备型号、功能分层。

(3)按工艺、操作方法分层。

(4)按原材料产地或等级分层。

(5)按时间顺序分层。

具体层别法如图6-6所示。

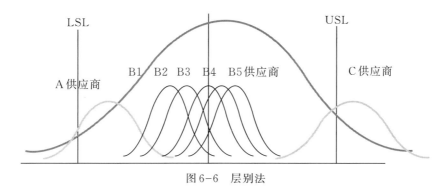

图6-6 层别法

6.4.8 因果图、因果分析或特性要因图法

因果分析法就是把系统中产生事故的原因及造成的结果所构成错综复杂的因果关系，采用简明文字和线条加以全面表示的方法。用于表述事故发生的原因与结果关系的图形为因果分析图。因果分析图的形状像鱼刺，故也叫鱼刺图。

因果分析图的绘制步骤是从结果开始将原因逐层分解的,具体的绘制步骤是：

(1)明确要分析的某个特定问题或事故,画出质量特性的主干,箭头指向右端。

(2)确定影响质量特性大的方面的原因。一般来说,影响质量因素有五大因素,即人、机械、材料、工艺、环境。另外还可以按产品生产工序进行分析。

(3)将每种大原因进一步分解为中原因、小原因等,直至分解的原因可以采取具体措施加以解决为止。

(4)检查图中所列原因是否齐全,可以对初步分析结果进行广泛征求意见,并做必要修改和补充。

(5)选择出影响较大的因素做出标记。

具体结果如图6-7所示。

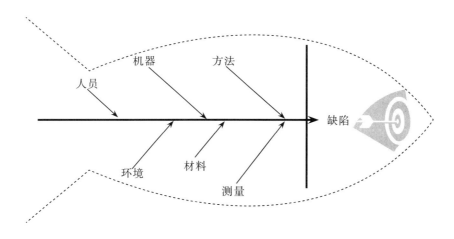

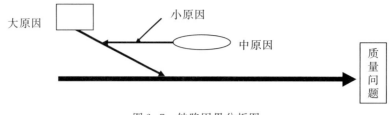

图6-7　缺陷因果分析图

6.4.9　关联图法

如图6-8所示,关联图法,是指用连线图来表示事物相互关系的一种方法,它也叫关系图法。箭头只进不出的是问题;箭头只出不进的是主因,也叫末端因素,是解决问题的关键箭头;有出有进的是中间因素,出多于进的中间因素叫关键中间因素,一般可作为主因对待。在绘制关联图时,箭头的指向,通常是:对于各因素的关系是原因-结果型的,是从原因指向结果(原因→结果);对于各因素间的关系是目的-手段型的,是从目的指向手段(目的→手段)。

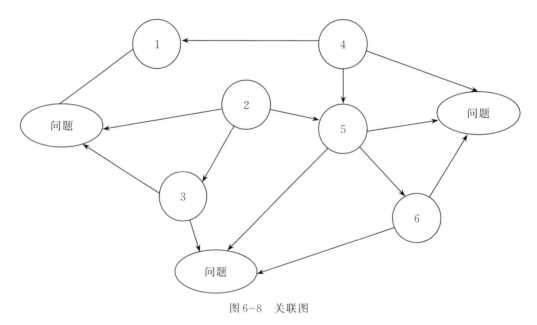

图6-8　关联图

6.4.10　系统图法

系统图法或称树图法,把要实现的目的与需求采取的措施或手段系统地展开,并绘制成图,以明确问题的重点,寻找最佳手段或措施的一种方法。具体的绘制步骤如下:

(1)明确检讨的问题,记录在左边。如果有限制条件,记录在问题的下面。

(2)由问题分析"一次因",依次列于问题的右侧,并用箭头连接。

(3)从"一次因"进行展开,进而分析"二次因"。依次列于"一次因"的右侧并用箭头连接。

（4）依照"3"的做法，进而检讨"三次因""四次因"等，一直检讨至不可展开为止。

（5）整理系统图中的语言描述，确认描述的准确性，不会存在歧义。

（6）重新确认"问题"到"因"之间的关系。以"如何使QCC落实"为例，绘制如图6-9所示的关联图。

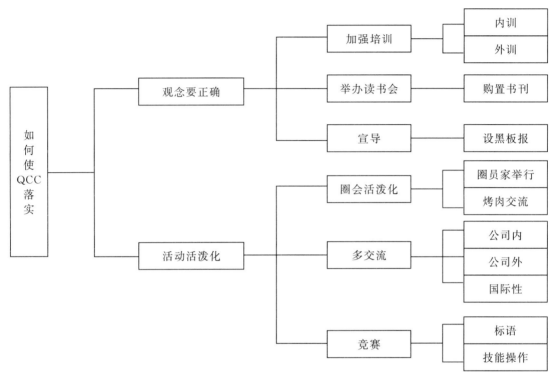

图6-9　"如何使QCC落实"关联图

6.4.11　亲和图或KJ法

KJ法是日本川喜二郎提出的。"KJ"二字取的是川喜（KAWA JI）英文名字的第一个字母。该方法是把大量收集到的事实、意见或构思等语言资料，按其相互亲和性（相似性）归纳整理，使问题明确起来，求得统一认识和协调工作，以利于问题解决的一种方法。

下面用实例说明亲和图的绘制方法。某加工车间经常为完成订单而突击生产、加班加点，长此下去，职工工作积极性不高，质量问题时有发生。为此，车间专门成立了"保证生产订单完成"QC小组，经小组展开调查收集到11条主要质量问题信息，用KJ法归纳形成如图6-10所示的亲和图。

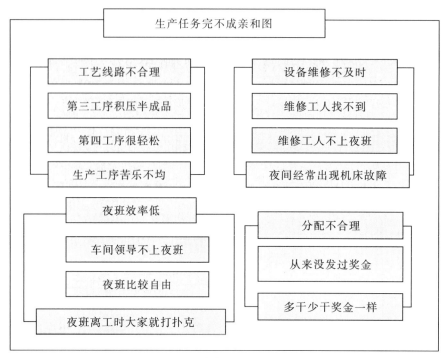

图6-10 "生产任务完不成"亲和图

随后采取以下3对策：

(1)调整工艺线路,合理安排工序,减少窝工待料；

(2)配齐机电维修人员跟班服务,减少停机工时；

(3)修改奖励制度,体现多劳多得。

6.4.12 矩阵图法

矩阵图法是借助数学上矩阵的形式,把与问题有对应关系的各个因素,列成一个矩阵图；然后,根据矩阵图的特点进行分析,从中确定关键点(或着眼点)的方法。

这种方法,先把要分析问题的因素,分为两大群(如R群和L群),把属于因素群R的因素(R_1、R_2……R_m)和属于因素群L的因素(L_1、L_2……L_n)分别排列成行和列。在行和列的交点上表示着R和L的各因素之间的关系,这种关系可用不同的记号予以表示(如用"○"表示有关系等)。

矩阵图法在应用上的一个重要特征,就是把应该分析的对象表示在适当的矩阵图上。因此,可以把若干种矩阵图进行分类,表示出它们的形状,按对象选择并灵活运用适当的矩阵图形。常见的矩阵图有以下几种：

(1)L型矩阵图。如图6-11所示,L型矩阵图是把一对现象用以矩阵的行和列排列的二元表的形式来表达的一种矩阵图,它适用于若干目的与手段的对应关系,或若干结果和原因之间的关系。

		R				
		R₁	R₂	R₃	⋯	Rₘ
L	L₁		○			
	L₂	△				
	L₃			◎		
	⋯					
	Lₙ					◎

◎密切关系　○有关系　△像有关系

图6-11　L型矩阵图

（2）T型矩阵图。如图6-12所示，是A、B两因素的L型矩阵和A、C两因素的L型矩阵图的组合矩阵图，这种矩阵图可以用于分析质量问题中"不良现象原因-工序"之间的关系，也可以用于分析探索材料新用途的"材料成分-特性-用途"之间的关系等。

Aₘ				△	
⋯	◎				
A₂				◎	
A₁	△				
C〈A/B〉	C₁	C₂	C₃	⋯	Cₚ
B₁					△
B₂		△			
⋯			◎		
Bₙ					

◎密切关系　○有关系　△像有关系

图6-12　T型矩阵图

（3）X型矩阵图。如图6-13所示，是把A因素与B因素、B因素与C因素、C因素与D因素、D因素与A因素四个L型矩阵图组合而形成的矩阵图，这种矩阵图表示A和B、D,B和A、C,C和B、D,D和A、C这四对因素间的相互关系，如"管理机能-管理项目-输入信息-输出信息"就属于这种类型。

				○	A$_m$				
		◎			…			△	
					A$_2$		◎		
			△		A$_1$				
D$_q$	…		D$_2$	D$_1$	D⟍A⟋B⟍C	B$_1$	B$_2$	…	B$_n$
					C$_1$				○
○				◎	C$_2$		△		
					…				
					C$_p$				

◎密切关系　○有关系　△像有关系

图6-13　X型矩阵图

　　矩阵数据分析法,与矩阵图法类似。它区别于矩阵图法的是:不是在矩阵图上填符号,而是填数据,形成一个分析数据的矩阵。它是一种定量分析问题的方法。

6.4.13　过程决策程序图法(PDPC法)

　　过程决策程序图法是指为了完成某个任务或达到某个目标,在制定行动计划或进行方案设计时,预测可能出现的障碍和结果,并相应地提出多种应变计划的一种方法。以产品安全卸运为例,绘制如图6-14所示的过程决策程序图。

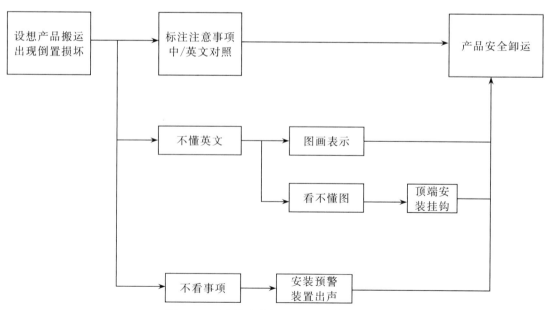

图6-14　"产品安全卸运"过程决策程序图

6.4.14 箭条图

箭条图是网络计划技术在质量管理中的具体运用,使质量管理的计划安排具有时间进度内容的一种方法。它有利于从全局出发、统筹安排、抓住关键线路,集中力量按时和提前完成计划。箭条图的绘制步骤如下:①决定主题;②列举必要作业、实施项目等;③将各作业卡片化,并将卡片做成先行、并行、后续之时间顺序排列;④作网路图;⑤标记结点号码与各作业时间;⑥结算结点日。以房屋建设为例,构建如图6-15所示的箭条图。

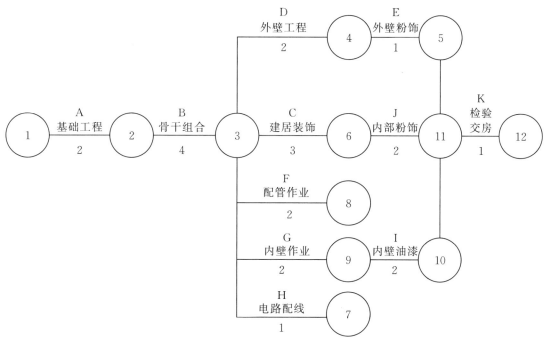

图6-15 "房屋建设"箭条图

6.4.15 流程图法

流程图分析法是对流程的每一阶段、每一环节逐一进行调查分析,从中发现潜在风险,找出导致风险发生的因素,分析风险产生后可能造成的损失以及对整个组织可能造成的不利影响。流程图是指使用一些标准符号代表某些类型的动作,直观地描述一个工作过程的具体步骤。

流程图法将一项特定的生产或经营活动按步骤或阶段顺序以若干个模块形式组成一个流程图系列,在每个模块中都标示出各种潜在的风险因素或风险事件,从而给决策者一个清晰的总体印象。在企业风险识别过程中,运用流程图绘制企业的经营管理业务流程,可以将与企业各种活动有影响的关键点清晰地表现出来,结合企业中这些关键点的实际情况和相关历史资料,就能够明确企业的风险状况。以不合格品控制为例进行如图6-16所示的流程图分析。

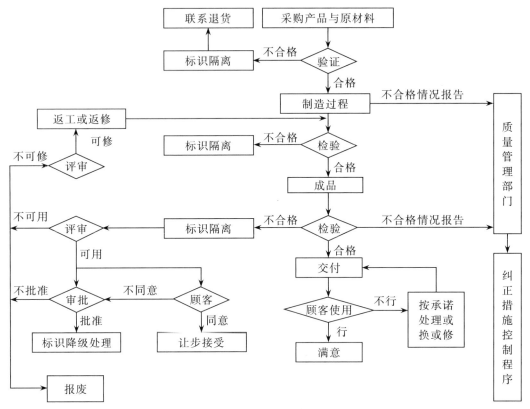

图6-16 "不合格品控制程序"实施流程图

6.4.16 标杆法

标杆分析法就是将本企业各项活动与从事该项活动最佳者进行比较,从而提出行动方法,以弥补自身的不足。其主要目的是找出差距,寻找不断改进的途径。其方法是对同类活动或同类产品生产中绩效最为显著的组织或机构进行研究,以发现最佳经营实践,并将它们运用到自己公司。

标杆分析法通常有两类:内部标杆和外部标杆。内部标杆是指以企业内部操作为基准的标杆法。它是最简单且易操作的标杆法方式,辨识内部业绩标杆法的标准并推广到组织的其他部门,可以做到企业内信息共享。内部标杆法是企业业绩提高最便捷的方法。但是,单独执行内部标杆法的企业往往持有内向视野,容易产生封闭思维。因此在实践中,内部标杆法应该与外部标杆法结合起来使用。外部标杆法是以竞争者、行业领先者以及某些企业的战略或优秀操作为基准的标杆法,具体包括战略标杆法和操作标杆法两类。战略标杆法,包含一个企业的市场战略与其他企业的市场战略的比较。战略标杆法通常关注这几个方面的问题:竞争对手强调什么样的市场面?什么是竞争对手的市场战略?支持竞争对手市场战略的资源水平如何?竞争对手的竞争优势集中于哪些方面?树立战略性标杆可以使企业获得占领先地位企业的市场战略。操作标杆法是以行业领先者或此企业具体优秀职能或流程操作为基准进行的标杆法。这类标杆法可以跨不同类组织进行,标杆法的合作者往往较愿意提供和分享一些技术和市场信息。操作性标杆法一般要求企业对整个职能或工作流程的操作有很详细的了解。

6.4.17 5why分析法

5why分析法,又称"5问法",也就是对一个问题点连续以5个"为什么"来自问,以追究其根本原因。虽名为5个为什么,但使用时不限定只做"5次为什么的探讨",主要是必须找到根本原因为止,有时可能只要3次,有时也许要10次,如古话所言:打破砂锅问到底。5why法的关键所在:鼓励解决问题的人要努力避开主观或自负的假设和逻辑陷阱,从结果着手,沿着因果关系链条,顺藤摸瓜,直至找出原有问题的根本原因。

杰弗逊纪念堂年深日久,墙面便出现了裂纹。专家发现最直接的原因并不是酸雨,居然是每天冲洗墙壁所使用的清洁剂!如何避免?

问题1:为什么要每天冲洗墙壁呢?因为墙壁上每天都有大量鸟粪。

问题2:为什么会有那么多鸟粪呢?因为大厦周围有很多燕子。

问题3:为什么会有那么多燕子?因为墙上有很多燕子爱吃的蜘蛛。

问题4:为什么会有那么多蜘蛛?因为大厦四周有蜘蛛爱吃的飞虫。

问题5:为什么有这么多飞虫?因为这的飞虫繁殖快。

问题6:为什么飞虫在这里繁殖快?因为开着窗阳光充足,适合繁殖。

经过连续六次不停地问"为什么",才找到问题的真正原因和解决的方法,关上整栋大厦的窗帘。

6.4.18 案例分析

某单位在1~2月混凝土施工时,先后取得了C25混凝土抗压强度数据26.3,26.5,…,25.4,…,33.6,…,30.3,32.3MPa。该混凝土的设计标准为25MPa,要求混凝土强度保证率为95%,其下限值按施工规范不得低于设计值的15%,下面判断该时段混凝土强度是否达到质量标准。

1.根据收集的数据画直方图

第一步,找出最大值和最小值,确定样本的取值范围。其中$X_{(1)}=\min\{x_1,x_2,\cdots x_n\}=25.4\text{MPa}=a$,$X_{(n)}=\max\{x_1,x_2,\cdots x_n\}=33.6\text{MPa}=b$,$x_i\in[a,b]$,其中区间长度$l=b-a=8.2$。

第二步,确定分组数k及组距h。共收集100组混凝土试块,按一般规律,可取$k=10$组。组距可按$h=\dfrac{b-a}{k}=0.82$计算,为了计算方便,取$h=0.9$。

第三步,确定各组区间上、下限值。由实测数据编制频率分布表,第1组上下限极值为$x_{\min}-\dfrac{h}{2}=24.95$、$x_{\min}+\dfrac{h}{2}=25.85$。第1组上限值为第2组下限值,第2组上限值为其下限值加组距h值。依此类推,求得各组区间范围,如表6-7所示。

表 6-7 数据统计

组号	组限/MPa	组中值/MPa	频数 n_i	频率 f_i
1	24.95～25.85	25.55	2	0.02
2	25.85～26.75	26.35	8	0.08
3	26.75～27.65	27.23	16	0.16
4	27.65～28.55	27.97	22	0.22
5	28.55～29.45	29.09	17	0.17
6	29.45～30.35	29.81	14	0.14
7	30.35～31.25	30.88	6	0.06
8	31.25～32.15	31.67	6	0.06
9	32.15～33.05	32.78	5	0.05
10	33.05～33.95	33.38	4	0.04

第四步,根据上述数据画直方图,如图 6-17 所示。

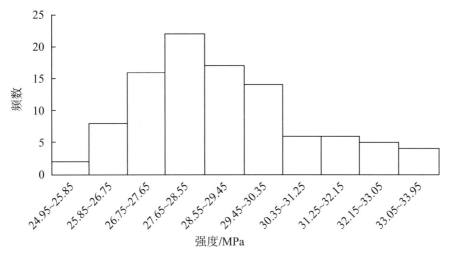

图 6-17 统计直方图

2.估计分布并进行拟合检验

第一步,估计分布。在图 6-17 中把组中值连接成一条折线,形状类似于正态分布的概率密度曲线,因此可假定其总体服从正态分布。

第二步,做假设并进行拟合检验。假设 $H_0 : F(x)$ 服从正态分布 $N(\mu, \sigma^2)$,μ、σ^2 未知,在 H_0 为真的情况下,由极大似然估计法可得估计值 $\mu = 29.11$、$\sigma^2 = 1.932$。

于是,X 的概率密度为

$$f(x) = \frac{1}{\sqrt{2\pi(1.93)^2}} e^{\frac{(x-29.11)^2}{2(1.93)^2}} \quad -\infty < x < \infty$$

则

$$nF_0(25.85) = 4.55 < 5;$$

$$F_0(33.95) - F_0(33.05) = 0.015, n[F_0(33.95) - F_0(33.05)] = 1.5 < 5;$$

$$F_0(33.05) - F_0(32.15) = 0.037, n[F_0(33.05) - F_0(32.15)] = 3.7 < 5;$$

$$n[F_0(33.95) - F_0(33.05) + F_0(33.05) - F_0(32.15)] = 5.2;$$

$$F_0(x_{i-1} < x < x_i) = \Phi\left(\frac{x_i - x}{\sigma}\right) - \Phi\left(\frac{x_{i-1} - x}{\sigma}\right)$$

因此，把第1个区间和第2个区间合并，把第10个区间与第9个区间合并，并把新的分组中的最大值与最小值改为开口组，由统计量 $v = \sum\limits_{i=1}^{k} \dfrac{(n_i - np_i)^2}{np_i}$ 可做出分歧度统计表，见表6-8。

表6-8　分歧度统计表

编号	(x_{i-1}, x_i)	n_i	n_i^2	p_i	np_i	$\dfrac{(n_i - np_i)^2}{np_i}$
1	$-\infty \sim 26.75$	10	100	0.111	11.1	0.109
2	$26.75 \sim 27.65$	16	256	0.114	11.4	1.856
3	$27.65 \sim 28.55$	22	482	0.161	16.1	2.162
4	$28.55 \sim 29.45$	17	289	0.184	18.4	0.106
5	$29.45 \sim 30.35$	14	196	0.169	16.9	0.498
6	$30.35 \sim 31.25$	6	36	0.127	12.7	3.534
7	$31.25 \sim 32.15$	6	36	0.076	7.6	0.337
8	$32.15 \sim \infty$	9	81	0.057	5.7	1.911
合计						10.513

在 H_0 为真时，统计量 v 服从 $\chi^2(k-r-1)$。该例中，区间个数 $K=8$ 个，参数 $r=2$ 个，查卡方分布表（见附录1）得 $\chi_{0.05}^2(5) = 11.07 > 10.513$，因此样本观测值不在 H_0 的拒绝域内，接受 H_0，$F(x) = F_0(x)$，即 X 服从 $N\left(29.11, (1.93)^2\right)$ 分布。

3.根据正态分布条件求均值或方差

$\bar{x} = \dfrac{\sum\limits_{i=1}^{100} x_i}{n} = 28.98$，有 $s = 1.96$，当 n 较大时，可用样本方差代替总体方差，据有关规范要求，验收混凝土强度平均值和最小值应满足下列要求：

$$m_{fcu} \geqslant f_{cu,k} + kt\sigma_0$$

$$f_{cu,\min} \geqslant \begin{cases} 0.85 f_{cu,k} \, (\leqslant C20) \\ 0.90 f_{cu,k} \, (\leqslant C25) \end{cases}$$

$$t = \frac{mf_{cu} - f_{cu,k}}{\sigma}$$

查 k 值表(见表6-9)得 $k = 0.2$。$m_{fcu} = 28.98 \geqslant 25.8$，$f_{ck,min} = 25.4 \geqslant 22.5$，因此以上数据皆为有效数据。

查 $t_a(n-1)$ 分布表(见附录2)得 $t_{0.05}(100-1) = 1.66$，则 $\bar{x} - t_{\frac{a}{2}}(n-1)s/\sqrt{n} = 28.98 -$ $1.66\frac{1.96}{\sqrt{100}} = 28.65\text{MPa} > 28.5\text{MPa}$。$K_{pl} = 3.94$，查正态分布表(见附录3)可知 $p_t = 0.01\%$，因此总废品率为0.01%，工序能力指数 $C_p = \frac{\mu - T_l}{3s} = 1.31$，工序能力指数良好。

由图6-17可知，$t = 6s = 11.76$，直方图是左右基本对称的单峰型；$s = 1.96$，$B = x_{max} - x_{min} = 8.2$，$B < 6S$，因此其为正常形的直方图，说明混凝土的生产过程正常。

上述分析表明，当强度保证率为95%时，该混凝土平均抗压强度为28.65MPa，工序能力指数为1.31，废品率为0.01%，满足质量标准要求。

表6-9　k 值表

n	2	3	4	5	6~10	11~15	16~25	>25
k	0.71	0.58	0.50	0.45	0.36	0.28	0.23	0.20

【例6-1】 某单位工程进行验收时，对混凝土外观平整度进行了测量，共抽测96个点，其中有3个点的平整度超出设计和规范要求，设计要求混凝土外观平整度的不合格率小于5%，在可靠性为95%的情况下，判断该段平整度是否满足设计和规范要求。

由于 $\bar{x} = x/n = 3/96 = 0.031$，$\alpha = 1 - 95\% = 0.05$，查 u_a 表(见附录4)有 $u_{0.0025} = 1.96$，则 $a = 99.84$，$b = -9.79$，$c = 96 \times 0.031^2 = 0.092$，$p = 0.088 > 0.05$。这表明：在可靠性为95%情况下，该单位工程的外观平整度不合格率为8.8%，不满足质量标准，承包人应对外观进行修整。

6.5　案例：Y石化公司炼油项目质量管理问题

6.5.1　质量问题因果图

Y石化公司新建装置质量问题的产生，原因有很多方面。通过运用质量管理因果分析法，可查找主要因素，帮助Y石化公司制定对策，解决工程质量问题，从而达到对Y石化公司新建装置工程质量进行有效管理和控制的目的。通过对影响Y石化公司新建装置工程质量问题的因素进行深入研究分析，发现形成此项目工程质量问题的主要原因是Y石化公司及其相关方(设计、EPC承包商、施工单位、监理单位)质量管理中存在组织机构运作不畅、管理职责不清和制度执行不严、质量目标模糊、质量问题分析过于定性化、缺乏有效质量控制措施、施工单位施工习惯等一些方面的原因，绘制Y石化公司工程质量形成因果图，见图6-18。

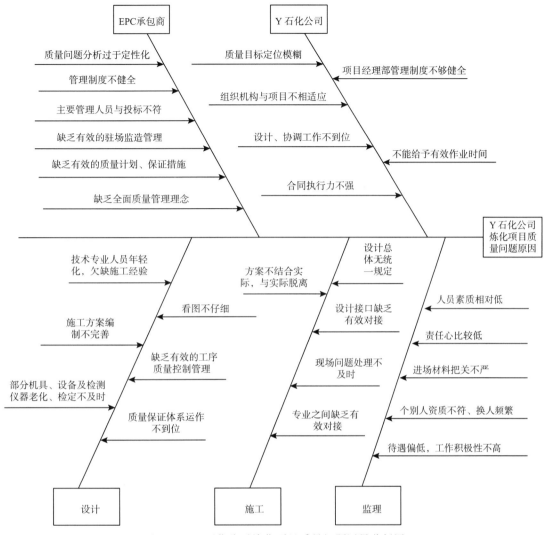

图6-18 Y石化公司炼化项目质量问题因果分析图

6.5.2 质量问题原因分析

通过对 Y 石化公司新建装置工程质量问题的因素进行全面系统的整理和分析,查找出主要原因集中在 Y 石化公司及其相关方(包括设计、监理、EPC 总承包和施工方),具体各项目干系方管理原因分设计、采购、施工、验收等阶段,具体分析如下。

1.设计阶段问题原因分析

(1)业主设计协调工作不到位。本项目投资规模大、装置多,设计采用引进专利技术及国内自主专有技术等较多,同时由于建设装置多,工程量十分巨大,所以需要多家设计单位协同工作,由于不同设计单位对相同结构或设备选型等均有自己独有的设计标准,所以总体院的重要性就不言而喻,但由于国内大型项目采用总体院经验并不十分成熟,就需要业主具有很强的管理协调能力,本项目前期管理的业主人员多为生产人员兼任,对整个项目整体设计的了解及掌握把控能力不强,所以造成设计五花八门,整个工程的统一协调性差,各设计单位间接口问题多,错漏碰缺问题在建设过程中时有发生,设计深度不够及问题处理不及时等设计方面问题也都是由于业主的管控能力弱,对设计管理工作认识不够,管理力量不足造成的。

（2）总体院工作不到位,设计标准不统一的问题。由于工程为工厂型炼油项目,装置及公用辅助设施涉及多家设计单位参与,各家设计单位对于基础算法、钢结构形式、防腐要求、厂房形式等均各有不同做法,总体院规定过粗,细节问题考虑不到位,致使同一工厂不同装置相同结构存在五花八门的情况,没有统一性,不利于今后运营的维护管理,也无法树立良好的企业形象。

（3）部分设计单位对现场问题处理不及时。例如某单位设计代表于项目开工近2个月才抵达现场,而且到位人员专业水平低,为刚毕业大学生,工作经验欠缺,大部分问题需向总部请示如何解决,致使一些施工问题得不到及时、有效处理,效率甚低。

（4）设计接口缺乏有效对接。因装置众多,所以必然存在不同设计单位之间的接口问题,没有专业过硬的人员进行协调对接,致使部分设计单位间各自进行图纸设计,没有及时对不同设计单位间接口部位进行有效对接,导致部分专业图纸在两家设计接口位置出现较大误差。例如在进行系统主管廊施工时,发现两家设计院同一管道接口位置高程相差400mm,造成部分按图采购的钢结构不匹配施工,同时也带来施工质量问题。

（5）部分设计单位设计人员经验不足。有的设计人员甚至刚毕业1年左右,设计工作经验非常欠缺,参与该项目的各专业设计人员工作年限普遍较短导致设计图纸屡次出错。

（6）部分设计单位各专业之间缺乏有效对接。在进行装置图纸设计时,各专业设计人员没有及时跟其他专业设计人员进行有效沟通、对接,仅注重自己专业图纸设计,导致部分专业图纸之间发生冲突,影响现场施工。

2. 采购阶段问题原因分析

（1）部分进场材料把关不严。相关规范明确要求,进场原材料必须经专业监理工程师验收合格后方可进场使用。但在实际施工过程中,部分专业监理工程师在材料验收环节把关不严,致使一些不合格材料用于工程实体。比如钢结构供货质量、设备供货质量、管材管件的供货质量问题,都是由于监理单位对进场用于工程施工的原材料、设备等的检查报验制度执行不严,管理不到位,致使这些存在问题的设备、材料用于工程实体建设。

（2）EPC承包商多为设计单位转型而来,观念及人才都集中在设计方面,不能通盘对项目建设的全过程进行有效的策划管理是各总承包商都存在的共性问题。如何体现EPC的作用,强化总承包自身的对设计、采购、施工的有效的协调管理,减轻业主管理压力是各总包商均应改进和加强的方面。另外总承包商缺乏有效的质量管理计划及质量保证措施。EPC承包商编制的项目实施规划及质量计划很多内容与其管理实施的项目无关,基本就是应付业主、监理等检查,缺乏针对性。具体质量管理过程中,总包单位也没有制定详细的专业质量检查计划,工作缺乏系统性、计划性和针对性。对设备、材料的采购、监造、验收等管理粗放,策划不够,落实也不到位。

（3）采购质量问题分析局限于定性化。EPC总包单位对于出现的材料质量问题没有认真进行量化统计分析,多数是仅凭以往经验下定论,不能有效查找引发质量问题的实质因素,致使很多工程质量问题反复发生。

(4)缺乏有效的驻厂监造管理。PC承包商为节约人力资源成本,仅投入少量人员对部分设备进行驻厂监造。从进场设备、材料质量验收情况看,这一环节管理是存在较大问题的,尤其是钢结构到货问题严重,几个批次到货的钢结构均有不同程度的尺寸偏差、焊缝缺陷等质量问题,后面通过调查发现,PC承包商没有设专人对钢构制造进行驻厂监造。另外,设备监造人员也没有尽职尽责,导致部分储罐、塔器到货存在明显的质量问题。

3.施工阶段问题原因分析

(1)业主项目经理部组织机构运作不畅。Y石化公司为确保新建装置建设顺利推进,以工程项目管理部为管理核心,从相关生产管理人员中抽调专业人员组建了项目经理部,组织机构形式为职能型的项目管理团队。机构运作过程中,因项目经理部大部分人员接受多重领导,并且这些人员多数没有过项目建设质量管理的经验,这部分人员总是以为项目建设过程中我们只是参与,我们的工作核心在项目建成以后的生产运营管理,同时因为职责不明晰、奖惩措施不到位,以至于项目经理部部分人员责任感不强、运作效率低,不能及时发现、解决工程建设过程中出现的质量问题。

(2)未能以合同条款有效约束监理、EPC、设计及PC总承包。业主质量管理人员从生产管理人员中抽调,对具体工程质量管理、质量检查验收经验不足,质量管理专业配备不齐全,所以在工程进展过程中出现了一些监理监督不到位、总包管理不严、没有严格执行标准规范等引起的工程质量问题时,Y石化公司管理人员未能严格按照合同条款对相关人员进行处理,对该项目的质量管理运作是十分不利的。这也是造成项目运作过程中施工阶段问题较多的重要原因。

(3)监理人员素质普遍不理想。当前项目建设管理体制对监理的重视程度不够,导致监理定位不清晰,有能力的管理人员更热衷于去项目管理咨询单位就职,这样可以获得参与项目IPMT管理等岗位,收入要高于监理很多,且自身发展定位都要优于监理,这就造成监理人员基本来源两头大,一头是施工等企业的离退休人员,或邻近离退休的人员,年龄结构偏大,具有一定的管理经验,但持证情况不理想;另一头是新毕业参加工作人员多,年轻人考试能力强,相比年龄大的有经验人员通过注册监理工程师考试相对容易,但现场实际经验很少,不能主动发现问题。另外总体也存在监理配备人员少,无法确保现场关键工序监督管理到位的情况,一些隐蔽工序验收没有参加,留下质量隐患。监理单位是业主为弥补自身质量管理经验不足所聘请的专业化的管理公司,不能充分履行其法律法规及合同中所明确的职责是造成施工阶段质量问题频发而未得到有效控制的根本原因。

(4)部分施工单位质量保证体系运作不到位。项目实施过程中,虽然各家施工单位都按业主要求组建了项目经理部,也设置了质量经理岗位,但有的单位质量经理形同虚设,施工过程中并没有被赋予一定的质量管理权利,和各专业技术人员权利几乎平行。有的质量经理实际工作性质与组织机构赋予的职责大相径庭,例如有的质量经理还监管外配套安装施工以及部分后勤工作。另一方面,有的项目工程质量第一负责人项目经理管理片区过大,经常忙于各处协调,现场施工质量基本完全依靠专业技术员来管控,导致管理效果不佳,质量保证体系运转效率低。体系运作有效性差、制度不健全,现有体系制度也不能有效执行等问题是施工质量问题占所有问题一半的根本原因所在。

施工单位普遍存在技术专业人员年轻化,欠缺施工经验。石油化工项目施工单位以国企巨多,近年国营施工单位收入普遍低于其他行业,导致很多技术骨干人员的流失严重,很多项目施工单位投入的土建、设备、工艺等关键专业技术人员均是刚毕业不久的大学生,施工经验匮乏、专业水平不高,很难适应对质量要求极其严格的石油化工装置建设工程项目。施工单位部分机具、设备及检测仪器配备不到位或老化严重。为节约施工成本,一是设施投入不能覆盖施工现场的需求,二是投入施工现场的部分机具、设备、检测仪器生产日期年限久远,机具、设备性能下降、仪器失准等问题多见,三是部分机具器具应强制检定的未按要求检定或超出检定有效期仍在使用,影响施工质量。

(5)部分施工单位施工方案编制不完善。施工单位技术人员在编制施工方案时,没有认真查看图纸,没有充分了解施工特点、难点,基本上是把其他项目上的专项施工方案改头换面照搬过来,甚至多有出现文不对题的情况,导致方案缺乏针对性。部分施工单位缺乏有效的工序质量控制管理,在编制施工方案时,没有针对各专业施工工序编制有效的施工工序质量控制流程,导致工序质量管理控制混乱,施工现场质量"三检制"执行不严。施工过程中,一方面有些施工单位在部分专业施工前没有认真组织作业技术交底,作业班组施工人员未能领悟施工要点、操作要领、注意事项,作业人员凭经验施工,施工质量不符合图纸要求;另一方面,往往作业班组为了快速把活干完,工序检查也很不到位,很大程度上都没有安排作业人员自检和带班班长组织互检,过程控制很不到位,仅作业完成时组织一次工序交接检查。

4.验收阶段问题原因分析

(1)项目经理部管理制度不健全。项目建设期间,项目经理部没有系统建立完善内部管理制度、明确岗位职责以及相应的奖惩机制,对验收工作重视不够,没有配备足够的具有专业素质的管理人员,仅以文员秘书兼任文档管理人员,管理人员工作积极性不高,工作责任心不强,工作职责不清。

(2)总承包单位、施工单位对交工技术文件等竣工验收资料重视程度不够。施工阶段施工作业往往比较集中,工期较为紧张,总包单位、施工单位的技术管理人员精力集中在现场的组织协调、质量管理、安全管理上,对资料管理重视程度严重不足,业主、监理也没有有效的手段进行管理控制,致使资料与工程严重不同步,甚至到了竣工验收时才发现档案资料不齐全,无法通过档案验收,这时总包、施工单位项目经理部已解散,人员已充实到其他项目甚至离开原单位,资料无从查找,补齐只能靠凭空"做资料"。

(3)现场实体工程验收阶段业主问题较多。原因主要在于业主的统筹协调不够,应在项目建设之初就逐步安排生产管理人员介入项目建设全过程,在施工图审查、3D模型审查等阶段充分参与,施工阶段全程跟踪,收尾阶段及早开展"三查四定"工作,及早发现问题,及早提出变更,及早完善工程实体,避免因变更影响工程验收及投用。

思考题

1. 工程项目质量管理的含义和过程。

2. 工程项目质量控制的内容。

3. 工程项目质量管理的统计分析方法有哪些？各具有什么特点？

4. 简述频率分布直方图的绘制方法。

第7章　工程项目招投标与采购管理

项目采购管理(project procurement management)是项目管理的重要组成部分,项目采购管理贯穿项目整个生命周期,项目采购管理模式直接影响项目管理模式和项目合同类型,对项目的整体管理起着举足轻重的作用。梅雷迪思在《项目管理:管理新视角》中提到:"在采购设备、原材料和分包服务的过程中,必须清楚地界定特定的需要,并且还要找到最低的价格和最具竞争力的供应商。"在现实的项目采购操作中,要实现这两个目标是十分不容易的,但可通过对项目采购管理中部分环节的控制,来有效地降低采购成本,从而使项目资金达到最优配置,用有限的资金获取尽可能多的资源。本章将对工程项目招投标与采购管理进行介绍。

7.1　工程项目采购管理概述

7.1.1　项目采购定义、种类和范围

1.项目采购的定义

项目采购是指从项目组织外部获得货物和服务(合称产品)的整个采办过程。它包含的买卖双方各有自己的目的,并在既定的市场中相互作用。卖方在这里称为承包商、承约商或供应商。

2.项目采购的种类

(1)按项目采购的对象,可将项目采购分为有形采购和无形采购。

①有形采购。有形采购又分为物料采购和工程采购。物料采购是指购买项目建设所需的各种资源,如机械、设备、建筑材料、农用生产资料、办公设备以及与此相关的服务,如运输、保险、安装、调试、培训和初期维修等;工程采购是指通过招标或其他商定的方式选择工程承包单位,即选定承包商承建项目的工程施工任务,如建设住宅小区、修建高速公路、大型水电站的土建工程、污水处理工程等,并包含与此相关的服务,如人员培训、维修等。

②无形采购。无形采购主要指咨询服务采购,咨询服务采购大致可分为以下4类:

1)项目投资前期准备工作的咨询服务。例如,项目的可行性研究、工程项目现场勘察设计等业务;

2)工程设计和招标文件编制服务;

3)项目管理、施工监理等执行性服务;

4)技术援助和培训等服务。

(2)按采购方式分类可将项目采购分为招标采购和非招标采购。

①招标采购主要包括国际竞争性招标、有限国际招标和国内竞争性招标。

②非招标采购主要包括国际及国内询价采购、直接采购、自营工程等。

对工程采购和咨询服务而言,市场的调查分析同样是一项重要工作,但应侧重于建筑市场和咨询业的国际国内供求关系的变化,把握相关行业的承包商和咨询公司的业绩、技术力量与声誉方面的信息,建材市场与施工机械市场的行情起落及国内外咨询专家工资水平的变化等信息。

招标公司有信息优势,有责无旁贷的咨询责任;国际国内信息网络及杂志等也经常载有此类报道与分析,可以利用。资格预审期内的信息核实是更为具体的市场调查。

3.项目采购业务范围

一般采购的业务范围包括如下几方面:

(1)确定所要采购的货物或土建工程,或咨询服务的规模、种类、规格、性能、数量和合同或标段的划分等;

(2)市场供求现状的调查分析;

(3)确定招标采购的方式,即国际/国内竞争性招标或其他采购方式;

(4)组织进行招标、评标、合同谈判和签订合同;

(5)合同的实施和监督;

(6)在合同执行中对存在的问题采取的必要行动或措施;

(7)合同支付;

(8)合同纠纷的处理等。

7.1.2　项目采购方式

1.公开竞争性招标

公开竞争性招标采购是国际竞争招标采购、国内竞争招标采购的总称,它是政府采购最常用的方式之一。竞争性招标采购有一套完整的、统一的程序,这套程序不会因国家、地区和组织的不同而存在太大的差别,一个完整的竞争性招标过程由招标、投标、开标、评标、合同授予等阶段组成,该方式具有能够有效地实现采购目标、促进公平竞争、确保交易公证、维护采购方和供应商双方利益、减少腐败现象发生等优点,但同时又存在采购期长、费用高等缺点。招标程序包括资格预审、准备招标文件、发布招标通告、发售招标文件等。招标是竞争性招标采购的第一阶段,它是竞争性招标采购工作的准备阶段。在这一阶段,需要做大量的基础性工作,可由采购单位自行办理,也可以委托给社会中介机构。

2.有限竞争性招标

有限竞争性招标又称作邀请招标或选择招标,是指招标人以投标邀请书的方式邀请特定的法人(3家以上)或者其他组织投标的采购方式。该方式除了在招标阶段与竞争性招标采购有所不同外,其他步骤、要求和方法基本上与竞争性招标采购相同。在必须进行招标的项目中,满足以下条件且经过核准或备案才可以采用邀请招标。

(1)施工(设计、货物)技术复杂或有特殊要求的,符合条件的投标人数量有限。

(2)受自然条件、地域条件约束的。

(3)如采用公开招标所需费用占施工(设计、货物)比例较大的。

（4）涉及国家安全、秘密不适用公开招标的。

（5）法律规定其他不适宜公开招标的。

3.询价采购

询价采购是指询价小组（由采购人的代表和有关专家共3人以上的单数组成，其中专家的人数不得少于成员总数的2/3）根据采购需求，从符合相应资格条件的供货商名单中确定不少于3家的供货商，并向其发出询价单，让其报价，由供货商一次报出不得更改的报价，然后询价小组在报价的基础上进行比较，并确定最优供货商的一种采购方式，也就是我们所常说的货比三家。它是一种相对简单而又快速的采购方式，适于能够直接取得产品的现货采购，或价值较小、货源充足且价格变化幅度小，属于标准规格的产品采购。

询价采购可分为报价采购、议价采购和订购。报价采购是指采购方向供货商发出询价单或征购函，请其正式报价的一种采购方法。议价采购是指与供货商进行个别谈判，商定价格的一种采购方法。订购是指利用订购单或订购函，列出采购所需物资及标准寄给供货商的一种采购方法。

采取询价采购方式时，应注意防范价格风险、采购机构道德风险以及供应商的履约风险等，可采取加强供货商资质审查、合理选择询价对象、建立健全采购机构内部监督制约机制、规范询价采购流程、发展与供货商的合作伙伴关系等措施，来规避上述风险。

4.直接采购

直接采购是指采购人与供应商直接谈判确定合同的实质性内容的采购方式，适用于下述情况。

（1）已签约并且正在实施中的工程或货物合同，需要增加类似的工程量或货物量的，可通过该方式延续合同，应注意延续合同的价格是合理的。

（2）考虑与现有设备配套的设备或设备的标准化方面的一致性，可采用此方式向原来厂家订购货物。在这种情况下，原合同货物应是适应要求的，增加的数量应少于现有货物的数量，价格应当合理。

（3）所需设备有专营性，只能从一家厂商购买。

（4）负责工艺设计的承包人要求从指定的一家厂商购买关键的部件，以此作为保证达到设计性能或质量要求的条件。

（5）在一些特殊情况下，如抵御自然灾害，或由于需要早日交货，可采用直接签订合同的方式进行采购，以免由于延误而花费更多的费用。此外，在采用了竞争性招标方式，包括废弃所有投标而重新招标而未能找到一家承包人或供货商能够以合理价格来承担所需工程或提供货物的特殊情况下，也可以采用直接签订合同的方式来洽谈合作。

7.1.3　项目采购管理的过程

项目采购管理也称项目获取管理，是指在整个项目过程中有关项目组织从外部寻求和采购各种项目所需资源的管理过程，包括对项目获得各种商品物料资源和各种劳务的管理。项目所需各类资源和劳务的来源包括项目业主、客户、外部劳务市场、分包商和专业技术顾问、物料和设备供应商等。

各种类型的项目采购，如工程项目采购、货物采购、咨询服务项目采购或IT项目采购都有其共性。此处介绍PMI的PMBOK项目采购管理的过程。

(1)规划采购管理。记录项目采购决策、明确采购方法，及识别潜在卖方的过程。

(2)实施采购。获取卖方应答、选择卖方并授予合同的过程。

(3)控制采购。管理采购关系、监督合同绩效、实施必要的变更和纠偏，以及关闭合同的过程。

项目采购管理的主要过程如表7-1所示。

表7-1 项目采购管理的主要过程

主要过程	输入	工具与技术	输出
规划采购管理	1.项目章程 2.商业文件 3.项目管理计划 4.项目文件 5.事业环境因素 6.组织过程资产	1.专家判断 2.数据收集 3.数据分析 4.供方选择分析 5.会议	1.采购管理计划 2.采购策略 3.招标文件 4.采购工作说明书 5.供方选择标准 6.自制或外购决策 7.独立成本估算 8.变更请求 9.项目文件更新 10.组织过程资产更新
实施采购	1.项目管理计划 2.项目文件 3.采购文档 4.卖方建议书 5.事业环境因素 6.组织过程资产	1.专家判断 2.广告 3.投标人会议 4.数据分析 5.人际关系与团队技能	1.投标人会议 2.协议 3.变更请求 4.项目管理计划更新 5.项目文件更新 6.组织过程资产更新
控制采购	1.项目管理计划 2.项目文件 3.协议 4.采购文档 5.批准的变更请求 6.工作绩效数据 7.事业环境因素 8.组织过程资产	1.专家判断 2.索赔管理 3.数据分析 4.检查 5.审计	1.结束的采购 2.工作绩效信息 3.采购文档更新 4.变更请求 5.项目管理计划更新 6.项目文件更新 7.组织过程资产更新

7.2 工程项目采购计划与控制

7.2.1 采购计划编制

采购计划编制是确定从项目组织外部采购哪些产品和服务能够最好地满足项目需求的过程，它必须在范围定义工作中完成。编制采购计划时需要考虑的事项包括是否采购、怎样采购、采购什么、采购多少及何时采购。为此要做好采购工作的前期准备和采购计划的制订。

在编制采购清单和采购计划之前进行广泛的市场调查和市场分析,有利于掌握有关采购内容的最新国内、国际行情,了解采购物品的来源、价格、货物和设备的性能参数以及可靠性,并提出切实可行的采购清单和计划,为下一阶段确定采购方式提供比较可靠的依据。如果不进行市场调查、价格预测,缺乏可靠的信息,将会导致错误采购,甚至会严重影响项目的执行。

1.采购计划的编制依据

制订项目采购计划需要以项目范围说明书、产品说明书、项目可用于采购的资源、市场状况、其计划制订的输出(工作分解结构、进度计划、资金计划、风险计划等)、采购资源的约束条件等为依据。采购计划是指项目中整个采购工作的总体安排。采购计划包括项目或分项任务的采购方式、时间安排、相互衔接以及组织管理、协调、安排等内容。

2.采购计划编制的工具和技术

(1)自制/外购分析。自制/外购分析是一种一般性的管理技术手段,用来初步确定工作范围。作为过程的一个组成部分,用来判断执行组织是否能经济地生产出某项具体产品。该分析应包括对直接成本和间接成本两方面的分析,例如,在对"自制/外购"的"外购"进行分析时,不但要考虑购买某产品的直接成本,还要考虑管理采购过程中的间接成本。

另外,自制/外购分析还必须反映执行组织的远期规划和项目当前的直接要求。例如,采购某产品(从施工所用的吊车到个人电脑)的成本可能会比租用高。但事实上,如果执行组织对某产品有持续性需求,那么分摊到项目的采购成本可能会低于租赁成本。

(2)专家判断。在项目采购时,经常需要专家的技术判断来评估这个过程的输入。专家的意见可以来自任何具有某项专业知识或经过某些专业培训的团体或个人,也可以源于其他渠道,包括执行组织单位内的其他单位,咨询工程师、专业和技术协会以及行业集团等。

(3)合同类型选择。不同的合同类型适合于不同类型的项目采购,按支付方式的不同,可将合同分为三类:总价合同、单价合同和成本补偿合同。

3.采购计划编制的结果

(1)项目采购管理计划。项目采购计划包括项目采购工作的总体安排:采购所用的合同类型的规定;外购资源的估价办法和规定;项目采购工作责任的确定;项目采购计划文件的标准化;资源供应商的管理办法;协调采购工作与其他工作的方法。

(2)项目采购作业计划。项目采购计划工作的第二项成果是编制和生成项目采购作业计划。项目采购作业计划是指根据项目采购计划与各种资源需求信息,采用专家判断法和经济期量标准、经济订货点模型等方法和工具,制订的项目采购工作的具体作业计划。

(3)工作说明书。工作说明书需要足够详细地说明采购项目细节,以便让供应商确认自己能够提供这些产品或劳务。工作说明书的详细程度随采购项目的性质、买方的需求或合同形式的不同而不同。一些应用领域对工作说明书的形式有不同的规定,例如,在一些政府管辖的领域内,工作说明书一词专指清晰、详细说明产品或服务的采购项目,而目标说明书指那些需要作为一个问题加以解决的采购项目。在采购过程中,可以对工作说明书进行修改和精练。例如,某个预期的卖主可能推荐一种更有效的方法或是一种成本低廉的产品。每一个采购项目都需要一份单独的工作说明书,但是,多种产品和服务可用一份工作说明书组合成一个采购项目。

（4）采购工作文件。这是项目组织在采购工作过程中所使用的一系列的工作文件。项目组织借助这些采购工作文件向供应商寻求报价。采购工作文件有不同的类型，包括投标书、询价书、谈判邀请书、初步意向书。

（5）采购评价标准。在项目采购计划的制订过程中，项目组织还应为下一步的采购招投标活动设计出供应商的采购评价标准，通常需要使用这些评价标准来给供应商和他们的报价书、发盘函或投标书评定等级打分。

7.2.2　询价计划编制

1.询价技划编制依据

（1）采购管理计划。

（2）工作说明书。

2.询价计划编制的工具和技术

编制计划可使用标准表格。标准表格包括标准合同、采购项目的标准说明书，以及所需标书文档全部或部分的标准化版本。

3.询价计划编制结果

（1）采购文档。采购文档用于向可能的卖主索要建议书。当主要依据供方报价时（如购买一般性商业产品或标准产品），通常采用术语"投标"和"报价"；当价格考虑事项（例如技能或方法）最为重要时，通常采用术语"建议书"。不过，这些术语也经常相互交换使用。各种类型的采购文档的常用名称包括投标邀请、邀请提交建议书、邀请报价、谈判邀请和承包商初步答复。

采购文档应以便于可能的卖主做准备、全面答复为目的进行架构设计，它们通常包括有关的工作说明书。对于期望的答复形式的说明书和所有必要的合同条款采购文档，既要充分严格，以保证答复的一致性和可比性，又要足够灵活，以允许对卖主提出的能够更好地满足要求的建议进行考虑。

（2）评价标准。评价标准用于对建议书进行排序或评分。它们既可以是客观的（例如"推荐的项目经理必须是注册项目管理专家或PMP"），也可以是主观的（例如"推荐的项目理必须拥有经证明的、从事类似项目的经验"）。评价标准是采购文档的一个常见组成部分。如果知道采购项目可以迅速地从几个可接受的来源中获得，则评价标准可能仅限于购买价格（"购买价格"包括采购项目成本和交货等附加成本）；否则，就必须确定其他选择标准并形成相应的文档，以支持评估。常见的内容包括以下几项：

①理解需求。

②总成本或生命周期成本。选择的卖主是否提供最低总成本（采购成本与经营成本之和）。

③技术能力。卖方是否具有，或是否合乎情理地认为卖方能够获得所需的技能和技术知识。

④管理方法。卖方是否具有，或是否合乎情理地认为卖方能够制定保证项目成功的管理过程和程序。

⑤财务能力。卖方是否具有，或是否合于情理地认为卖方能够获得所需的财物资源。

（3）更新的工作说明书。在询价计划编制过程中，可能确定对一项或多项工作说明的修改。

7.3　工程项目招投标概述

7.3.1　工程项目招投标的含义

　　招标投标是市场经济条件下进行大宗货物的买卖、工程建设项目的发包与承包,以及服务项目采购时,卖方(供应方)提出自己的条件,采购方选择条件最优的卖方(供应方)的一种交易方式。也就是说,招标是指招标人对货物、工程和服务,事先公布采购的条件和要求,以一定的方式邀请不特定或者一定数量的自然人、法人或者其他组织投标,并按照公开规定的程序和条件确定中标人的行为;而投标则是指投标人响应招标人的要求参加投标竞争的行为。

　　招标投标是市场经济条件下商品交易的特殊形式,它在交易过程中引入竞争机制,使采购方在多家竞争者中择优选取供应方,以达到节约建设投资、缩短工期、提高工程质量的效果。招标投标制有利于发挥市场经济条件下竞争的优势,有利于提高市场信息的透明度,有利于促进技术进步,降低产品生产成本,有利于供求双方的相互了解,有利于产品的需求者以最经济的手段实现需求目标。

7.3.2　工程项目招投标的分类

　　招标投标是建设工程项目中应用最广泛的交易方式,范围涉及项目的勘察、设计、施工、监理、项目管理以及与工程建设相关的重要设备、材料的采购等诸多方面。

　　建设工程招投标按照标的物的不同,可以分为设计招投标、监理招投标、施工招投标、货物招投标等不同类型。

1.设计招投标

　　设计招投标的标的物是作为技术劳动成果的设计资料,招标人既可以采用分单项或分专业的发包方式招标,也可以采用设计全过程总发包的一次性招标方式,或采用工程项目设计——施工总承包的形式进行发包招标,具体采用何种形式要根据工程项目管理模式和采购策略确定。

　　住房和城乡建设部2017年1月修订的《建筑工程设计招标投标管理办法》,是指导和管理设计招投标的法规性文件。设计招标文件一般仅给出设计依据、应达到的技术指标、限定的工作范围、项目所在地的基本资料以及要求完成的时间等内容。设计单位据此要求提出设计初步方案,论述此方案的优点和实施的计划,最后提出报价。设计招标开标时,由招标人公布各投标书的初步设计方案的基本构思和意图等,不排定报价次序。设计招标评标更多关注的是投标人的业绩、信誉以及设计成果的完备性、准确性、正确性,提供设计方案的技术先进性和经济合理性,即对方案进行技术经济论证,而不过分追求完成设计任务的报价额的高低。

2.监理招投标

　　监理招投标的标的是提供监理服务,因此更多关注的是监理企业的业绩、信用及监理人员的素质。选择中标人的时候应把投标人的报价放在次要的位置,更多关注方案标和资信标,否则报价过低的监理单位常常为了保护自己的利益,减少监理人员的数量,或者派出业务水平低、工资低的人员,后果是对工程项目的损害。

监理评标方法可以采用"专家评议法",也可以采用"综合评分法",后者在现行监理评标中较为常用。"综合评分法"首先设定评审指标,根据项目特点设置评审指标的权重和评分数值。评标委员会分别对各投标书按指标打分,逐一计算出各投标书的加权平均分,最后推荐出中标候选人或直接确定中标人。

3. 施工招投标

施工招投标通常是对工程管理服务和工程货物的综合采购,这是因为施工采购需要大量复杂的管理协调工作以及相应的材料设备,并且工程施工服务是一项比较专业的工作,因此大多数业主都采用综合采购的方式选择承包商。在我国,施工招标投标活动应符合《中华人民共和国招标投标法》(以下简称《招标投标法》)和国家计划委员会(简称国家计委)等七部委2013年3月修订的《工程建设项目施工招标投标办法》等法律规定。本章后续几节将主要针对施工招投标进行介绍。

4. 货物招投标

大多数工程项目都包含大量的货物采购,货物采购价值高,是工程项目采购的重点之一。尤其对于一些价值比较大、质量要求高或工期紧张的重要设备、材料的采购,业主倾向于直接采购,委托承包商负责施工和安装。国家发展和改革委员会(简称国家发改委)等七部委2005年发布的《工程建设项目货物招标投标办法》是指导建设项目货物招标与投标活动的法律依据。货物招投标与其他招投标最大的区别在于,货物采购通常是一种贸易行为,项目所需的货物一般可以在国内和国际范围内采购,因此货物采购需要掌握一定的贸易知识,特别是跨国采购需要了解相应的国际贸易方法。

对于技术简单或技术规格、性能、制作工艺要求统一的货物,一般采用经评审的最低投标价法进行评标,但要求最低投标价不得低于成本;技术复杂或技术规格、性能、制作工艺要求难以统一的货物,一般采用综合评估法进行评标。符合招标文件要求且投标价最低或综合评分最高者,可被推荐为中标候选人,其所提交的备选投标方案可以予以考虑。

7.3.3　工程项目招投标的法律规定

1. 招标范围

《招标投标法》规定了在中华人民共和国境内进行以下工程建设项目,必须进行招标:

(1)大型基础设施、公用事业等关系社会公共利益、公众安全的项目;

(2)全部或者部分使用国有资金投资或者国家融资的项目;

(3)使用国际组织或者外国政府贷款、援助资金的项目。

以上所列项目的具体范围和规模标准,在2018年国家发改委第16号令中进行了明确界定,原国家计委3号令《工程建设项目招标范围和规模标准规定》同时废止。其中范围和规模标准界定为达到下列标准之一,必须进行招标。

全部或者部分使用国有资金投资或者国家融资的项目包括:

(1)使用预算资金200万元人民币以上,并且该资金占投资额10%以上的项目;

(2)使用国有企业事业单位资金,并且该资金占控股或者主导地位的项目。

使用国际组织或者外国政府贷款、援助资金的项目包括:

(1)使用世界银行、亚洲开发银行等国际组织贷款、援助资金的项目;

(2)使用外国政府及其机构贷款、援助资金的项目。

不属于本规定前面两类规定情形的大型基础设施、公用事业等关系社会公共利益、公众安全的项目,必须招标的具体范围由国务院发展改革部门会同国务院有关部门按照确有必要、严格限定的原则制订,报国务院批准。

这三类规定范围内的项目,其勘察、设计、施工、监理以及与工程建设有关的重要设备、材料等的采购达到下列标准之一的,必须招标:

(1)施工单项合同估算价在400万元人民币以上;

(2)重要设备、材料等货物的采购,单项合同估算价在200万元人民币以上;

(3)勘察、设计、监理等服务的采购,单项合同估算价在100万元人民币以上。

同一项目中可以合并进行的勘察、设计、施工、监理以及与工程建设有关的重要设备、材料等的采购,合同估算价合计达到前款规定标准的,必须招标。

2.招标条件

《招标投标法》规定的招标人是指提出招标项目、进行招标的法人或其他组织,即提出招标的必须是具有民事权利能力和民事行为能力,依法享有民事权利并承担民事义务的企事业单位、国家机关、社会团体法人或其他具备法人条件的经济实体。招标人有权自行选择招标代理机构,委托其办理招标事宜。具有编制招标文件和组织评标能力的招标人,可以自行办理招标事宜,并向有关行政监督部门备案。

《招标投标法》规定在进行招标之前招标人应该具备两个条件:招标项目按照国家有关规定需要履行项目审批手续的,应当先履行审批手续,取得批准;招标人应当有进行招标项目的相应资金或者资金来源已经落实,并应当在招标文件中如实载明。

《工程建设项目施工招标投标办法》规定依法必须招标的工程建设项目,应当具备下列条件才能进行施工招标:

(1)招标人已经依法成立;

(2)初步设计及概算应当履行审批手续的,已经批准;

(3)有相应资金或资金来源已经落实;

(4)有招标所需的设计图纸及技术资料。

3.招标投标活动的监管

《招标投标法》对招投标过程中规避招标、泄露保密资料、串通招标、串通投标、排斥潜在投标人等违法行为的处罚办法和处罚数额进行了详细规定。《关于国务院有关部门实施招标投标活动行政监督的职责分工的意见》[国办(2000)34号]明确了国务院有关部门对招标投标活动进行行政监督的职责分工,主要意见有以下几点。

(1)原国家计委(现国家发改委)指导和协调全国招投标工作;

(2)工业(含内贸)、水利、交通、铁道、民航、信息产业等行业和产业项目的招标投标活动的监督执法,分别由其各自的行政主管部门负责;各类房屋建筑和市政工程项目,由建设行政主管部门负责;进口机电设备采购,由外经贸行政主管部门负责;

(3)项目审批部门与行政主管部门之间就项目招标方式和范围、监督过程中发现的问题及时沟通;

(4)原国家计委(现国家发改委)组织国家重大建设项目稽查特派员,对国家重大建设项目建设过程中的工程招投标进行监督检查。

7.4　工程项目施工招标

7.4.1　工程项目施工招标的方式

1.公开招标

公开招标又称无限竞争性招标,是指招标人在建设行政主管部门指定的报刊、广播、电视、网络等公共传播媒体,介绍、发布招标公告或信息,邀请不特定的法人或者其他组织参加投标的方式。

《招标投标法实施条例》第八条规定,国有资金占控股或者主导地位的依法必须进行招标的项目,应当公开招标。公开招标的优点是招标人有较大的选择范围,可以在众多的投标人中选择信誉好、报价合理、具有更多资源的承包商,有助于打破垄断,实行公平竞争。缺点是由于投标的承包商较多,招标工作量大,组织工作复杂,需要投入较多的人力、物力,招标过程需要的时间较长。

2.邀请招标

邀请招标又称有限竞争性招标,是指招标人以投标邀请书的方式邀请三个或三个以上具备完成项目能力的、资信良好的承包商参加投标的方式。

《工程建设项目施工招标投标办法》规定,依法应进行公开招标的项目,具有以下情形可以进行邀请招标:项目技术复杂或有特殊要求,或者受自然地域环境限制,只有少量潜在投标人可供选择;涉及国家安全、国家秘密或者抢险救灾,适宜招标但不宜公开招标;采用公开招标方式的费用占项目合同金额的比例过大。国家重点建设项目的邀请招标,应当经国务院发展计划部门批准;地方重点建设项目的邀请招标,应当经过各省、自治区、直辖市人民政府批准。

全部使用国有资金投资或者国有资金投资占控股或者主导地位的并需要审批的工程建设项目的邀请招标,应当经项目审批部门批准,但项目审批部门只审批立项的,由有关行政监督部门批准。

邀请招标的优点是目标集中,招标的组织工作比较简单,工作量较小。缺点是参与投标的单位少,竞争性差,会失去报价上和技术上有竞争力的投标者,排斥有实力的后起之秀。

7.4.2　工程项目招标组织形式

工程项目招标组织形式分为委托招标和自行招标。

委托招标,是指依法必须招标的工程项目经批准后,招标人根据项目实际情况需要和自身条件,有权自行选择招标代理机构,委托其办理招标事宜。任何单位和个人不得以任何方式为招标人指定招标代理机构。招标人和招标代理机构的关系是委托代理关系。招标代理机构应当与招标人签订书面委托合同,在委托范围内,以招标人的名义组织招标工作和完成招标任务。招标代理机构不得无权代理、越权代理,不得明知委托事项违法而进行代理。

自行招标,是指招标人具有编制招标文件和组织评标能力,按规定向主管部门备案同意后,可以依法自行办理和完成招标项目的招标任务。

7.4.3 工程项目施工招标的程序

施工招标应该按照规定的程序组织实施,主要程序如图7-1所示。

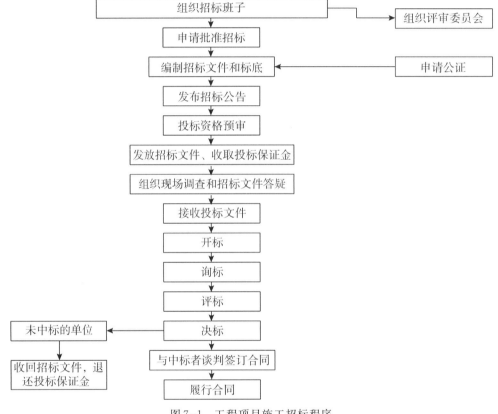

图7-1 工程项目施工招标程序

1.设立招标组织

招标人应该首先设立招标组织,负责工程项目的招标工作,招标组织应具备相应的条件和资质。业主可以自行组织招标或者委托招标代理机构进行招标。

若业主自行组织招标,应该经过招标管理机构审查合格,经确认有编制招标文件和组织评标的能力后,才允许自行组织招标。具体包括:具有项目法人资格;具有与招标项目规模和复杂程度相适应的工程技术、概预算、财务和工程管理等方面的专业技术力量;有从事同类工程建设项是超标的经验,没有专门的招标机构或者拥有三名以上专职招标业务人员;熟悉和掌握招标投标法及有关法律规定。

招标代理机构是依法设立、从事招标代理业务并提供相关服务的社会中介组织。若委托招标代理机构进行招标,业主应该与招标代理机构签订委托代理合同。招标委托代理合同应当明确委托代理招标的范围和内容,招标代理人的代理权限和期限,代理费用的约定和支付,业主应提供的招标条件、资料和时间要求,招标工作安排以及违约责任等主要条款。招标代理机构在业主的委托范围内承担招标事宜,可以在其资格等级范围内承担下列招标事宜:拟订招标方案,编制和出售招标文件、资格预审文件;审查投标人资格;编制标底;组织投标人勘察现场;组织开标、评标,协助招标人定标;草拟合同;招标人委托的其他事项。

2.确定招标策略

在工程项目准备阶段,业主就应该已经确定工程项目的招标策略。根据工程项目的具体条件,可以将建筑工程的勘察、设计、施工、设备采购一并发包给一个工程总承包单位,也可以将建筑工程勘察、设计、施工、设备采购的一项或者多项发包给一个工程总承包单位。需要考虑的因素包括业主自身的管理能力、设计的进度情况、建设工程项目的性质和特点、环境因素等。

在施工招标阶段,业主应该首先划分标段,可以将全部工程一次性发包,也可以把工程分解成几个独立的阶段或独立的项目分别招标,如单位工程招标、土建工程招标和安装工程招标、设备采购招标和材料供应招标、特殊专业工程施工招标等。如按阶段划分标段有利于缩短工期,按专业划分有利于选择有专长的承包商,并且有利于减少承包商报价的管理费用,但是会增加业主的协调管理工作。发包的数量应该适当,数量过多会导致招标工作和施工阶段的合同管理工作过于复杂,增加招标成本。

关于分标段招标,我国法律法规对此进行了规定。《工程建设项目施工招标投标办法》第二十七条规定,施工招标项目需要划分标段、确定工期的,招标人应当合理划分标段、确定工期,并在招标文件中载明。对工程技术上紧密相连、不可分割的单位工程不得分割标段。招标人不得以不合理的标段或工期限制或者排斥潜在投标人或者投标人。《中华人民共和国建筑法》第二十四条规定,禁止将建筑工程肢解发包,建筑工程的发包单位不得将应当由一个承包单位完成的建筑工程肢解成若干部分发包给几个承包单位。

其次,选择合适的合同类型。施工承包合同的种类繁多,各有利弊,业主在选择合同类型时应该考虑每一个合同包含的项目特点、技术经济指标研究深度,以及工程成本、工期和质量要求等因素。就合同支付类型来说,单价合同或成本加酬金合同适用于规模大、技术复杂的工程项目,固定总价合同适用于工期短、规模较小、工程项目内容明确、费用估算较为准确的工程项目。

建设工程项目采用的合同形式不是一成不变的,有时候一个项目中各个不同的工程部分或不同阶段可以采用不同形式的合同。制定合同的分标策略时,应该依据实际情况权衡利弊,做出最佳决策。

3.招标申请

业主填写《施工项目施工招标申请表》并经上级主管部门批准后,连同《工程建设项目报建登记表》向招投标管理机构提出招标申请,主要内容包括招标工程具备的条件、业主具备的资质、拟采用的招标方式、对投标企业的资质要求或拟选择的投标企业等。招投标管理机构审查批准后,进行招标登记,不具备招标条件的业主,必须委托具有相应资质的招标代理机构代理招标,并将委托代理招标的协议报招标管理机构备案。

4. 编制招标文件

建设工程施工招标,业主必须编制招标文件和标底,招标文件需由有资质的组织编写。标准化、规范化的招标文件可以提高招标效率,避免许多误解和矛盾。招标文件要能为投标人提供他们投标所需的一切数据和资料,至于其详细程度和复杂程度,应随工程项目合同的大小和性质的不同而有所区别,后面将详细介绍招标文件的内容。

5. 发布招标公告或投标邀请书

根据招标方式的不同,业主采用公开招标的,应当发布招标公告,采用邀请招标的,则应发出投标邀请书。

招标公告应该在建设主管部门的报刊和网络上发布。投标邀请书应该向三家或三家以上具备承担施工招标项目的能力、资信良好的法人或其他组织发出,以保证招标具有竞争性。根据《工程建设项目施工招标投标办法》第十四条规定,招标公告或投标邀请书应当至少载明:招标人的名称和地址;招标项目的内容、规模、资金来源;招标项目的实施地点和工期;获取招标文件或者资格预审文件的时间和地点;对招标文件或者资格预审文件收取的费用;对招标人的资质等级的要求。

6. 资格预审、发放招标文件

招标人可以要求潜在投标人提供有关资质证明文件和业绩情况,对潜在投标人进行资格审查。资格审查分为资格预审和资格后审,资格预审是在投标前进行,资格后审是在开标后进行。资格审查主要审查潜在投标人的以下条件:具有独立订立合同的权利;具有履行合同的能力,包括专业、技术资格和能力,资金、设备和其他物质设施状况,管理能力,经验、信誉和相应的从业人员;没有处于被责令停业,投标资格被取消,财产被接管、冻结,破产状态;在最近三年内没有骗取中标和严重违约及重大工程质量问题;法律、行政法规规定的其他资格条件。

招标人应该向资格预审合格的潜在投标人发放资格预审合格通知书,向资格预审不合格的潜在投标人告知结果。资格预审不合格的潜在投标人不得参加投标。

《工程建设项目施工招标投标办法》第十五条规定,招标人应当按照招标公告或投标邀请书规定的时间、地点出售招标文件或资格预审文件。自招标文件或资格预审文件出售之日起至停止出售之日止,最短不得少于五个工作日。

《招标投标法》第二十四条规定:"依法必须招标的项目,自招标文件开始发出之日起至投标人提交投标文件截止之日止,最短不得少于二十日。"

招标人通过信息网络或者其他媒体发布的招标文件与书面招标文件具有同等的法律效力,若出现不一致时以书面招标文件为准。招标人应当保持书面招标文件原始正本的完好。

对招标文件或者资格预审文件的收费应当合理,不应以营利为目的。对于所附的设计文件,招标人可以向投标人收取一定的押金。对于开标后投标人退还设计文件的,招标人应当向投标人退还押金。

招标文件或资格预审文件售出后,不予退还。招标人在发布招标公告、发出投标邀请书后或者售出招标文件或资格预审文件后不得擅自终止招标。

《招标投标法》第二十三条规定:"招标人对已发出的招标文件进行必要的澄清或者修改的,应当在招标文件要求提交投标文件截止时间至少十五日前,以书面形式通知所有招标文件收受人。该澄清或者修改的内容为招标文件的组成部分。"

7.勘察现场、投标预备会

招标文件发出后,业主应按规定的日程,组织投标企业勘察施工现场,介绍现场情况。一方面,让投标人了解招标现场的自然条件、施工条件、周围环境和调查当地市场的价格等,以便编写投标价;另一方面,让投标人通过实地考察,确定投标策略和投标原则,避免施工过程中以不了解现场情况为由推卸应承担的合同责任。对于投标人提出的疑问,一般会留到投标预备会上给予解答。

为便于投标单位提出问题并得到解答,勘察现场一般安排在投标预备会议的前1~2天。投标预备会的目的在于澄清招标文件中的疑问,解答投标单位在勘察现场中对招标文件、设计图纸等提出的问题,并以补充招标文件的形式书面通知所有投标企业。为便于操作和节省时间及费用,"投标预备会"和"踏勘现场"可以一起组织。

8.接收投标文件

招标人按照确定的时间、地点接收投标人报送的投标书。投标书应与招标文件、补充招标文件等规定的内容的实质相符。投标书盖有投标企业的印鉴、法人代表或法人代表委托人的印鉴,密封后在投标截止日期前送达指定地点。对逾期送达的或者未送达到指定地点的以及未按照招标文件要求密封的投标文件,招标人可以不予受理。

招标人可以在招标文件中要求投标人递交投标文件的同时,按招标文件的要求提交投标保证金或投标保函。投标保证金或投标保函的目的是保证投标人对投标活动负责,一旦其在中标后擅自退出,招标人有权没收投标保证金或投标保函。投标保证金一般不得超过投标总价的2%,而且最高不得超过50万元。

9.举行开标会议

按照招标文件中规定的时间、地点公开举行开标会议。开标会议应邀请业主的上级主管部门和有关单位参加,组成评标小组,开标会议由项目法人代表或法人代表委托人主持。开标会议的一般程序如下。

(1)由业主单位工作人员介绍各方到会代表,宣布会议主持人及项目法人代表证件或法人代表委托书;会议主持人检验投标企业法人代表证件或法人代表委托书。

(2)主持人重申招标文件要点,宣布评标方法和评标小组成员名单。

(3)主持人当众检验、启封投标书,其中若属于无效标书者,必须经评标小组半数以上成员确认,并当众宣布。

(4)投标企业法人代表或法人代表委托人声明对招标文件是否确认。

(5)按投标书送达时间或以抽签方式排列投标企业唱标顺序。

(6)各投标企业代表按顺序唱标。

（7）当众启封，公布标底。

10.评标、定标

按照平等竞争、公正合理的原则，根据招标文件中规定的评标原则、评标办法对各投标企业的投标书逐一评审。评审可以采用综合评议法，即对投标书的报价、工期、质量、施工方案、企业信誉等综合评议；也可以采用加权打分法进行评议。排出先后顺序，推荐备选的中标单位，由项目法人代表或法人代表委托人认定后填报决标报告表，经主管部门同意后报送招投标管理机构审查批准。

确定中标企业后，业主应该在规定时间内发出中标通知书。同时，向其他企业发出未中标通知书。中标通知书具有双向法律效力，招标人改变中标结果，或中标人放弃中标项目，均应当依法承担法律责任。

部分地方建设法规要求对评标结果进行公示，即确定拟中标人后，必须将评标结果在指定网站予以公示。公示内容包括项目名称、中标人名单、项目负责人、中标造价、建设工期等，公示期限一般为2~7天。公示期间，任何单位和个人如发现项目中标公告有违规违纪行为，均可采用文件、信函、传真等形式进行投诉、举报。

11.签订合同

中标人收到中标通知书后，招标人、中标人双方应该就具体问题协商谈判，形成合同草案。在具体工程实践中，一般合同草案需要报送到招标投标管理机构审查，主要看是否按照中标的条件和价格拟订合同。经过审查以后，招标人与中标人应自中标通知书发出之日起30天以内，按照招标文件和中标人的投标文件正式签订书面合同。招标人和中标人不得再订立背离合同实质性内容的其他协议。同时，中标人要按照招标文件的约定提交履约保证金和履约保函，招标人与中标人签订合同后5个工作日内，应当向中标人和未中标的投标人退还投标保证金。招标人如果拒绝与中标人签订合同，除双倍返还投标保证金以外，还需要赔偿有关损失。

7.4.4 招标文件的组成

《工程建设项目施工招标投标办法》第二十四条规定，招标人根据施工招标项目的特点和需要编制招标文件。招标文件一般包括投标公告或投标邀请书、投标人须知、合同主要条款、投标文件格式、工程量清单、技术条款、设计图纸、评标标准和方法、投标辅助材料。招标人应当在招标文件中规定实质性要求和条件，并用醒目的方式标明。下面对招标文件的几个重要组成部分进行详细介绍。

1.投标邀请书

投标邀请书主要是对特定对象的招标邀请。特定对象可以是响应招标公告且资格预审合格的投标人，也可以是招标人直接联系的投标人。投标邀请书可以分为采用资格预审方式的投标邀请书和采用资格后审方式的投标邀请书。采用资格预审方式的投标邀请书，应该明确说明只有通过资格预审的投标人才可以提交投标书。

投标邀请书应该包括业主的地址、如何得到招标文件的信息和每套招标文件的售价、要求的投标保证金的形式和金额或比例、投标书递交的地点和截止时间、开标的地点和时间。

2.投标人须知

投标人须知的作用是具体制定投标规则,提供给投标人应当了解的投标程序,以使其能提交响应性的投标。建设部《施工招标文件范本》中的投标人须知包括投标须知前附表和投标须知。

其中,投标须知包括总则、招标文件、投标文件的编制、投标文件的递交、开标、评标、合同的授予。

3.合同主要条款

合同主要条款一般包括通用合同条款和专用合同条款两部分,其中通用合同条款通常选择常见的标准示范合同文本,专用合同条款一般采用标准的填空形式,具体条款与通用条款一一对应,作为对通用合同条款的补充、修订、删除等,以符合工程的具体情况。

国内工程常使用住建部、国家工商行政管理局2017年印发的《建设工程施工合同(示范文本)》,这一版与1991年版的示范文本相比,对部分内容和结构做了较大幅度的修改和调整,加强了与现行法律和其他文本的衔接,保证了合同的适用性,同时更加注重与国际惯例接轨。

《建设工程施工合同(示范文本)》(以下简称《示范文本》)主要由三部分组成:第一部分为合同协议书,第二部分为通用合同条款,第三部分为专用合同条款,以及十一个附件:承包人承揽工程项目一览表、发包人供应材料设备一览表、工程质量保修书、主要建设工程文件目录、承包人用于本工程施工的机械设备表、承包人主要施工管理人员表、分包人主要施工管理人员表、履约担保格式、预付款担保格式、支付担保格式和暂估价一览表。内容涵盖了双方的一般权利和义务,进度、投资、质量三大控制以及合同管理的相关内容。《示范文本》的合同条款相应反映了与工程建设相关的法律、法规,如《中华人民共和国建筑法》《中华人民共和国招标投标法》《中华人民共和国保险法》《中华人民共和国担保法》《中华人民共和国仲裁法》《中华人民共和国劳动法》《中华人民共和国专利法》《中华人民共和国文物保护法》等的要求。

4.技术规范

技术规范的目的是规定买方所需要工程、货物和相关服务的技术特征。精确、明晰的技术规范可以使投标人编制出具有响应性的投标书,帮助买方审查、评价和比较投标书。技术规范的编写应允许在广泛范围内展开竞争,同时还要对所招标工程或货物的工艺、材料及性能要求的标准进行准确的说明。

大部分技术规范都是由业主或项目咨询公司或设计院为具体项目而编写的。在部分条件比较接近的地区,也可以对土木行业重复实施的工程建立一套标准化的通用技术规范。通用技术规范应该包括施工中通常涉及的各类工程、工艺、材料和机械设备以及土方、混凝土、预应力混凝土、隧洞等。对通用技术规范做些增删,即可以使之适用于某项具体工程。

编制技术规范时,必须注意保证不能有限制性规定,不论采用我国的国家标准还是采用其他标准、技术规范中都应规定:满足其他权威性标准并能保证相当于或优于原技术规范中所述要求的质量的货物、材料和工艺应该是可以接受的。

5.工程量清单

工程量清单提供拟建工程数量的详细资料,使投标人可以更有效和精确地编写投标文件,也是工程价款支付的基础。我国在使用工程量清单招标以前,一直使用图纸招标。

工程量清单中的细目或支付款应该划分得尽量详细,一般不同种类、不同地点及因为某种原因造成单价不同的工程细目,均应分列不同的支付项目。

我国工程量清单规范规定的工程量清单由以下几部分组成:封面、填表须知、总说明、分部分项工程量清单、措施项目清单、其他项目清单、零星工作项目表、甲供材料表。

工程量清单按分部分项工程提供,一旦中标并签订合同,即成为合同的组成部分。工程量清单所列的工程量是招标人估算的,是投标报价的基础,付款时以承包人计量、招标人或监理工程师核准的实际完成工程量为依据。工程量清单与投标须知、合同条件、合同协议条款、工程规范和图纸一起使用。

工程量清单及其计价格式中的任何内容不得随意删除或涂改。工程量计价格式中列明的所有需要填报的单价和合价,投标人均应填报,未填报的单价和合价,视为此项费用已包含在工程量清单的其他单价和合价中。

7.5 工程项目招投标的国际惯例

国际工程泛指一个工程项目的策划、融资、设计、招投标、承包、设备采购、培训管理、监理等阶段或环节中,其主要参与者(单位或个人,产品或服务)来自不止一个国家或地区,并且按照国际惯例进行管理的工程。相比于国内工程而言,国际工程有其特殊性。

7.5.1 国际工程招标方式

国际工程有多种采购方式,其中招标采购是采用最多的方式,招标采购又分为公开招标、邀请招标和议标三种形式。

公开招标为有能力的承包商提供公平的竞争机会,有利于降低工程造价、增加招标透明度。

各国的政府采购和世界银行、亚洲开发银行等国际组织贷款的绝大多数工程项目要求公开招标。但公开招标的准备时间较长,文件较为复杂;也可能有的投标人故意压低报价,使合理报价的投标人失去中标机会,再通过索赔获得利润。

邀请招标是业主根据承包商的信誉、技术水平、类似工程经验等条件,邀请部分承包商参加投标的采购方式。通常被邀请的承包商不少于3家,一般为5~8家,这些承包商大都有类似工程经验,信誉可靠,但可能使更有实力的后起之秀被排除在外。邀请招标适用于合同金额较小、供货人数量有限的情况。

议标是指业主有针对性地找一家或两家承包商谈判招标的方式。议标有利于节约时间,可以在较短时间内签订合同并开展工作,缺点是无法获得有竞争力的报价。议标适用于工期紧张、合同价格较低、专业性强或涉及机密的工程。

此外,"两阶段招标"(two-stage bidding)、"双信封投标"(two-envelop bidding

procedure)等招标方式也在实践中有所应用。

7.5.2　国际工程招标程序

国际工程项目的招标程序不尽相同,但基本遵循一定的国际惯例。FIDIC推荐的"招标程序",广泛用于国际工程施工合同的招标,其中,招标程序共分为确定项目策略、资格预审、招标和投标、开标、评审投标书及谈判、授予合同六个部分。下面结合"招标程序流程图"对这六个部分分别进行介绍,经过简化的招标程序流程图如图7-2、图7-3和图7-4所示。

1.确定项目策略

在工程项目的前期策划阶段,应该根据项目的类型、融资渠道、业主方的管理能力等相关条件制定相应的项目策略,包括确定项目采购策略和具体实施计划。

项目采购策略是指业主方在选择项目的服务对象(承包方、供应方、咨询机构等)时,从确定需求到完成采购的全过程所采用的方法。确定项目采购策略,首先要确定采用的项目管理模式,不同的项目管理模式对应不同的采购模式。传统的采购模式先对咨询设计进行招标,然后再进行施工招标;设计建造模式下,承包商不仅负责施工,而且负责设计工作,在设计建造合同招标前,业主需要有明确的要求或者是概念性的设计;而EPC模式下,由一家公司承担项目的前期策划、设计、设备采购、施工等,故只需对此进行一次招标。

项目管理模式确定以后,需要进行招标的采购任务就清楚了,接下来应该明确这些采购任务的招标方式,以及评标的程序和原则。除此以外,对项目的时间进度也应该有所规定。

2.资格预审

资格预审是指在进行正式招标之前,通过审查挑选出一定数量有经验、有能力及必要资源的公司获得投标资格。为了保证招标过程具有竞争性,一般要求通过资格预审的公司在6~10家为宜,也可以根据项目的具体情况灵活掌握。资格预审的程序如图7-2所示。

首先由业主方编制资格预审文件,资格预审文件通常包括邀请函、资格预审程序介绍、项目信息、资格预审申请表等内容;然后通过相关报刊、大使馆等途径发布资格预审广告,邀请承包商参加资格预审,并说明参加资格预审的最低要求、招标投标的时间期限等;向承包商出售或颁发资格预审文件、要求参加资格预审的公司提交公司的组织机构、完成类似工程的经验、资源、财务水平、现有工程情况等相关信息;接下来业主对所有的资格预审申请书进行分析评审,最后确定通过资格预审的公司并通知所有申请人。承包商对于通过资格预审的公司,应该发布资格预审邀请,要求其回函确认参加投标,即对有资格的公司进行确认。

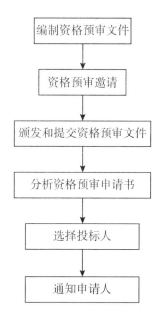

图7-2　FIDIC推荐的资格预审程序

3.招标和投标

FIDIC推荐的招标程序如图7-3所示。具体程序如下:

(1)编制招标文件。编制高水平的招标文件对于整个工程项目来说至关重要,最终形成的合同中的大部分内容来自招标文件,可以认为招标文件就是合同的草案。招标文件的内容包括投标邀请书、投标人须知、招标资料表、合同条件(通用、专用)、技术规范、图纸、地质报告投标书格式、工程量表、投标书附录和投标保函格式、协议书格式以及各种保函格式等。业主还可以在招标文件中要求投标人提交与评标或与订立合同有关的附加资料表和附加数据,包括投标人执行合同的组织机构和人员、项目进度计划、一些子项的价格分解、拟分包的工作和拟使用的分包商、关键岗位的职员、拟定的履约保证人以及拟使用的施工设备清单等。

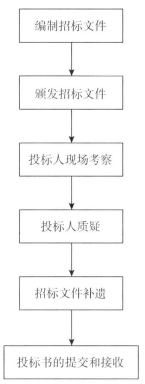

图7-3　FIDIC推荐的招标程序

(2)颁发招标文件。业主向通过资格预审的投标人颁发招标文件,一般招标文件的颁发采取出售的形式。

(3)投标人现场考察。为了使投标人更好地理解招标文件,了解项目现场的实际情况,在颁发招标文件之后的一定时间内,应该组织投标人考察项目现场。一般现场考察与标前会议一并进行,投标人自费参加该项活动。

(4)投标人质疑。投标人对于招标文件中描述不清或有歧义的表述,可以提出质疑,业主有义务对此进行答复。投标人质疑有两种方式:信函方式或投标人会议方式。如果采用信函方式,应该按照规定时限,将问题交给业主或工程师。业主或工程师将所有投标人的问题汇总,书面答复给所有投标人。对于投标人会议中提出的问题,业主应该将会议纪要及所有问题的答案用书面的方式发送给所有投标人。

(5)招标文件补遗。招标文件补遗一般是业主方对原有招标文件的解释、修改或增删,也包括投标人会议上对一些问题的解答和说明。业主应尽量提早发出招标文件补遗,否则投标人会来不及对投标书进行修改。

(6)投标书的提交和接收。投标人应在招标文件规定的投标截止日期之前,将完整的投标书按照要求密封、签字后送交业主指定的地点,由业主方专人签收保存,开标之前不得开封。如果投标人在规定的投标截止日期前没有提交投标书,一般将视为废标。

4.开标、评标及授予合同

FIDIC推荐的开标和评审程序如图7-4所示。

(1)开标。在规定的正式开标日期、时间和地点,业主召开开标会,当众启封每一个投标人的投标书,宣读所有投标人的名称、投标价格、备选方案价格,检查是否提交投标保证金,不需要解答任何问题。

一般开标的日期和地点就是投标书截止的日期和地点。

对于大型成套设备的采购和安装,可以采用两阶段开标,即投标文件中的技术标和商务标分开封装,同时递交。业主先启封技术标,审查技术实施方案是否符合要求,在确认技术标通过之后再启封商务标,那些技术标没有通过的,则商务标会被原封退回。

开标以后,任何投标人都不得再修改投标内容和报价,但对于业主的疑问可做一般性的解释说明。

（2）评审投标书。开标后即转入评标阶段，评标工作要注意严格保密。由招标人负责组建评标委员会，评标委员会由招标人或其委托的招标代理机构熟悉相关业务的代表，以及有关技术、经济等方面的专家组成，成员人数为7人以上的单数，其中技术、经济等方面的专家不得少于成员总数的2/3。

评标委员会审查每份投标书是否符合招标文件的规定和要求，同时也核算投标报价有无运算方面的错误。对于事先未进行资格预审的，在评标时要同时进行资格后审，内容包括财务状况、以往经验和履约情况等。

对投标书进行评价时，要按照招标文件中规定的汇率将以各种货币表示的报价折算成评标货币，严格按照货币化的方式进行。

（3）包含有偏差的投标书。在评审投标书以后，业主方一般要求报价最低的几个投标人澄清其投标书中的问题，包括投标书中的偏差。对于有偏差的投标书，业主可以接受，但在评标时由业主方将此偏差的资金价值采用"折价"的方式计入投标价，然后按评标后的投标价排序。

（4）对所有投标书的裁定。业主方在综合考虑了投标书的报价、技术方案以及其他方面的情况以后，决定选择一家承包商中标，这个过程也简称决标。一般来说，业主应该将合同授予投标书符合要求且评标后的投标价最低的投标人。

如果在投标人须知中允许投标人提交备选方案，则在评标时也应对备选方案进行比较。因为备选方案可能在工期上有优势，或在价格上有优势，或在使用功能上有优势，或者兼有其中几个方面的优势，所以业主最后在决定某一备选方案中标时，不一定是价格最低的方案，但总体上应符合招标文件的要求。

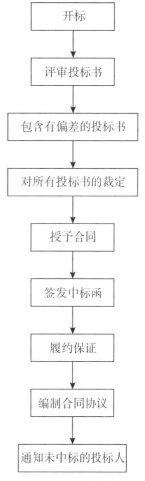

图7-4　FIDIC推荐的开标和评审程序

如果是世界银行、亚洲开发银行等贷款项目，则要在贷款方对业主选中的承包商进行严格的审查后才能正式决标。

有时由于以下原因业主方可以宣布此次招标作废，取消所有投标：每个投标人的报价都大大高于业主的标底；每一份投标书都不符合招标文件的要求；收到的投标书少于三份。

（5）授予合同。在经过决标确定中标候选人之后，业主要与评标价格最低的投标人进行深入的谈判，将谈判达成的一致意见写成一份谅解备忘录，该备忘录经双方签字确认后，业主即可向此投标人发出中标函。如果谈判未达成一致，则业主即与评标第二低的投标人谈判。

合同协议书备忘录也称为合同谈判纪要，它的效力优先于合同协议书之外的其他合同文件。

中标函应该明确承包商应实施的工程范围和合同价格。

按照招标文件规定的格式、金额和时限，投标人应该提交保函或担保形式的履约保证。

否则,投标保证金将被没收,业主即与评标价第二低的投标人谈判签约。

合同协议书一般由业主编写,协议书应规定双方的基本权利、义务,列出所有的合同文件。大多数国家是以合同协议书签字盖章的形式认定合同生效,但有些国家以收到中标函时即认定合同生效,这一点应该在招标文件中明确。

中标人与业主签订了合同协议书并提交了履约保证后,业主应通知所有未中标的投标人,并退还中标人和其他投标人的投标保证金。此外,世界银行贷款项目还应该将合同副本一式两份寄给世界银行。

7.5.3　国际工程招标文件

1.国际工程采购招标文件的编制原则

国际工程招标文件的编制原则和要求包括如下几条。

(1)遵守法律和法规。遵守工程项目所在国的法律、法规和当地政府部门的有关规章、条例等文件。

(2)遵守国际组织规定。如果是国际组织贷款,必须遵守该组织的各项规定和要求,特别要注意各种相关的审核批准程序,还应该符合国际惯例。

(3)合理分担风险。注意公正地处理业主和承包商各自承担的风险。如果将风险过多地转移给承包商一方,将导致承包商加大风险费,从而提高报价,最终导致业主较多的支出。

(4)反映项目的实际情况。招标文件应该正确、详细地反映项目的实际情况,以使投标人的投标能建立在可靠的基础上,这样才能减少履约过程中的争议。

(5)文件内容力求统一。应该尽量减少和避免招标文件各部分之间出现冲突和矛盾,语言力求严谨、明确。

2.招标文件范本

国际金融组织贷款项目一般使用特定的招标文件范本,世界银行要求其贷款项目采用标准招标文件范本,世界银行于2006年5月编制的工程采购标准招标文件(standard bidding documents for procurement of works,SBDW)由三部分共九节及一个附件组成:第一部分是有关招标程序的规定,包括投标人须知、招标数据表、评标和资格标准、投标书格式、合格国家;第二部分是有关工程要求的规定,包括工程的范围、规范、图纸、补充资料;第三部分是合同条件和合同式;附件是投标邀请函格式。SBDW包括以下原则性规定。

(1)SBDW在全部或部分世界银行贷款额超过1000万美元的项目中必须强制性使用,只有经过世界银行批准同意后才可以采用其他的招标文件。

(2)SBDW中的"投标人须知"和"通用合同条件"对任何工程都是保持不变的,如果要修改可放在"招标资料表"和"专用合同条件"中。

(3)使用本文件的所有较重要的工程均应进行资格预审;否则,经世界银行预先同意,可在评标时进行资格后审。

(4)对超过5000万美元的合同(包括不可预见费)必须强制采用三人争议委员会的方式,而不宜由工程师来充当准司法的角色。低于5000万美元的项目的争议处理办法由业主自行选择,可以选择三人争议委员会、一位争议审议专家或提交工程师做决定。

（5）本招标文件适用于单价合同。如欲将之用于总价合同,必须对支付方法、调价方法、工程量表、进度表等重新改编。

7.6　工程项目合同体系

工程项目合同管理是指在工程项目的建设过程中,对工程合同的签订、履行、变更、解除、终止进行监督检查,对产生的合同纠纷进行解决和处理,从而确保合同依法签订和全面履行。在包含多个承包商的项目上,合同管理还包括对承包商之间关系的管理。合同管理本质是以合同为保障机制,保证自己一方达到最佳利益,服务于整个项目管理目标。合同管理的基础是掌握合同知识和管理技能;合同管理的前提是企业内部组织管理的井然有序;合同管理的行为包括合同的签订、执行、补救等。

7.6.1　合同在工程项目管理中的地位和作用

项目合同确立了工程项目有关各方之间的权利义务关系,是工程项目管理最重要的依据。工程项目管理的核心,就是按照工程项目合同的规定对建设进行管理和控制。

1.项目合同是工程项目管理最主要的依据和手段

工程项目的质量、进度和投资目标,构成了工程项目管理的三大控制目标。在工程项目合同中,确定了项目实施和项目管理的三大控制目标。要实现项目建设的控制目标,就必须使所有参与项目建设的各相关方,通过执行自己所承担的任务、实现局部目标来保证项目建设总体目标的实现。在项目管理中,工程项目业主必须依据与合同各方订立的合同来分解工程项目目标,并据此督促有关各方按合同要求完成项目的各分项目标。同时工程项目业主也必须依据合同的约定,履行自己的义务。合同是双方当事人在项目建设中进行各种经济活动的依据,只有所有参与项目建设的有关各方都依据合同办事,并运用合同手段控制和监督对方切实履行合同义务,才能实现项目建设的总体目标。

2.项目合同是一种法律文件

依法订立的合同受法律保护,并对当事人有法律约束力。合同规定了双方在合同实施过程中的责任、权利和义务,合同双方都必须按照合同约定履行自己的义务,依据合同保护自己的权益和约束对方的权利。这是双方在合同实施过程中的基本准则。与项目管理的其他文件相比,合同对工程项目业主和项目参与各方的法律约束力更强。正确全面履行合同是维持签约各方良好合作关系,保证各方合法权益和促进项目建设顺利进行的保障。

3.项目合同是双方权利和义务平衡的保证

按照合同公正的原则,合同当事人的权利和义务要对等,双方的权利和义务应保持平衡。合同双方权利和义务互为条件,一方权利的实现建立在另一方履行义务的基础上。合同双方的总体目标是一致的,但各自的具体利益却不同,工程项目业主要求在计划的时间和概算内得到合格的、可以发挥预定功能的工程;承包人的目的在于得到应得的支付。只有在合同中的权利义务平衡的基础上,合同双方严格履行各自的义务,才能实现项目的总体目标,并保证合同各方的权利。

4.项目合同是合同双方当事人解决争议的法律依据

由于工程项目本身的复杂性和不确定因素的存在,在项目建设过程中,工程项目参与各方之间就某些问题出现异议是难以避免的。又由于合同条款自身的局限性,争议及其处理是工程项目实施过程中较为普遍的一种现象。为了保障项目建设的顺利实施,要尽可能避免争议,或尽量减少争议对工程项目的影响。合同是争议的认定、处理和解决的唯一依据,借助有效的合同管理,也是避免和解决争议的重要法律基础。

5.项目合同管理在工程项目管理中处于中心地位

在市场经济条件下,工程项目合同是项目管理的依据,工程项目管理围绕合同管理展开。工程项目业主的一切管理活动都是为了保证合同的正常实施和合同目标的实现,这是工程项目业主进行项目管理必须遵循的首要原则和基本原则。

7.6.2 工程项目合同方式、类型及其选择

工程项目合同涵盖了工程项目的所有内容,并贯穿项目建设的全过程。在项目建设的各个阶段,都必须用合同来明确和约束项目参与各方的责任、权利和义务。由于工程项目的建设规模不同、投资大小不同、项目建设周期长短不一、项目建设的复杂程度各异,还由于在承包方式、设备材料采购供应方式、融资方式上的区别,工程项目的合同类型、合同范围、合同条件的选择依据也各不相同。工程项目业主在项目建设前期就必须根据工程项目的特点、自身的管理能力,精心设计能覆盖项目建设主要内容和主要阶段的合同体系。

1.工程项目合同方式

工程项目合同按照承发包方式从不同主体的角度分为如下方式,见表7-2。

表7-2 工程项目合同方式

主体	方式		内容及特点
发包人	总承包合同	工程建设总承包	基本形式是设计、采购、施工总承包(EPC),主要特点是由一个具有法人资格、有资质、有能力的总承包商承担项目的全部建设任务(可以包括设计和采购等),在项目建成后移交给工程项目业主进行生产运营。
		工程项目管理总承包	主要形式有施工总承包管理(MC)和项目管理总承包(PMC),由具有法人资格、有资质、有能力的专业项目管理公司受项目业主的委托,负责项目建设的组织管理工作,并向工程项目业主负责。
	切块分包	平行发包	在条件成熟时,将切块分包合同以同时发包方式进行招标。
		阶段发包	工程项目业主根据工程项目特点,工程准备情况和工程项目业主对项目目标的要求,分阶段发包、招标,即通常所说的快速建造方式。
	零星分包		一般适用于小型工程项目和大中型工程项目中的零星附属项目及辅助工程项目。
承包人	独自承包		工程承包商是家独立的工程公司。
承包人	联营体承包		由多家承包商共同组成承包联营体,即数家承包商集体融资,针对工程项目成立一个临时的联营体机构。其特点是可以集中各承包商在资金、人员、管理、技术和设备等方面的优势,提高投标竞争力,降低项目承包风险。

2.工程项目合同类型

工程项目合同按其范围和内容进行分类,见表7-3。

表7-3　工程项目合同类型

合同类型	内容及特点
工程咨询服务合同	指工程项目出资人在项目建设前期委托有相应资质的工程咨询公司,进行市场调查、开展投资机会研究和项目可行性研究、进行项目评估等咨询活动,为工程项目投资决策提供咨询意见和建议的协议(合同)。
工程勘察、设计合同	工程勘察合同,指工程项目业主根据建设工程的要求,委托工程勘察单位查用、分析、评价建设场地的地质、地理环境特征和岩土工程条件,编制建设工程勘察文件的协议(合同)。工程设计合同,只是工程项目业主根据建设工程的要求,委托工程设计单位对工程项目所需的技术、经济资源、环境条件进行综合分析、论证,编制工程设计文件的协议(合同)。工程勘察、设计任务,可以由一家具有相应资质的工程勘察设计单位承包,也可以分别委托具有相应资质的工程勘察单位和工程设计单位,分别承包勘察、设计任务。
"设计采购-建造"(EPC)/"交钥匙"工程总承包合同	指从工程设计、设备材料采购、施工建造到试生产和项目竣工验收,项目建设的全部工作都由一个承包商总承包,并在工程项目达到设计的正常生产水平后,交给工程项目业主生产运营。这种方式包含的工作量大,工作范围宽,合同内容复杂。一般应选择一个具备综合承包能力的大承包商统包,根据工程项目特点,工程项目业主也可以选择不同形式的联营体承包商总承包。这种联营体,可以是以工程设计为主的,也可以以设备制造为主,还可以是以工程施工企业为龙头的总承包商。
设计-采购(即"EP"承包合同)	承包商只负责工程项目的工程设计和设备材料采购,工程施工由工程项目业主另行委托的一种承包方式。承包商的工作范围专一,但工程项目业主的管理工作量较大,需要负责工程设计、采购与施工的统筹协调工作。适用于工程项目业主有较强管理能力,并选择具有工程设计和技术优势的承包商承担工程设计和采购任务。
工程施工承包合同	承包商只负责合同约定的建筑工程施工任务,目前普遍采用。
工程项目管理总承包(PMC)合同	工程项目业主将项目建设的全部组织管理工作委托给专业工程项目管理公司承包,代表工程项目业主负责项目建设的协调和监管,直到项目建成投入生产运营。在项目建设的各个阶段,PMC承包公司应及时向工程项目业主报告工作,工程项目业主则派出少量人员对PMC承包商的工作进行监督和检查。
委托工程监理合同	由工程项目业主根据有关法律、法规,通过招标选择有资质的工程监理单位,订立委托工程监理合同,并按合同约定由工程监理单位负责项目建设的监理工作。
技术服务合同	用于引进某种专有技术或先进的生产设备时。由专有技术拥有方或生产设备制造商提供某种技术服务,对专有技术和生产设备的应用给予培训和指导,并对其提供的专有技术和使用效果负责。
工程保险合同	工程项目业主与保险机构签订的相关保险合同。

在工程咨询服务合同中,项目建设前期的工程咨询评估水平和质量,直接影响到项目的投资决策,甚至影响到项目建设的成败。工程项目出资人,一是要选择有资质、有能力、有信誉的工程咨询公司承担相关任务;二是要明确提出工程咨询服务的任务、目标和要求;三是要加强工程咨询服务合同的管理;四是对合同的委托方提供的调查、研究成果的项目评估意见,要聘请权威专家或另一工程咨询公司进行客观、公正的评价。

3.合同计价方式

工程项目合同按其计价方式不同可以分为单价合同、总价合同和成本加酬金合同。

(1)单价合同。根据计划工程内容和估算工程量,在合同中明确每项工程内容的单位价格(如每米、每平方米、每立方米价格),实际支付时则根据每一个子项的实际工程量乘以该子项的合同单价计算该项工作的应付工程款。

单价合同的特点是单价优先,例如在FIDIC土木工程施工合同中,业主给出的工程量清单表中的数字是参考数字,而实际工程款则按实际完成的工程量和合同中确定的单价计算。虽然在投标报价、评标以及签订合同中,人们常常注重总价格,但在工程款结算中单价优先,对于投标书中明显的数字计算错误,业主有权利先做修改再评标,当总价和单价的计算结果不一致时,以单价为准调整总价。

采用单价合同对业主的不足之处是,业主需要安排专门力量来核实已经完成的工程量,需要在随工过程中花费不少精力,协调工作量大,另外,用于计算应付工程款的实际工程量可能超过预测的工程量,即实际投资容易超过计划投资,对投资控制不利。单价合同又分固定单价合同和变动单价合同两种,固定单价合同条件下,无论发生哪些影响价格的因素都不对单价进行调整,因而对承包商而言就存在一定的风险。固定单价合同适用于工期较短、工程量变化幅度不会太大的项目。当采用变动单价合同时,合同双方可以约定一个估计的工程量,当实际工程量发生较大变化时可以对单价进行调整,同时还应该约定如何对单价进行调整。当然也可以约定,当通货膨胀达到一定水平或者国家政策发生变化时,可以对哪些工程内容的单价进行调整以及如何调整等。因此,承包商的风险就相对较小。

(2)总价合同。总价合同也称作总价包干合同,即根据施工招标时的要求和条件,当施工内容和有关条件不发生变化时,业主付给承包商的价款总额就不发生变化,总价合同具有以下特点:

①发包单位可以在报价竞争状态下确定项目的总造价,可以较早确定或者预测工程;

②业主的风险较小,承包人将承担较多的风险;

③评标时易于迅速确定最低报价的投标人;

④在施工进度上能极大地调动承包人的积极性;

⑤发包单位能更容易、更有把握地对项目进行控制;

⑥必须完整而明确地规定承包人的工作;

⑦必须将设计和施工方面的变化控制在最小限度内。

总价合同是总价优先,承包商报总价,双方商讨并确定合同总价,最终也总价结算,一般是在施工图设计完成、施工任务和范围比较明确,业主的目标、要求和条件都清楚的情况下才采用总价合同。

总价合同又分固定总价合同和变动总价合同两种。

第一种,固定总价合同。固定总价合同的价格计算以图纸及规定、规范为基础,工程任务和内容明确,业主的要求和条件清楚,合同总价一经确定,便不做调整,即不再因为环境的变化和工程量的增减而变化。在这类合同中,承包商承担所有工作量和价格的风险。因此,承包商在报价时应对一切费用的价格变动因素以及不可见因素都做充分的估计,并将其包含在合同价格之中。在固定总价合同中可以约定,在发生重大工程变更、累计工程变更超过一定幅度或者其他特殊条件下可以对合同价格进行调整。

固定总价合同适用于以下情况:

①工程量小、工期短,估计在施工过程中环境因素变化小,工程条件稳定并合理;

②工程设计详细,图纸完整、清楚,工程任务和范围明确;

③工程结构和技术简单,风险小;

④投标期相对宽裕,承包商有充足的时间详细考察现场、复核工程量,分析招标文件,拟订施工计划。

第二种,变动总价合同。变动总价合同又称为可调总价合同,合同价格以图纸及规定、规范为基础,按照时价(current price)进行计算,得到包括全部工程任务和内容的暂定合同价格。

根据《建设工程施工合同(示范文本)》(GF-2017-0201),合同双方可约定,在以下条件下可对合同价款进行调整。

价格的调整主要由市场价格波动和法律变化两方面因素引起。

市场因素导致的价格调整,除专用合同条款另有约定外,市场价格波动如超过合同当事人约定的范围,合同价格应当调整。对于调整方式,可采用价格指数进行调整,也可采用造价信息以及合同条款约定的其他方式进行价格调整。在合同履行期间,因人工、材料、工程设备和机械台班价格波动影响合同价格时,人工、机械使用费按照国家或省、自治区、直辖市建设行政管理部门、行业建设管理部门或其授权的工程造价管理机构发布的人工、机械使用费系数进行调整;需要进行价格调整的材料,其单价和采购数量应由发包人审批,发包人确认需调整的材料单价及数量,作为调整合同价格的依据。

基准日期后,法律变化导致承包人在合同履行过程中所需要的费用发生除由市场价格波动引起的调整约定以外的增加时,由发包人承担由此增加的费用;减少时,应从合同价格中予以扣减。基准日期后,因法律变化造成工期延误时,工期应予以顺延,因法律变化引起的合同价格和工期调整,合同当事人无法达成一致的,由总理工程师按合同相关条款的约定处理。因承包人原因造成工期延误,在工期延误期间出现法律变化的,由此增加的费用和(或)延误由承包人承担。

(3)成本加酬金合同。成本加酬金合同也称成本补偿合同,这是与固定总价合同正好相反的合同类型,工程施工的最终合同价格将按照工程的实际成本再加上一定的酬金进行计算。在合同签订时,工程实际成本往往不能确定,只能确定酬金的取值比例或者计算原则。

采用成本加酬金合同,承包商不承担任何价格变化或工程量变化的风险,该风险主要由业主承担,对业主的投资控制很不利。而承包商则往往缺乏控制成本的积极性,常常不仅不愿意控制成本,甚至还会期望提高成本以提高自己的经济效益,因此这种合同容易被那些不道德或不称职的承包商滥用,从而损害工程的整体效益。所以,应该尽量避免采用这种合同。

成本加酬金合同通常用于工程特别复杂,工程技术、结构方案不能预先确定,或者尽管可以确定工程技术和结构方案,但是不可能进行竞争性的招标活动并以总价合同或单价合同的形式确定承包商的情形,如研究开发性质的工程项目,时间特别紧迫、来不及进行详细的计划和商谈的工程项目等,如抢险、救灾工程。

对业主而言,采用这种合同形式可以分段施工,缩短工期,无须等待所有施工图完才开始招标和施工;可减少承包商的对立情绪,使其对工程变更和不可预见条件的反应更积极、快捷;有利于借助承包商的施工技术专家,帮助改进或弥补设计中的不足;可以根据自身力量和需要,较深入地介入工程施工和管理;可采用事先确定保证最大工程费用的方式来约束工程成本,从而转移一部分风险。对承包商来说,这种合同比固定总价的风险低,利润比较有保证,因而比较有积极性;缺点是合同具有不确定性,由于设计未完成,无法准确确定合同的工程内容、工程量以及合同的终止时间,有时难以对工程计划进行合理安排。

①成本加固定费用合同。根据双方经协商同意的工程规模、估计工期、技术要求、工作性质复杂性及所涉及的风险等来考虑确定一笔固定数目的报酬金额作为管理费及利润,对人工,材料、机械台班等直接成本则实报实销。如果设计变更或增加新项目,当直接费超过原估算成本的一定比例时,固定报酬也要增加,在工程总成本一开始估计不准、变化可能不大的情况下,可采用此合同形式,有时可分几个阶段谈判给付固定报酬。这种方式虽然不能鼓励承包商降低成本,但为了尽快得到酬金,承包商会尽力缩短工期。有时也可在固定费用之外根据工程质量、工期和节约成本等因素,给承包商另加奖金,以鼓励承包商积极工作。

②成本加固定比例费用合同。工程成本中的直接费用加一定比例的报酬费,报酬部分在签订合同时由双方确定。这种方式的报酬费用总额随成本增加而增加,不利于缩短工期和降低成本,一般在工程初期很难描述工作范围和性质,或工期紧迫,无法按常规编制招标文件招标时采用此类合同。

③成本加奖金合同。奖金是根据报价书中的成本估算指标制定的,在合同中对这个估算指标规定一个底点和顶点,分别为工程成本估算的60%～75%和10%～135%。承包商在估算指标的顶点以下完成工程则可得到奖金,超过顶点则要对超出部分支付罚款。如果成本在底点之下,则可增加酬金值或酬金百分比。采用这种方式通常规定,当实际成本超过顶点对承包商罚款时,最大罚款限额不超过原先商定的最高酬金值。在招标时,当图纸、规范等准备不充分,不能据以确定合同价格,而仅能制定一个估算指标时,可采用这种合同形式。

④最大成本加费用合同。在工程成本总价合同基础上加固定酬金费用的方式,即当设计深度达到可以报总价的深度,投标人报一个工程成本总价和一个固定的酬金(包括各项管理费、风险费和利润)。如果实际成本超过合同中规定的工程成本总价,由承包商承担所有的额外费用,若实施过程中节约了成本,节约的部分归业主,或者由业主与承包商分享,在合同中要确定节约分成比例。在非代理型(风险型)CM模式的合同中就采用该方式。

成本加酬金合同的4种形式比较见表7-4。

表 7-4　成本加酬金合同类型

合同形式	适用范围
成本加固定费用合同	在工程总成本一开始估计不准,变化可能不大的情况下,可采用此合同形式,有时可分几个阶段谈判给付固定报酬。
成本加固定比例费用合同	一般在工程初期很难描述工作范围和性质,或工期紧迫,无法按常规编制招标文件招标时采用。
成本加奖金合同	在招标时,当图纸、规范等准备不充分,不能据以确定合同价格,而仅能制定一个估算指标时可采用这种形式。
最大成本加费用合同	在非代理型(风险型)CM 模式的合同中就采用这种方式。

4.工程项目合同方式和类型的选择

工程项目合同方式和类型的选择,直接影响到工程项目合同管理方式,并在很大程度上决定工程项目的管理方式,还将直接影响管理成本,工程项目业主必须给予足够的重视。需要指出的是,不管采用哪一种合同方式和类型,工程项目业主都要对项目建设承担最终责任。工程项目合同方式和类型在选择时,主要考虑以下三个方面的因素:

(1)工程项目的性质和特点,工程复杂程度,环境和风险等。

(2)工程项目业主因素,包括业主的管理战略、目标、动机,业主的管理能力、经验,业主的融资能力,业主管理风格以及对项目管理介入的深度。

(3)承包商因素,包括承包商的经营战略、目标、动机,企业的规模、业绩、经营状况和财务状况,管理水平、管理能力和管理风格,融资能力等。

7.6.3　业主方合同管理的任务

按照工程项目的实施过程,合同管理应包括四个阶段:合同签订前的准备工作、合同实施阶段的动态控制、合同收尾阶段的系统审查和合同实施后评价。每个阶段有其不同的任务。

1.合同签订前的准备工作

合同签订前,业主要做好合同文件草案的准备、各项招标工作的准备,做好评标工作,特别是要做好合同签订前的谈判和合同文稿的最终定稿工作。在合同中既要体现出在商务上和技术上的要求,有严谨、明确的项目实施程序,又要明确合同双方的权利和义务。同时,对风险的管理要按照合理分担的原则体现到合同条件中。业主的另一个重要准备工作是选择好业主方项目经理、监理工程师、咨询经理等,使他们可以尽量早的参与到合同的制订过程中,使合同的各项规定更加完善。

从法律意义上讲,合同的成立包括要约和承诺两个要件。在工程项目中,招标文件属于"要约邀请",投标人的投标文件属于"要约",而业主方的中标通知书属于"承诺"。

2.合同实施阶段的动态控制

工程项目的实施阶段一般包括项目勘测、设计、招标投标、土木建筑与设备安装、调试竣工验收,业主在此阶段应该按照项目管理的思想对合同进行动态控制。

（1）合同分析。合同条文繁杂，内涵深刻，并且往往在一个工程项目当中交织多种合同关系，因此需要对合同进行深入的剖析，理解工程合同。合同分析是有效进行合同管理的前提条件。

一般情况下，主要分析合同的以下几个方面。订立合同的法律基础、承包人的主要责任、发包人的主要责任、有关进度条款分析、有关质量条款分析、有关成本与工程款支付条款分析、有关程序条款分析、有关限制性条款分析。

（2）合同交底。合同交底是指合同管理人员向其他从事与合同管理有关的人员明确合同内容的过程。由于建设工程合同的管理涉及很多岗位、人员，因此需要所有相关人员的协调配合才能有效地进行合同管理。比如通过召开协调会议，落实各种安排；经常性的检查、监督，对合同进行解释等。

（3）合同跟踪。合同管理人员应该经常对合同的履行情况进行检查，了解合同履行的进度、质量，掌握合同履行过程中存在的问题。对于新出现的、与原来拟订合同时不一致的情况，要保持关注，观察其发展趋势。

（4）合同控制。在了解清楚问题发生的原因之后，要采取措施对合同进行控制，通过控制保证最初制定的质量、进度、成本、安全目标的实现。常用的用于控制的措施有：管理措施、经济措施、组织措施、技术措施。

（5）索赔管理。对于工程实施过程中的索赔问题，业主要有防范风险、减少承包商索赔机会的思路。索赔管理应该前伸到项目的勘测设计、招投标和合同谈判与签订阶段，做到防患于未然。

3.合同收尾阶段的系统审查

合同收尾阶段应该对工程采购及工程实施全过程中涉及的合同及所有辅助表格、提出且批准的合同变更、承包商提出的技术文件、承包商进度报告、财务文件等进行系统的审查。目的是找出可以在本项目其他产品的采购上或实施组织内其他采购项目上借鉴的成功和失败之处。

4.合同实施后评价

合同实施后评价包括合同签订情况评价、合同执行情况评价和关键合同条款分析，如对费用、工期、质量的分析等。合同实施后评价形成书面文件用于工程总结。总结经验，吸取教训，是业主（对其他各方也一样）"知识管理"的一部分，用于提高以后项目的合同管理水平。此外，合同实施过程中应该提倡项目中各方的协作精神，共同实现合同的既定目标。在合同条件中，合同双方的权利和义务有时表现为相互矛盾、相互制约的关系，但实际上，实现合同标的必然是一个相互协作解决矛盾的过程，在这个过程中工程师起着十分重要的协调作用。一个成功的项目，必定是业主、承包商以及工程师按照项目伙伴关系（partnership），以协作的团队精神（team spirit）来共同努力完成的结果。目前，在国际工程合同管理中，非常注意提倡这种精神。

7.7　案例:海外大型铁路工程项目设备采购实例

7.7.1　设备集中采购的背景

2014年,在国务院总理李克强以及来自东非五国的总统或外长的共同见证下,中国交通建设股份有限公司签署了东非地区某长大干线铁路项目融资协议。项目完全采用中国国铁1级标准设计、施工,地处东非海滨城市与首都之间,沿线仅有一条破旧的米轨铁路和一条国道作为运输道路,运输条件较差。同时,该国生产资源匮乏,主要工程材料(如钢筋、水泥等)的技术标准与合同约定的中国铁路技术标准差异较大,当地无法解决施工所需工程机械和主要材料。工程施工组织难度极大,施工装备采购、运输成为制约项目的关键因素,项目面临巨大的施工组织挑战。

7.7.2　海外大型工程项目设备采购的措施

本铁路项目施工的主要特点在于线路超长且土石方总量巨大,所需土方设备采购总量约为2000台(套),从设备进场到开工只有3个月的时间,对公司现金流、配件供应和海运运输工作都是巨大的挑战。

为了破解物资装备供应难题,建立高效的国际物资装备采购体系,从而保证项目建设中的物资装备组织采购和运用,在充分考虑资金和时间两大制约因素的前提下,经多次研究讨论,最终确定了对集中采购设备用"四统一分"的采购和发运模式。

7.7.3　设备的集中采购原则

(1)结合项目的特点,做好设备选型,确保所选设备经济、适用。

(2)所有大型工程设备采用统一招标,以取得最低的采购单价,有效降低采购成本。

(3)通过统一招标,明确要求设备售后服务前移至项目现场。

(4)规定供方必须在现场建立寄售配件库,且根据实际消耗后结算,专业售后服务人员根据现场设备施工情况合理规划设备配件的进场,既保证现场设备的完好率,又避免配件大量库存。同时,供方需负责完工后剩余配件的退场。

7.7.4　集中采购的方式

招标前期准备:

(1)根据工程量、总工期、各种机械设备的工作效率计算各类设备的需求量,并留有富余。

(2)充分调查国内外设备制造商或供应商、拟参建单位和类似项目的其他中资企业的基础上,最终确定采用集中采购的设备清单。

(3)根据确定的集中采购设备清单,确定采购包分类。

(4)制定集中采购设备的新评标标准。设定商务部分、技术部分、服务方案三大评分要素,如表7-5所示。在该标准中将更多的分值给了设备售后服务,分值从原来的5分调整为25分,包含了驻场服务水平、售后服务费用、代建配件库、配件价格水平4个方面。

表7-5　设备集中采购评标标准

序号		评分因素	分值	评分标准
A(50分)	A1	投标报价	35	投标报价得分=35-$(P-P_1)/P×100×M_1$(P为投标价格,P_1为最低价格,$M1$为敏感度,转口和合资设备M_1=1,国产设备M_1=0.75)
	A2	交货时间	5	现货:5分;15天内:4分;16~30天:3分;30~45天:2分;31~45天:1分;45天以上:0分
	A3	付款条件	10	优于或等于付款条件一的:8~10分;优于或等于付款条件二的,5~7分;优于或等于付款条件三的:2~4分,不满足付款条件的:0分
B(25分)	B1	技术先进性	20	主要部件配置最优:16~20分;主要部件配置次优:11~15分;主要部件配置一般:6~10分;主要部件配置较差:1~5分
	B2	指标先进性	5	(综合指标=X_1/X×权重1+Y_1/Y×权重2+Z_1/Z×权重3…。X,Y,Z为最优指标)综合指标最优:4~5分;次优:2~3分;三优:1分
C(25分)	C1	驻场服务水平	7	驻场人数需满足招标要求,主修人员技术全面、水平最高者:6~7分;次高:4~5分;第三高:2~3分;第四高:0~1分
	C2	售后服务费用	5	费用最低:5分;费用次低:4分;费用三低:3分;以此类推
	C3	代建配件库	8	配件库存满足施工需要,配件拥有率最高者:7~8分;次高者:5~6分,第三高者:3~4分;以此类推(配件拥有率=配件总价/设备总价)
	C4	配件价格水平	5	主要配件进行比较,价格最低的:5分;价格次低的:4分;价格三低的:3分;以此类推

注:①M_1为投标报价的价格敏感度,转口和合资设备因性能较好,主要比较价格,取值为1;国产设备因价格水平已经较低,主要比较性能,取值0.75,报价得分低于0分者,按0分处理。

②增加了"指标先进性",主要是考虑在历次评标中,挖掘机、摊铺机等各家指标均不相同,无法定量评定。

③本次评标标准把售后服务分值提高到25分,也是基于项目实际情况考虑的。

④评标时需要把国产、转口、合资的设备分开评审。

(5)为了保证设备的先进性,并让设备选型更具公平性和公开性,对所有集中采购设备制定了有针对性的集中采购设备打分权重表,如表7-6所示。

表7-6　集中采购设备的主要指标及权重

设备名称	指标1		指标2		指标3	
	指标	权重/%	指标	权重/%	指标	权重/%
推土机	机重	60	功率	40		
履带挖掘机	机重	50	功率	30	斗容	20
轮式装载机	功率	50	三倾合时间	30	斗容	20
平地机	机重	40	功率	40	铲刀宽度	20
振动压路机(含羊角碾)	功率	40	激振力	30	自重	30

续表

设备名称	指标1		指标2		指标3	
	指标	权重/%	指标	权重/%	指标	权重/%
水泥混凝土搅拌站	骨料仓容积	40	中间骨料仓容积	30	上料时间	30
混凝土泵车	最大输送量	40	布料高度	30	功率	30
混凝土运输车	功率	60	有效运载容积	40		
自卸车	前后桥载重	60	功率	40		
洒水车	前后桥载重	60	功率	40		
加油车	前后桥载重	60	功率	40		
拖车头	最大牵引重量	40	功率	30	前后桥载重	30
低板拖车	承载量	50	高度	30	有效长度	20
加长载重车	货箱长度	40	功率	30	载重量	30

7.7.5 "四统一分"采购和发运

经反复、充分论证,考虑集团利益最大化,切实减少采购环节,降低采购成本、物流成本,对集中采购设备采用"四统一分"的采购和发运模式。

(1)统一招标:由公司和拟参加单位共同编制招标文件,确定邀请投标单位,共同评标,确定中标短名录。原则上每种设备的中标短名录不少于3家。

(2)分别签署:各施工单位根据自己的施工习惯,自主从中标短名录中挑选最终的设备供应商,自行与之进行合同谈判和签订采购合同。

(3)统一付款:设备款由公司统一支付。

(4)统一运输:设备境外运输由公司总部集中统运。

(5)统一清关:设备进入肯尼亚后,由公司驻地机构统一清关,再安排送到相应项目部。

7.7.6 售后服务

(1)通过售后前移,提供项目技术支持。依照集中采购合同,各供应商应向项目派遣不少于2人的售后服务团队,所有进驻项目服务人员预计达50人,该部分人员除了2年服务期服务费用全免外,还自备服务车辆,自带专业工具,负责对中方及当地维修人员和操作人员进行交机以及质保期内索赔件的鉴定、所属设备的日常管理、疑难杂症的处理等方面的培训。项目所有设备运转正常,这与售后人员在前场直接提供技术支持密不可分。

(2)通过配件前移,保障设备的正常使用。根据协议,各供应商需要在项目前场建立寄售配件库,对于质保期内的索赔件,经厂家技术人员鉴定后,直接免费从库中领取;对于非索赔件,采用每月清点1次、3个月结算1次的方式。通过配件前移,减少了配件积压,集中采购的配件真正实现了零库存,同时也减少了公司的资金占用,解决了错订、错到的难题。

(3)备用周转设备,进一步提高设备的可靠性。协议规定,各供应商根据项目所采购的设备台套数,在项目过程中配备适量的备用周转设备,周转设备归厂家所有,一旦项目部因设备故障较大,来不及维修或发生配件短缺,即可启动周转车辆,在一定程度上保证了设备的使用率。

(4)通过大宗物资集中采购和搭建当地采购平台,提高了采购效率,保证了材料质量,降低了采购成本,同时也使各项目部在可控范围内发挥自主权。

7.7.7 结 语

这个海外铁路项目通过实施集中采购,达到了降本增效、减少配件库存的效果,具体优点如下。

(1)很大程度上降低了设备采购成本。目前,通过公司集中采购的设备已经全部到位,相比公司之前的采购费用,本次集中采购共节省采购费用超过2000万美元,加上延期半年的货款支付方式,还可节省400万美元,通过集中采购要求供应商提供施工期免费驻地服务,节省费用约600万美元,最终集中采购模式总计为项目部节省3000余万美元,真正以规模优势实现了价值优势。

(2)实现了海外项目设备规格的相对统一,便于施工期间设备的现场管理及维修。

(3)通过统一招标采购,明确设备供应商选择范围,便于充分发挥其积极性和主动性。

(4)集中采购很大程度上提高了采购效率、运输效率和进入肯尼亚后的清关效率。

(5)通过统一运输、统一报关、清关,节省数额较大的国际运费及相关辅助费用。

(6)采集模式中要求供应商在项目前场建立寄售配件库,最大限度地减小了配件的库存量,降低了设备维护成本。

但是,此次集中采购也存在一些需要优化之处。

(1)采购范围应进行动态调整,以适应不同项目需求。

(2)由于海外优贷基础建设工程多为免税项目,备用周转设备在项目结束后的海关处理存在缺陷,有待进一步研究、完善。

(3)大型基建项目涉及多个法人单位,对工程收益率要求不同,应进一步探讨收益是否要进行二次分配。

随着进入海外市场的企业越来越多,海外工程市场竞争也愈加激烈,在目前很多施工单位人员和技术力量不足的情况下,为了更好地立足国际市场,我们应该因地适宜地转变传统的施工设备管理模式,不断创新。

通过分析此海外大型铁路项目采取集中采购模式的效果得出:设备集中采购模式不仅降低了设备采购成本及后续的售后服务成本,更重要的是提升了设备管理模式,将厂家的售后服务移至项目现场;同时采取建立寄售配件库的方式保证项目施工设备的完好率,有效解决了物资供应保障过程中遇到的各种问题,保证了物资供应秩序的顺利进行,实现了入场物资质量零缺陷,维护了工程项目和各参建单位的利益,且切实起到了降本增效的积极作用。[①]

---

① 资料来源:马文彬,雷瑜,刘振朝 中国交通建设股份有限公司 2017

思考题

1.请说明招标投标的性质和应遵循的基本原则。

2.分析必须进行招标的工程项目范围和规模标准。

3.简答工程项目的招标方式和组织形式。

4.工程项目招标阶段的主要工作内容及要求。

5.简述工程项目招标文件的组成。

6.简述国际工程项目招投标的程序。

7.简述项目采购计划应包括哪些内容？

8.简述询价的方式有哪些？

9.简述按计价方式分类合同的类型及风险划分的特点。

第8章 工程项目健康、安全与环境管理

工程项目的健康、安全与环境管理是指一种事前通过识别与评价,确定在活动中可能存在的危害及后果的严重性,从而采取有效的防范手段、控制措施和应急预案来防止事故的发生或把风险降到最低程度,以减少人员伤害、财产损失和环境污染的有效管理方法。事后控制不如事中控制,事中控制不如事前控制,这就要求在工程项目管理过程中,谋事在先,尊重科学,探索规律,采取有效的事前控制措施,防患于未然,将事故消灭在萌芽状态。本章将对工程项目的健康、安全与环境管理相关内容进行介绍。

8.1 工程项目健康、安全与环境管理概述

8.1.1 工程项目健康、安全与环境管理的概念与起源

健康(health)、安全(safety)和环境(environment)管理简称"HSE管理",是指对健康、安全与环境进行全面综合管理。由于三者多与职业行为相关,因此又被称为职业健康、安全与环境管理。其中,健康是指人身体上没有疾病,心理上(精神上)保持一种完好的状态;安全是指在劳动生产过程中,努力改善劳动条件、克服不安全因素,使劳动生产在保证劳动者健康安全、企业财产不受损失、人民生命安全的前提下顺利进行;环境是指与人类密切相关的、影响人类生活和生产活动的各种自然力量或作用的总和,不仅包括各种自然因素的组合,还包括人类与自然因素间相互形成的生态关系的组合。由于三者在实际工作过程中有着密不可分的联系,因此一般对健康、安全和环境实行综合管理。

工程项目HSE管理是指在项目策划决策、实施和运营等阶段中,业主、施工单位等项目参与方通过采取计划、组织、控制、领导和协调等一系列活动,实现项目的健康、安全与环境目标,从而减少由项目所引起的人员伤害、财产损失和环境污染,使工程活动与人类自身以及生态环境相协调。工程项目HSE管理的目标一般包括意外事故发生率、对人员和环境产生危害的影响程度等。工程项目HSE管理的任务包括:建立完善的HSE管理体系,并保证其持续有效;按照HSE管理体系要求对项目进行持续的HSE管理;加强对必需资源的HSE管理等。上级组织(公司)的HSE管理的制度体系和文化建设是工程项目HSE管理的重要依据。作为项目建设主体的施工承包商的HSE管理体系建设和运行效果是关键,也是业主方管理的重点和难点。

HSE管理源于石油石化等高风险的行业。1991年,在荷兰海牙召开了第一届关于油气勘探、开发的健康、安全、环保的国际会议,此后许多大型石油公司相继建立了自己的HSE管理体系。以英荷皇家壳牌集团(简称壳牌公司)为例,1991年颁布健康、安全与环境(HSE)方针指南,1992年正式出版《安全管理体系标准EP92-01100》,1994年正式颁布《健康、安全与环境

管理体系导则》。1996年,ISO/TC67的SC6分委会发布了ISO/CD14690《石油和天然气工业健康、安全与环境管理体系》,成为HSE管理体系在国际石油业普遍推行的里程碑,HSE管理在全球范围内得到了广泛的重视和发展。国际标准化组织在出台具有广泛影响的ISO9000系列标准的同时,于1993年6月成立了ISO/TC207环境管理技术委员会,正式开展环境管理系列标准的制定工作,以规范企业和社会团体等所有组织的活动、产品和服务的环境行为,支持全球的环境保护工作,出台了ISO14000环境管理系列标准。1999年,英国标准协会(BSI)、挪威船级社(DNV)等13个组织发布了职业安全卫生评价系列标准(Ocupational Health and Safety Assessment Series 18000,OHSAS18000)。

1996年,中华人民共和国国家质量监督检验检疫总局和中国国家标准化管理委员会颁布了《环境管理体系——规范及使用指南》(GB/T24001-1996),后来修订为《环境管理体系——要求及使用指南》(GB/T24001—2004),属推荐性国家标准,等同于采用ISO14001:2000。1999年10月,国家经济贸易委员会颁布了《职业健康安全管理体系试行标准》;2001年11月12日,国家质量监督检验检疫总局正式颁布了《职业健康安全管理体系规范》(GB/T28001—2001),自2002年1月1日起实施,属推荐性国家标准,该标准与OHSAS18001内容基本一致。

8.1.2 工程项目健康、安全与环境管理的意义

经济的发展和社会的进步使得安全、健康与环境问题在世界范围内受到空前关注。工程建设领域由于劳动力密集而使安全和健康问题突出,由于改变自然状态而对环境产生极大影响。

研究表明:建筑及其相关行业消耗了全球约50%的能源,产生了全球24%的空气污染、40%的水源污染和20%的固体垃圾,因此工程建设行业的环境管理日益得到广泛的重视。同时,工程建设行业的生产方式决定了其职业健康和安全问题的严重性,因此,工程项目HSE管理的作用日益突出。

1.满足有关法律法规和行业惯例的要求,实现可持续发展

由于环境、职业健康与安全问题的日益突出,可持续发展在全世界范围内得到广泛认可,各国均出台了众多关于环境和职业安全卫生方面的法律法规和标准规范,而且日趋严格,工程项目的HSE管理首先就是满足环境保护、安全生产、文明施工等方面法律法规的要求。此外,在FIDIC合同条件等工程建设行业惯例中,也明确提出了关于HSE管理的要求。

2.有利于消除贸易壁垒,开拓国际工程市场

世界贸易组织的最基本原则是"公平竞争",其中包含环境和职业健康安全问题。关贸总协定乌拉圭回合谈判协议提出:"各国不应因法规和标准的差异而造成非关税壁垒和不公平贸易,应尽量采用国际标准。"欧美等发达国家提出,发展中国家在劳动条件改善方面投入较少使其生产成本降低所造成的不公平是不能被接受的。发达国家已经开始采取协调一致的行动对发展中国家施加压力和采取限制措施。北美洲和欧洲都已在自由贸易区协议中规定:"只有采取同一职业健康安全标准的国家和地区才能参加贸易区的国际贸易活动。"在国际工程市场中,许多国家和地区将获得ISO14001标准和OHSAS标准的认证作为投标的必要条件。

3.增加项目的经济效益

英国安全卫生执行委员会的研究报告显示,工厂伤害、职业病和可被防止的非伤害性意外事故所造成的损失,占英国企业获利的5%~10%。通过强化工程项目的HSE管理,能够有效地控制重大灾害事故的发生率,减少企业安全、健康和环境事故的损失。工程项目HSE管理在项目初期会造成综合成本的增加,但随着项目成员对HSE理念的理解和对HSE标准的熟悉,将大大提高项目运作的效率,降低不规范操作的潜在成本,从而提高工程项目的收益。

4.提升项目团队的凝聚力,形成积极的项目文化

从工程项目团队角度来看,HSE管理体现了对团队成员和环境的充分尊重。通过建立一整套制度化的HSE保障体系,强化HSE培训,能够强化企业员工的安全和健康意识,使工作过程操作规范化和事故预防化,为团队成员创造安全可靠的作业环境;同时尽量降低项目对自然环境和社会环境造成的破坏;大大提升项目团队的凝聚力,激发他们的积极性和创造性,形成积极的项目文化。

5.强化企业社会责任,塑造良好的社会形象

企业社会责任是指企业在创造利润、对股东承担法律责任的同时,还要承担对员工、消费者、社区和环境的责任。企业的社会责任要求企业必须打破把利润作为唯一目标的传统理念,强调在生产过程中对人的价值的关注,强调对消费者、对环境、对社会的贡献。《中华人民共和国公司法》第五条明确要求,公司从事经营活动必须承担社会责任。现代企业的市场竞争不仅是资本和技术的竞争,也是品牌形象的竞争,企业发展与企业的社会责任密切相关。工程项目的HSE管理体现了企业对环境以及职业健康安全的重视,能够树立企业的健康、安全和环境形象,实现社会效益、环境效益和经济效益的协调提高。

8.1.3 HSE管理体系的框架

HSE管理体系是指企业实施安全、健康与环境管理的组织机构、职责、做法、程序、过程和资源等要素构成的一个有机整体。这些要素通过系统的方法和PDCA循环组合在一起,相互关联、相互作用,形成一个结构化动态管理系统。企业的HSE管理体系是工程项目HSE管理的基础和条件。

1.HSE管理体系的基本要素

基本要素是指为了建立和实施HSE管理体系,将其划分成的一些具有相对独立性的条款。各个企业间由于具体情况的差异,在划分要素上有所不同,但其核心内容是一致的,一般包括七个基本要素,如图8-1所示。

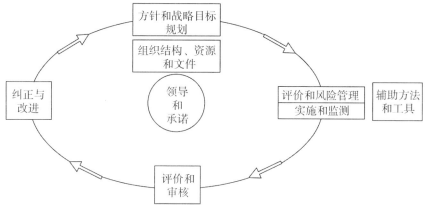

图8-1　HSE管理体系的基本要素

该体系基本要素及相关部分分为三大块：核心和条件部分、循环链部分、辅助方法和工具部分。

（1）核心和条件部分。具体包括以下内容。

①领导和承诺。管理者应表明对HSE管理的信心和承诺，积极鼓励在一切生产经营活动中满足HSE的要求和规定；努力创造和保持HSE管理体系的企业文化，鼓励各级员工、承包商共同参与公司HSE管理。领导和承诺是HSE管理体系的核心，是HSE管理的基本要求和动力，自上而下的承诺和企业HSE文化的培育是体系成功实施的基础。

②组织机构、资源和文件。建立和维持适应自身发展的组织结构和企业文化，为HSE管理体系的建立和实施提供资源和人力；提高HSE信念，鼓励员工采用安全、健康的生活方式并做好环境保护；建立一套层次分明的HSE管理文件体系，鼓励HSE管理体系应用的一致性；实现开放和有效的HSE管理，鼓励管理者与现场工作人员、承包商进行交流和咨询；增强现场HSE风险的有效预防和控制，使员工、承包商和附近居民的健康风险最小化。良好的HSE管理所需的组织结构、资源和文件是体系实施和不断改进的支持条件。

（2）循环链部分。具体包括以下内容。

①方针和战略目标。遵守法律法规，在法律法规没有规定的领域采用可行的标准；制定一系列有效的程序，以改善安全和健康管理，保护环境；将HSE理念融入公司管理和控制活动的全过程中；提供适用的工程设施、厂房和设备，加强维护，使其安全运行；提倡开放的HSE管理，鼓励公司员工、承包商，以及其他相关者参与；实施风险管理，对外部和内部的影响采取积极响应措施。方针和战略目标是对HSE管理的意向和原则的公开声明，体现了组织对HSE的共同意图、行动原则和追求。

②规划。确保在项目的论证、立项和任何变更决定中，优先进行HSE影响的评价工作，以检查HSE风险水平是否保持在尽可能低的合理水平；确保在进行所有商务规划前先考虑HSE预期的目标、风险和投入，并采用可行的HSE管理惯例；通过审核和评审主要操作活动来评价HSE的执行情况，努力使风险降到尽可能低的合理水平；确保应急反应计划的测试和及时更新，通过提供适当的资源和设备，以保证紧急情况发生时满足应急反应的需求；确保关键人员的培训，使之具备相应的能力胜任其工作，鼓励和激发员工创造良好的HSE企业文化。

③评价和风险管理。建立明确的系统和程序,以确定在规划、建设、拆迁,以及常规和非常规作业活动中所有显著的 HSE 风险和危害;在实际操作和规划过程中执行一些必要的、可控制的变更,将风险控制到最小;明确规定各级管理层的 HSE 责任,将责任落实到人;保证与风险有关的资源和材料在被使用之前都已通过评价。

④实施和监测。每一个员工都应意识到自己在 HSE 方面的职责,并且按照规定的程序接受相应培训和考核;所有具有显著 HSE 风险的活动,都应有可靠的工作程序及应急反应计划;所有发现的事故都应进行调查,搞清事故发生原因并对预防和应急措施进行检讨;建立事故和风险档案,包括造成了损失的事故和险兆事故,并做到方便交流;对每一个作业活动场所周围的环境质量、工业卫生条件按规定进行监测;要慎重考虑员工的所有意见和建议,建立相互信任、履行各自承诺的沟通渠道。

⑤审核和评审。确定关键的 HSE 领域,定期检查,通报其 HSE 表现;定期进行 HSE 内部审核,以便实现持续改进的目标;实施管理评审,以客观评价 HSE 管理体系实施情况和所定目标的完成情况;根据检查和审核制定有效的控制程序。

⑥纠正与改进。纠正与改进不作为单独要素列出,而是贯穿于循环过程的各要素中。

循环链是 PDCA 循环模式的体现,企业的安全、健康和环境方针、目标通过这一过程来实现。除 HSE 方针和战略目标由高层领导制定外,其他内容通常由企业的作业单位或生产单位制定和执行。

（3）辅助方法和工具部分。辅助方法和工具是为有效实施管理体系而设计的一些分析、统计方法。

2.HSE 管理体系的文件框架

HSE 管理体系中还包括了 HSE 管理手册、管理程序文件、运行控制文件、HSE 作业计划书、HSE 作业指导书以及 HSE 现场检查表等。图 8-2 所示为 HSE 管理体系的基本文件框架。

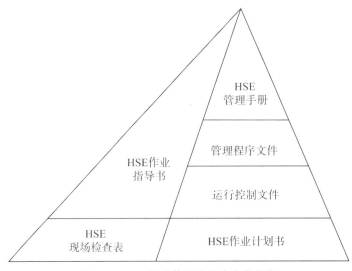

图 8-2   HSE 管理体系的基本文件框架

首先应建立项目 HSE 组织机构,明确各岗位的 HSE 管理职责。项目经理是本项目的

HSE管理第一责任人,专职HSE管理人员是开展HSE工作的核心力量,基层作业组长是落实HSE管理职责的重点。项目开始前应针对其特点,组织有经验的工作人员和HSE管理人员,有效且详尽地对工作中的风险进行识别,落实风险管理措施。同时还要编制本工程HSE作业计划书和HSE现场检查表。HSE作业计划书具有指导性和现场可操作性,HSE现场检查表可根据施工进度分专业进行编制,也可编制全面的、包含各专业性质的现场检查表,以便全面检查。

每一个项目都单独建立一套自己的HSE管理体系显然是不经济、不现实的,也是时间和资源所不允许的。实际上,企业可以根据各类企业承担任务的共同点编制企业的HSE管理体系文件,然后再针对具体项目特点从中选择相关部分组成项目的HSE管理手册。因此,一旦一个咨询、设计、施工企业成功地建立了符合其特点的HSE管理体系,并建立一套项目管理团队贯彻HSE管理体系的模板,便可在以后其承揽的项目中结合各个不同项目的特点运用并发展完善。

8.1.4　HSE管理体系的实施和运行

1.HSE管理体系的实施

HSE管理体系必须得到全面而有效的执行,重点抓好如下几项活动。

(1)教育和培训。培养和增强各层次人员的HSE意识和能力,这是企业和项目部重要的法律责任。必须建立分级的HSE教育制度,实施公司、项目经理部和作业队三级HSE教育,明确培训要求和应达到的效果,规范培训程序,未经教育的人员不得上岗作业。

对HSE管理可能产生重大影响的工作,特别是需要特殊培训的工作岗位和人员要专门进行教育、培训,以保证他们能胜任所承担的工作。同时,做好对危险源及其风险规避的宣传与警示工作。

(2)逐级开展HSE管理实施计划的交底工作,保证项目经理部和承包商或分包商等人员能正确理解HSE管理实施计划的内容和要求。在相关的工程或工作开始前,项目经理部的技术负责人必须向有关人员进行HSE管理和技术交底,并保存交底记录。

(3)确保项目的相关方在HSE管理方面能相互沟通信息,并鼓励所有项目相关方的人员参与HSE管理事务,对HSE管理方针和目标予以支持。

(4)运行控制,具体包括以下几方面。

①项目组织应更多采用预防措施,做到预防为主、防治结合。

②确保HSE管理体系文件得到充分理解并有效运行,保证管理体系文件中写到的要做到,做到的应有有效记录。

③根据HSE的方针、目标、法规和其他要求开展工作,使与危险源有关的运行活动均处于受控状态。

④项目部应制定并执行项目HSE管理日常巡视检查和定期检查的制度,记录和保存检查的结果,及时对安全事故和不符合相关要求的情况进行处理。

（5）应急准备和响应,具体包括以下两方面。

①在工程实施过程中应经常评价潜在的事故或紧急情况,识别应急响应需求,随时准备启动应急准备和响应计划,以预防和减少可能引发的危险和突发事件造成的伤害。

②当现场发生事故时,项目部应按照规定程序积极组织救护,遏制事故不良影响的继续扩大。

2.检查和纠正措施

（1）持续不断地对HSE绩效进行监督和测量,以保证HSE管理体系的有效运行。通过对体系运行状况的监督,及时发现问题并采取纠正措施,实施有效的运行控制。具体包括以下几方面。

①定期对项目HSE管理体系进行例行检查、监测和测量,分析危险行为及影响健康、环境和安全的部位与危害程度。

②采用随机抽样、现场观察和实地检测相结合的方法开展HSE检查,记录检测结果,及时纠正发现的违章指挥和操作行为,并在每次检查结束后及时编写HSE检查报告。

③对可能引发重大HSE问题的关键运行活动进行监督和测量,保证监测活动按规定进行。

（2）不符合状况的纠正、处理与预防措施。严格执行对不符合或违反HSE规定的事件的调查和处理程序,明确有关职责和权限,实施纠正和预防措施,以减少事故的发生,并防止问题再次发生,具体包括以下几方面。

①对检查出的偏离方针和目标的、违反HSE规定的行为应及时启动相应的控制程序,发出整改通知单,要求责任单位、部门或人员限期纠正。一旦发现有潜在的危险,要结合管理方案提前采取防御措施,并对其进行跟踪反馈。

②分析不符合或违反HSE规定的事件的原因,并预测其问题的严重性。

③针对产生问题的原因采取相应的纠正与预防措施以减少由此产生的影响。

④对不符合或违反HSE规定的事件进行整改,执行纠正措施,并跟踪验证其有效性。

⑤进行深入的分析和调查,预防事故和不良事件的进一步发生。

⑥对已经出现的HSE事故应按合同约定和相关法规组织事故的调查、分析和处理。

（3）建立HSE信息管理程序,全面、真实地记录HSE管理体系的运行状态。资料要清楚,标识要明显,有可追溯性,在很大程度上应具有法律证明效力。

（4）管理体系审核。项目部要经常评估HSE管理体系运行的有效性（即HSE管理体系是否得到正确实施和保持）、符合性（即HSE管理体系是否符合相关工作的预定安排和规范要求）,要有定期开展HSE管理体系内部审核的程序、方案、步骤和具体要求,以形成自我保证和自我监督机制。

3.管理评审

由上层组织对项目HSE管理体系进行系统评价,以判断管理体系对内部情况和外部环境变化的应对是否充分有效,评价管理体系是否完全实施并继续保持,评价管理方针是否依然合适,管理方案是否应随情况的变化而及时进行相应的调整。

8.1.5　HSE管理在现代工程项目管理中的地位

1.HSE管理体现了工程项目的社会责任和历史责任

早期的工程项目管理以质量、进度和成本管理为主要内容,这主要是从业主和承包商等项目参与者的角度出发的。

由于工程项目的社会影响大、历史责任大,社会各方面对工程项目有许多新的要求。现代管理领域的许多新内容,如ISO14000《国际标准——环境管理体系》、OHASA11800《职业安全卫生管理体系认证标准》以及国家劳动(健康)保护法规,都要求在工程项目中有所反映,有些工程领域将它们统一为工程项目的HSE管理体系。

(1)HSE管理是保护人类生存环境、保障人们身体健康和社会文明、保证社会和企业可持续发展的需要,是对工程项目更高层次的要求,体现了项目的社会责任和历史责任。

(2)工程,特别是建筑工程,是资源和能源的消耗大户。很多工程现场的水泥、混凝土、钢材和自来水等的使用,均存在很大程度的浪费。此外,建筑垃圾污染严重,是当前最大的污染源之一。

(3)建设工程属于事故多发领域,经常出现安全事故和健康问题,给国家和人民生命财产带来严重损害,造成很大影响。

2.HSE管理推动了"以人为本"的方针在工程中的贯彻落实

近年来,国家提出树立科学发展观、建设资源节约型社会和环境友好型社会的目标和要求,以促进经济健康发展。工程领域对此承担特别重大的责任,应该积极贯彻落实。

通过实施HSE管理,可促进在工程建设中对环境的保护,推动"以人为本"的方针的贯彻落实,努力建设环境友好型、资源节约型和人性化工程。HSE管理体现了"以人为本"的管理思想,在保障劳动者的身心健康和生命安全的基础上有效提高了生产力水平,促进了社会安定、和谐、有序地发展,其影响惠及千家万户,甚至影响整个社会和国家的整体面貌。

3.HSE管理是现代工程建设的要求,有利于实现建筑业的可持续发展

在现代工程承包领域,建筑企业已经不能再简单地追求较高的利润额,更重要的是承担社会责任和历史责任。加强工程项目HSE管理能够促进企业、环境与经济的协调,实现持续发展,使企业走向良性和长期发展的道路。同时,推行HSE管理能够促进工程技术、施工管理、环境保护技术、材料供给以及资源和能源的合理利用等方面的创新,这将会推动工程科学技术的进步和产业的合理调整,进一步完善建筑业的法律法规,并规范整个建筑市场的秩序。

4.HSE管理已成为工程承包商(包括供应商)的基本责任

在现有的一些工程承包合同(如FIDIC工程施工合同)中,针对工程质量,要求承包商提供质量管理体系,由业主的项目经理审查;针对环境保护,要求施工项目的废弃物排放必须低于法律和规范规定的较小值;针对职业健康保护,要求必须按照工程所在地的法律要求保护劳务人员的健康。可以将它们纳入统一的管理体系中,即采用HSE的管理体系进行管理,这已经成为工程承包商(包括供应商)的基本责任。

目前,我国承包商与建设单位HSE管理的意识不强,相关管理制度的贯彻落实不够彻底,管理水平总体不高,成效不明显,常常将HSE管理作为一种形式,还停留在投标时利于中标且造价上可增加取费的思路上。

另外,与发达国家相比,我国政府和社会的HSE监督力度不大,对于工程建设中的HSE管理的认识和宣传还不够到位,相关的技术措施还比较落后,严重影响了HSE管理的效果。在以后,将HSE管理水平和业绩作为评价或者衡量工程承包企业的标准之一是必然的趋势。

8.2　工程项目不同阶段HSE管理的主要内容

工程项目的特征决定了在其全生命周期均应进行HSE管理,既要考虑施工现场职工的安全与健康,又要考虑项目投产后操作人员的安全与健康;既要考虑施工、安装阶段现场的环境,又要考虑项目投产后对环境和生态所产生的影响。工程项目HSE管理涉及项目全生命周期以及业主方、设计方、施工方和监理方等项目参与方,各参与方在项目不同阶段有着不同的HSE管理任务。业主可自行或委托咨询单位对项目进行工程实施全过程的HSE管理。

8.2.1　项目策划和决策阶段的HSE管理

项目的策划和决策阶段要决定投资项目的具体建设规模、产品方案、建设地址以及项目的主要工艺、设备、结构、进度和资金运作等事项,该阶段的主要工作包括投资机会分析、项目建议书编制、可行性研究、项目评估和决策审批等。该阶段要认真进行健康、安全、环境影响方面的风险分析,坚决贯彻国家有关健康、安全、环保方面的技术标准和技术规范,制定最佳的建设方案、布局和设施,为项目建成后贯彻HSE标准打下良好的基础。该阶段HSE管理的重点内容如下。

(1)应考虑工程项目现场以及周围的平面布局安排,可能发生的自然灾害及其发生的概率,预测可能出现的其他风险。

(2)应清楚周围环境的特点,建立风险数据库,做出危害评估。

(3)了解周围环境的基本资料,确认可利用资源的辐射和噪音等标准,确认项目对环境的长、短期影响,明确减轻环境影响的方法。

(4)了解周围人口的基本情况,弄清项目对当地员工与当地社会的影响,对于不好的影响要考虑如何减轻。

(5)计划落实"三同时"制度,工程建设项目的环保设施必须与主体工程同时设计、同时施工、同时投产使用。

(6)组织进行工程项目环境影响评价,详见下节内容。

8.2.2　项目设计阶段的HSE管理

在设计过程中,应当遵照国家有关的技术规范和标准,确定工程项目的HSE目标和要求,进行危险性评价、项目可施工性评价、项目可操作性评价、设计变更控制和HSE评价。

1.项目HSE目标和要求的确定

业主项目部应确定项目HSE管理的目标,并针对项目的实际情况,编制详细的HSE管理体系。

2.项目危险性评价

在设计阶段,业主应对项目全过程的全体建造目标的危险性进行正式评价,以利于后面各阶段HSE管理工作的进行。设计方案中应包含的资料包括劳动力资源平衡表、大致的施工操作规则、材料用量表等。业主项目部的HSE管理部门或人员应将这些资料记录下来,以备后用。

3.项目可施工性评价

业主项目部应对施工方法和施工技术进行检查,并为减少施工的不安全性而对设计做相应的调整。

4.项目可操作性评价

业主与承包商及从事具体施工工作的人员来共同评价设计的可操作性,如安全通道、通风口以及其他安全设备的设置等。

5.设计变更控制

业主应严格控制设计变更中劳动力资源、安全设施、材料、设计规范、设备类型、设备布局、危险区域等可能与HSE管理相关的变更内容。

6.项目HSE评价

做好关于危险性评价的记录,综合项目各方的评判意见,检查各程序是否都进行了HSE评价,并确认风险是被有效管理的。

8.2.3　项目招投标阶段的HSE管理

招投标阶段是HSE管理体系能否在之后项目建设中有效实施与运行的决定性阶段,如何选择一个合格的承包商(施工单位)非常重要,应该从以下几方面选择和约束承包商。

(1)实施承包商(施工单位)市场准入和项目招投标HSE评估,将承包商(施工单位)的HSE资质、能力、表现及业绩作为企业市场准入和招投标的首要条件。

(2)将业主方关于HSE管理的程序文件提供给所有的投标单位,要求投标人熟悉业主方HSE管理的程序及要求,并能在投标报价中充分考虑实现这些管理要求所需要投入的费用。

(3)评标时将投标方项目经理及HSE经理的HSE管理能力及业绩作为评分的重要依据,并且要求其做出施工中不更换项目经理及HSE经理的承诺。

(4)签订施工合同的同时要签订HSE合同,且在合同中明确体现承包商(施工单位)HSE管理承诺以及相应的奖惩措施。另外,合同中的HSE费用应单列,且有具体的使用和考核办法。

8.2.4　项目货物及设备采购阶段的HSE管理

货物及设备采购阶段的HSE管理工作相当重要,特别是对于EPC总承包项目,其主要工作如下。

(1)对供应商近年的HSE业绩进行审核和评估。

(2)在预算允许的范围内尽可能采购先进的设备和工艺,杜绝或减少HSE事故的发生。

(3)对供应商提供的重要设备、设施、产品的生产过程进行有效监督,并将检查监督情况记录存档。

(4)落实应对产品质量负责的供应商管理人员,并在合同中予以明确。

(5)明确业主项目部采购部门人员的职责。

(6)监督并使新、改、扩建装置(设施)建设中的采购符合国家或行业标准,对影响安全生产的关键性物资和装备进行安全审查,并进行安全检测。

8.2.5 项目施工阶段HSE管理

项目施工阶段是项目HSE管理的重点阶段。项目施工阶段是施工单位建立的HSE体系的实施和运行阶段,业主方的主要工作是检查其安全风险分析、控制手段是否有效,现场安全措施是否落实,员工作业是否处于安全状态等,主要包括日常检查、每周联合检查、专项检查等方式,从而促进施工单位的安全体系有效运行。由于承包商是具体的项目HSE管理工作的承担者,故下面主要介绍承包商的HSE管理工作。

1.成立现场HSE管理机构

项目经理部应设置专门的现场HSE管理机构,设置专职的HSE管理人员。目前,我国大多数项目的HSE管理机构由现场的安全管理人员兼任,但由于安全管理人员的职位位于项目经理之下,当HSE管理工作与质量、进度和成本管理发生矛盾的情况下,很难进行正确决策,因此,应强化HSE管理人员的权力和地位。

2.编制项目的HSE管理大纲

项目经理部应根据自己公司的HSE管理方针和管理目标,针对项目的特点,编制本项目的HSE管理大纲,该大纲还必须符合招标文件、合同文件以及发包人(或监理工程师)对工程的一些要求等,HSE管理大纲大致内容如下。

(1)项目概况。除项目基本情况外,应主要包括危险源等危害健康、安全和环境(HSE)等因素的判断。

(2)HSE的方针、目标、承诺、控制与管理,即HSE系统的总目标和子目标。

(3)HSE的控制和管理程序。确定HSE的控管过程和事故处理过程。

(4)HSE系统的组织机构。HSE系统的组织网络架构形式及人、财、物的组成。

(5)HSE的责、权、利。根据不同组织机构的层次,规定相关人员的责、权、利,包括企业总部、项目部、作业班组、分包商、安全主任、安全工程师、HSE工作人员等。

(6)规章制度条例。包括HSE管理制度、操作条例、岗位责任制、绩效测评考核等。

(7)HSE具体措施。针对不同的工程项目制定相应的对策和措施,建立一套可行的紧急事件应急预案以及隐患管理系统。

(8)资源配置。根据不同工程项目特点,提出HSE管控所必需的物资、材料、设备、设施等资源配置要求和配置方案。

（9）HSE从业人员的伦理观及"能耗减量（reduce）—再利用（reuse）—再循环（recycle）"的三R原则培训与宣传。

（10）HSE现场的沟通和文档管理。

（11）HSE在设计阶段、施工阶段及试生产和竣工验收阶段等贯彻循环经济方针的各项管理细化措施。

（12）对工程项目的HSE的管控监测实施提出合理化建议。

（13）建立健全HSE信息管理。

（14）HSE的变更管理。

（15）建立HSE长效运行机制。

（16）检查评价。确定检查评价方式方法和评估评价指标及奖惩标准等。

HSE管理大纲的编制工作由项目经理部的HSE管理部门编写，由公司的HSE管理机构审批。审批通过后应严格执行，如未通过，应按照修改意见重新修订编写。一旦HSE管理大纲审批通过后，项目经理部的任何人员无权修改，如确因现场和实际发生变化需要修改，应按照原来的编制、审批程序执行。

3. 施工过程中的HSE的重点工作内容

（1）人员的培训。针对具体项目的HSE培训计划应该和项目施工进度相一致，它包括管理层面和工人层面两个级别的培训。管理层面的培训内容包括：学习现场安全管理的基本规定；充分了解项目目标和施工进度；学习领导和监督技能；学习掌握事故报告系统的方法；学习对工人的培训方法。工人层面的培训内容包括：学习现场的具体安全规定；充分了解项目目标和施工进度安排；学习掌握事故报告系统的方法；对于特别的、有危险的工作要进行专门培训；不断强化安全观念。

（2）人员的标志。对所有进出现场的人员必须实行检验制度，现场所有人员要挂牌标志，以便检查上岗作业情况和个人防护用品的佩戴情况。

（3）安全保障设施。在现场必须配备一定数量的高精度的防护、检验设备，只有这样才能确保现场的安全防护和危险跟踪监测。

（4）严格执行各种作业许可制度。如动火许可制度、安全用电制度、施工机械设备、车辆的检查制度、环境保护制度、日常检查制度等。

（5）危险源的辨识和控制。

（7）重大风险的控制。

（8）重要环境因素的控制。

（9）定期进行消防应急演练。

8.2.6 项目验收阶段的HSE管理

验收阶段的HSE管理工作集中体现在专项验收工作中，主要评价项目前期设计、建设实施过程中的安全措施是否落实，以及HSE管理工作是否到位。

8.3 工程项目职业健康和安全管理

8.3.1 与职业健康和安全管理相关的概念

1.职业健康安全事故

职业健康安全事故即职业伤害事故与职业病。职业伤害事故是指因生产过程及工作原因或与其相关的其他原因造成的伤亡事故;职业病是指经诊断因从事接触有毒、有害物质或不良环境的工作而造成的急慢性疾病。

2.职业健康管理

职业健康管理是指为了有效控制工作场所内的员工、临时工作人员因受劳动条件及职业活动中存在的各种有害的化学、物理、生物因素和在职业工作中产生的其他职业有害因素的影响而引发的职业健康问题,设立职业健康卫生管理机构,对职业健康工作实施管理。职业健康管理工作包括以下内容。

(1)配备和完善与职业健康有关的防护设施和用品;

(2)使劳动者的生理、心理健康得到保护;

(3)建立健全重要岗位的健康卫生管理制度和操作规程,制订职业病防护措施计划,定期对职业健康危害因素进行评价;

(4)定期组织特种岗位作业人员、女职工及炊事人员进行体检等。

3.安全生产和安全管理

安全生产是指使生产过程处于避免人身伤害、设备损坏及其他不可接受的损害风险(危险)的状态。不可接受的损害风险(危险)是指超出法律、法规和规章的要求,超出 HSE 方针、目标和管理计划的要求,超出人们普遍能够接受或隐含的要求的风险(危险)。

安全管理是指企业按照国家有关安全生产法规和本企业的安全生产规章制度,以直接消除生产过程中出现的人的不安全行为和物的不安全状态为目的的一种最基层的、具有终结性的安全管理活动。

8.3.2 健康和安全管理对象

1.工程项目健康和安全危险源辨识应从根源和状态考虑

(1)物的不安全状态。如材料、设备、机械等。

(2)人的不安全行为(主要指违章操作行为)。

(3)管理技术缺陷。包括设计方案、结构上的缺陷,作业环境的安全防护措施设置不合理,防护装置缺乏等。

2.对于危险源要区分项目活动的"三种状态"

(1)正常状态。如正常的施工活动。

(2)异常状态。如加班加点、抢修活动等。

(3)紧急状态。如发生突发事件。

3.健康和安全危险源辨识活动的范围与内容

(1)施工现场危险源辨识不仅包括施工作业区,还包括加工区、办公区和生活区。

(2)危险源辨识与评价活动必须包括:工作场所的设施(如施工现场办公区、钢筋木材等加工区、施工作业区的设施),工作场所使用的设备、材料、物资,常规作业活动,非常规作业活动,进入施工现场的相关方人员等。

4.对危险源的处理

(1)针对人的不安全行为,从心理学和行为学方面研究解决,可通过培训来提高人的安全意识和行为能力,以保证人的行为的可靠性。

(2)针对物的不安全状态,从研究安全技术入手,采取安全措施来解决,也可通过各种有效的安全技术系统保证安全设施的可靠性。

(3)对结构复杂、施工难度大、专业性强的项目必须制定项目总体及各标段、各专业工程系统的安全施工措施。

(4)对高空作业等非常规性的作业,应制定单项职业健康安全技术措施和预防措施,并对管理人员、操作人员的安全作业资格和身体状况进行合格审查。

8.3.3　工程项目职业健康和安全管理责任与具体要求

1.工程项目职业健康和安全管理责任

项目部应建立工程项目职业健康安全生产责任制,并把责任目标分解落实到个人,各个部门和各级人员都应承担相应的责任。

(1)项目部。项目部对工程项目的职业健康和安全担负总体责任,具体包括以下方面。

①认真执行相关的职业健康安全法律、法规和其他要求。

②制订健康和安全管理目标,并将目标责任进行分解,落实到人。

③负责项目危险源的汇总、分析、评价,针对重大风险制定控制措施和应急预案等。

④编制安全技术措施。

⑤负责安全交底和职业健康安全教育培训工作。

⑥负责施工现场安全和环境管理。

⑦对施工现场每周进行一次安全检查,查处安全隐患,下达隐患通知书。

(2)承包商。按照工程承包合同的要求,承包商应设立专门人员负责工程人员的职业健康和安全工作,具体包括以下方面。

①负责相关的法律、法规和其他要求及本企业规章制度的贯彻落实,做好施工现场安全的监督、检查。

②参与施工组织设计中安全技术措施的审核、监督。

③负责施工现场危险源辨识、评价和控制,针对重大风险制定预防措施和应急预案。

④开展安全生产宣传教育和安全技术培训,负责对项目部新入场工人进行培训。

⑤参加工程项目和引进技术、设备的安全防护装置及采用新技术、新材料、新设备的安全技术措施的审查。

⑥对劳动防护设施和劳动保护用品的质量和使用进行检查。

（3）技术质量管理部门。技术质量管理部门的主要工作包括以下几方面。

①认真执行职业健康安全法律、法规和其他要求负责工程质量、技术工作中的安全管理。

②编制或修订安全技术操作规程、工艺技术指标。

③组织安全技术交底工作和参加安全检查，对存在的安全隐患从技术方面提出纠正措施。

④参加施工组织设计的会审。

⑤在竣工时，应对工程的安全保护装置进行验收，对不符合要求的部分指令采取纠正措施等。

2.工程项目职业健康和安全管理的具体要求

（1）工程设计。工程设计要考虑采取有利于施工人员、生产操作人员和管理人员职业健康与安全的设计方案，通过综合分析影响工程安全施工和运行的各种因素，包括结构、地质条件、气象环境等，进行多方案比较，选择安全可靠的方案，并对防范生产安全事故提出指导意见。在工程设计中如采用新结构、新材料、新工艺，应注意施工和运营人员的安全操作和防护的需要，提出有关安全生产的措施和建议。

（2）工程项目实施。

①应按规定向工程所在地的县级以上地方人民政府建设行政主管部门报送项目安全施工措施的有关文件，以及根据消防监督审核程序，将项目的消防设计图纸和资料向公安消防机构申报审批，在取得安全行政主管部门颁发的《安全施工许可证》后才可开工。总承包单位和每一个分包单位都应持有《施工企业安全资格审查认可证》。

②在项目实施过程中，通过系统的污染源辨识和评估，全面制订并实施职业健康管理计划，有效控制噪声、粉尘、有害气体、有毒物质和放射物质等对人体的伤害。

③在项目实施过程中，必须把好安全生产"六关"，即措施关、交底关、教育关、防护关、检查关、改进关。对查出的安全隐患要做到"五定"，即定整改责任人、定整改措施、定整改完成时间、定整改完成人、定整改验收人。

④在项目实施过程中，要定期进行安全检查。安全检查的目的是消除隐患、防止事故、改善劳动条件及提高员工的安全生产意识，是安全控制工作的一项重要内容。

（3）施工现场生活设施要求。

①设计施工平面图和安排施工计划时，应充分考虑安全、防火、防爆和职业健康等。

②施工现场应当设置各类必要的职工生活设施，并符合卫生、通风、照明等要求。

③施工现场的生活设施必须符合卫生防疫标准要求，采取防暑、降温、取暖、消毒、防毒等措施。应建立施工现场卫生防疫管理网络和责任系统，落实专人负责管理并检查职业健康服务和急救设施的有效性。此外，施工现场应配备紧急处理医疗设施。

④应在施工现场建立卫生防疫责任系统，落实专人负责管理现场的职业健康服务系统和社会支持的救护系统。制定卫生防疫工作的应急预案，当发生传染病、食物中毒等突发事件时，可按预案启动救护系统并进行妥善处理。同时，应积极做好灾害性天气、冬季和夏季流行疾病的防治工作。

（4）项目施工现场安全设施要求。

①施工现场安全设施齐全，并符合国家及地方有关规定。

②建立消防管理体系，制定消防管理制度。施工现场必须设有消防车出入口和行驶道路。施工现场的通道、消防出入口、紧急疏散楼道等必须符合消防要求，设置明显标志。

③消防设施应保持完好的备用状态。储存和使用易燃、易爆器材时，应采取特殊的消防安全措施。施工现场严禁吸烟。

④临街脚手架、临近高压电缆以及起重机臂杆的回转半径达到街道上空的，均应按要求设置安全隔离设施。危险品仓库附近应有明显标志及围挡设施。

⑤施工现场的各种安全设施和劳动保护器具，必须定期进行检查和维护，及时消除隐患，保证其安全有效。

⑥施工现场的用电线路、用电设施的安装和使用必须符合安装规范和安全操作规程。

（5）危险作业和特殊作业职业健康和安全管理要求。

①必须为从事危险作业的人员在现场工作期间办理意外伤害保险。各类人员必须具备相应的执业资格才能上岗。

②特殊工种作业人员必须持有特种作业操作证，并严格按规定定期进行复查。

③施工机械（特别是现场安设的起重设备等）必须经安全检查合格后方可使用。

④施工中需要进行爆破作业的，必须向所在地有关部门办理进行爆破的批准手续，由具备爆破资质的专业组织进行施工作业。

⑤对高空作业、井下作业、水上作业、水下作业爆破作业、脚手架上作业、有害有毒作业、特种机构作业等专业性强的施工作业，以及从事电气、压力容器、起重机、金属焊接、井下瓦斯检验、机动车和船舶驾驶等特殊工种的作业，应制定单项安全技术措施，并应对管理人员和操作人员的安全作业资格和身体状况进行合格审查。对达到一定规模的、危险性较大的基坑支护及降水工程、土方开挖工程、模板工程、起重吊装工程、脚手架工程、拆除工程、爆破工程和其他危险性较大的工程，应编制专项施工方案，并附安全验收结果。

（6）对于防火、防毒、防爆、防洪、防尘、防雷击、触电、防坍塌、防物体打击、防机械伤害、防溜车、防高空坠落、防交通事故、防寒、防暑、防疫、防环境污染等作业，均应编制安全技术措施计划。

8.4　工程项目环境管理

8.4.1　工程项目环境管理概述

1.工程项目环境管理内涵

工程项目HSE管理所指的环境管理主要是指在工程的建设和运营过程中对自然和生态环境的保护，以及按照法律法规、合同和企业的要求，保护和改善作业现场环境，控制和减少现场的各种粉尘、废水、废气、固体废弃物、噪声、振动等对环境的污染和危害。

2.工程项目对环境的影响以及与环境的交互作用

自20世纪中叶以来,环境危机被列为全球性问题,这些危机的根源与建设工程项目有着一定的联系。例如,工业化与城市化迅猛发展造成资源的浪费以及环境的污染等,工程项目逐渐成为影响环境的重要污染源之一。工程项目建设与运行中排放的废水、废气和固体废弃物,无论是对大气、水体还是对人类自己都造成了巨大的隐患。同时,工程项目对环境有很大的依赖性,如自然环境、人文环境等。项目的环境影响着工程项目的实施,项目与环境之间是相互制约相互协调的交互关系。只有促进环境与工程协调发展,才能取得工程的成功。

3.工程项目环境管理的目的

工程项目环境管理的目的在于防止建设项目产生污染、造成对生态环境的破坏,以保护环境。

8.4.2 我国工程项目环境评价制度

我国自2003年9月1日开始实施《中华人民共和国环境影响评价法》。工程项目环境影响评价,是指对规划和建设项目实施后可能造成的环境影响进行分析、预测和评估,提出预防或者减轻不良环境影响的对策和措施,进行跟踪监测的方法与制度,包括规划环境影响评价和建设项目环境影响评价两种,下面重点介绍后者。

1.建设项目环境影响评价的分类管理

国家根据建设项目对环境的影响程度,对建设项目的环境影响评价实行分类管理。建设单位按照《建设项目环境影响评价分类管理名录》的规定,依据建设项目所处环境的敏感性质和敏感程度,分别组织编制环境影响报告书、环境影响报告表或者填报环境影响登记表。其中,可能造成重大环境影响的,应当编制环境影响报告书,对产生的环境影响进行全面评价;可能造成轻度环境影响的,应当编制环境影响报告表,对产生的环境影响进行分析或者专项评价;对环境影响很小、不需要进行环境影响评价的,应当填报环境影响登记表。

其中,环境敏感区是指依法设立的各级各类自然、文化保护地,以及对建设项目的某类污染因子或者生态影响因子特别敏感的区域,主要包括以下区域。

(1)自然保护区、风景名胜区、世界文化和自然遗产地、饮用水水源保护区。

(2)基本农田保护区、基本草原、森林公园、地质公园、重要湿地、天然林、珍稀濒危野生动植物天然集中分布区、重要水生生物的自然产卵场及索饵场、越冬场和洄游通道、天然渔场、资源性缺水地区、水土流失重点防治区、沙化土地封禁保护区、封闭及半封闭海域、富营养化水域。

(3)以居住、医疗卫生、文化教育、科研、行政办公等为主要功能的区域,文物保护单位,具有特殊历史、文化、科学、民族意义的保护地。

2.建设项目环境影响评价文件的编制要求

建设项目的环境影响报告书应当包括下列内容。

(1)建设项目概况。

(2)建设项目周围环境现状。

(3)建设项目对环境可能造成影响的分析、预测和评估。

（4）建设项目环境保护措施及其技术、经济论证。

（5）建设项目对环境影响的经济损益分析。

（6）对建设项目实施环境监测的建议。

（7）环境影响评价的结论。

涉及水土保持的建设项目，还必须有经水文行政主管部门审查同意的水土保持方案。

环境影响评价文件中的环境影响报告书或者环境影响报告表，应当由具有相应环境影响评价资质的机构编制。接受委托为建设项目环境影响评价提供技术服务的机构，应当在经国务院环境保护行政主管部门考核审查合格、颁发资质证书后，按照资质证书规定的等级和评价范围，从事环境影响评价服务，并对评价结论负责。为建设项目环境影响评价提供技术服务的机构，不得与负责审批建设项目环境影响评价文件的环境保护行政主管部门或者其他有关审批部门存在任何利益关系。

除国家规定需要保密的情形外，对环境可能造成重大影响、应当编制环境影响报告书的建设项目，建设单位应当在报批建设项目环境影响报告书前，举行论证会、听证会，或者采取其他形式，征求有关单位、专家和公众的意见。建设单位报批的环境影响报告书应当附具对有关单位、专家和公众的意见采纳或者不采纳的说明。

3.建设项目环境影响评价文件的审批

建设项目的环境影响评价文件，由建设单位按照国务院的规定报有审批权的环境保护行政主管部门审批；建设项目有行业主管部门的，其环境影响报告书或环境影响报告表应当经行业主管部门预审后，报有审批权的环境保护行政主管部门审批。

建设项目的环境影响评价文件经批准后，建设项目的性质、规模、地点、采用的生产工艺或者防治污染、防止生态破坏的措施发生重大变动的，建设单位应当重新报批建设项目的环境影响评价文件。建设项目的环境影响评价文件自批准之日起超过五年，方决定该项目开工建设的，其环境影响评价文件应当报原审批部门重新审核；原审批部门应当自收到建设项目环境影响评价文件之日起十日内，将审核意见书面通知建设单位。

建设项目的环境影响评价文件未经法律规定的审批部门审查或者审查后未予批准的，该项目审批部门不得批准其建设，建设单位不得开工建设。

4.建设项目环境保护对策措施的实施及后评价

建设项目建设过程中，建设单位应当同时实施环境影响报告书、环境影响报告表以及环境影响评价文件审批部门审批意见中提出的环境保护对策措施。

在项目建设、运行过程中产生不符合经审批的环境影响评价文件的情形的，建设单位应当组织环境影响的后评价，采取改进措施，并报原环境影响评价文件审批部门和建设项目审批部门备案；原环境影响评价文件审批部门也可以责成建设单位进行环境影响的后评价，并采取改进措施。

5.建设项目环境影响评价行为准则

承担建设项目环境影响评价工作的机构或者环境影响评价技术人员，应当遵守下列准则。

（1）评价机构及评价项目负责人应当对环境影响评价结论负责。

（2）建立严格的环境影响评价文件质量审核制度和质量保证体系，明确责任，落实环境影响评价质量保证措施，并接受环境保护行政主管部门的日常监督检查。

（3）不得为违反国家产业政策以及国家明令禁止建设的项目进行环境影响评价。

（4）必须依照有关的技术规范要求编制环境影响评价文件。

（5）应当严格执行国家和地方规定的收费标准，不得随意抬高或压低评价费用或者采取其他不正当竞争手段。

（6）评价机构应当按照相应环境影响评价资质等级、评价范围承担环境影响评价工作，不得无任何正当理由拒绝承担环境影响评价工作。

（7）不得转包或者变相转包环境影响评价业务，不得转让环境影响评价资质证书。

（8）应当为建设单位保守技术秘密和业务秘密。

（9）在环境影响评价工作中不得隐瞒真实情况、提供虚假材料、编造数据或者实施其他弄虚作假行为。

（10）应当按照环境保护行政主管部门的要求，参加其所承担环境影响评价工作的建设项目竣工环境保护验收工作，并如实回答验收委员会（组）提出的问题。

（11）不得进行其他妨碍环境影响评价工作廉洁、独立、客观、公正的活动。

8.4.3　设计阶段的环境管理

在工程设计阶段，环境管理的主要目标是最大限度地做好资源和环境的规划设计，以便合理利用。应根据环境影响评价文件，对环境产生影响的因素进行仔细考虑，并结合工程设计要求，提出相应的技术和管理措施，并且反映在设计文件中。设计必须严格执行有关环境管理的法律、法规和工程建设强制性标准中关于环境保护的相应规定，应充分考虑环境因素，防止因设计不当导致环境问题的发生。

此外，还应加强设计人员的环境教育，提高其环境保护意识和职业道德。

8.4.4　施工阶段的环境管理

施工阶段是工程项目环境管理的关键阶段。施工阶段一般时间都比较长，工序复杂，很多环境问题都集中在施工现场，如会产生大量的粉尘、噪声、污水、建筑垃圾等，这会给城市造成严重污染，阻碍社会的和谐发展。

1.施工现场环境管理的基本要求

《中华人民共和国建筑法》、《中华人民共和国环境保护法》和《建设项目环境保护管理条例》等法律法规中均对工程项目的环境保护提出了相应的规定。要严格执行以上相关的法律法规和标准规范，建立项目施工环境管理的检查、监督和责任约束机制。对施工中可能产生的污水、烟尘、噪声、强光、有毒有害气体、固体废弃物、火灾、爆炸和其他灾害等有害于环境的因素，实行信息跟踪、预防预报、明确责任、制定措施和严格控制的方针，以消除或降低对施工现场及周边环境（包括人员、建筑、管线、道路、文物、古迹、江河、空气、动植物等）的影响或损害。

2.施工现场环境管理的主要内容

(1)项目部应在施工前了解经过施工现场的地下管线,标出位置,加以保护。施工时如发现文物、古迹、爆炸物、电缆等,应当停止施工,保护现场,及时向有关部门报告,按照规定处理后方可继续施工。

(2)项目部应对施工现场的环境因素进行分析,对可能产生污水、废气、噪声、固体废弃物等污染源采取措施,进行实时控制,具体包括以下方面。

①建筑垃圾和渣土应堆放在指定地点并应采取措施定期清理搬运。

②装载建筑材料、垃圾或渣土的车辆,应采取防止尘土飞扬、洒落或流溢的有效措施。根据施工现场的需要还应设置机动车辆冲洗设施并对冲洗污水进行处理。

③应按规定有效处理有毒有害物质,禁止将有毒有害废弃物作为土方回填。除有符合规定的装置外,不得在施工现场熔化沥青和焚烧油毡、油漆及其他可产生有毒有害烟尘和恶臭气味的废弃物。

④施工现场应设置畅通的排水沟渠系统,保持场地道路的干燥、坚实。施工现场的泥浆和污水未经处理不得直接外排。

⑤有条件时,可对施工现场进行绿化布置。

(3)项目部应依据施工条件和施工总平面图施工方案和施工进度计划的要求,综合考虑节能、安全、防火、防爆、防污染等因素,认真进行所负责区域场地的平面规划、设计、布置、使用和管理,具体包括以下方面。

①现场的主要机械设备、脚手架、密封式安全网和围挡、模具、施工临时道路,水、电、气管线,施工材料制品堆场及仓库、土方、建筑垃圾堆放区、变配电间、消火栓、警卫室和现场的办公、生产和生活临时设施等的布置,均应符合施工平面图的要求并根据现场条件合理进行动态调整。

②现场入口处的醒目位置应公示:工程概况牌、安全纪律牌、防火须知牌、安全无重大事故牌、安全生产及文明施工牌、施工总平面图、项目经理部组织架构及主要管理体制人员名单图。

③施工现场必须设立门卫,根据需要设置警卫负责施工现场保卫工作,并采取必要的保卫措施。主要管理人员应在施工现场佩戴证明其身份的标识。

(4)项目部应做好现场文明施工工作,促进施工阶段的环境保护。文明施工是施工企业管理水平的最直观体现,内容包括施工现场的场容管理、现场机械管理、现场文化与卫生等全方位管理。

①现场文明施工的一般要求。文明施工可以保持施工现场良好的作业环境、卫生环境和工作秩序,一般包含以下几点要求。

1)规范施工现场的场容,保持作业环境的整洁卫生。

2)科学组织施工,使施工过程有序进行。

3)减少施工对周围居民和环境的影响,保证职工的安全和身心健康。

4)管理责任明确,奖惩分明。

5)定期检查管理实施程度。

②施工现场的场容管理。场容管理作为施工现场管理的重要方面,无论是政府主管部门,还是施工企业,以及项目经理部都应该予以重视。施工现场的场容管理要在施工平面图设计的合理安排和物料器具定位管理标准化的基础上,做到以下几点。

1)施工中需要停水、停电、封路而影响环境时,必须经有关部门批准,事先告示。

2)在行人、车辆通过的地方施工,应当设置沟、井、坎覆盖物和标志。

3)针对现场人流、物流、安全、保卫、遵纪守法方面等提出公告或公示要求。

4)针对管理对象(不同的分包人)划定责任区和公共区。

5)及时清理现场,保持场容场貌的整洁。

6)施工机械应当按照施工总平面布置图规定的位置和线路设置。

7)应保证施工现场道路畅通,排水系统处于良好的使用状态。

(5)在工程竣工阶段,组织现场清理工作时会产生大量的建筑垃圾和粉尘,给资源和环境带来很多问题,应重视对建筑垃圾的处理。

8.4.5　项目结束阶段的环境管理

工程项目结束阶段的环境管理是一个薄弱环节,在该阶段的主要工作如下所述。

(1)在主体工程竣工验收的同时,进行环境保护设施竣工验收,保证项目配套的环境保护设施与主体工程同时投入试运行。

(2)应当向环境保护主管部门申请与工程配套建设的环境保护设施的竣工验收,并对环境保护设施的运行情况和建设项目对环境的影响程度进行监测。要注重对自然环境指标的监测,如大气、水体等周边环境资源,必须确保其污染排放量限制在国家规定的标准范围内。

(3)对工程项目环境保护设施效果进行监控与测量,是对环境管理体系的运行进行监督的重要手段。为了保证监测结果的可靠性,应定期对监测和测量设备进行校准和维护。

(4)在项目后评价中应该对工程项目环境设施的建设、管理和运行效果进行调查、分析、评价,若发现实际情况偏离原目标、指标,应提出改进的意见和建议。

8.5　工程项目HSE管理的主要理论与技术

8.5.1　职业安全与事故致因理论及模型

一般可以将安全定义为:在生产过程中,人员伤亡或财产损失处于可接受水平的状态。此处安全指的是生产领域的安全问题,既不涉及军事或社会意义的安全,也不涉及与疾病有关的安全。它是对某一过程状态的描述,具有动态性的特点。作为安全的对立面,可将危险定义为:在生产过程中,人员伤亡或财产遭受损失的可能性超出了可接受范围的一种状态。危险与安全一样,也是与生产过程共存的一种过程,是一种连续性的过程状态。危险包含了各种隐患,包含了尚未为人所认识的和虽然为人所认识但尚未为人所控制的各种潜在威胁。

事故致因理论的演进划分为四个阶段:从单纯强调人的不安全行为的单因素理论(点状),到以海恩里希的多米诺骨牌理论为代表的事故致因理论(线状),再发展为轨迹交叉论和能量意外释放论为代表的多因素事故致因理论(网状),再到现代的、系统的系统论事故致因理论(动态网状)(点—线—面—体)。

早期的安全理论与事故致因理论认为事故的主要责任在于操作者。1919年,英国的Greenwood和Woods提出了"事故倾向性格论",该理论认为,在同样的工作环境下从事同样的工作,某些人比其他人更容易发生事故,这些人是事故倾向者,他们的存在会使生产事故增多,如果通过人的性格特点区分出这部分人并不予雇用,则可以减少工业生产的事故。这种理论把事故归咎于人的天性,后来的研究并未指明该理论的正确性。1929年,Farmer和Chamber提出的"事故频发倾向论"认为事故频发倾向者的存在是工业事故发生的主要原因。单因素事故致因理论过分夸大人的性格特点在事故中的作用,认为工人性格特征是事故频发的唯一因素。其核心观点是认为事故的致因是"点"状的,忽视了管理因素、环境因素等对事故的影响。美国安全工程师Heinrich在1931出版的《安全事故预防:一个科学的方法》中提出了著名的"安全金字塔"法则,该法则认为,在1个死亡或重伤害事故背后,有29起轻伤害事故,在29起轻伤害事故背后,有300起无伤害虚惊事件,以及大量的不安全行为和不安全状态存在,它们之间的关系如图8-3所示。

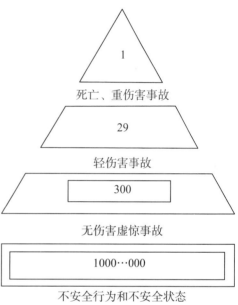

图8-3 "安全金字塔"法则示意图

Heinrich在1936年提出了事故因果连锁理论,该理论认为伤害事故的发生是一连串的事件,事故是按照一定因果关系依次发生的结果。在该理论中,以事故为中心,事故的原因概括为3个层次:直接原因、间接原因、基本原因。海因里希最初提出的事故因果连锁过程包括5个因素:遗传及社会环境、人的缺点或失误、人的不安全行为或物的不安全状态、事故、伤亡,如图8-4所示。这一理论提出了人的不安全行为和物的不安全状态是导致事故的直接原因这个工业安全中最重要、最基本的问题,建立了事故致因的"事件链"这一重要概念,并为后来学者研究事故机理提供了一种有价值的方法,其不足之处是虽然已经着眼于人-机关系上,但尚缺乏对人、机、环境整体研究的系统性。

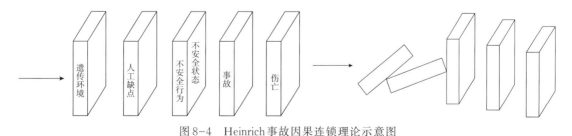

图8-4 Heinrich事故因果连锁理论示意图

弗兰克·博德(F·Bird)在Heinrich事故因果连锁理论的基础上,进一步加深了对事故基本原因的认识、对管理的认识、对人的认识,提出了与现代安全观点更加吻合的事故因果连锁理论。博德的事故因果连锁理论认为:事故的直接原因是人的不安全行为、物的不安全状态;间接原因包括个人因素及与工作有关的因素。根本原因是管理的缺陷,即管理上存在的问题或缺陷是导致间接原因存在的原因,间接原因的存在又导致直接原因存在,最终导致事故发生。博德的事故因果连锁过程同样为五个因素,如图8-5所示。

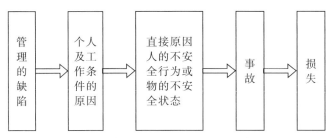

图8-5 博德事故因果连锁理论示意图

亚当斯(Edward Adams)提出了一种与博德事故因果连锁理论类似的因果连锁模型,如图8-6所示,在该理论中,事故和损失因素与博德的事故因果连锁理论相似。这里把事故的直接原因,人的不安全行为及物的不安全状态称作现场失误。该理论的核心在于对现场失误的背后原因进行了深入的研究。

管理体系	管理失误		现场失误	事故	伤害或损坏
目标组织机能	领导者在下述方面决策失误或没作决策: 方针政策 目标 规范 责任 职级 考核 权限授予	安全技术人员在下述方面管理失误或疏忽: 行为 责任 权限范围 规则 指导 主动性 积极性 业务活动	不安全行为 不安全状态	伤亡事故 损坏事故 无伤害事故	对人 对物

图8-6 Edward Adams事故因果连锁理论示意图

日本的北川彻三认为连锁理论不应将考察范围局限于企业内部,工业伤害事故发生的原因是很复杂的,一个国家或地区的政治、经济、文化、教育、科技水平等诸多因素对伤害事故的发生和预防都有着重要影响。他在此思想指导下,进一步拓宽了理论视野,纳入了"社会因素",建立了事故因果连锁模型,如图8-7所示。

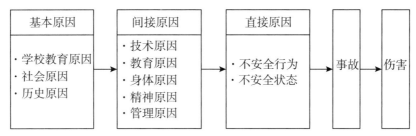

图 8-7　北川彻三的事故因果连锁模型

事故致因理论将事故发生的过程描述为一系列具有因果关系的事件链,认为事故的致因是"线"状的,但究其根源讲,依旧认为事故是由单一因素引发的,因此适用于简单系统得到事故分析。

1961 年,Gibson 提出了"能量异常转移论",随后 Haddon 于 1966 年提出了事故能量转移理论,该理论认为事故是一种不正常的或不希望的能量转移,各种形式的能量构成了伤害事故的直接原因,因此应该通过控制能量或控制能量的载体来预防伤害事故。这一理论是事故致因理论发展的重要一步。

但上述模型对很多事故无法解释,为了增加该模型的适用性,MacFarland 对其进行了扩展,认为所有的伤害事故(或损坏事故)都是因为能量超过其施加结构的承受能力;或者对机体和其周围环境的正常能量交换受到了干扰(如窒息、淹溺等)。随着研究的深入,更为普遍的模型将事故分为两类:能量转移和能量缺陷。能量转移事故是指稳定或受控的能量转移到一个损害财产或者伤害人员的形式;能量缺陷事故是指能量用来完成的功能不能完成而造成对财产的损害或者人员的伤害。

近五十年来,在事故致因理论方面,人们结合信息论、系统论和控制论的观点、方法,提出了一些有代表性的事故理论模型,如瑟利模型,如图 8-8 所示。瑟利模型认为人在信息处理过程中出现失误会导致人的行为失误,进而引发事故。类似的模型还有海尔模型、人失误的一般模型、金矿山人失误模型等。这些理论均从人的特性与机器性能及环境状态之间是否匹配和协调的观点出发,认为机械和环境的信息不断地通过人的感官反映到大脑,人若能正确地认识、理解、判断,做出正确决策,并采取适当措施,就能避免伤亡和事故;反之,如果人未能够察觉、认识所面临的危险,或判断不准确而未能采取正确的措施,就会发生事故和伤亡。动态和变化的观点是现代事故致因理论的又一个基础。1972 年,Bemner 提出了在处于动态平衡的生产系统中,由于"扰动"导致事故的理论,即为"扰动起源事故理论"。这是分支事件链和事故链结合起来的一种多种线性事件过程的图解法,又称"P 理论"。该理论将事故看做由事件链中的扰动开始,以伤害或损害为结束的过程,如图 8-9 所示。他认为:事故是由意外的能量释放引起的,这种能量释放的发生是由于管理者或操作者没有适应生产过程中物的或人的因素的变化,产生了计划错误或人为失误。该模型的核心观点是:运行系统中于能量和失误相对应的变化是事故发生的根本原因。佐藤吉信于 1980 年提出了"作用—变化与作用连锁"模型。近十几年,比较流行的事故致因理论是轨迹交叉理论,该理论将事故的发生发展过程描述为:基本原因→间接原因→直接原因→事故→伤害,如图 8-10所示。这种理论基于的假设是人、机、物、环境各自的不安全(危险的)因素客观存在,但并不立即或直接造成事故,而是需要其他不安全因素进行激发。在轨迹交叉理论中,事故发生的重要原因是人的不安全行为和物的不安全状态,其强调人的因素和物的因素在事故致因中占有同样重要的地位。按照该理论,可以通过控制人的不安全行为或者物的不安全状态之一,或者提供措施能够避免二者在某个时间、空间上的相遇,来预防事故的发生。

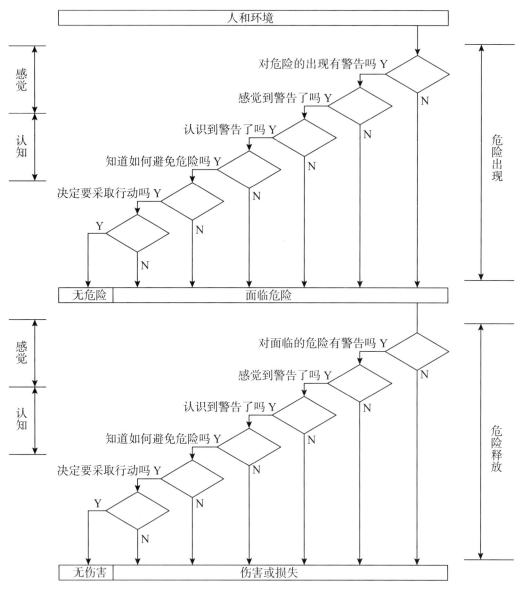

图8-8　瑟利模型

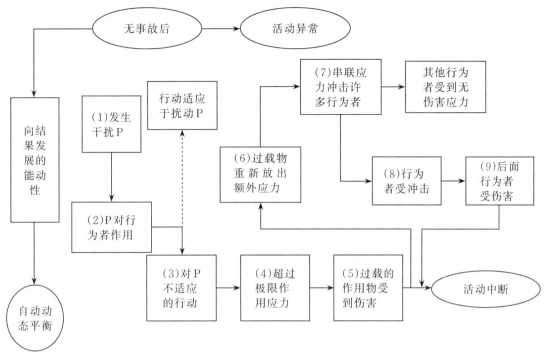

图8-9　扰动起源事故论示意图

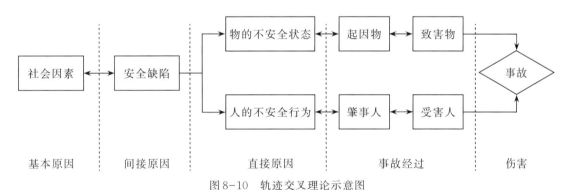

图8-10　轨迹交叉理论示意图

　　各种事故致因模型有其各自的针对性和特点,企业应该依据业务和作业的特点,有针对性地应用某一理论、模型,根据模型描述的环节和因素,制定相应的职业安全管理方案。如利用瑟利模型,可以制定针对特定作业的安全审查程序,从识别危险、判断伤害可能性、选择应对措施、执行应对措施四个方面控制事故和伤害的发生。

　　随着科学技术的进步,设备、工艺和产品越来越复杂,人们逐渐萌发了系统安全的基本思想。所谓系统安全,是在系统寿命期间应用系统安全工程和管理方法。辨识系统中的危险源,并采取控制措施使其危险性降到最小,从而使系统在规定的性能、时间和成本范围内达到最佳的安全程度。系统安全理论在许多方面继承并发展了事故致因理论。

　　20世纪90年代初,在陈宝智教授领导下的研究人员提出了两类危险源的理论及划分原则,把危险源划分为两大类,即第一类危险源和第二类危险源。第一类危险源是指系统中存在的、可能发生意外释放的能量或危险物质;第二类危险源是指导致约束、限制能量措施失效或破坏的各种不安全因素。该理论认为,一起事故的发生是两类危险源共同作用的结果。第一类危险源的存在是事故发生的前提,第二类危险源的出现是第一类危险源导致事故的必要条件。在事故的发生、发展过程中,两类危险源相互依存、相辅相成。第一类危险源在事故释放出的能量是导致人员伤害或财物损坏的能量主体,决定事故后果的严重程度;第二类危险源出现的难易决定事故发生的可能性大小。两类危险源共同决定危险源的危险性。他还提出,在企业的实际事故预防工作中,第一类危险源客观上已经存在并且在设计、建造时采取了必要的控制措施,因此事故预防工作的重点是第二类危险源的控制问题。

我国田水教授提出三类危险源等观点,认为第一类危险源是指能量载体或危险物质;第二类危险源包括物的故障、物理性环境因素、个体人失误(侧重安全设施等物的保障、物理性环境因素);第三类危险源指不符合安全的组织因素(组织程序、组织文化、规则、制度)等(不同于个体人)。三类危险源事故致因机理模型如图8-11所示。此外,我国还有一些安全专家将危险源分为固有型和触发型危险源;将运输系统中的危险源分为固有型和变动型危险源,还有人根据危险源的特性将其分为物质性和非物质性危险源、基本型和控制型危险源等。

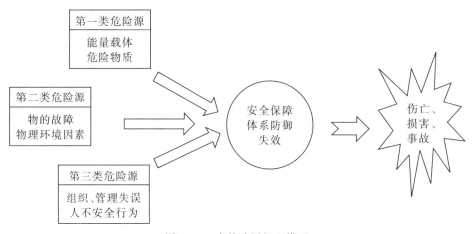

图8-11 事故致因机理模型

尽管对危险源的分类方法众说纷纭,但实质上系统都是由固有的人、生产环境、危险物质或能量、设备、工艺技术、组织制度以及与其相对应的控制措施(即系统的安全保障体系)两大部分组成的。危险物质、危险结构与系统的安全保障体系共存于一个客观系统之中,是相互对立、相互制约、矛盾着的两个对立面。在系统的运行过程中,这一矛盾的双方相互作用的结果决定了系统的危险性程度。

8.5.2 工程项目HSE管理的主要技术与工具

HSE管理的核心技术是风险评估和管理技术,主要是对工程建设项目在施工、建设和操作运行中可能存在的各种风险进行识别、评估和控制管理。HSE管理所采用的方法包括危害及其影响管理程序(HEMP)、危险源识别分析(HAZID)、危险与可操作性分析(HAZOP)、安全完整性等级(SIL)分析、健康风险评估(HRA)、人机学审查、风险合理化研究(ALARP)、工作危险分析(JHA)、安全检查表(SCL)、预危险性分析(PHA)、失效模式和影响分析(FMEA)和LEC方法等。

1. 危险及其影响管理程序(HEMP)

HEMP是HSE管理的重要方法之一,是用来识别、评价和缓解安全运营的危害和威胁的一种结构化技术。HEMP的目标是识别潜在危害和相关威胁,防止这些危害和威胁升级,并推荐用以缓解这些危害和威胁的补救措施。所有与业主项目相关的计划与设计活动都要执行危险及其影响管理程序,此程序是项目HSE管理体系的核心。近年HEMP已由四段法扩展为五段法,将过程的重点集中在风险管理上,其具体内容见表8-1。

表 8-1　HEMP的阶段划分及工作内容

阶段	工作内容
1. 危害和威胁识别	召开头脑风暴会议,识别危害;列出危害清单;填HEMP检查表
2. 风险评价	对照风险评价矩阵确定风险等级;确定"关注危害";填HEMP检查表
3. 威胁识别	"领结图"分析,确定威胁途径
4. 控制与应急	确定预防控制和事故应急措施及其升级因素;识别不足项和偏差问题;制订整改计划
5. 整体性的维护	是否有预防控制和事故应急措施;是否保持档案完整性、记录的更新及执行

举例:

承包商A公司在业主B公司石化厂冷却塔EPC项目上运用上述解决方案实施HEMP研究。在项目初期对项目管理层进行了HEMP研究培训,并成立HEMP研究小组,制定了HEMP研究计划上报业主B公司审批。

A公司按照B公司的程序文件"危害和影响管理过程程序"于2003年11月17—20日进行了该项目的危害因素和影响辨识。通过头脑风暴会议,小组成员找到了60项安全危害因素、14项健康危害因素和21项环境危害因素,其部分危害因素列于表8-2 。

对照风险评价矩阵,从表8-2中筛选出7个高风险和29个中风险危害因素作为重点关注危害因素。按同类危害归类后,最终确定共需对20类危害做领结图技术分析。通过领结图分析结果,研究小组提出了33项不足和偏差整改措施,这些措施被列入HEMP不足和偏差问题整改计划,详见表8-3。

表 8-2　HEMP危险辨识检查表(部分)

危害	案例号	注释	单元/设备	风险矩阵中位置					危害是个性/共性	需领结图否
				H等级	P人员	A财产	E环境	R荣誉		
				设计阶段						
1可燃气体爆炸	HS-01	选用防爆电器;设置可燃气体探头(业主范围)	电机、操作柱	M	B4	B3	B2	B3	在水池周围	Y

续表

危害	案例号	注释	单元/设备	风险矩阵中位置					危害是个性/共性	需领结图否
				H等级	P人员	A财产	E环境	R荣誉		
设计阶段										
2雷击	HS-02	避雷带电气设备防雷接地	风塔、塔顶平台	M	C4	C3	B0	B2	风筒塔顶平台	Y
3触电	HS-03	整个平台及金属部件等电位连接(接地)	电机、操作柱、电缆	L	B3	B0	B0	B1	现场:电机、操作柱、电缆	N
4地震	HS-04	按UDC-1997标准计算地震荷载	主结构	M	A5	A4	A3	A3	现场:塔区	Y
……										
施工阶段										
27机械伤害(木工作业)	HS-031	人员操作失误;机械故障	圆盘锯、刨床	M	C3	C2	C0	C2	一般	Y
……										

表8-3　HEMP不足和偏差问题整改计划(部分)

序号	措施号	事件	危害	程序	主体区域	完成人	完成日期
1	HS-2101	机械日常检查	机械操作	PR-XXXX-0000-1423	现场、堆场	工人/检查员	2003-11
2	HS-2401	现场评价	触电	PR-XXXX-0000-1414	现场	HSE检查员	2003-11
……							
6	HS-3001	设置警戒区	高处作业	PR-XXXX-0000-1402	现场	HSE检查员	2004-01
7	HS-3002	现场评价	高处作业	PR-XXXX-0000-1402	现场	HSE检查员	2004-01
8	HS-3003	区域医院援救协议	高处作业		现场	HSE经理	2004-01
……							

2.危险源识别分析(HAZID)

危险源识别分析是一种用于危害事件辨识的国际认可的工业方法,其目的是找出设计中存在的危害以及危害发生时可能产生的后果,以便改进设计、消除危害或减小危害后果。该技术是一种设计驱动型工具,可以帮助组织项目中的HSE交付成果。该技术结合头脑风暴使用。通常涉及设计人员和客户方工程技术人员,项目管理、施工、调试和运营方面的人员。主要的分析结果是危险源等级,可以帮助实现项目符合HSE的相关法规要求,并成为"项目风险登记表"的一部分。通过HAZID分析流程如图8-12所示。

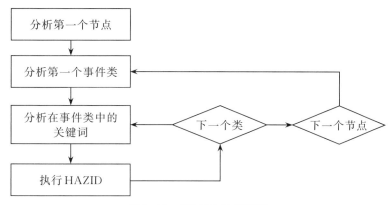

图8-12　HAZID分析流程

3.危险与可操作分析(HAZOP)

危险与可操作分析是检查工艺安全设计的一种常用的分析方法,该方法通过对工艺系统各单元设计参数可能存在的偏差进行分析,找出发生原因和可能产生的后果,分析设计中的安全保护措施是否足够或正确,以及可操作性如何。

HAZOP方法的分析对象是工艺单元(亦称"分析节点")或操作步骤。对于每一个"分析节点",HAZOP分析组以正常操作运行的工艺(状态)参数为标准值,分析运行过程中工艺(状态)参数的变动(即偏差),同时分析出现偏差的原因、后果及应采取的措施。HAZOP审核的目标是:识别正常和非正常工况下潜在的操作危险;最小化失误操作引起的潜在风险,并确保工程设计的安全性和灵活性,通常包括以下几个步骤:

(1)选择一个工艺单元或操作步骤,收集相关资料;

(2)解释工艺单元或操作步骤的设计意图;

(3)选择一个工艺变量或任务;

(4)对工艺变量或任务,用引导词开发有意义的偏差;

(5)列出引起偏差的可能原因;

(6)解释与偏差相关的后果;

(7)识别现有防止偏差的安全控制措施或保护装置;

(8)基于后果、原因和现有安全控制措施或保护装置评价风险度;

(9)建议控制措施。

与其他工艺危险分析方法相比,HAZOP分析方法具有鲜明的特点。首先,它是一种系统性和结构性很强的分析方法。借助引导词,可以激发创新思维以便识别更多的问题,可以综合分析各种事故剧情,涉及面非常广泛,符合安全工作追求严谨缜密的特点。其次,HAZOP分析方法灵活性强。通过将复杂的工艺系统划分为节点,无论多么复杂的工艺系统都可以化繁为简,只要是工艺流程,都可以采用HAZOP分析方法进行危险分析。特别地,它是一个团队的工作,依靠多专业有经验人员的集体智慧识别危险和探讨消除和控制危险的方案,有利于确保分析工作的质量。团队会议也是充分交流的过程,有助于提高参与者的安全意识和便于跟踪完成所提出的建议措施。但是HAZOP分析方法也存在一些局限性。首先,分析过程消耗非常多的时间,分析团队需要放弃其他的工作,长时间参与其中。此外,它是一种定性的分析方法,对于后果严重的事故剧情,缺乏足够的决策依据,需要进一步采用半定量或定量分析方法做分析。

下面简单举一个危险与可操作性分析的案例,如图8-13所示。

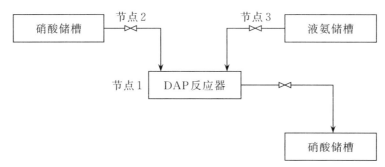

图8-13 为氨与磷酸混合反应生成磷酸氢二胺(DAP)工艺流程简图

(1)分析节点:DAP反应器。

(2)设计工艺指标:在一定的温度和压力下搅拌反应。

(3)选择引导词:NO(空白)。

(4)工艺参数:搅拌。

(5)偏差:空白+搅拌=无搅拌。

(6)后果:未反应的氨带入DAP储槽并释放到封闭的工作区域。

(7)原因:①搅拌器电动机故障;②搅拌器机械联接故障;③操作人员未启动搅拌。

(8)建议措施:①考虑安装反应器无搅拌时的报警/停车系统;②确保工作区域通风良好,或者使用封闭的DAP储槽。

以上情况汇总于表8-4。

表8-4 DAP工艺过程HAZOP分析结果表(部分)

节点	引导词	偏差	可能的原因	L	S	R	后果	建议措施
DAP反应器	空白	无搅拌	①搅拌器电动机故障;②搅拌器机械联接故障;③操作人员未启动搅拌	2	4	R2	未反应的氨带入DAP储槽并释放到封闭的工作区域	①考虑安装反应器无搅拌时的报警/停车系统;②确保工作区域通风良好,或者使用封闭的DAP储槽

4.安全完整性等级分析(SIL)

安全完整性等级分析是利用风险图解方法,确定项目安全完整性水平,并根据审核结果,从工程角度提出合适的控制和削减措施。SIL为定性分析,在项目详细设计阶段HAZOP审核后实施。

IEC 61511/ GB/T 21109中对其的术语定义为,用来规定分配给安全仪表系统的仪表安全功能的安全完整性要求的离散等级(4个等级中的1个)。SIL4是安全完整性的最高级,SIL1为最低级(见表8-5)。

在高要求操作模式时,安全仪表功能(SIF)的安全完整性等级(SIL)应通过下表采用每小时危险失效频率来衡量。在低要求操作模式时,安全仪表功能(SIF)的安全完整性等级(SIL)应采用平均失效概率(PFD),通过表8-6来衡量。

表 8-5　安全完整性等级(高要求操作模式)

安全完整性等级(SIL)	高要求操作模式的危险失效频率(每小时)
4	$\geqslant 10^{-9}$ 且 $< 10^{-8}$
3	$\geqslant 10^{-8}$ 且 $< 10^{-7}$
2	$\geqslant 10^{-7}$ 且 $< 10^{-6}$
1	$\geqslant 10^{-6}$ 且 $< 10^{-5}$

表 8-6　安全完整性等级(低要求操作模式)

安全完整性等级(SIL)	低要求操作模式的危险失效频率(每小时)
4	$\geqslant 10^{-5}$ 且 $< 10^{-4}$
3	$\geqslant 10^{-4}$ 且 $< 10^{-3}$
2	$\geqslant 10^{-3}$ 且 $< 10^{-2}$
1	$\geqslant 10^{-2}$ 且 $< 10^{-1}$

5. 健康风险评估(HRA)

健康风险评估是一种对操作过程和作业场所有害健康的因素进行分析和评估,以确定应采取的必要保护措施的方法,是HEMP的一部分。主要工作是列出工艺过程各种物料清单,识别影响和有害健康的影响因素,确定危害等级;对具有中、高级风险的工作场所进行工作类型识别,并确定危险暴露等级;确定健康风险等级和采取的措施;评估健康风险的控制情况。

6. 人机学审查

人机学审查运用生理学和心理学等知识,研究操作和维修等活动是否考虑和满足了人体特征因素的要求,用以改进设计,创造舒适安全和高效率的工作环境与条件。该方法在定义阶段采用会议形式进行审查;在实施阶段采用3DCAD模型进行审查。

7. 风险合理化研究(ALARP)

风险合理化研究是指识别关键的设施和操作,发现风险隐患,确保管理措施到位,并提交文件说明风险已降低到合理的程度,此研究是HEMP的一部分。主要程序包括:确定应进行ALARP的单元;填写ALARP表格,确定风险类别;审查ALARP表格,进行费用/效益分析和方案排序,确定风险判断系数。根据项目内容,可采取开会或专人审查等形式;确定需进一步审查ALARP的单元或区域;编制ALARP报告。

8.工作危险分析(JHA)

工作危险分析又称工作安全分析(JSA),是目前欧美企业在安全管理中使用最普遍的一种作业安全分析与控制的管理工具,旨在识别和控制操作危险的预防性工作流程。通过对工作过程的逐步分析,找出其多余的、有危险的工作步骤和工作设备、设施,进行控制和预防。该方法主要适用于操作活动(包括正常生产运行维护,如钻井作业活动)、异常或紧急情况下的处理(如井喷等)以及分析化验。分析步骤如图8-14所示:

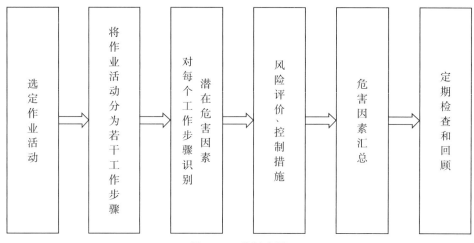

图8-14 分析步骤

这种方法的特点如下:

(1)作业危害分析可以识别出一些未知的危险源。

(2)作业危害分析在操作时,由很多有经验的人一起参加,从而可以明确更加合理更加安全的操作方法。

(3)作业危害分析的结果可以用来对作业人员进行相关的安全培训,防止在未来的一些新的活动中再次产生同样的危险源。

(4)作业危害分析的结果能够用来评价企业的安全状况,还可以用来进行安全事故的分析。

案例——穿大绳JHA分析(表8-7)

表8-7 穿大绳JHA分析

工作/任务:穿大绳　　　　　　　　　　　区域/工艺过程:××钻井队

分析人员:××　　　　　　　　　　　　　日期:×　　　　　　　　　×

序号	工作步骤	危害	主要后果	L	S	R	建议改进措施
1	井口工把引绳带到井架上	高空坠落	人身伤害	2	5	R3	按规定系好保险带,上井架动作准确缓慢
		工具掉落	砸伤地面人员	2	4	R2	现场人员戴好安全帽,上井架工具拴尾绳,固定好
2	垂下引绳,系好钢丝绳	高空坠落	人身伤亡	3	5	R3	保险带系于不妨碍操作且安全可靠处,操作平稳

序号	工作步骤	危害	主要后果	L	S	R	建议改进措施
3	拉动引绳,循环穿大绳	钢丝绳脱落	作业人员人身伤害	1	5	R1	钢丝绳头与引绳连接牢固
		棕绳磨断	钢丝绳坠落伤人	2	5	R3	棕绳不得与井架角铁摩擦
		井架工手带入天车轮槽	挤伤手,造成伤亡	2	4	R2	专人指挥,协调配合
4	卡好死绳端	卡不紧脱开	大钩掉下伤人	2	5	R3	严格按照规程卡死绳头
5	提起大钩	大钩晃动	碰伤井口人员	2	4	R2	提放有专人扶拉大钩,注意平稳操作

注:此表适用于识别人的作业活动,例如:起下油管、扫线、动火等。

9.安全检查表(SCL)

为了找出系统中的不安全因素,把系统加以剖析,列出各层次的不安全因素,然后确定检查项目,以提问的方式把检查项目按系统的组成顺序编制成表,以便进行检查或评审,这种表就叫做安全检查表。安全检查表是进行安全检查,发现和查明各种危险和隐患,监督各项安全规章制度的实施,及时发现并制止违章行为的有力工具。安全检查表分析可用于对物质、设备或操作规程的分析,为防止遗漏,在制订安全检查表时,通常要把检查对象分割为若干子系统,把子系统的特征逐个编制安全检查表。在系统安全设计或安全检查时,按照安全检查表确定的项目和要求,逐项落实安全措施,保证系统安全。安全检查表编制主要有以下几个依据:

①有关标准、规程、规范规定;

②国内外事故案例;

③系统分析确定的危险部位及防范措施;

④分析人员的经验和可靠的参考资料;

⑤研究成果,同行业检查表。

安全检查表的分析步骤主要有:

(1)确定人员:要编制一个符合客观实际,能全面识别系统危险性的安全检查表,首先要建立一个小组,其成员包括熟悉系统的各方面人员;

(2)熟悉系统:包括系统的结构、功能、工艺流程、操作条件、布置和已有的安全卫生设施;

(3)收集资料:收集有关安全法律、法规、规程、标准、制度及本系统过去发生的事故资料,作为编制安全检查表的依据;

(4)判别危险源:按功能或结构将系统划分为子系统或单元,逐个分析潜在的危险因素;

(5)列出安全检查表:针对危险因素和有关规整制度、以往的事故教训以及本单位的检验,确定安全检查表的要点和内容,然后按照一定的要求列出表格。

安全检查表的优点是简单易懂、容易掌握,可以事先组织专家编制检查项目,使安全检查做到系统化、完整化;缺点使一般只能做出定性评价。

案例——井架系统安全检查表(表8-8)

表8-8 井架系统安全检查表

工作场所:××钻井队　　　　　　　　　　　装置/设备/设施:井架系统
分析人员及岗位:安全员　　　　　　　　　　日期:×　　　　　　　　×

序号	检查项目	标准	主要后果	L	S	R	建议改进措施
1	井架基础	平整、坚实、无油水污泥	伤亡事故、财产损失	3	5	R3	
2	井架	符合质量标准、无缺损、鸡胸、驼背、局部变形	伤亡事故、财产损失	3	5	R3	检查维护
3	井架绷绳	规格、数量、开裆等符合标准	作业人员人身伤害	2	5	R3	检查更换
4	二层平台	不得随意堆放,悬挂物	伤亡事故、财产损失	2	3	R2	加强人员意识培训
5	特殊天气特殊施工	加固井架,负荷在安全范围	井架倒塌、伤亡事故、财产损失	2	5	R3	提放有专人扶拉大钩,注意平稳操作
6	天气轮轴	转动灵活无损伤	大绳卡槽,造成事故	3	4	R3	及时维护保养
7	卡好死绳端	前后左右偏差在准许范围	起下管柱上斜扣,造成事故	3	4	R3	按标准执行

10.预危险性分析(PHA)

预危险性分析又称初步危险分析,主要用于对危险物质和装置的主要工艺区域等进行分析,其功能主要有:大体识别与系统有关的主要危险;鉴别产生危险的原因;估计事故出现对人体及系统产生的影响;判定已识别的危险性等级,并采取消除或控制危险性的技术和管理措施。如表8-9所示为危险性等级划分表。

表8-9 危险性等级划分表

级别	危险程度	可能导致的后果
I	安全的	不会造成人员损伤及系统损坏。
II	临界的	处于事故的边缘状态,暂时还不至于造成人员损伤、系统损坏或降低系统性能,但应予排除或采取控制措施。
III	危险的	会造成人员伤亡和系统损坏,要立即采取防范对策措施。
IV	灾难性的	造成人员重大伤亡及系统严重破坏的灾难性事故,必须予以果断排除并进行重点防范。

预危险性分析是进一步进行危险分析的先导,是一种宏观概略定性分析方法。在项目发展初期使用PHA有以下优点:①方法简单易行、经济、有效;②能为项目开发组分析和设计提供指南;③能识别可能的危险,用很少的费用、时间就可以实现改进。该方法主要适用于固有系统中采取新的方法,接触新的物料、设备和设施的危险性评价。该法一般在项目的发展初期使用。当只希望进行粗略的危险和潜在事故情况分析时,也可以用PHA对已建成的装置进行分析。危险性预先分析的步骤如图8-15所示。

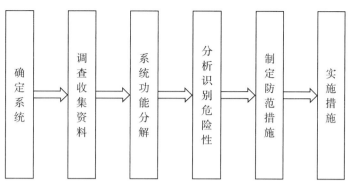

图 8-15　危险性预先分析的步骤

案例——高炉拆装工程预先危险性分析

在钢铁厂里需要定期进行高炉大修。鞍山钢铁公司针对高炉拆装工程进行的预先危害分析结果汇总见表 8-10。其中,把危险性分为发生事故可能性和后果严重程度两栏。发生事故可能性等级划分见表 8-11。

表 8-10　预先危害分析结果汇总

施工阶段	危害	发生可能性	危害严重度	预防措施
拆除阶段	1.人员高处坠落 2.高处脱落构件击伤人员 3.爆破拆除基础伤人	D B C	II II~III II	1.设安全网,加强个体防护 2.划出危险区域并设立明显标志 3.正确布孔、合理装药、定时爆破,设爆破信号及警戒
土建阶段	1.塌方 2.脚手架火灾	A D	II~III II	1.阶段性放坡,监控裂隙 2.严禁明火
安装阶段	1.高处坠落 2.落物伤人 3.排栅倒塌 4.排栅火灾 5.电焊把线漏电 6.乙炔发生器爆炸 7.吊物坠落	D B B D B C B	II II~III II~III II~III II II II	1.设安全网,加强个体防护 2.材料妥善存放,严禁向下抛掷 3.定期检查、修理 4.注意防火 5.集中存放电焊机,焊把线架空 6.安装安全装置,定期检查,严格控制引火源 7.定期检修设备及器械

表 8-11　事故发生可能性等级

级别	发生可能性	级别	发生可能性	级别	发生可能性
A B	经常发生 容易发生	C D	偶尔发生 很少发生	E F	不易发生 很难发生

11.失效模式和影响分析(FMEA)

失效模式和影响分析是一种可靠性设计的重要方法,是故障模式分析(FMA)和故障影响分析(FEA)的组合,它是在产品设计过程、生产过程中,通过对产品各组成单元潜在的各种失效模式及其对产品功能的影响进行分析,并把每个潜在失效模式按它的严酷程度予以分类,提出可以采用的预防改进措施,以提高产品可靠性的一种设计、过程分析方法。其实质是通过FMEA及其改进措施的实施,降低产品设计、过程的潜在失效风险。及时性是成功实施FMEA的最重要因素之一,它是一个"事前的行为",而不是"事后的行为",设计FMEA应在初始产品设计阶段进行,过程FMEA在产品制造过程设计阶段进行,过程FMEA可以在现有产品的制造过程中应用。FMEA实际是一组系列化的活动,其过程包括:找出产品或过程中潜在的故障模式;根据相应的评价体系对找出的潜在故障模式进行风险量化评估;列出故障起因或机理,寻找预防或改进措施。通过FEMA可以较容易、低成本地对产品或过程进行修改,从而减轻事后危机的修改。

下面简单学习运载火箭助推捆绑结构的FMEA,如图8-16、图8-17所示。

捆绑结构具有两个功能:功能一是从运载火箭助推器竖立停放、起飞直至助推器发动机关机这段任务时间内,保证助推器与芯级的联接,使二者的相对位置符合规定要求并传递助推器的推力。功能二是当接到控制系统发出的分离信号时,三根前联接杆及后捆绑联接结构上的分离装置应在规定的时间内爆炸分离,即保证助推器与芯级脱开。不能按规定的要求完成上述任一项功能时,我们称故障出现。运载火箭助推捆绑结构的FMEA结果分析见表8-12。

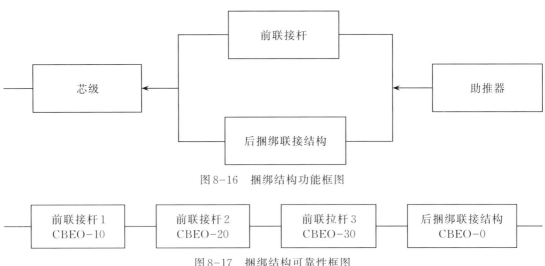

图8-16　捆绑结构功能框图

图8-17　捆绑结构可靠性框图

表 8-12 运载火箭助推捆绑结构的 FMEA 结果分析

初始约定层析:运载火箭　　　　　　　约定层次:捆绑结构

任务:　　　　　　　　　　　　　　　分析人员:××

审核:　　　　　　　　　　　　　　　批准:

填表日期:

代码	产品或功能标志	功能	故障模式	故障原因	任务阶段与工作方式	故障影响			补偿措施	严酷度类别	发生概率	备注
						局部影响	高层次影响	最终影响				
23110	前联接杆 CBEO-10	保证助推器与芯级联接,传递助推器的推力;分离时保证助推器与芯级及时脱开	联杆断裂	材料有严重缺陷或强度不合格	起飞阶段	联杆断裂	助推器与芯级联接失效	运载火箭发射失效	设计中留有足够的安全系数,生产中对材料强度及缺陷要求严格检查	I(灾难的)	极少	
			接到分离信号后勤部规定时间内联杆没断开	爆炸螺栓未炸开	助推器与芯级分离阶段	接到分离信号后在规定时间内联杆没断开	影响助推器与芯级正常分离	影响将有效载荷送入预定轨道	设计上采取冗余措施(每根联杆上有2个爆炸螺栓)	II(致命的)	极少	

12.LEC 方法

LEC 方法是用与系统风险有关的三种因素指标值之积来评价操作人员伤亡风险大小的一种方法,三种因素指 L(事故发生的可能性)、E(人体暴露于危险环境中的频繁程度)、C(发生事故可能造成的后果)。为了简化评价过程,可采取半定量计值方法,给三种因素的不同等级分别确定不同的分值,如表 8-13、8-14、8-15 所示,以三个分值的乘积 D 来评价作业条件危险性的大小,即:D=L×E×C,即用危险性分值(D)来评价作业条件的危险性等级,如表 8-16 所示,D 值越大,说明该系统危险性大,需要增加安全措施,或改变发生事故的可能性,或减少人体暴露于危险环境中的频繁程度,或减轻事故损失,直至调整到允许范围内。

根据经验,如果危险性分值在 20 分以下为低危险性,这样的危险比日常生活中骑自行车去上班还要安全些;如果危险性分值在 70 至 160 之间,有显著的危险性,需要采取措施整改;如果危险性分值在 160 至 320 之间,有高度危险性,必须立即整改;如果危险性分值大于320,极度危险,应立即停止作业,彻底整改。

表8-13　事故发生的可能性(L)

分值	事故发生的可能性
10	完全可以预料
6	相当可能
3	可能,但不经常
1	可能性小,完全意外
0.5	很不可能,可以设想
0.2	极不可能
0.1	实际不可能

表8-14　人体暴露于危险环境的频繁程度(E)

分值	人体暴露于危险环境的频繁程度
10	连续暴露
6	每天工作时间暴露
3	每周一次或偶然暴露
2	每月一次暴露
1	每年几次暴露
0.5	非常罕见暴露

表8-15　发生事故可能造成的后果(C)

分值	发生事故可能造成的后果
100	大灾难,多人死亡
40	灾难,数人死亡
15	非常严重,一人死亡
7	严重伤害或致残
3	较大伤害,受伤较重
1	引人注意,轻伤

表8-16　风险分值(D)

D值	危险程度
>320	极其危险,不能继续作业
160-320	高度危险,要立即整改
70-160	显著危险,需要整改
20-70	一般危险,需要注意
<20	稍有危险,可以接受

注:根据LEC法划分的危险等级都是凭经验判断,难免带有局限性,应用时要根据实际情况进行修正。

下面简单举一个例子：

某涤纶化纤厂在生产短丝过程中有一道组件清洗工序，为了评价这一操作条件的危险度，确定每种因素的分数值为：事故发生的可能性(L)：组件清洗所使用的三甘醇，属四级可燃液体，如加热至沸点时，其蒸汽爆炸极限范围为0.9%～9.2%，属一级可燃蒸汽。而组件清洗时，需将三甘醇加热后使用，致使三甘醇蒸汽容易扩散的空间，如室内通风设备不良，具有一定的潜在危险，属"可能，但不经常"，其分数值L＝3。暴露于危险环境的频繁程度(E)：清洗人员每天在此环境中工作，取E＝6。发生事故产生的后果(C)：如果发生燃烧爆炸事故，后果将是非常严重的，可能造成人员的伤亡，取C＝15。则有D＝LEC＝3×6×15＝270。D值270分处于160至320之间，危险等级属"高度危险、需立即整改"的范畴。

13.事件树分析法(ETA)

事件树分析法是一种逻辑的演绎法，它在给定一个初因事件的情况下，分析此初因事件可能导致的各种事件序列的结果，从而定性与定量地评价系统的特性，并帮助分析人员获得正确的决策。事件树分析法常用于安全系统的事故分析和系统的可靠性分析，由于事件序列是以图形表示，并且呈扇状，故称事件树。

事件树也是一种决策树，但是它的结果仅仅依赖于系统的内在客观规律，而在决策树中结果取决于决策者的主管控制和影响。

事件树可以描述系统中可能发生的事件，特别是在安全分析中，在寻找系统可能导致的严重事故时，事件树分析法是一种有效方法。事件树和决策树都强调获得事件序列的最后结果。事件树的初因事件可能来自系统内的失效或者外部事件，在初因事件发生后相继引发的事件仅仅由系统的设计功能所决定，它们投入的次序是一定的。

在进行事件树分析时，其主要步骤如下：

(1)确定或寻找可能导致系统严重后果的初因事件，并进行合并，对于那些可能导致相同事件树的初因事件可划分为一类；

(2)构造事件树，先构造功能事件树，然后构造系统事件树；

(3)进行事件树的简化；

(4)进行事件序列的定量化。

14.故障树分析(FTA)

事故树分析(FTA)也称故障树分析，是一种描述事故因果关系的有方向的"树"，能对系统的危险性进行识别评价，既适用于定性分析，又能进行定量分析，广泛应用于具有高度重复性的系统。该方法把系统可能发生的某种事故与导致该事故发生的各种原因之间的逻辑关系用树形图表示，通过对事故树的定性与定量分析，找出事故发生的主要原因。它不仅可以分析某些单元故障对系统的影响，还可以对导致系统事故的人、环境、管理等方面的原因进行分析，从而提高系统安全性。该方法的核心是事故树的编制，目前，事故树分析已成为预测与预防事故的主要方法。该方法的优点是分析形象，能一目了然地展示各事件之间的逻辑关系，便于查明系统的固有的或潜在的危险因素及其相互联系，找出系统薄弱环节并从中得到经验教训，为系统安全性设计、施工和管理提供科学的依据。该方法的缺点是步骤较多，计算复杂，实际应用中如对造成事故的各种因素把握不准确，很容易在编制事故树时得出不准确的结论,进而产生误导。

故障树分析有许多不同进行的方式,不过其基本步骤如下:

(1)选择合理的顶上事件;

(2)资料收集准备:调查于事故有关的所有直接原因和各种因素(人的失误、设备故障和不良环境因素);

(3)建造事故树:从顶上事件出发,一层一层寻找最直接的引发事故发生的所有原因,直到找出最基本的原因为止,按其逻辑关系,画出故障树;

(4)简化并进行定性分析:用布尔代数理论求出最小割集、最小径集,确定各基本事件(要素)的结构重要度并对事故树进行简化;

(5)定量分析:找出各基本事件的发生概率,即可求出顶上事件的发生概率;

(6)结论:按照顶上事件的发生概率确定系统的风险大小,当风险超过预期目标时,利用最小割集研究降低事故发生概率的各种可能方案,利用最小径集来确定消除事故的最佳方案,利用结构重要度来确定采取对策措施的重点和优先顺序。

故障树分析的符号和意义以及其定性和定量分析涉及布尔代数运算和概率计算,不在此介绍,有兴趣的读者请阅读相关安全评价专著。

8.6　案例:万华化学特种聚氨酯项目 HSE 管理实践与创新

8.6.1　项目背景及概况

万华化学集团股份有限公司(以下简称万华化学)成立于1998年12月20日,于2001年1月5日正式在上海交易所挂牌上市,是一家严格按国家有关上市公司规定设立的规范化运作的股份有限公司,公司总股本达到16.63亿股,注册资金为16.63亿元,已发展成为具有完善组织结构的国际化公司。其主要从事聚氨酯及助剂、异氰酸酯及衍生产品的研究开发、生产和销售。目前拥有 MDI、ADI、聚氨酯树脂、热塑性聚氨酯弹性体、MDA 等十多个系列九十余种产品,并形成了完整的集异氰酸酯、聚酯/聚醚多醇、聚氨酯材料和制成品于一体的聚氨酯产业链。

为满足国内市场对聚氨酯树脂、热塑性聚氨酯弹性体等新材料的需求,万华化学投资14亿元在烟台经济技术开发区西港区临港工业区万华工业园内建设特种聚氨酯项目,项目包括10万吨/年聚氨酯树脂(简称:PU 树脂装置)、6万吨/年热塑性聚氨酯弹性体(简称 TPU 装置)、20万吨/年聚醚多元醇、11万吨/年水性聚氨酯、辅助和公用工程及公共设施。

项目建设按照 EPC 总承包模式运作实施,由中海油山东化学工程有限责任公司(SDCEC)作为总承包商,全面负责项目的详细设计、采购、施工管理和试运行支持服务工作。

8.6.2　项目 HSE 管理模式

该项目属于典型的化工建设项目,项目施工内容包括建筑工程及安装工程两部分,涵盖土石方作业、桩基作业、强夯作业、钢筋作业、模板作业、混凝土作业及钢结构安装、设备安装、管道安装、电气仪表安装、焊接作业、防腐保温作业等。施工作业种类多、技术性强,尤其是作业过程涉及高处作业、起重作业、动火作业、受限空间作业、脚手架、吊篮作业及临时用电等,安全风险很高,同时现场作业人员数量多,素质参差不齐,因此,项目HSE管理难度很大。

基于上述分析及安全风险控制要求,项目部采用"过程方法"建立、实施项目HSE管理体系并改进其有效性,针对每一个过程运用"PDCA"方法,为项目规定有效的职业健康安全与环境管理体系要素,以期消除和降低项目实施过程中存在的危害并将风险控制在可允许范围内,进而实现项目HSE管理目标。其基本模式如图8-18所示:

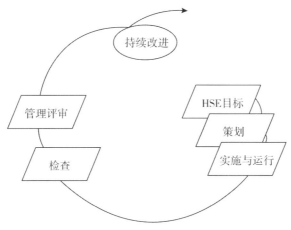

图8-18　项目HSE管理体系运行模式

1.HSE管理策划

"凡事预则立,不预则废",因此,在项目HSE管理体系的建立过程中,HSE管理策划是最重要的一环。

项目部首先针对项目实际与特点编制了《项目HSE管理计划》,在管理计划中明确了项目HSE管理的目标,HSE管理组织机构、人员组成及HSE职责,项目HSE管理程序及要求。其中,"项目HSE管理程序及要求"包括对开工前HSE准备工作、危险源辨识与风险评价、HSE培训与培训验证、信息交流与沟通、施工过程控制、应急管理、施工过程监督及事故管理等过程实施细则及相互关系的规定。通过该管理计划,将项目部实施的10个程序文件(包含《承包商HSE管理程序》、《承包商HSE资质审查程序》、《HSE奖罚管理程序》、《承包商HSE考核程序》等)及52个作业文件(包含《高处作业管理规定》、《起重作业管理规定》、《区域安全管理评优及奖励细则》、《总体应急预案》等)关联在一起,形成一套完整的文件化体系。

接下来,项目部成立了风险评估小组,小组成员包括土建、电气、仪表、设备、管道等专业工程师及HSE工程师,评估小组依据施工组织设计及相关施工方案对项目进行了总体危险源辨识与风险评价,识别了危险性较大的分部分项工程29项,同时按照作业场所及作业活动对危险源识别、风险评价结果及风险控制措施进行了汇总,示例如表8-17所示。

表 8-17　项目风险与管控措施

序号	主要风险	涉及作业场所施工活动	管理和控制措施
1	高处作业人员/工具/材料附掉落伤害	PU 树脂仓库 B 消防管道安装;TUP 原料仓库内外墙板安装;PU 树脂生产装置、聚醚生产装置工艺管道安装;TUP 生产装置 A、多元醇装置 A、导热油装置钢结构及工艺管道安装、管廊钢结构安装	审批吊装作业方案及高处作业安全技术措施。对高处作业人员安全带佩戴、生命绳设置、工具袋配备、吊装作业监护、区域隔离警示、作业人员安全技术交底等情况进行监督、抽查。现场查验特种作业人员符合性、施工机具状态及完好性、个体防护用品的配备情况。通过 HSE 例会通报施工现场存在的问题并敦促安全问题整改。落实汇报缺席及安全隐患排查要求
2	起重作业造成人身伤害	改性试验车间施工材料塔吊吊装;PU 树脂生产装置、聚醚生产装置、EO 球罐区、TUP 原料仓库、TUP 生产装置、多元醇生产装置、导热油装置、管廊钢结构及管道吊装置	
3	触电	全场施工用电	监督施工单位电工配备,配电箱、电缆敷设、用电设备完好性及维保情况。审查其提报的应急预案并组织演练

项目 HSE 管理计划的编制及危险源识别、风险评价与确定控制措施过程均建立在对法律、法规及其他要求(标准规范及建设方要求等)充分识别的基础上,以保证上述 HSE 管理策划过程是充分、适宜、有效的。

2.HSE 管理实施

项目部依据 HSE 管理策划的安排在培训、信息交流与沟通、施工作业过程控制、HSE 检查与隐患排查、应急管理等方面实施了 HSE 管理。

(1)HSE 培训。HSE 培训在提高施工管理人员管理水平与施工作业人员的 HSE 意识与技能方面具有重要的作用。因此,项目部在组织入场培训的基础上,依据现场人员层次、作业风险分别制定了 HSE 专项培训计划并组织实施。对施工管理人员(包括施工经理、施工员、技术员、安全员等)进行施工安全法律法规、标准及项目部 HSE 制度文件的培训,明确管理人员的安全职责与责任、安全控制及检查要点;对施工作业人员根据工种进行高处作业、起重作业、挖掘作业、动火作业、焊接作业、临时用电等专项培训,保证作业人员熟悉安全作业规程,强化风险意识。培训效果通过书面和口头考试、现场演示或执行工作评价等方式进行验证,验证不合格时,需再培训。对于培训合格的特种作业人员,发放帽贴进行标识。

(2)信息交流与沟通。项目部采用会议及数据报告的形式进行项目部内部沟通并与建设方、监理单位和分包商进行 HSE 信息交流。信息交流与沟通的内容包括传达建设方及监理单位的要求,收集施工单位作业人员、施工机械数量及安全投入等信息,通报施工现场 HSE 检查发现的安全隐患及违规违章情况,明确针对安全隐患及违规违章应采取的整改措施及计划整改完成时间等。通过良好的沟通与信息交流,有效地提高了 HSE 管理效率及绩效。

(3)施工作业过程控制。项目部对施工作业涉及的作业人员、施工机具、作业风险分析、安全技术措施、施工环境进行全方位的控制。

①对进入施工现场的作业人员、施工机具和车辆实施许可制度并标识。确保所有施工人员必须是经过培训并持有准入证才能进入施工现场,特种作业人员如起重司机、起重指挥、电工等必须经过专项培训取得合格帽贴后才能在现场进行特种作业;施工机具、车辆如汽车式起重机、钢筋切断机、电焊机等必须经过性能状况检查,合格后发放机具合格证后才能在现场使用,机具合格证每季度复查更换一次。

②作业前要求分包商进行作业风险分析及提报安全技术措施,项目部进行审查并认可后由作业负责人对安全技术措施向作业人员进行安全技术交底,作业人员签署确认后才能进行作业。对于高风险作业,如特级高处作业、受限空间作业、吊篮作业等必须办理作业许可证,按照作业许可的规定在施工现场逐项确认安全管理与技术措施、安全防护条件后实施。

③施工作业前,对影响施工安全的场地条件、气象条件等进行预警与确认。施工场地坑洼不平、影响工程车辆通行及大风、大雨、大雪情况下,暂停施工,防止发生车辆塌陷、倾覆、高处坠落、触电等安全事故。

(4)HSE检查与隐患排查。现阶段,施工作业人员素质不高、安全意识不足,施工队安全管理与安全投入水平低是长期存在的,由此导致施工现场存在大量的违章和安全隐患。根据海因里希法则,隐患则意味着事故。因此,必须通过HSE检查消除违章及安全隐患才能预防事故的发生。

项目部采取日常HSE检查、周联合检查与专项检查相结合的方式,对施工现场进行监督、检查,发现安全隐患、违章及时纠正,重大安全隐患下发隐患整改通知单并进行罚款,典型问题在HSE例会上进行通报和讲评,责任单位分析原因和采取防范措施。问题整改情况进行跟踪验证并纳入HSE绩效考核。

(5)应急管理。项目部依据危险源辨识结果及总体应急预案制定了土方坍塌、触电、高处坠落、高温中暑、消防、突发事件应急疏散等专项应急预案。同时,根据施工进展和现场实际组织了9次应急演练并对演练效果进行了评估,对预防突发事件造成伤亡扩大起到积极作用。

3.HSE管理效果检查与管理改进

项目部每月对HSE管理目标实现情况、HSE管理措施实施的充分性及有效性、隐患排查结果及事件(事故及未遂事件)的发生率进行信息数据汇总及检查比对。隐患排查结果示例如图8-19所示。

项目部通过对管理绩效检查的数据统计结果进行汇总归纳,发现了HSE管理存在的薄弱环节,针对未实现管理目标及管理措施效果不明显的情况进行原因分析,最终通过优化管理制度、改进HSE专项培训方式、加强HSE检查与惩处力度改进项目HSE管理体系,并实现了700万安全人工时及无伤亡事故发生的管理绩效。

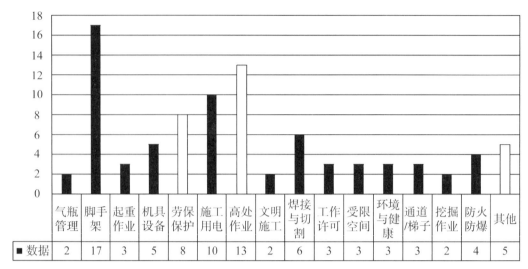

图8-19　隐患排查结果统计

■数据	气瓶管理	脚手架	起重作业	机具设备	劳保保护	施工用电	高处作业	文明施工	焊接与切割	工作许可	受限空间	环境与健康	通道/梯子	挖掘作业	防火防爆	其他
	2	17	3	5	8	10	13	2	6	3	3	3	3	2	4	5

8.6.3　项目HSE管理创新

项目部共有分包商14家,各分包商之间HSE管理水平参差不齐,部分单位以包代管情况突出,现场问题不断,管理难度大。因此,项目部采取引导式管理模式,积极探索管理的新方法。

1.项目HSE管理难点

项目HSE管理实施过程中发现的难点主要有如下3个方面:

(1)分包商HSE管理的主动性不强,"不愿管"和"不会管"的现状突出;

(2)施工现场存在交叉作业,面大量多,不易控制风险;

(3)分包商对现场存在的安全隐患及问题不能及时发现,且对项目部提出的问题整改及时性差,安全投入不足,导致违章率及安全隐患率较高。

2.HSE管理创新

项目部针对以上HSE管理难点,在管理实践过程中积极探索适宜、有效的管理方法,创新出以下解决方案。

(1)项目部制定并发布实施《区域安全管理评优及奖励细则》,对施工现场采取区域化管理,根据施工阶段及施工单体划分区域,区域内设置HSE标识牌,公示施工单位、施工负责人及安全员等信息;同时,完善HSE激励措施,对不同区域定期进行评优及奖励,从而提高不同承包商或同一承包商不同区域的HSE管理能动性。

(2)定期对分包商进行HSE管理体系审核,通过HSE考核方式引导分包商不断完善HSE管理体系,提高自身管理水平。

(3)完善"HSE信息备案制"与"HSE惩处机制"。对施工单位项目经理、施工经理、施工员及安全员信息按区域进行备案并动态更新,对于现场存在的安全隐患及问题不能及时整改的,根据备案信息进行追责,且按日计罚;同时,引入违章率考核,连续超过考核目标值3次的,更换施工单位主要管理人员。通过以上手段敦促施工单位管理人员提高责任心及管理能动性。

(4)建立"HSE管理工作汇报模板"等标准化文件,同时设立"每日安全员汇报制度",从而规范施工单位HSE管理行为,并促进施工单位主动进行安全检查及隐患排查,提高问题整改效率。

(5)项目部制定并发布《交叉作业管理规定》及"交叉作业协议模板",通过规定实施及组织施工单位间互签协议,规范施工单位在同一工作面或同一立体空间范围内的不同施工作业的安全管理,降低交叉作业带来的风险,落实安全措施,保障人身安全。

(6)建立安全费用单列机制,对安全措施单列费用项目按实际产生量,根据计算费率,据实支付。有效避免施工单位安全投入不足,确保了项目关键安全防护措施落实到位。

8.6.4　结　语

随着《安全生产法》、《环保法》的颁布实施,国家对安全环保的要求越来越高,作为工程项目管理的核心之一,项目HSE管理已成为工程管理企业的生命线。提高项目HSE管理水平需要积极的探索和创新,管理模式和管理方法绝不是一成不变的,必须从实践中来,到实践中去。有理由相信,动态、特色化管理将成为今后工程项目HSE管理的新常态。

思考题

1.简述职业健康安全问题及其解决途径。

2.职业健康安全管理体系的基本内容是什么?

3.简述环境管理体系的基本内容。

4.简述工程项目职业健康和安全管理责任和具体要求。

5.简述施工安全管理的基本要求。

6.简述施工现场环境管理的主要内容。

7.简述现场文明施工的基本要求。

8.简述危险及其影响管理程序。

9.工程项目HSE管理的主要工具有哪些? 各有何优缺点?

第9章　工程项目风险管理

在工程项目建设的过程中,存在着多种多样的风险因素,这些风险因素会对工程项目的顺利实施产生干扰和不利的影响。本章将在介绍风险管理含义的基础上,着重介绍工程项目风险识别、风险评价、风险应对及监控等内容。

9.1　风险管理概述

风险管理就是人们对潜在的意外损失进行辨识、评估,并根据具体情况采取相应的措施进行处理,即在主观上尽可能有备无患或在无法避免风险时亦能寻求切实可行的补偿措施,从而减少意外损失。

风险管理是工程项目管理不可缺少的一部分。每一个工程项目都必然伴随着一定的风险。工程风险不仅包括在整个建筑工程项目施工的全过程中,而且也包括在自然灾害和各种意外事故的发生而造成的人身伤亡和财产损失中,及在技术性、管理性问题引起的经济损失的不确定性中。风险管理是一项综合性的管理工作,它是根据工程风险环境和设定的目标对工程风险分析和处置进行决策的过程。

9.1.1　风　　险

从广义上讲,只要某一事件的发生存在着两种或两种以上的可能性,那么就认为该事件存在着风险。而在保险理论中,风险仅指损失的不确定性。这种不确定性包括发生与否的不确定、发生时间的不确定和导致结果的不确定。通俗地讲,风险就是发生不幸事件的概率。

项目建设是社会重要的经济活动之一,项目风险是指在项目实施过程中,由于各种难以预料或控制的因素的作用,使投入的资本不能收回或不能达到预期收益的可能性。

由于人们对于项目的认识能力存在限制,不能确切地预见未来项目的发展变化,从而形成了项目风险。信息的滞后性是信息不完备的根本原因,也是项目风险的根本原因。

9.1.2　风险的特性

风险是工程项目中的客观存在,不以人的意志为转移,它不仅会随着事物本身的发展而变化,也会随着事物之外的环境变化而变化,具有显著的客观性、随机性和不确定性等特点。

(1)客观性。风险是工程项目的伴随,只要实施工程项目,其中就必然存在风险。不论项目处于何时、何地、实施何种内容,也不论管理项目者是谁,都存在不同的项目风险。

(2)随机性。在工程项目的不同阶段,由于项目始终受到来自其内外多种因素的影响,而且当这些影响因素随着项目内外条件的变化而变化时,就可能使风险呈现出来。项目内外条件的变化具有很强的不稳定性,因此,项目风险也就具有了随机性。

(3)偶然性。影响工程项目的各种因素并不一定会在工程项目的实施中出现,它们可能随着项目内外条件的变化而变化。同样,这些条件的变化具有很强的不确定性,这就使工程项目的风险具有了偶然性。

(4)不确定性。尽管工程项目中有多种多样的风险,但在工程项目中却不一定会发生所有的风险。只有具备了产生风险的条件,工程项目才会出现风险。因此,工程项目中的风险具有显著的不确定性。

(5)相对性。不同主体对风险的承受能力是不一样的,风险承受能力受主体的地位和所拥有的资源等因素的影响。

(6)可变性。风险可能随着性质变化和时间变化消失;随着对风险的认识、预测和防范水平提高,使风险量降低;管理水平提高、技术进步等会使原有风险因素发生变化。

9.1.3　风险的因素

(1)自然风险。自然风险是指因自然力的不规则变化使社会生产和社会生活等遭受威胁的风险。如地震、风灾、火灾及各种瘟疫等自然现象是经常、大量发生的。在各类风险中,自然风险是保险人承保最多的风险。自然风险的特征有:自然风险形成的不可控性;自然风险形成的周期性;自然风险事故引起后果的共沾性,即自然风险事故一旦发生,其涉及的对象往往很广。

(2)社会风险。社会风险是指由于个人或团体的行为(包括过失行为、不当行为及故意行为)使社会生产及人们生活遭受损失的风险。如盗窃、抢劫、玩忽职守及故意破坏等行为将可能对他人财产造成损失或人身健康造成伤害。社会风险影响面极大,涉及各个领域、各个阶层和各个行业。

(3)政治风险(国家风险)。政治风险是指在对外投资和贸易过程中,因政治原因或订立双方所不能控制的原因,使债权人可能遭受损失的风险。如因进口国发生战争、内乱而中止货物进口,或因进口国实施进口或外汇管制等。

(4)经济风险。经济风险是指在生产和销售等经营活动中由于受各种市场供求关系、经济贸易条件等因素变化的影响或经营者决策失误,对前景预期出现偏差等导致经营失败的风险。比如企业生产规模的增减、价格的涨落和经营的盈亏等。

(5)技术风险。项目实施中的各种技术问题(包括地基条件复杂,资源供应条件差或发生变化,工程施工技术专业度高、难度高等)所要承担的风险。

9.1.4　风险管理的内涵及意义

在工程项目的实施中,一旦出现项目风险,就会给工程项目带来不同程度的影响,而且这些影响对于工程项目而言大多是不利影响。更重要的是,出现项目风险后,在处理风险的过程中,必然要消耗工程项目的若干资源,而资源的消耗可能就会导致工程费用的增加。因此,为了避免风险给工程项目带来损失,就需要对工程项目风险实施有效的管理。由此可知,工程项目的风险管理就是针对工程项目中可能存在的风险,就其发生的可能性、发生的原因、发生后所带来的危害以及解决风险的方法和对策所开展的一系列工作。

从项目风险具有的特点中可以得知,在工程项目中,风险始终都存在着,它具有显著的客观性、不确定性、随机性和偶然性等特征,因此,若要实现对工程项目的有效管理和控制,避免风险给工程项目带来的损失,就需要从工程项目立项初始,对工程项目及其今后实施中可能存在的风险进行系统性分析,以便全面地了解在工程项目中可能发生风险的种类、数量及其分布状况。在此基础上,通过对风险发生的可能性以及产生机理等方面的深入分析,判定产生各种风险的根源及其所需条件。据此,项目管理者即可采用相应的方法,制定相应的措施和对策,并编制出具有可行性和针对性的风险管理计划。因此,工程项目的风险管理就是对项目风险从识别到分析乃至采取应对措施等一系列过程的管理,是工程项目管理中的一项系统性工作。

项目风险管理发展的一个主要标志是建立了风险管理的系统过程,从系统的角度来认识和理解项目风险,从系统过程的角度来管理风险,这是现代项目风险管理的一个显著特征。对于风险管理过程的认识,不同的组织或个人的划分方法是不一样的。根据我国项目管理的情况,特别是结合大型高风险项目的实践,将项目风险管理过程分为风险规划、风险识别、风险估计、风险评价、风险应对、风险监控6个阶段和环节,并实现对项目风险全过程的动态管理。

作为工程项目管理的重要内容,工程项目风险管理对保证整个项目的顺利实施,减少项目的损失,提高项目的效益具有重要意义。

(1)减少了项目的不确定性,增加了项目管理者的信心和工作效率。通过风险分析可加深对项目和风险的认识和了解,及时采取相应的措施,加快工程进度,提高工作效率。

(2)能够提高工程项目质量,保证项目安全完成。建筑工程项目尤其在施工过程中,要提前估计运营风险,保证人力、物力、财力等各方面资源都能够及时到位,预防事故发生,提高质量,增加工程项目的安全,消除后顾之忧。

(3)能够促进项目经营效益的提高。工程项目风险管理力求以最小成本获得最大安全保障,有效的风险管理能够合理地分摊费用,节约费用支出,降低人身伤害和财物损失。工程项目管理的各种监督措施也要求各职能部门提高管理协作效率,最终提高经济效益。

9.2　工程项目风险识别

9.2.1　工程风险识别的内涵

工程项目风险管理的基础和前提是进行风险识别。风险识别的目的是找出影响项目质量、进度、投资等目标顺利实现的主要风险。风险的识别就是对存在于项目中的各种风险根源或是不确定因素根据其产生的背景、原因、表现、特点和预期后果进行定义、识别,对所有的风险因素进行科学的分类。通过风险识别能正确认识工程项目实施过程中所面临的风险种类,能为风险管理和控制选择合适的方法提供依据。风险识别是一项复杂的工作,任何一个工程项目,不论其大小,存在的风险是多种多样的,既有静态的也有动态的,有已经存在的也有潜在的,有损失大的也有损失小的。

在工程项目风险识别的过程中,必须坚持实事求是的原则,既不能夸大风险,认为风险随时都会发生,防不胜防,也不能忽视风险。要在全面了解和掌握工程项目真实情况的基础上,采用科学的风险识别方法,将项目中存在的风险识别出来,确定其发生的客观性和必然性。在此基础上,分层次、分类别地将工程项目中存在的各种风险全部罗列出来,明确风险的名称、属性和类别,就风险出现后所涉及的范围以及与风险相关的其他情况进行详细地阐述,建立起工程项目的风险识别清单,为进一步深入系统地分析项目风险提供依据。风险清单要在明确工程名称、建设地址、工程开工和竣工时间等主要内容的基础上,标明风险识别的工作人、开展风险识别工作的时间和主要依据,其目的是在明确风险识别工作责任的同时,还可以得知当时识别风险的具体依据,避免由于项目后期出现了原来未能预测的风险而追究风险识别人不该承担的责任。风险清单的基本格式如表9-1所示。

表9-1 风险清单

项目名称				项目编号	
建设单位				工程投资	
开工时间		竣工时间		工程地点	
风险识别人		识别时间		完成时间	
风险识别主要依据					
风险识别明细					
序号	风险名称	发生时段	风险类别	风险影响范围	主要影响对象
1					
2					
3					

9.2.2 工程项目风险识别依据

(1)工程项目风险管理计划。工程项目风险管理计划是规划和设计如何进行项目风险管理过程,它定义了项目组织及成员风险管理的行动方案及方式,指导项目组织选择风险管理方法。工程项目风险管理计划针对整个项目生命期,制定如何组织,如何进行风险识别、风险分析、风险量化、风险应对的规划。从工程项目风险管理计划中可以确定:风险识别的范围;信息获取的管道和方式;项目组成员在项目风险识别中的分工和责任分配;项目组在识别风险过程中可以应用的方法及其规范等。

(2)项目规划。项目规划主要包括项目目标、任务、范围、进度计划、费用计划、资源计划、采购计划及项目承包商、业主方和其他利益相关方对项目的期望值。在项目规划中还要考虑到组织的管理政策。所有相关组织都有正式或非正式的政策,这些政策是项目实施的规范和标准,同样也是进行项目风险识别的依据。

(3)历史资料。项目的历史资料可以是以前亲身经历过的项目的经验总结,也可以是通过公共信息渠道获得的他人经历项目的历史文档。在过去建设过程中的档案记录、工程总结、工程验收资料、工程质量与安全事故处理档案,以及工程变更和施工索赔资料等,记载着工程质量与安全事故、施工索赔等处理的来龙去脉,这对当前工程项目的风险识别是很有帮助的。

(4)风险种类。风险种类指那些可能对项目产生正面或负面影响的风险源。一般的风险类型有技术风险、质量风险、过程风险、管理风险、组织风险、市场风险及法律法规变更等。项目的风险种类应能反映出项目所在行业及应用领域的特征,掌握了各种风险类型的特征规律,也就掌握了风险识别的钥匙。

(5)制约因素与假设条件。项目建议书、可行性研究报告、设计等项目计划和规划性档案一般都是在若干假设、前提条件下估计或预测出来的。这些前提和假设在项目实施期间可能成立,也可能不成立。因此,项目的前提和假设之中隐藏着风险。项目必然处于一定的环境之中,受到内外许多因素的制约,其中国家的法律、法规和规章等因素是项目活动主体无法控制的,这些构成了项目的制约因素,是项目管理人员所不能控制的,这些制约因素中隐藏着风险。为了明确项目计划和规划的前提、假设和限制,应当对项目的所有管理计划进行审查。例如,审查范围管理计划中的范围说明书,能揭示出项目的成本、进度目标是否定得太高,而审查其中的工作分解结构,可以发现以前未曾注意到的机会和威胁。

9.2.3 工程项目风险识别过程

1.收集数据或信息

一般认为风险是数据或信息的不完备而引起的。收集和风险事件直接相关的信息可能是困难的,但是风险事件总不是孤立的,会存在一些与其相关的信息,或与其有间接联系的信息,或是本工程项目可以类比的信息。工程项目风险识别应注重下列几方面数据信息的收集。

(1)工程项目建设环境方面的数据资料。工程项目实施和建成后的运行离不开与其有关的自然和社会环境。自然环境方面的气象、水文、地质等以及社会环境方面的政治、经济、文化等对工程项目的实施都有较大的影响。例如,经常下雨会影响到工程的进度,对某些工程来说还会影响到施工的成本和质量;物价的上涨会引起建筑材料和施工机械台班费用的上升。这些均会影响工程项目目标的顺利实现。

(2)类似工程的有关数据资料。以前经历的工程项目的数据资料,以及类似工程项目的数据资料均是风险识别时必须收集的。对于亲身经历过的工程项目,一定会有许多经验教训,这些经验和体会对识别项目的风险是非常有用的。对于类似的工程项目,可以是类似的建设环境,也可以是类似的工程结构。

(3)工程的设计、施工文件。工程设计文件规定了工程的结构布置、形式、尺寸,以及采用的建筑材料、规程规范和质量标准等,这些内容的改变均可能会引来风险。工程施工文件明确了工程施工的方案、质量控制要求和工程验收的标准等。工程施工中经常会碰到方案设计或优化选择的问题,此时,应对工程的进度、成本、质量和安全目标的实现进行风险分析,进而选择合理的方案。

2.分析不确定性

在基本数据和信息收集的基础上,应从下列几个方面对工程项目的不确定性进行分析。

(1)不同建设阶段的不确定性分析。工程建设有明显的阶段性,而在不同建设阶段,不论是不确定事件的种类,还是不确定事件的不确定程度均有很大的差别,应将不同建设阶段的不确定性分别进行分析。

(2)不同目标的不确定性分析。工程建设有进度、质量和成本三个目标,影响这三个目标的因素既有相同处,也有不同的地方,要从实际出发,对不同目标的不确定性做出较为客观的分析。

(3)工程结构的不确定性分析。不同的工程结构,其特点不同,影响不同工程结构的因素不相同;即使相同,其程度也可能有差别。

(4)工程建设环境的不确定性分析。工程建设环境是引起各种风险的重要因素。应对建设环境进行较为详尽的不确定性分析,进而分析由其引发的工程项目风险。

3.归类风险

确定风险事件,并在工程项目不确定分析的基础上将风险归纳、分类,进一步分析这些不确定因素引发工程项目风险的大小。为风险管理的方便,首先,可按工程项目内、外部进行分类;其次,按技术和非技术进行分类,或按工程项目目标分类。

4.编制工程项目风险识别报告

在工程项目风险分类的基础上,应编制出风险识别报告。该报告是风险识别的成果。通常包括有如下方面的内容。

(1)已识别出的风险。已识别出的工程项目风险是风险识别重要的成果之一。该结果经常采用风险清单的形式出现,风险清单将工程项目所面临的风险汇总并按类进行排列。让工程项目管理人员不仅能把握自己岗位所面临的风险,而且能了解到其他管理人员可能会碰到的风险,还能使他们预感到风险可能发生的连锁反应。

(2)潜在的工程项目风险。潜在的工程项目风险是指尚没有迹象表明将会发生的风险,是人们主观判断的风险,一般是一些独立的工程项目风险事件,如自然灾害等。当然,潜在的工程项目风险可能会发展成为现实的工程项目风险,即其发生有一定的可能性。所以对于可能性或者损失相对较大的潜在的工程项目风险,应该注意跟踪和评估。

(3)工程项目风险的征兆。工程项目风险的征兆是指工程项目风险发展变化的可能的趋向。例如国家或地区发生通货膨胀,可能会使工程项目需要的资源价格上涨,从而导致工程项目投资超概算的风险,所以通货膨胀一般是发生工程项目投资风险的一种征兆。对工程项目风险征兆需密切关注,并考虑应对计划和措施。

工程项目风险识别的具体流程如图9-1所示。

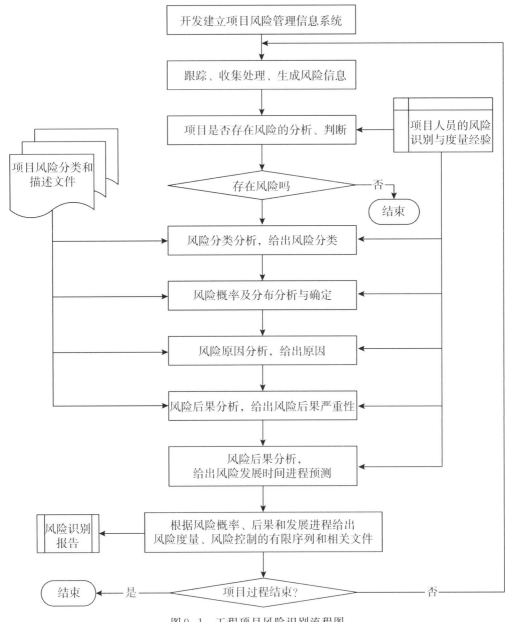

图9-1　工程项目风险识别流程图

9.2.4　工程项目风险识别方法

目前,对工程项目风险进行识别的方法有很多种,如头脑风暴法、核对表法、系统分解法、流程图法、情景分析法、假设条件法等,不同的方法有不同的特点,需要工程项目风险识别者结合工程项目的具体情况来确定。

(1)头脑风暴法。头脑风暴法是一种运用发散性思维和个人经验,通过会议的形式分析和识别项目风险的方法。在识别项目风险前,需要风险识别的参与者预先了解和掌握工程项目的总体情况。在此基础上,请所有参与人员从风险的不同类别、不同属性等角度分析和提出自己的风险识别结果。提出的所有结果被汇总统计后,再进行进一步的讨论和分析。当通过多次分析得到一致性的风险识别结果后,即认为完成风险识别工作。

（2）核对表法。核对表法也叫风险对比清单法。这种方法是通过搜集已完成类似项目的风险资料,对工程项目中曾经出现的风险进行总结归纳,并将归纳结果汇总成表,然后由项目风险识别人员与拟建项目进行比较,分析和提炼出拟建项目可能出现的风险。虽然这种方法较为实用简单,但由于每项工程具有不同的特点,极有可能使风险识别结果存在大量的漏缺。因此,在风险识别中,该方法一般仅作为辅助性的风险识别方法。

（3）系统分解法。这种方法是利用系统分解原理将一个复杂的工程项目分解成若干比较简单和容易认识的子系统或子项目后,进而识别各子项目中内含风险的方法,如图9-2所示。其中,最主要的是在分析和识别项目风险的过程中确保风险识别原则的一致性,否则,极易造成风险识别结果的混乱,并给分析风险产生的原因带来困难。

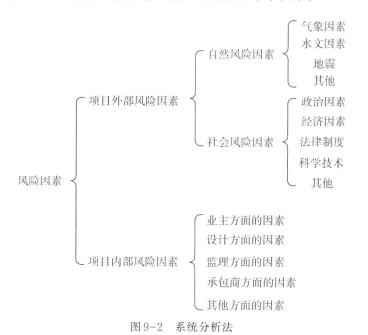

图9-2　系统分析法

（4）流程图法。流程图法是项目风险识别者预先绘制出能够系统表达工程项目各部分之间相互关系的图表,如项目工作流程图、项目实施流程图、项目工序流程图等。然后,通过对这些流程图分门别类地分析,从中找出工程项目在不同工作中可能存在的风险,从而完成工程项目所有风险的识别任务。

（5）情景分析法。情景分析法是指通过对项目未来的某个状态或某种情况（情景）的详细描述,从其可能发生的状况来识别项目风险的一种方法。在描述项目未来某种状况时,可以采用文字描述,也可以采用图表或曲线描述,还可以借助计算机进行仿真模拟。在完成情景构建后,需要项目风险识别者变动项目中的若干要素,由此来判断项目情况变化后可能出现的风险,并通过筛选、监测和诊断,发现工程项目中今后可能出现的风险。情景分析法在识别项目风险时主要表现为以下四个方面的功能:

①识别项目可能引起的风险性后果,并报告提醒决策者;

②对项目风险的范围提出合理的建议;

③就某些主要风险因素对项目的影响进行分析研究;

④对各种情况进行比较分析,选择最佳结果。

(6)假设条件法。在开展工程项目的前期决策、工程设计等工作时,项目中的许多实施条件都是在假设满足的前提下设定的,但在工程项目的实施过程中,许多条件很可能发生变化。因此,可以通过假设项目所需的这些前提条件一旦得不到满足,项目将会发生哪些问题来识别和判断项目可能出现的风险。

(7)SWOT分析法。SWOT分析在工程项目风险识别中应用的基准点是对业主、承包商、设计单位等机构或组织的内部环境优劣势的分析,在了解自身特点的基础上,判别外部的机会和威胁,然后对工程项目的发展环境做出准确的判断,继而指定各组织机构的发展战略和策略。SWOT分析形式上很简单,但实质上是一个长期积累的过程,只有对工程自身和所处环境的准确认识,才能对其优劣势和外部环境的机会与威胁有准确的把握。SWOT分析可随环境变化进行动态系统分析,是一种定性的分析工具,可操作性很强。

(8)预先分析法(Preliminary Hazard Analysis,PHA),是指在每一项活动(如设计、生产等)开始之前,对项目存在的风险因素类型、产生条件以及风险的后果预先做概略分析。其优点在于,对项目风险因素的预测和识别是在活动开始之前,若发现风险因素,可立即采取防范措施,以避免由于考虑步骤而造成的损失。这一分析方法,特别适合于新项目开发。运用预分析法,首先分析项目发生风险的可能类型并深入调查项目风险源,然后系统识别风险转化条件,最终合理划分风险等级。

9.3 工程项目风险评价

9.3.1 工程项目风险估计

工程项目风险估计是对工程项目各个阶段的风险事件发生可能性的大小、可能出现的结果、可能发生的时间以及影响范围的大小的估计。工程项目风险估计是为分析整个工程项目风险或某类风险提供基础,并为制订风险管理计划,进行风险评价、确定风险应对措施和进行风险监控提供依据。风险估计包括如下几个步骤:

(1)采集数据。首先必须采集所要分析的风险相关的各种数据。这些数据可以从投资者或者承包商过去类似项目经验的历史记录中获得;可以从气象、水文、建设市场、社会经济发展的历史资料中获得;可以从一些勘测和试验研究中获得;可以在工程项目实施过程中获得。所采集的数据必须是客观真实的,最好具有可统计性。

(2)完成风险分析模型。以取得的有关风险事件的数据资料为基础,对风险事件发生的可能性和可能的结果给出明确的量化描述,即风险模型。风险模型又分为风险概率模型和损失模型,分别用以描述不确定因素与风险事件发生概率的关系,以及不确定因素与可能损失的关系。

(3)对风险分析给出结论。工程项目风险模型建立后,就可以用适当的方法去估计每一风险事件发生的概率和可能造成的后果。其中可能的后果一般用费用损失和建设工期的拖后来表示。

9.3.2　工程项目风险评价

风险评价即指在风险识别估计的基础上,分析工程项目所有阶段的整体风险、各风险之间的相互影响、相互作用以及对项目的总体影响、项目主体对风险的承受能力等方面。然后根据评价结果来决定如何承保,并制订出完整的风险控制计划。工程项目风险评价主要包括以下几个步骤:

(1)确定项目风险的评价基准。工程项目风险评价基准就是工程项目主体针对不同的项目风险后果,确定可接受水平。单个风险和整个风险都要确定评价基准,分别称为单个评价基准和整体评价基准。项目的目标多种多样,有时间最短、利润最大、成本最小和风险损失最小等,这些目标可以进行量化,称为评价基准。

(2)确定项目风险水平。其中包括单个风险水平和整体风险水平。工程项目整体风险水平是综合了所有风险事件之后确定的。要确定工程项目的整体风险水平,有必要弄清单个风险之间的关系、相互作用以及转化因素对这些相互作用的影响。另外,风险水平的确定方法要与评价基准确定的原则和方法相适应,否则两者就缺乏可比性。

(3)将工程项目单个风险水平与单个评价基准、整体风险水平与整体评价基准进行比较,从而确定它们是否在可接受的范围之内,进而确定该项目是应该就此止步还是继续进行。

在工程项目管理中,工程项目风险评价是必不可少的环节。通过风险评价,可以确定风险大小的先后次序,为考虑风险应对先后顺序和风险应对措施提供依据;确定各个风险之间的内在联系,把握风险之间的相互关系,将风险转化为机会;可进一步认识已估计的风险发生的概率和引起的损失,降低风险估计过程中的不确定性。

9.3.3　工程项目风险评价准则

(1)风险回避准则。风险回避是最基本的风险评价准则。根据该准则,项目管理人员应采取措施有效控制或完全回避项目中的各类风险,特别是对项目整体目标有重要影响的那些风险因素。

(2)风险权衡准则。风险权衡的前提是项目中存在着一些可接受的、不可避免的风险。风险权衡原则需要确定可接受风险的限度。

(3)风险成本最小准则。风险权衡准则的前提是假设项目中存在一些可接受的风险。这里有两种含义:其一是小概率或小损失风险,其二是付出较小的代价即可避免风险。对于第二类当然希望风险处理成本越小越好,并且希望找到风险处理的最小值。虽然风险处理的最小成本是理想状态,同时也是难于计算的。因此,人们定性地归纳为,若此风险的处理成本足够小,人们是可以接受此风险的。

(4)社会费用最小及社会效益最大准则。在进行风险评价时还应遵循社会费用最小、社会效益最大准则。这一指标体现了一个组织对社会应负的道义责任。当一个组织实施某种项目活动时,如企业的经营活动,组织本身将承担一定的风险,并为此付出一定的代价,同时企业也能从中获得风险经营回报。同样社会在承担风险的同时也将获得回报。因此在考虑风险的社会费用时,也应与风险带来的社会效益一同考虑。

(5)风险成本/风险效益比准则。开展项目风险管理的基本动力是以最经济的资源消耗来高效地保障项目预定目标的达成。项目管理人员只有在收益大于支出的条件下,才愿意进行风险处置。在实际的项目活动中,项目风险水平一般与风险收益成正比,只有风险处理成本与风险收益相匹配,项目风险管理活动才是有效的。

9.3.4 工程项目风险评价方法

1.调查和专家打分法

调查和专家打分法是一种最常用也是最简单的分析方法。一般由两步组成:首先,辨识出某一工程项目可能遇到的所有重要风险,列出风险调查表;其次,利用专家经验,对可能的风险因素的重要性进行评价,综合成整个项目风险。具体的步骤如下:

第一步,确定每个风险因素的权重,以表示其对项目风险的影响程度。

第二步,确定每个风险的等级值,按可能性很大、较大、中等、较小、很小5个等级,分别以0.9,0.7,0.5,0.3和0.1打分。

第三步,将每项风险因素的权数与等级值相乘,求出该项风险因素的得分,最后求出此工程项目风险因素的总分。总分越高说明风险越大。

2.决策树法

决策树法是利用一种树形图作为分析工具,分析风险产生的原因并给出其相应对策的一种方法。在分析中,整个决策树由风险点、风险相关分枝、风险概率分枝、状态结点和结果点五个要素构成,其中,风险点是风险分析的初始点。从风险开始,管理者分析和推导出与风险有关的各种因素并形成相关分枝;然后,再对这些分枝中包含的因素在项目中可能出现的概率、可能处于的状态及可能形成的结果进行分析,同时形成相应的概率分枝、状态结点和结果点。通过对所有因素出现的概率、可能处于的状态及可能形成的结果的集合对比分析,最终确定引发风险的主次因素。

【例9-1】 某种产品市场预测,在10年中销路好的概率为0.7,销路不好的概率为0.3。相关工厂的建设有两个方案:

方案A:新建大厂需投入5000万元,如果销路好每年可获得利润1600万元;销路不好,每年亏损500万元;

方案B:新建小厂需投入2000万元,如果销路好每年可获得利润600万元;销路不好,每年可获得200万元。

解:决策树如图9-3所示,

对A方案的收益期望为 $E_A = 1600 \times 10 \times 0.7 + (-500) \times 10 \times 0.3 - 5000 = 4700$(万元);

对B方案的收益期望为 $E_B = 600 \times 10 \times 0.7 + 200 \times 10 \times 0.3 - 2000 = 2800$(万元)。

由于A方案的收益期望比B高,所以A方案是有利的。这仅是对项目方案的粗略分析和评价,没有考虑收益的时间价值等其他方面的因素。

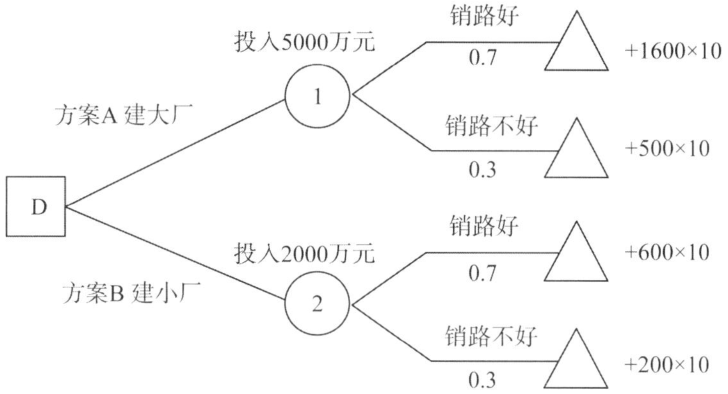

图9-3　决策树

3.层次分析法(AHP)

在工程项目风险分析中,层次分析法提供了一种灵活的、易于理解的工程评价方法。工程项目风险的分析和评价是个主观、客观结论相结合的过程,而对某些过程中潜在的风险因素或子因素的评价也很难用定量数字来描述。层次分析法用于工程项目风险分析与评价恰好解决了这个困难。层次分析法的应用思路是,首先找出问题相关的主要因素,将这些因素按其关联隶属关系构造成阶梯层次模型,通过对层次结构中各因素之间相对重要性的判断及简单的排序,计算解决问题。层次分析法的具体步骤如下。

(1)建立可描述项目的概念。这些概念就是复杂系统的组成部分或因素。依靠这些因素就可把整个项目分解成可管理的工作包。

(2)建立项目的阶梯层次并进行风险辨识。根据第一步建立的概念构造项目的阶梯层次结构,然后应用前面所述的风险辨识方法对每一个工作包进行风险辨识,并根据所识别的风险整理出该工作包的风险图。

(3)构造风险因素判断矩阵。就每个上层元素对与其有逻辑关系的下层元素进行成对比较,即通过分析,判断确定下层元素就上层某一元素而言的相对重要性。判断结果显示在判断矩阵中。判断准则可按表9-2进行。

表9-2　判断准则

标度	意义
1	表示两因素相比,具有同样的重要性
3	表示两因素相比,一个因素比另一个因素稍微重要
5	表示两因素相比,一个因素比另一个因素明显重要
7	表示两因素相比,一个因素比另一个因素强烈重要
9	表示两因素相比,一个因素比另一个因素极端重要
2,4,6,8	表示两因素相比,结果处在以上结果中间

表9-3中,A_k 为上层某元素,是判断矩阵得以建立的比较判断准则;B_j 是下层元素,与

A_k有逻辑关系。b_{ij}是就A_k而言,B_i与B_j的相对重要性。b_{ij}通常取$1 \sim 9$的整数或倒数作为标度。判断矩阵有互反的性质,即$b_{ij} = 1/b_{ji}$,$b_{ii} = 1$。

表 9-3 判断矩阵

A_k	B_1	B_2	...	B_n
B_1	b_{11}	b_{12}		b_{1n}
B_2	b_{21}	b_{22}		b_{2n}
...			b_{ij}	
B_n	b_{n1}	b_{n2}		b_{nn}

上述判断方法采用Delphi法。

(4)构造各风险因素的严重程度的判断矩阵。严重程度可用高、中、低风险三个标准来表达,从而求出各子风险因素相对危害程度值。

(5)利用层次分析法的计算机软件,对专家评判进行一致性检验,一致性检验通不过则需要重做评判,然后再检验,直至通过。

(6)层次总排序:首先,把各子风险的相对危害程度统一起来,就可求出工作包的风险处于高、中、低各等级的概率值,由此可判断各风险包的风险大小,然后按照层次分析法合成权重的计算方法求出总排序,合成后即可得出项目总的风险水平。

4.蒙特卡罗模拟法

蒙特卡罗(Monte Carlo)模拟法又称随机抽样技术或统计试验方法,是估计经济风险和工程风险常用的一种方法,应用蒙特卡罗模拟法可以直接处理每一个风险因素的不确定性,并把这种不确定性在成本方面的影响以概率分布的形式表示出来,是一种多元素变化分析方法,在该方法中所有的元素都同时受风险不确定性的影响。另外,可以编制计算机程序来对模拟过程进行处理,大大节约了时间。该技术的难点在于对风险因素相关性的辨识与评价。总之,该方法既有对项目结构分析,又有对风险因素的定量评价,因此是比较适合分析或模拟项目的随机性。其具体步骤为:①量化风险;②根据对历史数据的分析,借鉴常用建模方法,建立能描述该风险变量在未来变化的概率模型;③计算概率分布初步结果;④修正完善概率模型;⑤利用该模型分析评估风险情况。

5.敏感性分析法

与其他几种风险分析方法的不同之处在于,敏感性分析法只考虑影响工程目标成本的几个主要因素的变化,如利率、投资额、运营成本等,而不是采用工作分解结构把总成本按工作性质细分为各子项目成本,从子项目成本角度考虑风险因素的影响,再综合成整个项目风险。敏感性分析法也可以是对项目中多个风险同时进行的分析,即同时分析多个风险变化对项目所产生的影响程度,但分析结果不便于主次风险的识别和判断,分析起来也较为复杂。因此,使用敏感性分析法时,工程项目管理者一般多采用单风险分析的方法。敏感性分析法的结果可以为决策者提供:工程目标成本对哪个成本单项因素的变化最为敏感,哪个其次,可以相应排出对成本单项的敏感性顺序。

9.4　工程项目风险应对及监控

9.4.1　工程项目风险应对

工程项目风险应对就是对项目风险提出处置意见和办法。通过对项目风险识别、估计和评价,把项目风险发生的概率、损失严重程度以及其他因素综合起来考虑,就可得出项目发生各种风险的可能性及其危害程度,确定项目的危险等级,从而决定应采取什么样的措施以及控制措施应采取到什么程度。风险应对的依据主要包括:风险管理计划;风险排序,将风险按其可能性、对项目目标的影响程度、缓急程度、分级排序,说明要抓住的机会和要应付的威胁;风险认知,对可放弃的机会和可接受风险的认知,组织的认知度会影响风险应对计划;风险主体,项目利益相关者中可以作为风险应对主体的名单,风险主体应参与制订风险应对的计划;一般风险应对,许多风险可能是由某一个共同的原因造成的,这种情况下为利用一种应对方案缓和两个或更多项目风险提供了机会。

风险应对过程活动是执行风险行动计划,以求将风险降至可接受程度所需完成的任务。一般有以下几项内容:进一步确认风险影响;制定风险应对策略措施;研究风险应对技巧和工具;执行风险行动计划;提出风险防范和监控建议。

9.4.2　工程项目风险应对方法

在明确项目中可能发生风险的种类、概率及产生原因和主次影响因素之后,工程项目管理者就可以制定相应的风险处理措施和应对策略。风险应对措施主要有风险规避、风险转移、风险缓解、风险自留、风险化解和风险利用,以及这些方法的组合措施。

(1)风险规避。风险规避是一种通过变更工程项目计划或实施方案、改变施工条件来避免或保护工程项目实施对象不受风险影响的方法。常用的方法主要有工作调整法、技术保障法和标准工序法。工作调整法是通过变更工程项目计划、实施方案或改变施工条件来消除项目风险的方法;技术保障法是采用成熟的施工工艺和技术来保障工程项目实施对象不受风险影响的方法;标准工序法是用标准化、制度化、规范化的方式从事工程项目活动以避免可能引发项目风险的一种方法。具体采用何种方法,需要结合工程实际情况来确定。

(2)风险转移。风险转移是设法将某项工作或某一项目的权利连同项目所包含的风险一并转移给他方的方法。转移的具体方法是采用合同约定,即通过项目合同约定在将工程项目转交给对方的同时,工程项目的风险也交由对方来承担。实际上,采用这种方法时,项目原本所包含的风险并没有化解掉,只是转移给他方。采用这种方法的前提常常是建设单位将工程项目及其风险一并承包给有实力的大型工程企业,而这些企业有能力处理和管控工程项目中包含的风险。风险转移的方式包括工程保险、担保和合同条件约定等。

(3)风险缓解。风险缓解是指将工程项目发生风险的概率和产生的后果与不利影响降低到可以接受的程度。风险缓解既不是消除风险也不是避免风险,而是减轻风险,包括减少风险发生的次数、控制风险发生后涉及的范围、缓减风险对项目其他管理对象的冲击等。缓解的手段主要有提高施工人员的素质、增强管理者的责任心、对项目风险及时处理、加强对日常工作的监管力度、选择可靠的材料或设备供应商、预先进行必要的试验等。

(4)风险自留。风险自留是一种由项目主体自行承担风险后果的风险应对方法,这种方法意味着工程项目主体不改变工程项目的原定计划,并积极面对和准备处理可能发生的项目风险。采用风险自留这一应对方法时,需要对风险做出比较准确的评估,使自身具有相应的承担能力;同时制订风险应急计划,包括应急费用和应急措施等。风险自留一般应用于以下几种状况:处理风险的成本大于承担风险所付出的代价;预计某一风险发生可能造成的最大损失项目是可以安全承担的;当风险降低、风险控制、风险转移等风险控制方法均不可行时。

(5)风险化解。风险化解是从产生项目风险的因素出发,针对性地采取相应的措施来消除引发项目风险的一种管控方法,比如项目的风险是由于资源缺乏引起的,那么就在项目中增加相应的资源。近年来,更倾向于通过引进新技术、新方法、新工艺或新材料等方法来化解项目风险,并且其已成为解决工程项目风险的主流方法。

(6)风险利用。风险之所以可以被利用,是因为风险和利润并存而且可能互相转化。影响风险发生的因素可能是多方面的,促使某些影响因素的变化,有可能防止某些风险的发生和发展,从而使风险转化为利润。为了使风险能够被利用,要分析风险利用的可能性及其价值、计算风险利用的费用以及评估风险的承受能力。

9.4.3 工程项目风险监控

风险监控是在工程项目的实施中,对工程项目的实施状态进行观察和监督,一旦出现预先识别的风险或未知风险,就采用相应的措施进行处理,同时检验和分析已制定措施的有效性,并对风险进行动态持续管理的过程。

在工程实际中,对工程项目的风险管理并不是单一性的纯风险管理,一般都贯穿在工程项目各个管理对象的各个管理环节或施工工序管控之中,时常与工程项目的质量、进度、成本、安全等管理对象结合起来共同管理。因此,对风险的监管与控制实际上是一种与工程项目其他管理对象相融合的综合性管理。

风险监控的一般管理程序如下:

(1)建立工程项目风险监控体系。在建立工程项目的管理组织时,也要同时将工程项目的风险管理体系包含进去,并在明确风险管理相关责任人的基础上,编写和制定出具体的工程项目风险管理职责、项目风险管控程序、项目风险决策程序、项目风险信息报告制度、项目风险监控沟通程序等管理规则。

(2)确定监控的对象。根据项目风险识别清单,将工程项目风险清单中的每一个具体风险管理对象安排给工程项目的相关责任人,使工程项目管理人员明确自己的工作内容和相应职责,以便对工程项目风险进行及时有效的管理和控制。

(3)落实风险监控所需条件。监控工程项目的不同风险有不同的要求,也需要不同的条件、设备与工具。为此,不同的风险管理责任人要根据风险管理需求,落实风险监管的所需资源,为有效开展风险监管工作提供必要的保障。

（4）实施风险监控。根据预定的风险监控计划与方案,项目风险管理者即可开展相应的风险监管工作和项目风险控制活动,并做好风险监管记录。同时,将风险监管工作情况按照规定的要求报给有关部门和主管领导,并及时通报工程项目的风险管控进展以及整体管控状况。

（5）及时发现和处理项目风险。工程项目中一旦出现风险征兆,项目管理人员应立即进行分析,并根据风险预定计划及其措施进行处理,确保工程项目风险能够得到及时有效的管理和控制。

（6）跟踪和控制项目风险。在风险管控中,要及时收集和了解风险管控工作的信息,判断项目风险是否出现新的变化,及时确认所采取的项目风险控制活动是否有效。

（7）判断项目风险是否已经消除。在完成项目风险的处理后,要重新进行项目风险识别,准确判断项目风险是否已经消除,以确保项目风险得到彻底的解决。

风险监控的具体流程如图9-4所示。

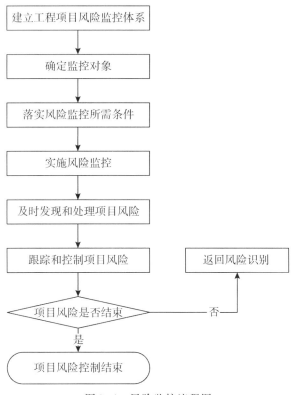

图9-4　风险监控流程图

9.4.4　工程项目风险监控方法

由于不同的工程项目有不同的特点,工程项目风险又具有明显的复杂性、多样性、随机性和偶然性等特征,因此,监控工程项目风险的方法也就具有了多样性。就目前情况来看,多采用系统动态监控、风险预警系统、设置风险应急处置机构和应急计划等方法来对工程风险进行监控。

（1）系统动态监控方法。工程项目的风险监管是一个系统性的工作过程,若要实现对工程项目风险的有效管理,就需要工程项目风险管理者从工程项目的风险识别开始,并从工程项目的总体出发,在全面了解和掌握工程项目总体状况的基础上,全方位、全过程、全层次、全角度的对工程项目中存在的潜在风险进行分析和研究、观察和监控。在此基础上,可与工程项目的其他管理对象相融合,在对工程项目其他管理对象进行管理的过程中,同步开展工程项目的风险管理工作,直到工程项目结束。因此,对工程项目的风险管理是一项从项目开始到项目结束的系统持续性动态监管过程。

（2）风险预警系统。风险预警系统是基于预先观测到的风险征兆信息而给工程项目管理者发出风险管理预警信号的信息系统。在工程项目的风险管理中,一些研究者结合工程项目管理的特点,以工程项目的风险清单为基础,以若干风险预测指标为工具,通过对风险预测指标与工程项目风险发生可能性的关系分析,建立风险预警系统。当风险预警系统获取工程项目实施状态的若干信息后,即可通过对信息及其相关指标的分析与测算,测定出工程项目即将发生风险的概率及其可能性,并根据风险分析结果给出进一步的判断,确定可能发生风险的等级。在此基础上,系统再给工程项目风险管理者发出相应的预警,告知工程可能发生的风险。这样,工程项目管理者就能对可能发生的项目风险进行分析,并采取相应的措施,及时进行风险管理和控制,使即将可能出现的风险及时得到消解,或使风险产生的不利影响减小到最低程度。

（3）设置风险应急处置机构和应急计划。实际上,设置风险应急处置机构和应急计划是一种被动的风险管理方法。一般来说,常规方式是在工程项目实施前,工程项目管理者根据风险识别结果和分析结果,预先制订出相应的风险管理计划与方案。当项目出现风险后,工程项目管理人员立即启动风险管理计划与方案来处理和解决工程项目中出现的风险。但当出现的风险种类不在预定的计划和方案之中时,才采用风险应急管控预案。为了达到应急管控的目的,必须预先设置风险应急处置机构和应急计划,包括设立风险应急组织、应急处理人员、应急处理程序、应急资源的调配与使用、应急结果的后期管理等工作。因此,这种方式只用于工程项目的特殊风险处理,如地震、台风、暴风暴雪等突发事件。在正常的工程项目管理中,一般并不建议将这种方式作为风险管理的常规手段。

9.5 案例:智慧城市建设项目风险分析

9.5.1 背景介绍

智慧城市是人类城市化进程中的新阶段。自2008年IBM提出"智慧地球"理念开始,全球发达国家和地区相继提出并落实"智慧城市"战略举措。2009年9月,爱荷华州迪比克市宣布与IBM公司合作建设美国第一个智慧城市;同年,日本政府IT战略本部制定了《i-Japan 2015战略》;2010年欧盟相继出台了《欧洲2020战略》和《欧洲数字化议程》。我国也在2010年左右启动智慧城市的广泛建设,中国产业信息研究网报道显示,截至2015年我国智慧城市已达386个。尽管近十年来,世界智慧城市建设项目成绩不菲,但大量在建和失败项目也表明,种种管理、技术创新和资源再分配必然会面临严峻挑战和多重障碍。本案例基于文献调查,总结前人研究中揭示的智慧城市建设项目面临的多维挑战,分析项目解决领域问题的经验,帮助我国城市管理者更全面、清醒地认识智慧城市建设中的风险因素,并借鉴国内外建设案例的成功经验。

9.5.2 风险识别

所有创新都将带来机遇与风险的双重挑战。有研究者将智慧城市建设项目比喻成一个与城市发展和居民生活质量息息相关的大型实验,这意味着该项目不可避免地具备一定的风险因素。由于智慧城市的建设过程中融合了技术、治理、人力、外部经济、社会、生态环境等多种因素,这将产生难以估计的复杂问题。尽管以往的研究大多关注智慧城市建设所带来的发展机遇和现实成果,但仍有一些研究者致力于探究智慧城市项目的"阴暗面"。

多数关注智慧城市项目风险的研究重点聚焦于管理风险、技术风险、经济风险、政策风险、法律风险、参与者风险等方面(见表9-4)。其中,一些风险因素具有关联性和一定的交叉。如绝大多数智慧城市项目是由政府主导或参与,因而,项目的组织和管理层面遇到的问题很大程度上就是对政府治理能力和创新程度的考验。同时,智慧城市项目的实施参与主体还常常涉及民众、企业和创新团队,多利益相关方的参与所带来的首要问题就是组织和管理风险。

表9-4 智慧城市项目风险因素

风险因素	Chourabi	Joshi	Nam 和 Pardo	Lam	胡丽,陈友福	Naphade	邓贤峰	陈友福
组织与管理	√	√	√	√	√	√		√
环境	√		√					
技术	√	√	√	√	√	√	√	√
政府治理	√			√		√		
经济	√	√			√	√	√	√
社会		√			√			
法律		√					√	
可持续性		√						
政策	√		√	√				
基建								
民众和社群	√				√			√

9.5.3 风险分析

1.管理与组织挑战

事实上,85%的IT项目的失败都源于管理、组织、政策等非技术层面的挑战。多种非技术因素阻碍了智慧城市项目的实施,《经济学人》就曾撰文指出,大多数为智慧城市建设项目提供技术解决方案的公司实际上未达到他们预先的目标。国内学者赵大鹏和张锐昕认为,智慧城市战略实际上是资源的重新分配,外在表现是对组织机构变革、业务流程再造和组织文化变迁的要求,这必然会遇到相当多的阻碍和困难。而智慧城市建设也对跨组织信息和知识的共享与整合提出了更高层次的要求,跨组织的管理协作是实现这一目标的关键。越来越多的政府机构采取跨部门的协作战略以实现信息价值的最大化。如 Nam 和 Pardo 认为达到跨机构和各级政府的协作需要跨边界的管理职能设置,其领导力应不仅仅针对单个部门、机构或团队,而应延伸到网络和企业中。

李德仁等指出,智慧城市建设在管理创新中遇到的风险主要有:组织冲突、拒绝改变、项目和目标的不一致。Chourabi 等认为,Gil-Garcia 和 Pardo 研究中对电子政务实施过程中的管理与组织风险的总结同样可以迁移到智慧城市的项目实施中,它们分别是:项目规模、管理者的态度和行为、用户或组织的多样性、组织目标和项目缺乏一致性、多个或冲突的目标、拒绝改变、资源冲突。

2. 信息与通信技术挑战

信息与通信技术是驱动智慧城市建设的关键因素。技术与发展项目的融合可以在一定程度上挖掘潜在的增长机会、改变城市的景观、提升城市的管理和运作水平。物联网和大数据技术的运用,使得城市中的各种设备彼此连接,通过对海量数据的分析支持实时决策,预测、发现和避免各种突发问题。可以说,智慧城市必须依靠信息与通信技术提高城市发展的可持续性和公民生活质量,但同时,依托技术的城市发展也会带来一些负面问题,如数字鸿沟的进一步扩大。更紧迫的是,当前智慧城市建设中还面临着诸多技术相关的挑战,如信息安全问题、技术兼容问题、技术复杂度问题和人员的技能和经验问题等。多数关于实践领域的研究强调技术的可获取性和适用性,而在技术人力方面,大量新兴技术的运用和频繁更迭意味着及时开展员工培训以使其具备必要的 IT 技能也成为一项亟须解决的问题。

3. 政府治理挑战

智慧治理被认为是利用信息与通信技术改善决策过程、公共政策的制定和公共治理,同时技术将帮助公民参与到这些过程中。类似地,Meijer 在研究中将智慧城市的政府治理问题内涵梳理为四个层次:智慧城市政府、智慧决策、智慧管理和智慧城市协作。一些研究者认为智慧治理是智慧城市建设的核心。

Scholl 等研究了电子政务项目的核心挑战,指出利益相关者之间的关系是决定项目成败的关键因素,其中,"利益相关者的关系"主要指利益相关者之间的合作能力、领导力支持、联盟的结构以及在不同管辖区的工作表现。多个利益相关方的参与还会引发共同目标偏差的问题,对电子政务实施障碍的调查研究发现,政府部门受访者认为机构之间存在缺乏共同目标的情况,尤其是对于多个政府机构联合规划的项目,如果在责权划分上没有一个清晰的界定,那么在项目执行过程中常常会引发混乱和冲突。在大型项目实施过程中设立主要负责人以协调各个利益相关方是实现良好治理的重要保障。因为当计划管理职能和正式的项目问责制缺失时,太多的利益相关方的参与将导致问责制被削弱,最终可能导致计划的失败。智慧城市项目在执行过程中的复杂性还往往被低估,事实上,大型集成项目在实施中通常表现出高度复杂性,甚至涉及组织结构的重新设计和业务流程再造,致使实际的执行进度要落后于预期,这也是政府治理过程中常常会面临的考验。另外,尽管政府确立了智慧城市建设的目标和愿景,但在愿景转化为实施路径和细则时,却缺乏相应指导。

4.群众和社群挑战

智慧城市的建设不是一蹴而就的,需要经历一个长期的建设发展、学习创新和自我完善的过程,这期间需要多方力量共同参与和协同建设。智慧城市项目的实施不能单一地依赖公共管理部门,更需要民众、创业团队、公司企业的共同参与。科研机构提供知识支持,企业提供新的商业机会,政府部门创造一个有利于持续发展和增长的环境。智慧城市项目的一个重要目标是提高民众的受教育程度和信息素养,并使其更多地参与到城市治理中。以智慧城市应急决策情报体系为例,李纲和李阳认为,不仅需要正式的应急组织(如公安、消防、医疗部门)的参与,也需要其他社会组织(如互联网企业、智库与咨询公司等信息服务机构)和市民团体的加入,通过这些力量提供情报发现、传递,舆情挖掘、引导和意见咨询等方面的协助,填补正式应急组织工作上的空白和不足。然而,民众与社会团体参与城市治理往往会遇到多种障碍,一方面大量相关数据被公共管理部门保有,其他机构和个人极难获取,造成政府和私人团体之间存在极大的数字鸿沟;另一方面,二者之间没有建立充分的沟通和交流渠道,数据和信息交换困难,相应的合作治理更是难以达成。

9.5.4　风险应对

(1)针对管理和组织层面的挑战,一些在建或完成的智慧城市项目经验值得借鉴。为了解决组织冲突,提升突发事件的响应效率,巴西里约热内卢市建立了全新的管理体系取代了原有的低效系统,通过市政运营中心的设置实现了不同部门间的信息共享。如市政机构目前可以通过运营中心同时协调18个不同的部门一起定制巴西狂欢节时的城市管理需求计划,而在以前,这些部门都是各自制订计划,几乎不沟通;深圳市则要求各政府部门新建及更新的业务系统依托全市云基础设施进行建设,努力实现政务资源体系共建共享;巴塞罗那的智慧城市项目引入多方参与共建,实现了政府、创业公司、科研机构的跨界合作。

(2)针对信息与通信技术挑战,常熟市和新加坡政府的做法值得我们学习参考。常熟市在发展智慧城市过程中考虑到数字化水平的地区差异,采用传感器和市民卡并用的方式采集居民数据,同时,为避免数字鸿沟扩大,综合使用电信网络和无线网络建设网络平台,保证居民可以使用多种方式获得信息服务。新加坡政府于2006年宣布启动为期十年的"智能国2015"建设项目,旨在将新加坡建设成一个智能化国度和全球化城市。然而,由于人口基数小和行业选择倾向等原因,新加坡在智慧城市建设中面临着技术人才匮乏的局面,这促使政府制定了一系列政策和计划以保证充足的技术人力资源,其中包括鼓励中小学开设信息技术课程、推出"智慧国专才计划"吸引海外技术力量等。而在解决技术兼容性问题方面,新加坡继续推出的"智慧国2025"项目在实施中的经验也值得借鉴。新加坡计划未来在民宅、办公室和公共场所加装大量传感设备,为保证日后各独立系统能融合协作,必须建立统一的开放型技术标准。基于此,新加坡标新局、资信通讯发展管理局和资讯科技标准委员会制定并推出了关于传感器网络、物联网以及特定领域产品的三套标准。

(3)在协调各政府目标一致性问题上,欧盟的经验起到了很好的示范作用。为保证各建设成员国智慧城市系统的兼容性,防止地方保护主义和资源浪费,欧盟就各政府间的治理协作问题推出制定了一系列方案和规划,包括"I2010战略""欧盟2020战略""智慧城市和社区开拓计划""智慧城市和社区欧洲创新伙伴行动"等。类似地,韩国在推进U-City智慧城市项目时,也进行了治理创新,包括成立多方参与的治理组织,为各市项目制定统一的技术标准、建设指南和管理规范,并由信息和通信部整合各市的规划。

(4)荷兰阿姆斯特丹智慧城市建设项目运用多种方式和渠道引入社会力量实现协同管理,较好地解决了数字鸿沟、数据不开放、沟通不畅与合作渠道有限等矛盾。在数据共享方面,政府开放特定公共数据以鼓励企业和创新团队改进社会化服务;在沟通方面,政府利用社交媒体与民众探讨城市治理议题并探索实现基于众包模式的城市治理;在数据增值方面,政府允许第三方团队将公共数据和政府与民众交流产生的社交媒体数据集成大数据,开发相应产品、服务和解决方案。2012年,纽约通过了《开放数据法案》,通过立法实现政府及分支机构数据对公众开放。基于开放数据平台,纽约市民可以随时随地查询使用各类数据信息,并开展应用和创新研究。由此,纽约产生了大量的数据分析和具体应用开发的网站和创新团队,创新前沿科技和应用,创造出巨大的商业价值,展现海量公共数据的服务能力,实现智慧城市建设真正意义上的智慧化。

(5)大数据也是智慧城市可持续发展的重要引擎,是实现智慧城市各领域"智慧化"的核心关键技术。因而,可以从数据治理的角度来审视这一问题,总结国内外的解决方案,从数据的生命周期入手,重点推进数据源头、数据管理和数据应用三个环节的建设,构筑智慧城市大数据生态,是应对前文所提到的智慧城市建设风险的有效路径。①把握数据源头环节,加强数据采集体系建设。进一步完善现有的人口、法人、地理空间和宏观经济等基础数据库建设,强化城市基础数据的采集,划分数据采集单元,建立规范、统一的数据采集体系,实现数据采集的一体化、规范化。②把握数据管理环节,加强数据整合共享建设。推动并完善政务云计算中心、互联网数据中心等重点功能性服务平台建设,进一步提升信息数据存储和服务能力;加强统一领导和整体规划,促进建设统一数据资源整合、共享等基础平台,实现数据"统一整合、统一共享"。③把握数据应用环节,加强数据开放利用建设。围绕社会治理、民生服务和经济运行监测,加强大数据应用体系建设,创新城市运行模式,也为城市管理决策提供科学支持;鼓励各地市建立统一的政务数据开放平台,实现数据资源"统一开放",引进社会力量提升数据开发利用价值;以大数据应用推动大数据市场拓展和关键技术研发,助推大数据产业发展。

 思考题

1.请分析工程项目风险管理的意义。

2.请分析工程项目有哪些风险?

3.简述风险管理的内容。

4.请简述风险评价的步骤。

第10章 工程项目信息管理

工程项目信息管理是指项目经理部以项目管理为目标,以工程项目信息为管理对象所进行的有计划地收集、处理、储存、传递、应用各类各专业信息等一系列工作的总和。本章将对工程项目信息管理进行介绍。

10.1 工程项目信息管理概述

工程项目一般具有规模大、工期长、参与方众多、协调工作量较大等特点,如果参与方之间出现相互衔接不畅等问题,就极易引发多种冲突和矛盾,并给工程项目带来不同程度的不利影响。同时,在工程项目中,及时获取和掌握工程项目的有关信息对及时发现和解决工程项目中存在的问题、提高工程项目管理水平和工作质量、降低费用、加快进度等方面都具有重要的作用。因此工程信息管理在工程项目管理中占据了非常重要的地位。工程项目信息管理是通过对各个系统、各项工作和各种数据的管理,使工程项目信息能方便和有效地获取、存档、处理和交流。

10.1.1 工程信息及其特点

按照不同的方式可将工程信息划分为不同的类别。按工程信息内容属性划分,可分为技术类信息、经济类信息、管理类信息和法律法规类信息。其中,技术类信息是指在工程项目实施过程中与技术有关的信息,如设计要求、技术流程、施工工艺、操作规范等信息;经济类信息是指与工程造价、投资费用有关的信息,如材料价格、工程预算、现金流量等信息;管理类信息是指工程组织管理方法、管理模式、岗位责任、工作流程等信息;法律法规类信息是指工程项目参与各方必须遵循的依据,如工程设计规范、工程施工规范、工程验收规范等信息。按工程信息来源划分,工程信息可分为项目内部信息和项目外部信息,其中,内部信息是指工程项目各个阶段、各个环节、各有关单位产生的信息,如设计文件、施工方案、会议制度、工程质量、项目进展、安全状况等;外部信息是指来自项目外部环境的信息,如市场材料和设备价格、物价指数、国家有关政策及法规等。

对于工程项目来讲,为了实现对工程信息的有效管理并能最大限度地利用信息,使之为工程管理服务,最常用的信息划分方法是从信息所属的管理对象角度进行划分,主要包含的种类有工程概况信息、工程设计计划类信息、标准规范类信息、工程质量信息、工程进度信息、工程费用信息、工程安全信息、工程物资信息、工程合同信息、工程验收信息、工程档案信息等。

工程信息来源于工程项目及其建设过程。由于工程项目本身始终处于动态实施过程,工程项目的信息也具有了区别于其他信息的若干特点,包括种类多、数量大、来源广、具有动态性和相关性等特点。了解和掌握工程信息的这些特点对工程项目管理者提高工程信息管理能力与水平极为有益。

10.1.2　工程项目信息管理系统的内容

在项目管理中,信息管理系统是将各种管理职能和管理组织相互沟通并协调一致的系统。然而不论采用何种方式构建起工程项目的信息管理系统,之后更为重要的工作是要获取工程项目的有关信息,并在完成信息分析的基础上,利用信息分析结果为工程项目管理服务。工程项目信息管理系统的主要内容就是对工程信息的管理。在信息的管理过程中,基本环节主要有信息采集、信息传递、信息存储、信息加工和整理、信息分析和处理、信息输出和反馈等方面。

(1)信息采集。采集信息先要识别信息,确定信息需求。而信息的需求要由项目管理的目标出发,从客观情况调查入手,加上主观思路规定数据的范围。项目信息的采集,应按信息规划,建立信息采集渠道的结构,即明确各类项目信息的采集部门、采集者,从何处采集,采用何种采集方法,何时进行采集等。信息的采集最重要的是必须保证所需信息的准确、完整、可靠和及时。

(2)信息传递。信息传递既可以与信息采集同步,也可以在信息采集完成后再通过人工方式或其他方式进行传输。传递信息应建立信息传递渠道的结构,明确各类信息应传输到的地点,传输给何人,何时传输,采用何种方式传输等。应按信息规划规定的传递渠道,将项目信息在项目管理的有关各方,各个部门之间及时传递。信息传递者应保持原始信息的完整、清楚,使接受者能准确地理解所接收的信息。

(3)信息存储。工程项目信息的存储需要预先建立统一的数据库,然后按照统一的信息编码和存放规则,以文件的形式组织在一起,实现所有信息的规范化存储与管理。信息存储的目的是将信息保存起来以备将来应用,同时也是为了信息的处理。信息的存储应明确由哪个部门,由谁操作,存储在什么介质上,怎样分类,从而有规律地进行存储。要存什么信息、存多长时间、采用的信息存储方式主要由项目管理的目标确定。

(4)信息加工和整理。信息的加工和整理过程主要有信息筛选、去除冗余和分类整理三个步骤。信息筛选是根据信息使用需求,从所获取的信息中选择有价值的信息;去除冗余是通过对比法、核查法、专家评估等方法开展信息鉴别,去除虚假和无用信息;分类整理是按照信息管理和存储规则,合并、排序和汇总所有信息,以便各类管理人员使用。

(5)信息分析和处理。工程项目所获取的信息是信息的初始形式,信息中所包含的若干参数以及数据所代表的含义才是管理工程项目的依据,是最有价值的内容。因此,项目管理者可以将信息管理系统中存储的信息调取出来,根据管理需求,采用系统预存的分析模型或输入的分析模型进行数据分析,并根据分析结果给出相应结论,以便在工程项目管理中参鉴和使用。

(6)信息输出和反馈。在完成信息分析后,信息分析的结果既可以存放于信息系统之中,也可以根据管理需求发送到有关人员的指定信息接收处,还可以直接通知和告知有关人员。这些方式都是信息输出的方式,最终采用哪种方式可以根据管理需求来确定。

10.1.3　工程项目信息管理技术

工程项目信息管理技术是关于信息的产生、发送、传播、接收、变换、识别、管理和控制等应用技术的总称,是在信息科学的基本原理和方法指导下提高和扩展人类信息处理能力的技术,主要包括信息基础技术、信息处理技术、信息应用技术和信息安全技术四大类别。

1.信息基础技术

信息基础技术是信息技术的基础,它包括新材料、新能源、新器件的开发和制造技术,对信息技术及整个信息科技领域的发展影响最大的是微电子技术、光子技术和光电技术。

(1)微电子技术。微电子技术是在半导体材料芯片上采用微米级加工工艺制造微小型化电子元器件和微型化电路的技术,是在传统电子基础上发展起来的一种渗透性最强、影响面最广的高技术。微电子技术是信息技术的基础和支柱。

(2)光子技术和光电技术。光电技术是一门以光电子学为基础,综合利用光学、精密机械、电子学和计算机技术解决各种工程应用课题的技术学科。信息载体正在由电磁波段扩展到光波段,从而使光电科学与光机电一体化技术集中在光信息的获取、传输、处理、记录、存储、显示和传感等的光电信息产业上。光子技术在信息技术中占了非常重要的地位。

2.信息处理技术

信息处理技术是信息的多技术集成,主要包括信息获取技术、信息传输技术、信息加工技术、信息控制技术和信息虚拟仿真技术。

(1)信息获取技术。信息获取技术主要包括传感技术和遥感技术。其中,传感技术是利用各类传感器来获取和处理管理对象特征信息的技术;遥感技术是从远距离感知目标反射或自身辐射的电磁波、可见光、红外线等对目标进行探测和识别的技术。

(2)信息传输技术。包括通信技术和广播技术,其中前者是主流。现代通信技术包括移动通信技术、数据通信技术、卫星通信技术、微波通信技术和光纤通信技术等。

(3)信息加工技术。它是利用计算机硬件、软件、网络对信息进行存储、加工、输出和利用的技术,包括计算机硬件技术、软件技术、网络技术和存储技术等。

(4)信息控制技术。它是利用信息控制系统使信息能够顺利流通的技术。现代信息控制系统的主体为计算机控制系统。利用计算机的控制系统,信息可以在预先编制好的区域存放,并可以按照预定的指令进行传输,实现信息的再扩展和再利用。

(5)信息虚拟仿真技术。虚拟仿真技术是在多媒体技术、虚拟现实技术与网络通信技术等技术的基础上,将仿真技术与虚拟现实技术相结合,利用计算机生成模拟现实环境的技术。利用这种技术,用户可以通过视觉和听觉与虚拟环境进行交互对话,分析信息输入或输出后系统所做出的反应或实体在虚拟环境中的作用,以表现客观世界的真实特征。

3.信息应用技术

信息应用技术是针对各种实用目的,如信息管理、信息控制、信息决策而发展起来的具体实用性技术,大致可分为两类:一类是管理领域的信息应用技术,如管理信息系统(MIS);另一类是生产领域的信息应用技术,如计算机集成制造系统(CIMS)。

（1）管理信息系统。管理信息系统是由人和计算机等组成的,主要用于企业的人、财、物、产、供、销的管理,能进行信息收集、传输、加工、存储和利用的人工系统。其研究内容包括信息系统的分析、设计、实施和评价等。项目管理信息系统(PMIS)是基于计算机的项目管理系统,是项目进展的跟踪和控制系统。其核心是目标控制。

（2）计算机集成制造系统。计算机集成制造系统是在通信技术、计算机技术、自动控制技术和制造技术基础上,将制造类企业中的全部生产活动(包括设计、制造、管理等)统一起来,形成一个优化的产品生产大系统。从大系统组织理论角度来看,计算机集成制造系统由管理信息系统、产品设计与制造工程设计自动化系统、制造自动化系统和质量保证系统等功能子系统组成。

4.信息安全技术

信息安全技术是信息管理中保障信息处于安全状态的一种技术,主要包含密码技术、防火墙技术、主机加固技术、身份鉴别技术、访问控制技术、边界防护技术等多种技术。这里主要介绍最常用的密码技术和防火墙技术。

（1）密码技术。通过信息的变换或编码,使不知道密钥的人不能解读所获信息,从而实现信息加密的技术。包括两个方面:密码编码技术和密码分析技术。因特网中常用的数字签名、信息伪装、认证技术均属于密码技术范畴。

（2）防火墙技术。防火墙是保护企业等组织内部网络免受外部入侵的屏障,是内外网络隔离层硬件和软件的合称。防火墙技术主要包括过滤技术、代理技术、电路及网关技术等。

10.2　工程项目信息管理系统

工程项目信息管理系统一般由以下几个层面组成。首先是除硬件设备以外的操作系统。它是最低层的系统软件,信息管理系统运行效率高低、安全性能和开放性都与之息息相关。目前使用较为广泛的操作系统包括Unix和Windows-NT等。其次是支撑软件层面。这个层面的软件系统是支撑操作系统的工具,包括以下两部分的内容:数据库管理系统,该系统用于加工和整理在施工现场产生的实时数据和对施工进行设计的经济数据;图形工作站,要对项目管理层提出的图形进行处理的系统必须通过图形工作站才能实现。现在运用较多的图形工作站有Sun、SGI等美国公司。再次是项目管理层。这个层次的管理是直接针对施工的主体项目进行的,一般情况下由管理子系统、调查进度的管理子系统和文档管理的子系统等部分组成。最后是高层项目管理。它是信息管理系统的最高层次。其主要作用是通过对项目管理层中的基层信息进行综合处理,对其不同模块的管理和调度功能进行协调,管理和控制施工现场的进度、工程总造价、工程质量和投资。

10.2.1　工程项目信息管理系统的内容

工程项目信息管理系统(Power Production Management System,PMS)不同于单纯用来安排进度和编制网络计划的通用软件,也不同于企业的MIS信息系统,而是面向工程公司以工程项目数据库为核心的开放式、多用户的工程项目综合管理系统。它应设计成可以同时支持多个项目的运行,也可以只用来对一个项目进行管理;既可对项目实行设计、采购、施工、开车全过程的管理,也可以对其中的某个过程单独进行管理。同时,它将项目的资源和进度作为互不可分的处理对象,在安排进度时不仅规定工作的起止时间,还同时确定其资源的分布,从而实现进度/费用的综合控制。

PMS软件系统的组成包括它的客户/服务器结构、代码和编码系统、工程项目管理数据库以及应用软件包。

(1)PMS采用客户/服务器结构,在这种结构下,服务器提供数据和文件管理以及打印、通信接口等标准化服务,而客户机则运行前端的应用程序以及提供开发应用程序的工具,并可通过网络获得服务器的共享资源。

(2)代码和编码系统是PMS的重要组成部分,是对项目资源、进度、质量和数据分门别类实现动态和量化管理的重要基础和手段。PMS的代码和编码系统包括:工作分解结构WBS编码,组织分解结构OBS编码,散装材料编码,设备位号编码,变更单及其内部转换单编码以及文件和图纸编码等。其中最重要的是WBS编码和OBS编码,两者均为树型结构,并建立了相互对应关系,他们是分解项目任务、落实组织分工的工具。

(3)工程项目管理数据库是PMS软件系统的基本资源和系统运行的核心。它包括管理工程项目所必需的标准数据和参考数据,主要内容有:各类数据库、标准化的代码和编码、缺省的OBS编码、WBS-OBS责任分配矩阵、已建项目投资参照数据、质量控制点以及各类管理文本等。

(4)工程项目管理系统PMS应用包一般由以下八个子系统构成,项目管理人员可在客户机上通过这八个子系统的用户界面来获得PMS的全部功能。

①项目经理子系统PMR:辅助项目经理对项目执行的全过程实行有效的管理和控制。

②进度管理与控制子系统SCH:辅助项目进度计划人员编制横道图和网络图形式的各类进度计划。

③估算和费用控制子系统EST:辅助估算和费用控制人员根据项目费用控制和检测的要求,并按照项目工作分解结构WBS进行项目费用估算、费用变更处理和批准的项目控制估算的资源分配。

④采购管理子系统PUR:辅助采购人员管理采购业务。

⑤仓储管理子系统WSC,是一个相对独立的材料记账系统。它包括设备和散装材料的入库登记、出库登记、收发台账、货位分布,以及散装材料的综合统计(盘存)功能。

⑥质量保证与控制子系统QAC是对项目实施期间各阶段的质量情况进行记录和反馈,提供质量管理人员分析处理。

⑦费用进度综合检测子系统CSM:辅助项目管理和控制人员对项目实施过程中的费用和进度进行动态的跟踪检测、统计和预测,并生成监控报告,提供分析和决策。

⑧数据管理子系统DTM,是在项目管理级上维护和操纵项目数据的用户界面。

PMS采用挣得值法的原理作为工程项目管理和控制的基础。通过对计划工作量的预算费用、已完工作量的预算费用和已完工作量的实耗费用这三组数据及其曲线图形的动态生成、测量、分析和预测项目的进展情况,来定量说明该项任务的进度和费用的执行效果,进而实现费用进度的综合控制。其具体流程为:

(1)用工作分解结构(WBS)把项目任务自上而下地分解至记账码或(和)工作包,并把每个记账码的工作任务分配给项目组织分解结构(OBS)中的专业(组)。

(2)编制项目估算和进度计划,并将经批准的控制估算按项目WBS自上而下地分配至记账码和(或)工作包,同时按进度计划分期安排资源。

(3)分别按主要记账码累计生成其计划工作量的预算费用曲线,作为检查执行效果的检测标准。从记账码按WBS逐级向上叠加,即可生成不同组码的检测基准、各装置的检测基准乃至整个项目的总检测基准。

(4)在项目实施过程中,对实物完成量和实耗费用进行检测。实物完成量按事先确立的里程碑来测量,即以实际到达某里程碑的加权值乘以该工作包(或记账码)的预算值,即可求得挣得值。此挣得值按检测周期分布的累计值所形成的曲线,即是已完工作量的预算费用曲线,将挣得值按项目WBS逐级向上叠加,即可生成任一级别的预算费用曲线。实际消耗费用和实耗人工时根据记账凭证和人工时卡按月或按周进行统计,并生成记账码、组码、装置乃至整个项目的已完工作量的实耗费用曲线。

(5)对计划曲线、挣得值曲线和实耗值曲线进行分析比较,即可提供反映项目进展的进度差异、费用差异、执行效果指数、费用执行效果指数以及竣工差异。通过计算机处理,可将这些数据生成相关报告,提供项目管理人员进行决策和采取相应的措施。

10.2.2　基于WEB的建筑工程项目信息管理系统

针对我国建筑行业在信息管理方面的需求,使用现代化信息手段规划并设计出的一个对企业进行精细化管理的建筑工程项目信息管理系统。该系统基于B/S四层架构,融合WEB应用技术、开源SSH框架、weblogic集群部署、EOS平台以及RAC集群技术,可降低系统在开发与维护方面的成本,使系统开发逻辑更加清晰;采用UML语言进行系统模块设计和类设计;同时使用J2EE技术搭建系统框架,继承J2EE系统的可扩展性和接口多样性,编码实现建筑工程管理的需求。而且该系统可提高企业管理中数据和流程的规范性、规定标准的项目信息管理程序。从而将过去以纸为媒的数据储存模式转化为以电子材料为介质储存,不仅可增强数据存储的安全性,且还降低了办公损耗,节约企业的资源与空间。

首先对系统的需求进行整理和分析,明确系统设计的目标。就企业在建筑信息管理过程中软件功能需求,可设置如图10-1所示的功能模块。然后再设计每一个功能模块具体的业务功能,如预算流程、采购合同管理、材料分析的流程设计。系统安全模块是企业信息管理最为重要的环节,涉及企业间的竞争与商业机密,应具有稳定性、安全性和保密性。在系统需求分析的基础上,总结出系统功能应包含的功能模块,如参数设置、员工管理、合同管理、材料供应商管理、项目管理等。下面展示几个主要模块的设计。如图10-2所示,基础信息管理主要实现对系统数据的初始化管理,应涉及用户设置、用户密码管理、数据备份、生成报表等基础功能。员工信息管理部分应包括部门管理、考核和绩效管理、员工信息登记管理等，如图10-3所示。

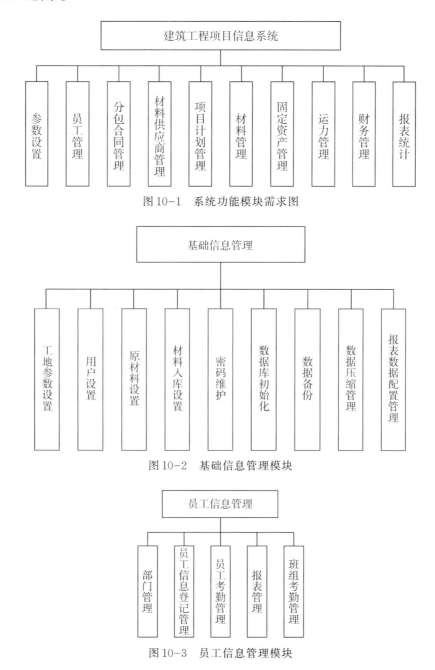

图10-1　系统功能模块需求图

图10-2　基础信息管理模块

图10-3　员工信息管理模块

该系统功能丰富，操作简便，安全性高，在标准化测试过程中达到了预期的指标。并在实际运行中，提高了企业的信息管理效率，推动了企业的发展。

10.3　BIM 在工程项目管理中的应用

10.3.1　BIM 概述

BIM 为英文 building information model 的缩写,所指的是建筑信息模型,是三维虚拟化数字技术的一种。该技术能够渗透到项目的全生命周期内,能够对项目规划、设计、施工、维护等环节展开高效的信息管理。BIM 技术最早由美国建筑业提出,然而截至目前,理论界与实践界还未就 BIM 技术的定义达成统一看法。通常,人们将 BIM 技术视为计算机数字模型的一种,凭借计算机技术与信息技术的优势,在建筑工程项目管理中引入该模型,能够令项目管理实现自动化与智能化,节约成本,改善项目质量,实现绿色建筑企业的发展。

BIM 技术有以下三点特点。

(1)BIM 技术拥有可视化的特点。借助 BIM 模型,建筑物能够被可视化地展出,相关工作人员能够更为准确地掌握建筑物的特点与结构,从而更好地开展项目建设工作。在 BIM 技术的应用下,建筑物能够以三维、四维等方式更形象地展现在工作人员面前,工作人员能够更加准确而全面地了解建筑物的特点。

(2)BIM 技术具有协同性。工程项目建设往往涉及多个参与方,为促使工程项目稳步推进,有必要向这些单位与部门及时提供项目信息,实现信息资源的共享。这也是各单位与部门有效沟通的前提。BIM 技术拥有协同性,可以及时汇总各参与方的建议,令相关主体获得更为全面的技术参数、项目进程等信息。

(3)BIM 技术具有模拟性。BIM 技术能够针对建筑物构建起模型而进行现场模拟。BIM 技术所独有的模拟性能够帮助项目管理者获取更多的项目方案数据,帮助其选择出最合理的项目方案。另外,通过模拟施工流程,相关主体能够及时了解施工过程中的不足之处,从而有效管理项目进度与项目成本,提高项目的经济效益。

10.3.2　BIM 技术在工程项目管理中的应用状况

在以往,项目管理所面临的主要问题有:纸质设计图纸令施工难度增加,信息传输不畅,各方参与主体沟通不足,缺乏协同性等。这些问题如果不能够得到妥善的处理,必将影响工程项目的质量水平与经济效益。在工程项目管理中引入 BIM 技术恰恰能够有效地应对这些问题。BIM 技术能够有效地整合项目全生命周期内的信息与数据,实现信息资源的共享,令各方参与主体能够协同工作等优势。融合 BIM 技术的项目管理体系拥有多重优势,其能够实现建筑物的三维模拟演示,依据实际工作需要而生成三维动画,令相关工作人员对项目施工管理流程有更深入的了解;该体系内设有多个动态数据库,施工设计人员能够依据项目的实际情况而构建起数据库,更为精准地计算出工程量,并进一步做好预算管理工作,控制好项目成本。详细来说,BIM 技术在工程项目管理中的作用如下。

(1)BIM 中央数据库能够实现信息共享,令各参与主体能够协同工作。在 BIM 中央数据库的作用下,各种复杂的项目信息能够以数据的形式展现出来,且这些数据会随着项目的推进而不断更新。各方参与主体都能够及时获得这些数据,从而更好地参与到项目建设中。

(2)在工程项目管理中融合BIM技术能够实现对项目的动态控制。依托于BIM技术所创建的工程项目管理模式不仅能够在设计环节中提高协调性,还能够在施工环节中展开模拟化管理,包括进度、质量与成本等方面。这种项目管理模式能够对整个项目展开全过程动态管控,进而提升项目设计、施工及管理等方面的效率,令项目能够保质保量的顺利完工,从而获得更多的经济效益。

(3)基于BIM技术所创建的工程项目管理模式具有自我完善的特点。随着项目建设工作的稳步推进,项目信息会越来越多。在某一阶段工程完成后,该阶段的信息会失效。在防止系统信息出现饱和的情况下,有必要及时处理失效的信息。BIM技术下的项目信息管理系统带有动态性,其本身就是持续变化与更新的,能够对各个阶段下的信息展开跟踪与管理,进而提高整体的项目管理水平。

10.3.3　在工程项目管理中有效应用BIM技术的策略

(1)基于BIM技术构建起数据管理平台。在现代工程项目管理中,各种信息应当在相关参与主体间快速传输,从而促使各方参与主体能够协同工作,共同参与到项目决策中,提高项目决策的合理性与科学性。这些都要求在项目管理中引入BIM技术,构建起共享的数据管理平台。该平台应支持项目规划、决策、施工与运营等各阶段的信息共享。

(2)针对BIM技术应用建立评价机制。在工程项目管理中,BIM技术的应用成效直接影响各方参与主体的决策,对整个项目的效益也产生一定的影响。因此,有必要对项目各个环节中的BIM技术的应用情况进行及时评价。这一过程中:一是要明确该技术在各个环节中的应用要点、数据交付标准等;二是应明确BIM服务方的具体职责;三是构建起完善的应用评价体系,就BIM技术的投入与产出展开比对研究;四是基于评价结果,及时调整与优化BIM技术的应用。

(3)强化全过程管理。为了提高BIM技术的应用成效,应从项目全过程管理入手,全面管控项目质量、进度与成本等,确保项目能够按时完工,且项目质量符合设计标准,令项目能够产出更多的经济效益。在BIM技术的应用下,项目建设单位应做好招投标、项目变更、项目竣工、项目结算等方面的管理工作,并向业主提供更科学的运营方案,从而令项目的后续运营中产出更高的经济效益与社会效益。

10.3.4　BIM在施工管理中的应用

(1)冲突检测。在施工现场进行合理的场地布置,定位、放线、现场控制网测量、施工道路、管线、临时用水用电设施建设,施工材料的进场及调度安排等都可以一目了然,以保证施工的有序进行。现场管理人员可以用BIM为相关人员展示和介绍场地布置、场地规划调整情况、使用情况,从而实现更好的沟通。如图10-4所示。

图 10-4　冲突检测

（2）进度管理。传统的进度控制方法是基于二维CAD,存在着设计项目形象性差、网络计划抽象、施工进度计划编制不合理、参与者沟通和衔接不畅等问题,往往导致工程项目施工进度在实际管理过程中与进度计划出现很大偏差。BIM3D虚拟可视化技术对建设项目的施工过程进行仿真建模,建立4D信息模型的施工冲突分析与管理系统,实时管控施工人员、材料、机械等各项资源的进场时间,避免出现返工、拖延进度现象。通过建筑模型,直观展现建设项目的进度计划并与实际完成情况对比分析,了解实际施工与进度计划的偏差,合理纠偏并调整进度计划。BIM4D模型使管理者对变更方案带来的工程量及进度影响一目了然,是进度调整的有力工具。如图10-5所示。

图 10-5　BIM进度管理

（3）费用管理。传统的工程造价管理是造价员基于二维图纸手工计算工程量,过程存在很多问题:无法与其他岗位进行协同办公;工程量计算复杂费时;设计变更、签证索赔、材料价格波动等造价数据时刻变化难以控制;多次性计价很难做到;造价控制环节脱节;各专业之间冲突,项目各方之间缺乏行之有效的沟通协调。这些问题导致采购和施工阶段工程变更大量增加,从而引起高成本返工、工期的延误和索赔等,直接造成了工程造价大幅上升。BIM技术在建设项目成本管理信息化方面有着传统技术不可比拟的优势,可提高工程量计算工作的效率和准确性,利用BIM5D模型结合施工进度可以实现成本管理的精细化和规范化。还可以合理安排资金、人员、材料和机械台班等各项资源使用计划,做好实施过程成本控制,并可有效控制设计变更,将变更导致的造价变化结果直接呈现,有利于确定最佳方案。此外,应用BIM技术可以通过分析建筑物的结构配筋率来减少钢筋的浪费,与RFID

（Radio　Frequency　IDentification，无线射频识别）技术结合来加强建筑废物管理，回收建筑现场的可回收材料，减少成本。如图10-6所示。

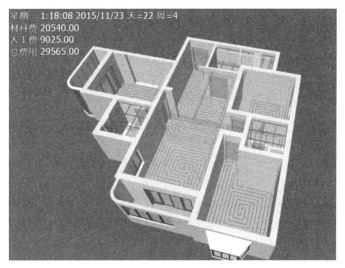

图10-6　BIM费用管理

（4）质量管理。传统的工作方式下，以平、立、剖三视图的方式表达和展现建筑，容易造成信息割裂。缺乏统一的数据模型，易导致大量的有用信息在传递过程中丢失，也会产生数据冗余、无法共享等问题，从而使各单位人员之间难以相互协作。BIM具有信息集成整合，可视化和参数化设计的能力，可以减少重复工作和接口的复杂性。BIM技术建立单一工程数据源，工程项目各参与方使用的是单一信息源，有效地实现各个专业之间的集成化协作，充分地提高信息的共享与复用，每一个环节产生的信息能够直接作为下一个环节的工作基础，确保信息的准确性和一致性，为沟通和协作提供底层支撑，实现项目各参与方之间的信息交流和共享。利用软件服务和云计算技术，构建基于云计算的BIM模型，不仅可以提供可视化的BIM3D模型，也可通过WEB直接操控模型，使模型不受时间和空间的限制，有效解决不同站点、不同参与方之间通信障碍，以及信息的及时更新和发布等问题。如图10-7所示。

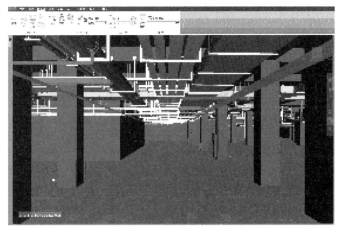

图10-7　BIM质量管理

(5)变更和索赔管理。工程变更对合同价格和合同工期具有很大破坏性,成功的工程变更管理有助于项目工期和投资目标的实现。BIM技术通过模型碰撞检查工具尽可能完善设计施工,从源头上减少变更的产生。将设计变更内容导入建筑信息模型中,模型支持构建几何运算和空间拓扑关系,快速汇总工程变更所引起的相关的工程量变化、造价变化及进度影响就会自动反映出来。项目管理人员以这些信息为依据及时调整人员、材料、机械设备的分配,有效控制变更所导致的进度、成本变化。最后,BIM技术可以完善索赔管理,相应的费用补偿或者工期拖延可以一目了然。如图10-8所示。

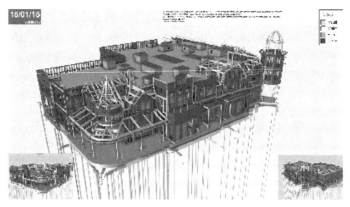

图10-8　BIM变更管理

(6)安全管理。许多安全问题在项目的早期设计阶段就已经存在,最有效的处理方法是通过从设计源头预防和消除。基于该理念,Kamardeen提出一个通过设计防止安全事件的方法——PtD(Prevention through Design),该方法通过BIM模型构件元素的危害分析,给出安全设计的建议,对于那些不能通过设计修改的危险源进行施工现场的安全控制。应用BIM技术对施工现场布局和安全规划进行可视化模拟,可以有效地规避运动中的机具设备与人员的工作空间冲突。应用BIM技术还可以对施工过程自动安全检查,评估各施工区域坠落的风险,在开工前就可以制订安全施工计划,何时、何地、采取何种方式来防止建筑安全事故,还可以对建筑物的消防安全疏散进行模拟。当建筑发生火灾等紧急情况时,将BIM与RFID、无限局域网络、UWBRTLS(Ultra-WideBand Real Time Location Systems,超宽带实时定位系统)等技术结合构建室内紧急导航系统,为救援人员提供复杂建筑中最迅速的救援路线。如图10-9所示。

图10-9　BIM安全管理

(7)供应链管理。BIM模型中包含建筑物整个施工、运营过程中需要的所有建筑构件、设备的详细信息,以及项目参与各方在信息共享方面的内在优势,在设计阶段就可以提前开展采购工作,结合GIS、RFID等技术有效地实现采购过程的良好供应链管理。基于BIM的建筑供应链信息流模型具有在信息共享方面的优势,有效解决建筑供应链参与各方的不同数据接口间的信息交换问题,电子商务与BIM的结合有利于建筑产业化的实现。如图10-10所示。

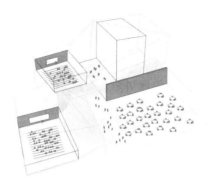

图 10-10　BIM 供应链管理

（8）运营维护管理。BIM 技术在建筑物使用寿命期间可以有效地进行运营维护管理，BIM 技术具有空间定位和记录数据的能力，将其应用于运营维护管理系统，可以快速准确定位建筑设备组件。对材料进行可接入性分析，选择可持续性材料，进行预防性维护，制定行之有效的维护计划。BIM 与 RFID 技术结合，将建筑信息导入资产管理系统，可以有效地进行建筑物的资产管理。BIM 还可进行空间管理，合理高效使用建筑物空间。如图 10-11 所示。

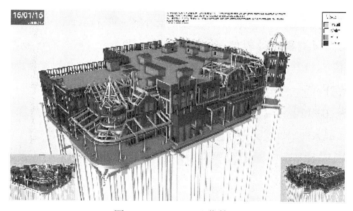

图 10-11　BIM 运营管理

10.4　案例：巨匠集团的 BIM 项目应用

10.4.1　项目信息

本次选择的项目是嘉兴地区的地标性建筑——振石总部大楼，位于嘉兴市桐乡市，在当地影响力较大。工程投资金额约 4 亿元，项目建筑总高度 162 米，建筑面积 6.44 万平方米，由两层地下室、37 层主楼及两层裙房组成。其中，主楼为框架筒体结构、裙房为型钢混凝土框架结构。地下室高低跨较多、结构复杂、机电管线错综复杂，甲方对工期的要求非常紧张，且该工程定位为创"鲁班奖"和"国家 AAA 级标化工地"，工程要求高。

该项目技术方面的施工重难点主要包括以下几点：

（1）基坑深、1#楼底板核心区坑中坑开挖深度达 9.00m、对土方开挖支护要求高；

（2）底板连续砼浇筑方量达 6700m³、对大体积砼裂缝控制技术要求高；

（3）1#楼建筑高度达 149.90m、对施工放样三线控制要求精度高；

（4）2#和 3#楼超高、超跨、超限部位多，其中 3#楼室内篮球馆钢梁最大跨度达 33.2m、对钢结构框架组装及吊装技术要求高；

（5）1#楼大截面圆柱、转换层斜柱对模板安装工序要求高；

（6）1#楼结构立面多变、呈多级内收形态，对外架搭设要求高；

（7）幕墙立面复杂、安装精度要求高；

（8）地下室区域结构复杂、体量大、机电专业多、管线走向复杂，对机房、通道管道排布及支吊架准确安装要求高。

10.4.2　BIM设备配置

1.软件配置

（1）广联达系列：BIM5D软件（PC端、Web端、移动端、"协筑"），土建建模软件（GCL），钢筋建模软件（GGJ），钢筋翻样软件（GFY），机电建模软件（MagiCAD），BIM审图软件，三维场地布置软件（GCB）；

（2）Autodesk系列：Autodesk Revit，Autodesk Navisworks，Autodesk Revit MEP；

（3）品茗系列：模板工程设计软件，外架工程设计软件；

（4）钢结构建模：Tekla；

（5）辅助软件：Sketchup、Lumion、Fuzor、3D MAX、CDR、Project。

软件配置如图 10-12 所示。

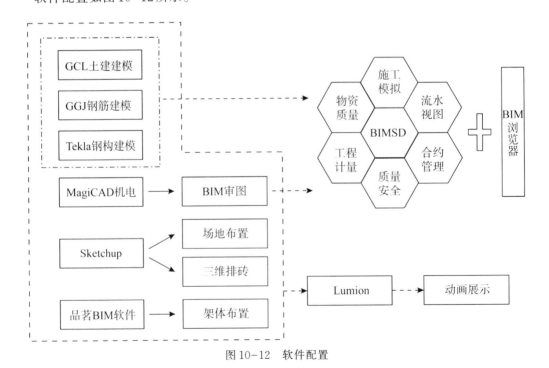

图 10-12　软件配置

2.硬件配置

硬件包括台式机与笔记本,具体配置如表10-1所示。

表10-1 硬件配置

台式机		笔记本	
数量	/	数量	/
处理器	英特尔 Corei7-6700 @ 3.40GHz 四核	处理器	英特尔第四代酷睿 i7-4720HQ @ 2.60GHz 四核
主板	华硕 Z170-P(英特尔 Skylake-S-100 Series/C230 Series芯片组 Family-A145)	主板	联想 Gaming(英特尔 Haswell-Lynx Point)
内存	32GB(金士顿 DDR4 2400MHz)	内存	16GB(记忆科技 DDR3L 1600MHz/金士顿 DDR3L 1600 MHz)
主硬盘	七彩虹 SL500 240GB(240GB/固态硬盘)	主硬盘	三星MZNLN128HCGR-000L2(128GB/固态硬盘)
显卡	Nvidia GeForce GTX 1060 6GB(6GB/七彩虹)	显卡	英特尔 HD Graphics 4600(192MB/联想)

10.4.3 BIM应用方法

1.制订实施计划

(1)调研项目部BIM技术需求。

(2)调研项目在施工管理中的重点、难点。

(3)了解项目的主要施工工期节点。

(4)了解项目施工合同承建范围。

(5)了解项目工程定位。

(6)制订项目实施计划和方案。

(7)签订项目服务协议。

2.建立制度保障

公司级制度保障有以下几点。

(1)周、月报制度:项目负责人每周、月向项目部、设计院提交BIM实施成果、BIM进展、应用问题、下周、月实施计划等。

(2)交流会议:不定期对各项目BIM实施人员召开技术交流会。

(3)项目负责人考核制:项目负责人或项目经理每月对现场BIM实施情况给予客观评价。评价纳入人员考核机制中。

(4)不定期巡查机制:BIM技术研究院人员每月不定期巡查各个项目BIM技术应用情况。

(5)项目培训制度:项目驻场人员对项目部人员定期或不定期BIM技术培训。

项目级制度保障有以下几点。

(1)建立各专业图纸管理制度。

(2)制定项目服务成果提交流程制度。

(3)制定项目成果提交的反馈制度。

(4)建立项目周例会制度,要求相关单位和部门全部参加。

(5)制订项目部相关资料提交计划。

(6)项目BIM团队向总部阶段性提交成果资料。

(7)阶段性总结。

其他制度保障包括统一建模规则与计算口径,总结成果交付文件及格式,确保BIM资料完整齐全以及指导各专业人员现场实施应用。

3.项目人员配置

(1)后台建模、前端应用的BIM支持模式。

(2)项目人员配置(驻场人员中选择一个负责人)。分为前期阶段、中期阶段、后期阶段。前期阶段中有土建BIM人员2~3人(驻场,根据工程情况),商务BIM人员1人(半驻场模式),机电BIM人员1人(不驻场,跟踪服务);中期阶段有土建BIM人员1~2人(驻场,根据工程进展情况),商务BIM人员1人(驻场服务),机电BIM人员1人(驻场服务);后期阶段有土建BIM人员0~1人(半驻场),商务BIM人员1人(驻场服务),机电BIM人员1~2人(驻场服务)。项目各个阶段应安排1~2人全程跟踪BIM技术应用,并参与BIM技术应用实施。

10.4.4　BIM实施主要应用点

1.场地布置

通过BIM技术进行三维场地布置和企业形象策划,1:1实景施工现场再现,相比过去,能更直观地呈现工程场地布置情况,提高沟通效率,有效解决项目场地布置疑难问题,有利于绿色施工及国家级标化验收。如图10-13所示。

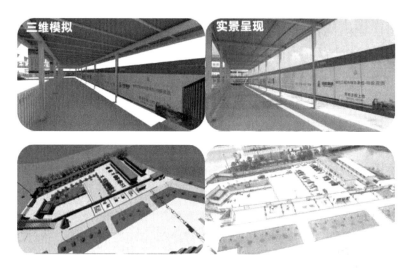

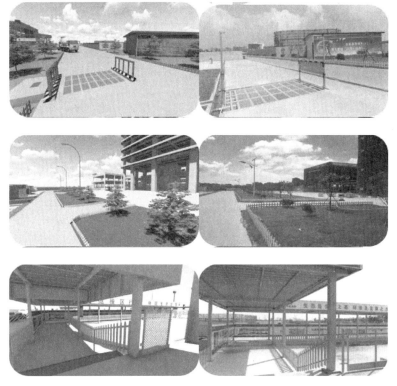

图 10-13　实景图与三维场布图对比

2.土地建模

用于土地建模要注意以下几点。

(1)建立模型要求高精确度。建模初期设定模型精度目标,参照企业建模标准建立模型,便于后期各项工程量对比分析及多方协同运用。

(2)建议建模人员要专业。选定有实战经验人员担任建模负责人,各模型参建人员定期模型交叉检查,查漏补缺,梳理图纸问题、模型交付前期经建模负责人合规性确认后方可用于现场应用,保证模型工程基础数据的准确,助力项目精细化管控。

(3)建模规则要统一。建模初期制定建模规则、统一坐标原点,便于后期模型整合应用。

土地建模示意图如图 10-14 所示。

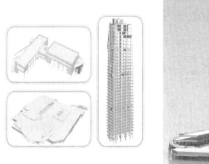

图 10-14　土地建模示意图

3.机电建模

用于机电建模要注意建模坐标需要与土建模型保持一致,建模精度要求、人员专业程度与土建保持一致,同时需要制定管综优化方案再进行优化调整,减少返工。

机电建模示意图如图10-15所示。

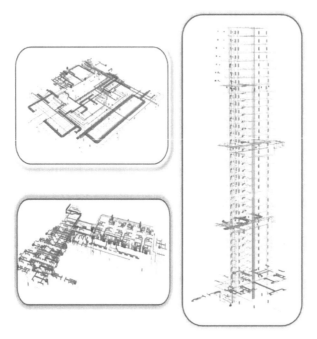

图10-15 机电建模示意图

4.图纸会审

各专业建模人员在模型建立完成之后出具建模报告和建模说明。在图纸会审前将《建模成果报告》提交给项目部或者相关部门,由项目部提交给设计单位。以往图纸会审时,存在部分问题模棱两可的情况,BIM建模报告能有效提高设计院对图纸问题的准确定位;输出表格能够更直观地排查问题,提高图纸会审和施工效率;同时问题提前汇总发现与解决有利于减少施工过程变更,有助于工期提前。

5.机电优化

用于机电优化要注意以下几点。

(1)制定综合碰撞调整优化方案和碰撞调整避让原则。桥架让风管、阀件少的让阀件多的、小管让大管、金属管让非金属管、气体管让水管、一般管道让通风管、低压管让高压管、非保温管让保温管、电气管线尽可能在水管上方、非主要管线避让主要管线、有压管让无压管、冷水管让热水管、给水管让排水管、分支管让主干管。

(2)分阶段将各专业模型进行综合碰撞检查,提高BIM工作效率。交叉作业,对碰撞、交叉部位进行预控和优化,并对安装分包单位进行交底,使后期的管道安装更合理、更美观。例如:土建专业在地下室墙、梁、柱构件模型建完后,提交给机电专业人员进行综合碰撞检查和地下室主管线调整优化,将BIM用于机电优化可以提高观感质量,优化空间结构;同时提高专业配合度,将甲方施工团队的优化方案优先反馈给BIM团队,在模型中进行碰撞检查和调整优化,检验方案的可行性,降低方案试错风险;而且预演调整方案,能够有效减少现场的返工,缩短总工期,减少材料浪费。机电优化流程图如图10-16所示,示意图如图10-17所示。

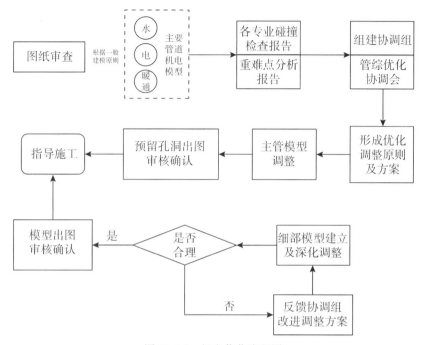

图10-16 机电优化流程图

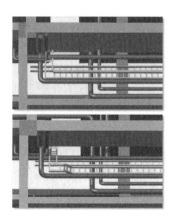

图10-17 机电优化示意图

6.预留洞口

在BIM模型管线优化后,预留洞口出具平面图、剖面图、轴测图最终经过相关单位和部门审核通过后交付项目部。这样做能够大幅提高预留洞口的准确性,降低洞口预留错误及返工重做的概率,同时有效节约了材料成本,缩短了工期,更符合国家奖项的严格评选标准。如图10-18所示。

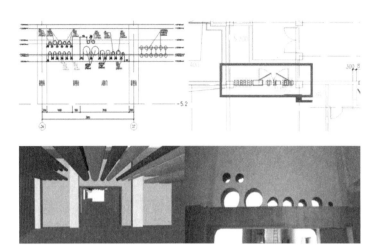

图 10-18　预留洞口示意图

7.机房深化

将 BIM 用于机房深化可以优化空间结构、美观大方,而且可以减少返工,避免设备无法通过门洞等问题。如图 10-19 所示。

图 10-19　机房深化示意图

8.BIM 交底

通过 BIM 模型向项目经理讲解尚未发现的施工难点,让交底不局限于形式;而且 3D 模型形式更直观,解决了传统交底的沟通难、效率低、交底不透彻等问题;可以实现实时交底,对复杂部位提供精准的 3D 可视化交底说明,减少返工,节约时间和资源。如图 10-20 所示。

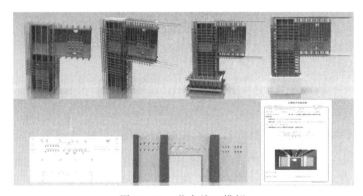

图 10-20　节点施工模拟

9.三维排砖

与传统施工对比,通过 BIM 模型进行智能排砖,墙体砌筑质量高、墙体观感质量高、材料损耗率低、材料浪费少、定量运输。如图 10-21 所示。

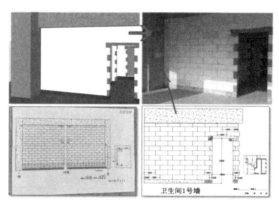

图 10-21　三维排砖示意图

10.专项方案检测

用于超高、超跨、超重的构件。首先进行工程整体的超高超重超限智能检测,然后精确定位位置,通过模架软件进行智能模架系统布置,出具详细的方案。如图 10-22 所示。

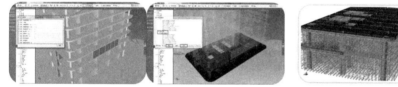

图 10-22　专项方案检测示意图

11.构件工程量查询

利用 BIM5D 中的物资报表和物资查询功能,可进行多维度物资统计和计划物资查询。可以快速查询和汇总数据,大大缩短计算时间,为物资管控提供准确的数据依据;便于制订合理的物资采购计划,减少施工现场的物资储存;同时为限额领料提供数据依据,能够有效避免材料浪费。

12.三算对比

所谓三算对比,即合同价、计划成本、实际成本三者之间的对比分析。合同价即中标价;计划成本则是在项目开工前参照以往类似工程指标与经验,制定项目计划成本;商务工程师再根据进度实时录入实际成本。实现精细到人、材、机的实时三算对比,在施工过程中实时了解项目工程阶段性盈亏,有效避免工程预算失误,管控成本,做到合理安排工程各阶段的资金及资源计划。

13.协同管理

BIM5D 的三端一云质量、安全、进度的协同管理。传统的管理公司整改效率低、问题跟踪不到位,大多数时候未形成问题闭合。与之相比,协同管理能够使得问题得到及时反馈,责任到人,同时降低安全事故风险,提高问题整改率,做到问题及时跟踪。

14.文档管理

通过BIM5D和云端进行资料集中管理,文件资料方便查找与调取,安全性高,避免资料遗失,做到统一资料系统,统筹管理。

15.样板模型

根据工程特点和结构形式,选取工程样板节点,呈现3D效果。如图10-23所示。

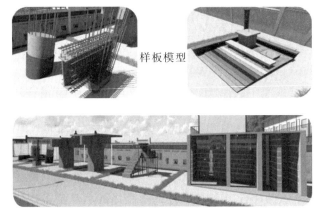

图10-23 样板模型示意图

16.安全文明应用

方案策划,建立BIM模型,能够详细展示方案差异性,有利于快速决策安全文明形象方案。如图10-24所示。

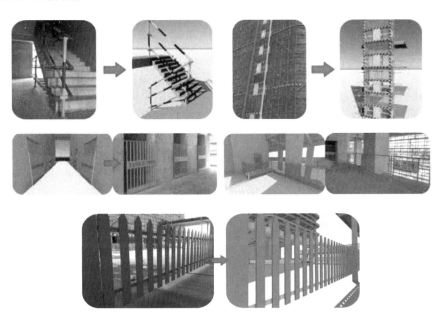

图10-24 BIM在安全、形象等其他方面上的应用

本文来自【BIM改变未来】(ID:Glodon-BIM)

作者:巨匠集团BIM中心负责人舒成贵

10.5　案例：数据重建巴黎圣母院

2019 年 4 月 15 日晚, 巴黎圣母院在 63 分钟的大火中付之一炬, 全世界扼腕痛惜。幸好早在 2015 年, 艺术历史学家安德鲁·塔隆就对巴黎圣母院进行了激光扫描数据留存, 创建了这座无价世界文化遗产的数字档案。这一次精准的激光扫描耗时数年, 对巴黎圣母院内的每一个细节都进行了多次扫描、数据反传, 最终收集了超过 10 亿个数据点。通过这次数据留存, 重建巴黎圣母院成为可能, 后人也仍然可以一览它曾经的雄伟。

10.5.1　巴黎圣母院在大火中付之一炬

巴黎当地时间下午 6:30(北京时间 0:30), 大教堂发生大火, 火势迅速蔓延, 教堂的尖塔和屋顶已经坍塌。这座塞纳河畔辉煌雄伟的教堂, 始建于 1160 年, 花了整整一百年时间, 才在 1260 年完工, 距今约 760 年历史, 其间几度经历重修, 而今它在经历生命中的又一次重创。

图 10-25　巴黎圣母院火灾

火灾后, 巴黎圣母院主体结构得以保留。但火灾已导致巴黎圣母院顶部塔尖倒塌, 左塔上半部被烧毁, 世界著名的玫瑰花窗也被摧毁。火灾的原因尚不明晰, 据美联社报道, 火灾中没有人死亡。相关部门表示他们会尽可能抢救出馆内艺术作品, 目前馆内的所有作品基本都已经被转移保存。

法国总统马克龙在推特表示：圣母院的火焰吞噬了巴黎, 而悲痛的情绪席卷整个法国, 此时此刻我感到很痛心, 我们每个人内心都有一小部分被大火烧掉了。

同时马克龙也发誓要重建大教堂。他说, 周二将启动全国筹款活动, 并呼吁全球协助这项工作。马克龙告诉记者："我们将重建巴黎圣母院, 因为这是法国人所期待的, 因为这是我们的历史, 这是我们的命运。"

10.5.2　十亿点数据"重建"巴黎圣母院

重建巴黎圣母院绝不是一件容易的事情。但是,与一个世纪前被火烧的圆明园相比,巴黎圣母院依然是幸运的。

据《国家地理》的报道,早在2015年,艺术历史学家安德鲁·塔隆就曾利用激光扫描,非常精确地记录下了这一哥特式大教堂的全貌。这一次精准的激光扫描耗时数年,扫描点囊括了大教堂内外的50多个地点,对圣母院内的每一个细节都进行了多次扫描、数据反传,最终收集了超过10亿个数据点。尽管现实中的大教堂已经无法恢复,但被数字化的"巴黎圣母院"仍然精确地留存在人类世界。而通过这一数据留存,重建巴黎圣母院成为可能,后人也仍然可以一览它曾经的雄伟。

长期以来,用于测量中世纪建筑的工具几乎与建筑本身一样古老:铅锤、绳子、尺子和铅笔。使用它们十分烦琐,耗时且容易出错。而激光扫描具有精确的精度,不会遗漏任何东西。每次进行扫描时,先捕获相同三维空间的相同位置拍摄球形全景照片,再将那张照片映射到激光产生的扫描点上,每个点成为照片中该位置的像素的颜色,累计创建大教堂三维图像,可精确到5毫米。因此,最后得出的全景照片非常准确。

通过扫描机获得的数据被拼接在一起形成了一个包含10亿个点的"point cloud(点云)",最后加上光影效果,建立出非常逼真准确的三维模型(如图10-26所示)。这个三维模型不仅可以清楚地展示大教堂的全貌,也能够辅助对大教堂进行内部结构的可视化研究。

在采访中,麻省理工学院的工程师John Ochsendorf说:"你不能只用直升机飞过建筑,就算完成扫描了。"哥特式大教堂的精妙绝伦在于内部的每一处细节,而塔隆使用的扫描技术足以给一个小规模的布尔日大教堂做出3D打印,从屋顶的顶部、拱顶的顶部、楼梯间的内部,以及人们通常看不到的所有隐藏空间来重塑教堂。未来,我们甚至也有可能见到一个精确的巴黎圣母院3D打印模型。而且塔隆开源发布了他扫描并重建的所有哥特教堂,并在线构建了一座哥特教堂3D博物馆,巴黎圣母院也在其中。(http://mappinggothic.org/building/1164)

图10-26　巴黎圣母院三维模型

10.5.3　数字资料将辅助重建

时年46岁的塔隆是第一个带队对巴黎圣母院进行了全景及内部结构扫描的艺术史家。作为普林斯顿大学的本科生,他主修音乐,但却从未错过研究哥特式建筑结构的工程师罗伯特马克教授的每一堂课。毕业之后一个偶然的契机——哥伦比亚大学艺术历史学家默里正在亚眠大教堂组建的一个多媒体项目中,需要有人制作"大教堂可能发出的声音",塔隆被介绍参与了这个项目。也是在这次项目中,默里向他介绍了激光扫描的技术。塔隆称这个项目是一种"有爱的劳作"。他说:"我终于意识到,我真正想做的就是能够将所有这些东西混合在一起——一切我热爱的:中世纪建筑,艺术,技术和知识。"

十多年后,塔隆成为艺术部瓦萨学院的终身教授,并且完成了大约45座历史建筑的激光扫描数据留存。"用激光扫描重现建筑的时候我仿佛又成为当年那个凝视着巴黎圣母院,想要进入巴黎圣母院的小孩子,而如今我做到了,我可以进入那些建筑,包括屋顶的顶部,拱顶的顶部,楼梯间的内部,以及人们通常看不到的所有隐藏空间,这是最让人激动的。"

2018年11月,这位花费数年完成巴黎圣母院扫描工作的艺术史家,安德鲁·塔隆去世了。不必看到自己深爱的圣母院被大火毁于一旦或许是塔隆的幸运,而他以3D复原的巴黎圣母院,将在数字世界中永远留存。

除了塔隆,还有不少机构也用数字的方式保留了巴黎圣母院及相关资料。不得不提的包括 Google Arts & Culture,它源源不断地将世界各地的博物馆高质量地搬到线上,免费开放,巴黎圣母院也在其中。除了艺术家们,也有外媒引用此前采访游戏设计师 Caroline Miousse 时的介绍称,《刺客信条:大革命》在制作时,为了完整地在游戏中重现大革命时代的巴黎圣母院,工作人员曾花费超两年时间学习研究圣母院的构造,并同历史学家一道对巴黎圣母院的外观进行了精确的数字复原,这或将成为重要的修复参考资料。如图10-27所示。

图10-27　《刺客信条:大革命》中巴黎圣母院外景

凭借技术手段,文物修复的还原度正在不断逼近真实。而出于对艺术与科技的热爱,在不久的将来,希望修整后的巴黎圣母院以及更多人类文明瑰宝能再次展现在大家面前。

思考题

1.如何理解工程项目管理中信息的含义,有哪些特征?

2.工程项目信息管理有哪些基本原则?

3.简要介绍我国BIM技术应用现状和问题。

4.简述BIM的应用价值。

参考文献

[1]侯学良,侯意如.工程项目管理理论[M].北京:科学出版社,2017.

[2]项勇,王辉.工程项目管理[M].北京:机械工业出版社,2017.

[3]黄琨,张坚.工程项目管理[M].北京:清华大学出版社,2019.

[4]臧秀平.建设工程项目管理[M].北京:中国建筑工业出版社,2019.

[5]贺成龙,文艳芳,金德智,等.工程项目管理[M].北京:中国电力出版社,2012.

[6]王雪青,杨秋波.工程项目管理[M].北京:高等教育出版社,2011.

[7]孙莉,郭彬.工程项目管理[M].北京:机械工业出版社,2015.

[8]张勇.工程项目管理[M].西安:西安交通大学出版社,2016.

[9]卢向南.项目计划与控制[M].3版.北京:机械工业出版社,2018.

[10]丁荣贵,孙涛.项目组织与团队[M].3版.北京:机械工业出版社,2019.

[11]王双成.贝叶斯网络学习,推理与应用[M].立信会计出版社,2010.

[12]冯辉红.工程项目管理[M].北京:水利水电出版社,2016.

[13]美的事业部制组织结构改造[EB/OL].(2011-06-29)[2020-02-20].https://wenku.baidu.com/view/20bf0cd4195f312b3169a5a3.html?fr=search.

[14]美的集团组织结构的案例分析[EB/OL].(2016-10-04)[2020-02-20].https://wenku.baidu.com/view/5c932716172ded630a1cb657.html?rec_flag=default&sxts=1590485308402.

[15]王广斌,张文娟,靳岩.建设项目承发包模式实际案例分析[J].同济大学学报,2002(1):120-123.

[16]游永科.基于挣值法控制项目进度与费用[J].广东公路交通,2019,45(2):59-62.

[17]陈柳钦.PPP:新型公私合作融资模式[J].建筑经济,2005(3):76-80.

[18]何承海.Y石化公司大型炼化建设项目质量管理研究[D].北京:北京理工大学,2015:26-36.

[19]BIM应用落地的全过程指导案例,干货!收藏![EB/OL].(2020-03-27)[2020-04-03].https://mp.weixin.qq.com/s/Nn9CFoU4q5N_mWbwKp4T1A.

[20]数据科学|巴黎不哭!十亿数据精准扫描,帮卡西莫多重新找回他的玫瑰花窗[EB/OL].(2019-04-19)[2020-04-03].https://mp.weixin.qq.com/s/5dq60buaqFtF1ES1FXWEeg.

[21]于晓航.基于WEB的建筑工程项目信息管理系统[J].自动化与仪器仪表,2018(5):195-197.

[22]张良瑾.开发工程项目信息管理系统的探讨[J].石油化工建设,2009,31(4):41-43.

[23]陈孝辉.论工程项目中信息管理系统的运用[J].电子测试,2013(11):91-92.

[24]孙建军,裴雷,仇鹏飞,盛东方.智慧城市建设项目风险挑战与解决经验[J].图书与情报,2016(6):18-24.

附录1 卡方分布表

卡方分布表

n \ P	0.995	0.95	0.9	0.75	0.5	0.25	0.1	0.05	0.025	0.01
1	0.00	0.00	0.02	0.10	0.45	1.32	2.71	3.84	5.02	6.63
2	0.01	0.10	0.21	0.58	1.39	2.77	4.61	5.99	7.38	9.21
3	0.07	0.35	0.58	1.21	2.37	4.11	6.25	7.81	9.35	11.34
4	0.21	0.71	1.06	1.92	3.36	5.39	7.78	9.49	11.14	13.28
5	0.41	1.15	1.61	2.67	4.35	6.63	9.24	11.07	12.83	15.09
6	0.68	1.64	2.20	3.45	5.35	7.84	10.64	12.59	14.45	16.81
7	0.99	2.17	2.83	4.25	6.35	9.04	12.02	14.07	16.01	18.48
8	1.34	2.73	3.49	5.07	7.34	10.22	13.36	15.51	17.53	20.09
9	1.73	3.33	4.17	5.90	8.34	11.39	14.68	16.92	19.02	21.67
10	2.16	3.94	4.87	6.74	9.34	12.55	15.99	18.31	20.48	23.21
11	2.60	4.57	5.58	7.58	10.34	13.70	17.28	19.68	21.92	24.72
12	3.07	5.23	6.30	8.44	11.34	14.85	18.55	21.03	23.34	26.22
13	3.57	5.89	7.04	9.30	12.34	15.98	19.81	22.36	24.74	27.69
14	4.07	6.57	7.79	10.17	13.34	17.12	21.06	23.68	26.12	29.14
15	4.60	7.26	8.55	11.04	14.34	18.25	22.31	25.00	27.49	30.58
16	5.14	7.96	9.31	11.91	15.34	19.37	23.54	26.30	28.85	32.00
17	5.70	8.67	10.09	12.79	16.34	20.49	24.77	27.59	30.19	33.41
18	6.26	9.39	10.86	13.68	17.34	21.60	25.99	28.87	31.53	34.81
19	6.84	10.12	11.65	14.56	18.34	22.72	27.20	30.14	32.85	36.19
20	7.43	10.85	12.44	15.45	19.34	23.83	28.41	31.41	34.17	37.57
21	8.03	11.59	13.24	16.34	20.34	24.93	29.62	32.67	35.48	38.93
22	8.64	12.34	14.04	17.24	21.34	26.04	30.81	33.92	36.78	40.29
23	9.26	13.09	14.85	18.14	22.34	27.14	32.01	35.17	38.08	41.64
24	9.89	13.85	15.66	19.04	23.34	28.24	33.20	36.42	39.36	42.98
25	10.52	14.61	16.47	19.94	24.34	29.34	34.38	37.65	40.65	44.31
26	11.16	15.38	17.29	20.84	25.34	30.43	35.56	38.89	41.92	45.64
27	11.81	16.15	18.11	21.75	26.34	31.53	36.74	40.11	43.19	46.96
28	12.46	16.93	18.94	22.66	27.34	32.62	37.92	41.34	44.46	48.28
29	13.12	17.71	19.77	23.57	28.34	33.71	39.09	42.56	45.72	49.59
30	13.79	18.49	20.60	24.48	29.34	34.80	40.26	43.77	46.98	50.89

附录2　$t_\alpha(n-1)$分布表

t分布表

n	0.25	0.2	0.15	0.1	0.05	0.025	0.01	0.005	0.0025	0.001	0.0005
1	1.000	1.376	1.963	3.078	6.314	12.710	31.820	63.660	127.300	318.300	636.600
2	0.816	1.061	1.386	1.886	2.920	4.303	6.965	9.925	14.090	22.330	31.600
3	0.765	0.978	1.250	1.638	2.353	3.182	4.541	5.841	7.453	10.210	12.920
4	0.741	0.941	1.190	1.533	2.132	2.776	3.747	4.604	5.598	7.173	8.610
5	0.727	0.920	1.156	1.476	2.015	2.571	3.365	4.032	4.773	5.893	6.869
6	0.718	0.906	1.134	1.440	1.943	2.447	3.143	3.707	4.317	5.208	5.959
7	0.711	0.896	1.119	1.415	1.895	2.365	2.998	3.499	4.029	4.785	5.408
8	0.706	0.889	1.108	1.397	1.860	2.306	2.896	3.355	3.833	4.501	5.041
9	0.703	0.883	1.100	1.383	1.833	2.262	2.821	3.250	3.690	4.297	4.781
10	0.700	0.879	1.093	1.372	1.812	2.228	2.764	3.169	3.581	4.144	4.587
11	0.697	0.876	1.088	1.363	1.796	2.201	2.718	3.106	3.497	4.025	4.437
12	0.695	0.873	1.083	1.356	1.782	2.179	2.681	3.055	3.428	3.930	4.318
13	0.694	0.870	1.079	1.350	1.771	2.160	2.650	3.012	3.372	3.852	4.221
14	0.692	0.868	1.076	1.345	1.761	2.145	2.624	2.977	3.326	3.787	4.140
15	0.691	0.866	1.074	1.341	1.753	2.131	2.602	2.947	3.286	3.733	4.073
16	0.690	0.865	1.071	1.337	1.746	2.120	2.583	2.921	3.252	3.686	4.015
17	0.689	0.863	1.069	1.333	1.740	2.110	2.567	2.898	3.222	3.646	3.965
18	0.688	0.862	1.067	1.330	1.734	2.101	2.552	2.878	3.197	3.610	3.922
19	0.688	0.861	1.066	1.328	1.729	2.093	2.539	2.861	3.174	3.579	3.883
20	0.687	0.860	1.064	1.325	1.725	2.086	2.528	2.845	3.153	3.552	3.850
21	0.686	0.859	1.063	1.323	1.721	2.080	2.518	2.831	3.135	3.527	3.819
22	0.686	0.858	1.061	1.321	1.717	2.074	2.508	2.819	3.119	3.505	3.792
23	0.685	0.858	1.060	1.319	1.714	2.069	2.500	2.807	3.104	3.485	3.767
24	0.685	0.857	1.059	1.318	1.711	2.064	2.492	2.797	3.091	3.467	3.745
25	0.684	0.856	1.058	1.316	1.708	2.060	2.485	2.787	3.078	3.450	3.725
26	0.684	0.856	1.058	1.315	1.706	2.056	2.479	2.779	3.067	3.435	3.707
27	0.684	0.855	1.057	1.314	1.703	2.052	2.473	2.771	3.057	3.421	3.690
28	0.683	0.855	1.056	1.313	1.701	2.048	2.467	2.763	3.047	3.408	3.674
29	0.683	0.854	1.055	1.311	1.699	2.045	2.462	2.756	3.038	3.396	3.659
30	0.683	0.854	1.055	1.310	1.697	2.042	2.457	2.750	3.030	3.385	3.646

续表

					t分布表						
40	0.681	0.851	1.050	1.303	1.684	2.021	2.423	2.704	2.971	3.307	3.551
50	0.679	0.849	1.047	1.299	1.676	2.009	2.403	2.678	2.937	3.261	3.496
60	0.679	0.848	1.045	1.296	1.671	2.000	2.390	2.660	2.915	3.232	3.460
80	0.678	0.846	1.043	1.292	1.664	1.990	2.374	2.639	2.887	3.195	3.416
100	0.677	0.845	1.042	1.290	1.660	1.984	2.364	2.626	2.871	3.174	3.390
120	0.677	0.845	1.041	1.289	1.658	1.980	2.358	2.617	2.860	3.160	3.373

附录3　正态分布表

					正态分布表					
x	0	0.01	0.02	0.03	0.04	0.05	0.06	0.07	0.08	0.09
0	0.5000	0.5040	0.5080	0.5120	0.5160	0.5199	0.5239	0.5279	0.5319	0.5359
0.1	0.5398	0.5438	0.5478	0.5517	0.5557	0.5596	0.5636	0.5675	0.5714	0.5753
0.2	0.5793	0.5832	0.5871	0.5910	0.5948	0.5987	0.6026	0.6064	0.6103	0.6141
0.3	0.6179	0.6217	0.6255	0.6293	0.6331	0.6368	0.6406	0.6443	0.6480	0.6517
0.4	0.6554	0.6591	0.6628	0.6664	0.6700	0.6736	0.6772	0.6808	0.6844	0.6879
0.5	0.6915	0.6950	0.6985	0.7019	0.7054	0.7088	0.7123	0.7157	0.7190	0.7224
0.6	0.7257	0.7291	0.7324	0.7357	0.7389	0.7422	0.7454	0.7486	0.7517	0.7549
0.7	0.7580	0.7611	0.7642	0.7673	0.7704	0.7734	0.7764	0.7794	0.7823	0.7852
0.8	0.7881	0.7910	0.7939	0.7967	0.7995	0.8023	0.8051	0.8078	0.8106	0.8133
0.9	0.8159	0.8186	0.8212	0.8238	0.8264	0.8289	0.8315	0.8340	0.8365	0.8389
1.0	0.8413	0.8438	0.8461	0.8485	0.8508	0.8531	0.8554	0.8577	0.8599	0.8621
1.1	0.8643	0.8665	0.8686	0.8708	0.8729	0.8749	0.8770	0.8790	0.8810	0.8830
1.2	0.8849	0.8869	0.8888	0.8907	0.8925	0.8944	0.8962	0.8980	0.8997	0.9015
1.3	0.9032	0.9049	0.9066	0.9082	0.9099	0.9115	0.9131	0.9147	0.9162	0.9177
1.4	0.9192	0.9207	0.9222	0.9236	0.9251	0.9265	0.9279	0.9292	0.9306	0.9319
1.5	0.9332	0.9345	0.9357	0.9370	0.9382	0.9394	0.9406	0.9418	0.9429	0.9441
1.6	0.9452	0.9463	0.9474	0.9484	0.9495	0.9505	0.9515	0.9525	0.9535	0.9545
1.7	0.9554	0.9564	0.9573	0.9582	0.9591	0.9599	0.9608	0.9616	0.9625	0.9633
1.8	0.9641	0.9649	0.9656	0.9664	0.9671	0.9678	0.9686	0.9693	0.9699	0.9706
1.9	0.9713	0.9719	0.9726	0.9732	0.9738	0.9744	0.9750	0.9756	0.9761	0.9767
2.0	0.9772	0.9778	0.9783	0.9788	0.9793	0.9798	0.9803	0.9808	0.9812	0.9817

正态分布表

2.1	0.9821	0.9826	0.9830	0.9834	0.9838	0.9842	0.9846	0.9850	0.9854	0.9857
2.2	0.9861	0.9864	0.9868	0.9871	0.9875	0.9878	0.9881	0.9884	0.9887	0.9890
2.3	0.9893	0.9896	0.9898	0.9901	0.9904	0.9906	0.9909	0.9911	0.9913	0.9916
2.4	0.9918	0.9920	0.9922	0.9925	0.9927	0.9929	0.9931	0.9932	0.9934	0.9936
2.5	0.9938	0.9940	0.9941	0.9943	0.9945	0.9946	0.9948	0.9949	0.9951	0.9952
2.6	0.9953	0.9955	0.9956	0.9957	0.9959	0.9960	0.9961	0.9962	0.9963	0.9964
2.7	0.9965	0.9966	0.9967	0.9968	0.9969	0.9970	0.9971	0.9972	0.9973	0.9974
2.8	0.9974	0.9975	0.9976	0.9977	0.9977	0.9978	0.9979	0.9979	0.9980	0.9981
2.9	0.9981	0.9982	0.9982	0.9983	0.9984	0.9984	0.9985	0.9985	0.9986	0.9986
3.0	0.9987	0.9987	0.9987	0.9988	0.9988	0.9989	0.9989	0.9989	0.9990	0.9990
3.1	0.990	0.991	0.9991	0.9991	0.9992	0.9992	0.9992	0.9992	0.9993	0.9993
3.2	0.9993	0.9993	0.9994	0.9994	0.9994	0.9994	0.9994	0.9995	0.9995	0.9995
3.3	0.9995	0.9995	0.9995	0.9996	0.9996	0.9996	0.9996	0.9996	0.9996	0.9997
3.4	0.9997	0.9997	0.9997	0.9997	0.9997	0.9997	0.9997	0.9997	0.9997	0.9998
3.5	0.9998	0.9998	0.9998	0.9998	0.9998	0.9998	0.9998	0.9998	0.9998	0.9998
3.6	0.9998	0.9998	0.9999	0.9999	0.9999	0.9999	0.9999	0.9999	0.9999	0.9999
3.7	0.9999	0.9999	0.9999	0.9999	0.9999	0.9999	0.9999	0.9999	0.9999	0.9999
3.8	0.9999	0.9999	0.9999	0.9999	0.9999	0.9999	0.9999	0.9999	0.9999	0.9999
3.9	1.0000	1.0000	1.0000	1.0000	1.0000	1.0000	1.0000	1.0000	1.0000	1.0000
4.0	1.0000	1.0000	1.0000	1.0000	1.0000	1.0000	1.0000	1.0000	1.0000	1.0000

附录4　u_α 表

u_α 表

u	0	0.01	0.02	0.03	0.04	0.05	0.06	0.07
−3.0	0.0013	0.0013	0.0013	0.0012	0.0012	0.0011	0.0011	0.0011
−2.9	0.0019	0.0018	0.0018	0.0017	0.0016	0.0016	0.0015	0.0015
−2.8	0.0026	0.0025	0.0024	0.0023	0.0023	0.0022	0.0021	0.0021
−2.7	0.0035	0.0034	0.0033	0.0032	0.0031	0.0030	0.0029	0.0028
−2.6	0.0047	0.0045	0.0044	0.0043	0.0041	0.0040	0.0039	0.0038
−2.5	0.0062	0.0060	0.0059	0.0057	0.0055	0.0054	0.0052	0.0051
−2.4	0.0082	0.0080	0.0078	0.0075	0.0073	0.0071	0.0069	0.0068
−2.3	0.0107	0.0104	0.0102	0.0099	0.0096	0.0094	0.0091	0.0089

续表

u_α 表							
−2.2	0.0139	0.0136	0.0132	0.0129	0.0125	0.0122	0.0119	0.0116
−2.1	0.0179	0.0174	0.0170	0.0166	0.0162	0.0158	0.0154	0.0150
−2.0	0.0228	0.0222	0.0217	0.0212	0.0207	0.0202	0.0197	0.0192
−1.9	0.0287	0.0281	0.0274	0.0268	0.0262	0.0256	0.0250	0.0244
−1.8	0.0359	0.0351	0.0344	0.0336	0.0329	0.0322	0.0314	0.0307
−1.7	0.0446	0.0436	0.0427	0.0418	0.0409	0.0401	0.0392	0.0384
−1.6	0.0548	0.0537	0.0526	0.0516	0.0505	0.0495	0.0485	0.0475
−1.5	0.0668	0.0655	0.0643	0.0630	0.0618	0.0606	0.0594	0.0582
−1.4	0.0808	0.0793	0.0778	0.0764	0.0749	0.0735	0.0721	0.0708
−1.3	0.0968	0.0951	0.0934	0.0918	0.0901	0.0885	0.0869	0.0853
−1.2	0.1151	0.1131	0.1112	0.1093	0.1075	0.1056	0.1038	0.1020
−1.1	0.1357	0.1335	0.1314	0.1292	0.1271	0.1251	0.1230	0.1210
−1.0	0.1587	0.1562	0.1539	0.1515	0.1492	0.1469	0.1446	0.1423
−0.9	0.1841	0.1814	0.1788	0.1762	0.1736	0.1711	0.1685	0.1660
−0.8	0.2119	0.2090	0.2061	0.2033	0.2005	0.1977	0.1949	0.1922
−0.7	0.2420	0.2389	0.2358	0.2327	0.2296	0.2266	0.2236	0.2206
−0.6	0.2743	0.2709	0.2676	0.2643	0.2611	0.2578	0.2546	0.2514
−0.5	0.3085	0.3050	0.3015	0.2981	0.2946	0.2912	0.2877	0.2843
−0.4	0.3446	0.3409	0.3372	0.3336	0.3300	0.3264	0.3228	0.3192
−0.3	0.3821	0.3783	0.3745	0.3707	0.3669	0.3632	0.3594	0.3557
−0.2	0.4207	0.4168	0.4129	0.4090	0.4052	0.4013	0.3974	0.3936
−0.1	0.4602	0.4562	0.4522	0.4483	0.4443	0.4404	0.4364	0.4325
0.0	0.5000	0.4960	0.4920	0.4880	0.4840	0.4801	0.4761	0.4721